黑龙江垦区统计年鉴

STATISTICAL YEARBOOK OF HEILONGJIANG STATE FARMS

2013

（总第二十一期 No. 21）

黑龙江省农垦总局统计局
国家统计局黑龙江农垦调查队 编

中国统计出版社
China Statistics Press

图书在版编目(CIP)数据

黑龙江垦区统计年鉴. 2013 / 黑龙江农垦总局统计局, 国家统计局黑龙江农垦调查队编. -- 北京 : 中国统计出版社, 2013.8
ISBN 978-7-5037-6873-6

Ⅰ. ①黑… Ⅱ. ①黑… ②国… Ⅲ. ①垦殖场 - 统计资料 - 黑龙江省 - 2013 - 年鉴 Ⅳ. ①C832.35-54

中国版本图书馆 CIP 数据核字(2013)第 169029 号

黑龙江垦区统计年鉴 -2013

作　　者 / 黑龙江农垦总局统计局　国家统计局黑龙江农垦调查队
责任编辑 / 陈越月　韩军
责任校对 / 韩军　白国兴　于远滋　刘博　张斌　刘洲　张春艳　于春艳　徐子辉　姜波
封面设计 / 韩军　王秀芝
出版发行 / 中国统计出版社
地　　址 / 北京市丰台区西三环南路甲 6 号　邮政编码 /100073
电　　话 / 邮购(010)63376909　书店(010)68783171
网　　址 / http://csp.stats.gov.cn
印　　刷 / 黑龙江银手杖印务有限公司
经　　销 / 新华书店
开　　本 / 890mm × 1240mm　1/16
字　　数 / 1000　千字
印　　张 / 23.25 印张
版　　别 / 2013 年 8 月第 1 版
版　　次 / 2013 年 8 月第 1 次印刷
定　　价 / 320.00 元

如有印装差错，由本社发行部调换。

《黑龙江垦区统计年鉴-2013》

编委会和编辑人员

出版发行：中国统计出版社

编 辑 说 明

一、《黑龙江垦区统计年鉴—2013》是一部全面反映黑龙江垦区经济和社会发展情况的资料性年刊，本书系统收录了全垦区和各管理局、总局直属单位、农牧场2012年经济和社会各方面的统计数据，以及历史重要年份的主要统计数据。

二、全书主要分16部分：特载（文字资料）；1.行政区划和自然资源；2.综合；3.人口、从业人员和职工工资；4.固定资产投资；5.能源和原材料消费；6人民生活；7.农林牧渔业；8.工业；9.建筑业；10.交通运输和通讯业；11.批发零售业和餐饮业；12.对外经济贸易；13.教育科技和文艺事业；14.卫生环保和其他；15.各农牧场和总局直属单位主要指标。各部分末附有主要统计指标解释。

三、本年鉴资料主要来自黑龙江省农垦总局2012年及以前各年度的统计年报、业务部门的统计年报和抽样调查资料，部分专业历史数据和资料来源口径有所调整，请留意表中注释。

四、本年鉴的编辑原则。由于各种原因，黑龙江垦区的管理体制几经变动，为了研究问题方便，在汇编全垦区历史性资料时，我们采取了现行管理体制口径，就是以2012年管理体制口径为准，凡是2012年以前划出的单位（农场或工厂等），其统计数据，一律从其各年汇总的总计数据中扣除（包括追溯的部分指标历史数字）。本年鉴个别指标，由于数据来源和计算方法不同，当年资料总局数据与管理局的汇总数不等，请使用时注意。

五、本年鉴中所使用的度量衡单位均采用国际统一标准计量单位。

六、本年鉴根据出版的要求，标明2013年是出版年份，而资料截止于2012年底。

七、符号使用说明：“…”表示数据不足本表计量单位；“空格”表示该项统计指标数据不详或无该项数据；“#”表示其中的主要项。

编　者

二〇一三年五月

目　　录

特　　载

一、行政区划和自然资源

二、综　合

三、人口、从业人员和职工工资

四、固定资产投资

五、能源和原材料消费

六、人民生活

七、农林牧渔业

八、工　　业

九、建筑业

十、交通运输和通讯业

十一、批发零售业和餐饮业

十二、对外经济贸易

十三、教育科技和文化事业

十四、卫生、环保和其他

附录　各农牧场和总局直属单位基本情况

特载

STATISTICAL YEARBOOK

深入学习贯彻落实党的十八大精神 为垦区率先全面建成小康社会而努力奋斗

——在中共黑龙江省农垦总局委员会(扩大)会议上的报告

隋凤富

(2012年11月28日)

同志们:

现在,我代表总局党委向大会作报告。

这次会议的主题是:**深入学习贯彻落实党的十八大精神和省委十一届二次全会精神,以科学发展观为指导,坚持"强工、兴城、优农"统筹发展方针,推进新型工业化、城镇化、农业现代化与信息化同步发展,为垦区率先全面建成小康社会而努力奋斗。**

一、过去五年工作的回顾与总结

党的十七大以来,在党和国家的关怀支持下,在省委、省政府和农业部的正确领导下,总局党委团结带领垦区人民,以科学发展观为统领,抢抓战略机遇,加强战略谋划,全面实施"三步走"战略,着力推进"三化"统筹发展,加快建设"三个垦区",开拓进取,攻坚克难,圆满完成跨越发展阶段性目标。2012年,垦区生产总值预计达1140亿元,比2007年翻1.3番,年均增长19%,有望成为全省第四大经济体;人均生产总值预计达10541美元,比2007年翻1.2番;农场职工家庭人均纯收入预计达20300元,比2007年翻1.1番;"北大荒"品牌价值达到365.36亿元,成为亚洲农业第一品牌。

(一)现代化大农业建设成效显著。农业综合生产能力大幅提升,2012年实现粮食总产432.6亿斤,比2007年增产183亿斤,粮食商品量达到407亿斤,成为名副其实的"中华大粮仓";肉蛋奶总产量达234万吨,比2007年增加85万吨,成为国家重要畜产品基地。绿色有机农业健康发展,实现全面积无公害种植,绿色有机农作物认证面积2895万亩,占全省近1/2,成为国家重要的绿色食品生产基地。农田有效灌溉面积2600万亩,占耕地面积的60%。农业机械化率提高到97.5%,高出全国平均水平41个百分点。农业科技贡献率达67%,高出全国平均水平14个百分点。垦区农业现代化建设已经走在全国前列,达到国际先进水平。

(二)新型工业化发展步入快车道。2012年,预计实现全口径工业销售收入1000亿元,工业增加值215亿元,分别比2007年增长4倍和2.2倍。建成5个省级经济开发区和工业园区、20个总局级工业园区,入驻企业近300户。新建及改扩建防城港大豆加工、北大荒百万吨矿泉水、10万吨木薯淀粉等一批工业项目。培育22家国家级和省级农业产业化龙头企业,九三粮油工业集团和北大荒商贸集团营业收入双双突破300亿元。粮食加工转化能力达2380万吨,鲜奶处理能力达130万吨,生猪肉牛屠宰加工能力达420多万头,初步构建起以农产品加工为主,产业规模化、资源集约化、管理信息化的新型工业体系。

(三)农场城镇化水平大幅提高。五年累计整体搬迁居民点1905个,搬迁居民26.5万户、65万人,100多座生态宜居型农垦城镇迅速崛起。2012年,城镇化率达到85%,比2007年提升31.3个百分点。城镇基础设施不断完善,公共服务体系更加健全,城镇暨管理区绿化覆盖率提高到38%,集中供热率提高到70%,住房砖瓦化率、自来水普及率、道路硬化率、宽带网络覆盖率、客运班车通达率均达到100%。兴凯水城、五大连池农垦新城、黑瞎子岛生态园以及沿乌苏里江农垦小城镇建设初具规模,16个农牧场(局直)进入"全省百镇试点镇"行列,垦区以优美和谐宜居的城镇环境,荣获"中国十大避暑旅游城市"和"世界农都"称号。

(四)以改善和保障民生为重点的社会建设不

断取得新成就。连续实施“十大民生工程”，垦区人民生活水平大幅提升。五年来，新增通车里程7895公里，公路硬化里程突破1万公里，场区通畅率达99%；新建住宅3483万平方米，人均住宅面积达30平方米，比2007年增加10平方米；新增安全饮水65万人，饮水安全率提高到91.3%，比2007年高出36个百分点；新增清洁能源用户1.8万户，比2007年增加2倍；造林103.7万亩，区域森林覆盖率达18.4%，比2007年提高1.7个百分点。建立健全四级公共文化服务体系，文化信息资源共享工程覆盖率100%，北大荒农业频道和北大荒之声实现全省覆盖。在全省率先建成学前教育服务体系，各级各类教育办学质量普遍提高。基层卫生所覆盖率100%，“六位一体”社区卫生服务体系不断完善。养老、医疗保险实现垦区全覆盖，工伤、生育保险实现总局级统筹。低保人群月人均补差标准提高到260元，比全国平均标准高出20元。贫困农场过去5年人均纯收入年均增长17.2%，贫富差距显著缩小。通过开展“职工共同富裕行动”，3258户困难和低收入家庭实现脱困脱低致富。法制建设水平不断提升，依法行政能力显著增强。垦区连续两年被评为“平安系统”。“三位一体”大调解工作体系基本形成。社会维稳工作成效显著。安全生产形势持续稳定好转。充分调动各方面的积极性和创造性，统战、老干部、工会、共青团、残联、关工委、民兵和预备役等在和谐垦区建设中都发挥了重要作用。

（五）改革开放向纵深推进。体制改革取得重大突破，北大荒集团总公司进入实体化运作。《黑龙江省垦区条例》颁布实施，垦区国有农场社会管理体制进一步完善。行政管理体制改革和事业单位改革取得新进展。争取省委、省政府支持，设立农垦建三江和九三管委会，实现了垦区财税管理体制的重大突破。宝泉岭经济开发区、红兴隆工业园纳入省重点支持范围，为区域经济发展提供了体制和政策保障。创新生产经营组织方式，农工（民）专业合作社发展到1574户。扩大对外经贸合作，2012年预计实现外贸进出口总额24亿美元，比2007年增长2.6倍。“走出去”战略继续向纵深推进，合作项目涉及20多个国家，境外开发土地面积突破200万亩，北大荒集团跨国经营能力进一步提升。

（六）场县共建领域不断拓展。场县共建范围覆盖全省12个市（地）、53个县（市），涉及农业、工业、城镇及社会事业各领域。五年来，累计完成“三代”作业面积1.8亿亩，推广农业新技术和良种2.5亿亩，促进了农村粮食增产、农民增收；累计吸纳地方学生13万人，接诊地方患者81万人次；龙头企业累计拉动地方种植基地1.7亿亩，全省1/3左右的毗邻农户纳入场县共建产业体系。双峰—裴德、鹤山—双山两个场镇一体化共建试点稳步推进。形成了场县互学互动、互帮互进、互利共赢的良好局面。

（七）思想文化建设取得新成果。总局党委在弘扬北大荒精神基础上，提炼形成了以“诚信、务实、创新、卓越”为主要内容的北大荒核心价值观。北大荒精神与北大荒核心价值观构成了北大荒文化的基本内核和主要精髓，成为新时期北大荒思想文化建设的重要成果。群众性精神文明创建活动深入开展，职工群众文明素质进一步提高。推进企业文化建设，各具特色的北大荒企业文化，成为提高企业素质的强大动力。开展北大荒核心价值观教育，树立了徐一戎、康金环、陈大玉等一批时代楷模，形成了知荣辱、讲正气、作奉献、促和谐的良好风尚，北大荒文化的凝聚力、向心力和影响力显著增强。

（八）党的建设全面加强。深入开展“创先争优”和“创业、创新、创优”主题实践活动，建设学习型党组织，基层党建活力不断增强。全面加强领导班子和干部队伍建设，领导科学发展的能力明显提高。不断深化干部人事制度改革，选人用人公信度进一步提高。全面落实人才强垦战略，人才服务发展大局的效能逐步显现。深入实施反腐倡廉“清风净土”工程，加速构建具有垦区特色的惩治和预防腐败体系，反腐倡廉建设长效机制不断完善。广大干部职工精神饱满、意气风发，形成了人心凝聚、真抓实干、互比互学、竞相发展的可喜局面。

垦区能够取得这样的成就，得益于党和国家的关怀支持，得益于省委、省政府和农业部的正确领导，得益于总局党委历任班子打下的良好基础，得益于广大干部职工的共同努力。在此，我代表总局党委、总局，向所有关注支持垦区发展的各级领导、各界人士，向情系北大荒、为北大荒发展建立卓越功勋的老领导、老同志，向艰苦奋斗、无私奉献的垦区广大干部职工群众，表示衷心的感谢并致以崇高的敬意！

在肯定工作成绩的同时，我们更应该清醒地认识到，垦区改革发展中还存在一些薄弱环节和不足。主要表现在：产业结构不合理，二产过低、三产不高的结构性矛盾仍很突出；畜牧业基础建设投入不足，制约畜牧业规模化、集约化发展；工业达产率低、利润率低、产品竞争力弱的状况没有得到实质性转变；城镇发展缺乏产业支撑，后续发展能力亟待加强；社会保障扩面和农业劳动力转移的压力逐渐增大，困难群体的生活还有待改善；企业员工整体素质亟待提高，高管人才匮乏；个别单位负责人玩忽职守、违法乱纪，严重损害群众利益、影响垦区形象。问题令人警醒，困难激发动力。我们要正视困难，直面问题，采取有效措施，认真加以解决。

垦区五年来极不平凡的发展实践，深化了我们对发展规律的认识。一是必须把实施国家战略、融入全省大局作为垦区发展的根本定位。只有主动承担起维护国家粮食安全和食品安全的重要使命，在全省现代化大农业和城乡一体化建设中发挥“两个领跑”作用，才能把握好发展方向，实现垦区更好更快发展。二是必须把发展好、维护好、实现好人民群众根本利益作为垦区发展的根本宗旨。只有坚持以人为本，改善和保障民生，实现发展成果由人民共享，才能赢得人民的拥护和支持，筑牢垦区发展的群众根基。三是必须把改革开放作为垦区发展的根本动力。只有坚持解放思想，深化改革，扩大开放，推进体制创新、机制创新和实践创新，才能克服前进中的各种障碍，不断增强垦区可持续发展后劲。四是必须把北大荒文化建设作为垦区发展的根本支撑。只有坚持弘扬北大荒精神，践行北大荒核心价值观，发展和繁荣北大荒文化，用先进文化聚民心、集民智、汇民力，才能增强文化自觉、文化自信，提高垦区发展的文化软实力。五是必须把依法治垦作为垦区发展的根本保障。只有树立法治理念，坚持依法行政，实行依法管理，维护公平正义，才能为垦区发展创造良好的法治环境，奠定垦区和谐发展的牢固基石。六是必须把加强党的建设作为垦区发展的根本保证。只有全面提高党的建设科学化水平，打造一支政治坚定、能力突出、作风过硬、清正廉洁的干部和人才队伍，才能形成推动垦区发展的强大合力，夯实垦区科学发展的组织基础。这些规律性认识，源于垦区多年来的实践探索，我们要准确把握和运用这些规律，指导今后的发展实践。

二、以贯彻落实十八大精神为新起点，开启全面建成小康社会新征程

党的十八大是在我国进入全面建成小康社会决定性阶段，召开的一次十分重要的会议。十八大报告勾画了在新的历史条件下全面建成小康社会的宏伟蓝图，部署了社会主义经济建设、政治建设、文化建设、社会建设和生态文明建设的任务措施，是我们党团结带领全国各族人民沿着中国特色社会主义道路继续前进、为全面建成小康社会而奋斗的政治宣言和行动纲领。认真学习贯彻党的十八大精神，是垦区当前和今后一个时期的首要政治任务。我们必须按照党的十八大提出的目标、任务和五位一体总布局，进一步理清思路、明确重点、完善措施，以实实在在的工作推动垦区经济社会更好更快更大发展，朝着全面建成小康社会的宏伟目标阔步前进。

我们的总体奋斗目标是：**以党的十八大精神为统领，坚持科学发展，转变发展方式，以强工攻坚战为总抓手，加快“四化”同步发展，全面推进五位一体建设，到 2015 年，实现垦区生产总值和农场职工家庭人均纯收入比 2010 年翻 1 番以上，率先全面建成经济更发达、民主更健全、文化更繁荣、社会更和谐、生态更文明、人民更幸福的小康社会。**

我们有能力、有条件、有基础实现这一奋斗目标。垦区已经具备全面建成小康社会的先发优势。目前，垦区全面建设小康社会目标的实现程度为 87.2%，高于全国平均水平 5 个百分点，达到东部发达地区水平。我们已经站在了一个较高的起点上，具备了全面建成小康社会的雄厚基础和先发优势，只要我们瞄准目标，补齐短板，奋力赶超，就一定能率先实现全面建成小康社会目标。垦区已经拥有可以好发展快发展的外部环境。党和国家的高度重视，省委、省政府和农业部的关心支持，为垦区发展创造了良好的外部环境。领导重视、政策支持和制度保障的叠加效应，必将为垦区率先全面建成小康社会注入强大动力。垦区已经形成心齐气顺聚力发展的良好氛围。垦区经济社会快速发展的势头强劲，广大干部职工“创业、创新、创优”的积极性和主动性空前高涨。只要我们充分调动和凝聚各方力量，保持奋发有为、锐意进取、勇往直前的精神状态，就一定能率先夺取全面建成小康社会的新胜利。

三、实施统筹发展新战略，实现“奋力超越”良好开局

2013 年是垦区“奋力超越”的起步年，也是强工攻坚战的关键年。总的要求是：按照“强工、兴城、优农”统筹发展方针，加速新型工业化，繁荣农垦新城镇，做优现代化大农业，推进“三化”与信息化融合，在改善民生和创新管理中加强社会建设，在肩负重任和履行使命中赢得主动、赢得优势、赢得未来，全面推进垦区经济社会更好更快更大发展。

主要预期目标是：经济增幅达到 18%以上；固

定资产投资增长30%,外贸进出口总额增长20%,农场职工家庭人均纯收入增长15%,恩格尔系数下降到0.31。

自2009年总局党委提出“抓城、强工、带农”统筹发展方针以来,垦区胜利完成城镇化建设三年决战,城镇化水平快速提升,成为全省城镇化发展的领跑者;积极推进现代化大农业建设,成为我国农业现代化建设的排头兵,特别是通过场县共建,带动地方农业农村发展,超额完成省委、省政府确定的“三代”任务。新形势下,我们将垦区发展方针与时俱进地调整为“强工、兴城、优农”,其主旨就是:突出工业发展的主导地位,做大做强工业企业,构筑新型工业体系,加快新型工业化进程;明确城镇发展的主攻方向,加快产业兴城、管理强城、经营富城步伐,增强城镇综合承载能力,进一步提升城镇化水平;提出农业发展的主要任务,优化农业发展方式,提高农业综合生产能力,不断增加农工收入,保障国家粮食安全和重要农产品有效供给,实现更高水平的农业现代化。促进工业化和城镇化良性互动,城镇化和农业现代化相互协调,农业现代化与工业化相互支撑、协调发展。

(一)促进工业增长,积聚发展新势能。要紧紧围绕建设国家安全食品生产基地这个核心目标,按照“全球布局、集团运作、科技支撑、品牌引领”的发展思路,加快工业产业优化升级,提高龙头企业核心竞争力,保持工业经济增速30%以上。抓住省政府赋予财税政策的机遇,开展大规模项目招商,探索“异地经济”、“总部经济”模式,鼓励企业异地落户,形成以政策引项目、以项目促发展的工业发展新格局。推进实施好宝泉岭肉鸡养殖加工等19个重点产业项目,完成年度投资45亿元。积极推进国有企业股权多元化改造,建立股权多元的法人治理结构,加快现代企业制度建设步伐。调整产品结构,扩大高附加值、高毛利产品比重。积极推行“清洁化”、“低碳化”生产,提升能源利用效率。充分发挥企业创新主体作用,加大研发投入,整合科技资源,加快重点领域的关键技术创新。大力推进垦区工业信息化建设,加快传统工业改造升级,促进信息化与新型工业化深度融合。

(二)经营新兴城镇,塑造发展新面貌。按照城乡规划、基础设施、公共服务等一体化的要求,进一步完善城镇布局规划。加快建设建三江、九三新兴城市,带动垦区东西两翼城镇集群发展。按照“全省百镇试点镇”的标准,提升垦区城镇建设品位。抓好星级管理区建设,再创建50个三星级以上省级管理区。建设高品位、田园式的新型住宅小区。完善城镇基础设施,推进“三供两治”工程建设,提高城镇载体功能。加强城镇绿化建设,全面完成城镇园林绿化示范项目。按照创建“三优”文明城市要求,加强城镇环境综合治理。创新城镇管理方式,逐步推进城镇管理网格化、数字化。运用综合方式经营城镇,开辟多元化融资渠道,盘活城镇土地资源,放开基础设施和公共服务设施的使用权、经营权和冠名权,实现城镇资源配置效益最大化。依托城镇,大力发展商贸、物流、房地产、社区服务等现代服务业,加快生产要素向城镇集聚。

(三)优化农业结构,迈上发展新台阶。进一步优化种植结构,稳定水稻、玉米等高产高效作物种植面积,确保粮食总产达到450亿斤以上,实现粮食生产“十连增”。加快花卉、果蔬、北药和苗木等特色农业和设施农业发展,努力提高单位土地产出效益。扩大绿色有机农作物种植面积,不断提高农产品质量安全水平和市场竞争力。优化农业装备结构,加大水田机械、经特作物机械、畜牧机械和仓储机械的装备力度,大力发展农业航空,进一步提升农机化水平。优化农业基础设施,加快推进三江平原等大型灌区新建续建工程,全面实施“节水增粮行动”,提高农业防灾减灾水平。建设高标准农田37万亩,改造中低产田58万亩。优化农业技术措施,集成推广新品种和新技术,提升农业标准化水平,开展高产创建活动,促进农作物均衡增产增效。推进标准化牧场建设,实施畜牧良种工程,加快草业发展,实现畜牧业增加值165亿元以上。发展林业产业,保持林业经济30%的增速。大力推进农业低碳化生产,加强农业废弃物资源化利用,促进农业可持续发展。

(四)构筑幸福民生,尽享发展新成果。坚持“谋富爱民、创富为民、带富扶民、促富利民、增富惠民、致富安民”的理念,继续实施“十大民生工程”。大力发展公共交通,进一步完善客运网络。加快建设建抚高速公路。搬迁居民点60个,新建住宅240万平方米。建设保障性住房3万户,为贫困残疾人建设改善住房600户。再解决12万人口的饮水安全问题。建设垃圾污水处理项目46个。建设清洁能源项目10个。造林10万亩,重点搞好防护林建设。在全省率先普及学前教育,推进基础教育优质发展,不断提高职业教育和继续教育水平。提升社区卫生服务能力,深入实施人口计生“惠家工程”。扎实推进社会保险扩面工作，切实解决非职工农业从业人员基本养老保险问题。低保家庭大病医疗救助覆盖面达到100%，救助标准达到人均6000元以上。低保标准提高到每人每月450元。实现新增就业3万人。加大残疾人就业保障金收缴力度，促进残疾人就业。发展壮大职工自营经济，全面完成“职工共同富裕行动计划”。

（五）推进场县共建，释放发展新效应。继续扩大“三代”规模，完成农机跨区作业、向农村推广科技新技术、龙头企业拉动地方种植基地各5000万亩以上，推广良种面积和农业保险覆盖农村面积各3500万亩。适应农村劳动力结构新变化，发挥垦区农业机械装备优势，着力扩大整体承租规模，稳定承租关系，提高租种效益。以专业合作社为载体，积极引导农民入“社”，促进共建范围由产中向产前和产后延伸，形成“风险共担、利益共享”的合作共同体。发挥垦区龙头企业带动作用，联手推进产业共建，实现共育基地、共建龙头、共创品牌，构造区域经济发展新优势。拓展社会事业共建，推进毗邻城乡公共资源共享，让周边农村农民尽享区域发展成果。

（六）做大外向型经济，开拓发展新空间。进一步优化外向型经济结构，创新外贸出口方式，着力发展服务贸易。做强外贸主体，促进对外经贸转型升级。提高北大荒集团跨国经营能力，加快海外营销网络体系建设，不断拓展国际市场。提高招商引资的质量和水平，借助国际交易展会、营销网络等平台，重点开拓新兴市场。进一步统筹境外资源，境外土地开发面积突破300万亩。强化对国际贸易规则及合作国政策变化的研究，搭建商务金融、综合信息和风险防控三大平台，积极争取上级部门政策资金支持以及开发国支持，拓展跨国经营空间。

（七）培育旅游产业，打造发展新靓点。完善以哈尔滨为中心，以三江、松嫩两大平原重点旅游区为两翼，突出东、中、西三条旅游景观轴线，辐射百座现代农垦小城镇的旅游产业发展规划，纳入全省旅游产业体系。加强基础设施建设，完善管理机构，健全监管体系，建立信用制度，提高旅游服务水平。加强旅游资源整合，促进旅游产业与现代农业、新型工业、城镇发展、生态建设以及文化产业的深度融合，开发建设“北大荒现代化大农业之旅”、“北大荒知青故乡游”、“北大荒生态文化游”等精品旅游线路。依托全省和垦区重点旅游景区，规划建设一批北大荒生态避暑旅游名镇。定期举办北大荒旅游节，做大北大荒旅游品牌。重点扶持以股份经营为主体的旅游企业发展，建设一批星级接待中心。北大荒旅游集团要发挥龙头作用，加快驻管理局、农场分支机构建设，推进统一运营。深入挖掘开发一批北大荒特色旅游商品、纪念品，搞好深加工和精包装，提高旅游产品档次和效益。实现年接待旅游人数560万人次，旅游收入25亿元以上。逐步把垦区打造成全国闻名的农业、生态、文化旅游胜地。

四、进一步完善农业经营体制

坚持和完善以家庭承包经营为基础，大农场套小农场，统分结合的双层经营体制，创新农业经营组织方式，发展农工（民）专业合作组织，完善土地承包经营制度，加快构建新型农业经营体系，为现代化大农业建设打牢制度基础。

（一）加快发展农工（民）专业合作社。要在家庭承包经营基础上，本着自愿联合、自主兴办、自我管理、自我服务的原则，采取行政引导、典型带动和政策扶持等措施，通过能人兴办、基层组织创办和龙头企业领办等多种组建方式，大力兴办农工（民）专业合作社。进一步提高农业生产经营的组织化程度，发展多种形式的规模经营。促进农业从生产导向型向经营导向型转变、从行政主导型向市场主导型转变、从自发规模经营向组织化集约经营转变。加强农工（民）专业合作社规范化建设，尽快提高服务带动能力。积极探索“农场＋合作社＋农户”的现代农业经营组织形式，使家庭农（牧）场融入合作化、专业化、产业化、集约化和社会化大生产。

（二）完善土地承包经营制度。规范土地承包经营。在土地承包组织方式上，坚持实行家庭承包、联户家庭承包以及其他组织承包等多种形式的土地承包经营制度，始终把家庭承包作为国有农场土地承包的基本组织形式。在土地使用权配置方式上，既要讲求公平，按照国家政策保障农工土地承包权益；又要讲求效率，发挥市场配置资源的基础性作用。要重点扶持低收入小规模种植户向适度规模经营发展，实现多数人共同致富。在土地承包费定价上，坚持统筹兼顾，既要优先保证农工增收，又要实现农场增效。正确处理土地收益分配关系，根据土地使用权的配置方式、作物种类、物价指数变动、社保缴费等因素，确定土地承包收费标准，严禁随意涨价。倡导以实物形式收取土地承包费。

（三）坚持和完善统分结合的双层经营体制。巩固和加强国有农场和家庭农场的双层经营主体地位，正确把握两者“统”与“分”的关系。国有农场要在统一经营管理国有资产、规划建设农业基础设施、制定实施农业发展规划、实施农业耕作制度、实施农业技术措施、提供公共农业技术服务、组织管理农机运用和组织农业社会化服务方面充分发挥“统”的功能。家庭农场在自主选择生产经营项目、决定经营规模、投入生产资金、决定劳动用工、选择农业服务、销售剩余产品、参加合作组织和选择合作伙伴方面充分享有“分”的自主权。在把握“统”与“分”的关系上，要防止背离市场规律和法律规范，特别是在“组织农业社会化服务”上，可以“统一组织”，但不能“强买强卖”侵犯农工权益，要给农工充分的选择空间。

五、强力推进精细化管理

坚持“细、全、高、严、新、实”管理原则，将精细化科学管理理念贯穿到垦区经济社会发展各领域，落实到企业管理、行政管理和社会管理各方面，体现在决策管理、财务管理、资产管理和人力资源管理各环节，全面提升管控力和执行力，实现管理效益最大化。

（一）严格管理制度，健全管控机制。严格执行重大决策制度，推进科学决策、民主决策和集体决策。严格执行财务刚性预算管理制度，规范财务收支，加强大额资金使用管理，杜绝“小金库”，提高资金使用效率。严格执行固定资产管理制度，实现存量固定资产“帐、卡、物”一致。严格执行政府采购和招投标制度，从源头降低成本，防止暗箱操作，预防腐败。健全预算集约管控机制，提升全面预算调控能力。健全资产管控机制，实现资本集中运作、资产集中管理。健全财务风险管控机制，加强财务内部控制，逐步实现财务风险实时监控。健全激励约束机制，将干部的任用与考核挂钩，将员工的薪酬与绩效挂钩。健全科学决策机制和监督反馈机制，确保事前有论证、事中有跟踪、事后有反馈、考核有定论。

（二）细化管理措施，提高管理效能。要重细节、重过程、重质量、重效果，专注地做好每一件事，在每一个细节上精益求精、力争最佳。建立目标管理体系，细化目标任务，做到任务到位。建立岗位职责体系，细化岗位职责，做到责任到位。细化管理流程，严格考核标准和奖惩机制，做到措施到位。要着重提高企业精细化管理水平。统一资金使用管理，实行资金收支基本账户统一结算。加强负债管理，严格控制负债水平和负债结构。加强节本降耗，严格控制产成品库存，按加工期结清大宗原料库存，做到账实相符。实行存货盘亏问责制，坚决避免潜亏。加强营销管理，细分市场和客户，创新营销模式，大力发展电子商务和网络营销。

（三）创新管理方式，夯实管理基础。要加强基础管理，优化管理流程，以基础管理和流程再造提升管理水平，实现管理规范化、流程化。加强标准化管理，完善标准化管理体系，用标准化定岗、定标、定责，以标准指导工作、衡量工作，提升管理水平和管理效能。加强信息化管理，建立和完善现代管理信息平台，通过信息化推进管理手段现代化。各级党政机关要切实转变管理方式，寓管理于服务，提高为基层、为企业服务的水平，增强参谋辅政力、综合协调力和服务保障力，做到资政决策有深度、衔接运转高效能、服务保障有力度。要深入企业调查研究，为企业发展把脉定向，排忧解难，指导企业加强精细化管理。要摸清行业动向，把握全局动态，跟踪前沿进展，搞好横向研究对比分析，服务企业发展决策。

六、大力发展和繁荣北大荒文化

北大荒文化是垦区的血脉，是北大荒人的精神家园。全面建成小康社会，必须推动北大荒文化大发展大繁荣，兴起北大荒文化建设新热潮，提高北大荒文化软实力，发挥文化引领、教育人民、服务社会、推动发展的作用。

（一）准确把握北大荒思想文化内涵。新时期，继承发扬以“艰苦奋斗、勇于开拓、顾全大局、无私奉献”为主要内涵的北大荒精神，就是要始终保持奋发图强、昂扬向上的创业精神，锐意进取、百折不挠的顽强作风，顾全大局、履职尽责的宽广胸怀和克己奉公、团结包容的思想境界。践行以“诚信、务实、创新、卓越”为主要特征的北大荒核心价值观，就是要始终守真守本、表里如一，实事求是、讲求实效，鼎故革新、敢破敢立，不断超越、勇创一流。要将北大荒思想文化成果贯穿到垦区改革发展各领域，贯穿到精神文明建设和党的建设全过程，引领垦区上下凝聚共识，自觉践行北大荒核心价值观，打牢北大荒事业发展的思想基础；引领垦区上下共同行动，自觉肩负起推动北大荒事业发展的历史责任，汇聚全面建成小康社会的伟大力量。

（二）大力发展北大荒文化事业和文化产业。要坚持面向基层、服务群众，加快实施文化惠民工程，继续完善垦区四级公共文化服务体系，向职工群众提供更多优质公共文化服务，保障垦区人民基本文化权益。加强历史文化场馆建设和管理，展示北大荒文化底蕴,发挥其文化传承和教育功能。启动农场数字影院建设,全面推进垦区电影院线发展。积极开展群众性文化活动,丰富群众文化生活,营造和谐文化氛围。加强文化艺术人才培养,造就一支德才兼备、锐意创新、结构合理的文化人才队伍。创作一批具有北大荒特色的优秀文艺作品,为职工群众提供更多更好的精神食粮。积极运用高新技术推动传统文化的继承与创新。深化文化单位改革,构建富有生机活力,有利于多出人才、多出精品的体制机制。大力发展新兴文化产业,促进文化与科技、城建、旅游等产业融合发展,培育经济发展新增长极。

(三)切实加强北大荒企业文化建设。先进的企业文化是北大荒文化的重要组成部分。各企业要把北大荒精神和北大荒核心价值观作为企业文化的核心和灵魂,结合企业自身发展实践,培育和构筑独具特色的企业文化。发挥企业文化引导、凝聚、约束和激励作用,增强企业的凝聚力和竞争力,实现用文化管企业、以文化兴企业。加强北大荒品牌建设,进一步规范品牌的使用与管理,依托"北大荒"品牌,带动一系列组合品牌开发,构建北大荒品牌体系,打造北大荒品牌文化。

(四)致力打造北大荒先进文化传播平台。依托各级文化单位,完善北大荒文化传播体系,丰富传播手段,拓展传播渠道,创新传播方式,扩大北大荒先进文化的传播力。全面加强广播电视、报刊、互联网三大载体建设,发挥其传输快捷、覆盖广泛的优势,着力打造传播北大荒文化的主渠道、展示北大荒形象的主窗口、宣传北大荒品牌的主阵地。各大主流媒体要注重自身建设,办出特色,培育品牌,搞好对外对内、纵向横向合作,促进优势互补、资源共享,构建统一协调的北大荒文化传媒平台,提升北大荒文化影响力。

七、加强和创新社会管理

紧紧围绕全面建成小康社会的总目标,牢牢把握最大限度激发社会活力、最大限度增加和谐因素、最大限度减少不和谐因素的总要求,完善垦区社会管理体制,提升社会管理服务能力,有效化解社会矛盾,维护社会稳定,促进社会和谐。

(一)完善社会管理格局。坚持以人为本、服务为先,加快完善党委领导、行政负责、社会协同、公众参与、法治保障的社会管理格局。加强党对社会管理的统一领导,充分发挥各级党组织的领导核心作用。强化各级行政组织的社会管理职能,依据《黑龙江省垦区条例》,办好应由行政组织承担的社会管理和公共服务事务。充分发挥社会各方面的协同作用,引导统战、工会、共青团、妇联等群团和社会组织参与社会管理,强化企事业单位在社会管理服务中的责任。调动职工群众参与社会管理的积极性,动员和组织基层群众依法有序参与社会管理和公共服务,形成社会管理人人参与、和谐社会人人共享的良好局面。

(二)加强社会管理制度建设。完善社会管理基础性制度,建立健全公民基本信息登记制度,加强公民基本信息管理。建立健全社会诚信制度,加强社会信用管理,促进诚信垦区建设。着力推动行业规程、社区公约等社会规范建设,通过自律、他律和互律,规范公民、法人和其他组织行为。依法建立健全社区基本工作制度,规范社区管理。深入开展法制宣传教育,坚持依法行政,依法管理。

(三)加强基层社会管理服务。创新基层社会管理服务体系,推动农场社会管理重心下移,构建社区综合管理服务平台。综治、公安、司法、信访、民政和社保等行政机构要利用综合服务平台,实行"一站式管理,一条龙服务",切实解决面向基层群众的日常服务问题,全面提高社区管理服务水平。加快社会管理信息化建设,推行社区网格化管理。强化基层政务公开,推进公共决策制定、公共资金使用、公共资源配置、公共权力运行和公共服务供给公开。建立健全社区自治组织,支持其自我管理、自我服务,实现行政管理与基层群众自治有效衔接、良性互动。

(四)完善维护群众权益机制。畅通和拓宽公共诉求表达渠道,及时妥善处理群众的合理诉求。注重源头化解、源头稳控、源头预防,落实领导干部接访制度,及时化解信访积案。健全劳动关系协调机制,完善人社部门、工会和企业代表共同参与的三方协调机制,构建和谐劳动关系。落实职代会职权,发挥民主管理和监督作用。健全社会矛盾调处机制,完善人民调解、行政调解、司法调解联动的大调解工作体系。建立健全重大项目、重大决策社会稳定风险评估机制。认真落实民族宗教政策,加强流动人口和特殊人群服务管理,建立健全社会关怀帮扶体系,促进社会和谐稳定。

(五)加强公共安全体系建设。坚持预防和应急并重、常态和非常态结合的原则,建立健全突发事件应急体系,提高风险防范能力和应急处置能力。强化食品药品安全监管,完善快速反应、快速处置机制。加强安全生产监管，严厉打击非法违法生产经营建设行为，强化公共安全体系和企业安全生产基础建设，坚决遏制重特大安全事故。完善立体化社会治安防控体系，强化司法基本保障，全面加强重点地区、重点场所的社会治安综合治理，严密防范和依法打击各种违法犯罪活动。加强基层警务和群防群治队伍建设，提高对社会治安局势的控制力。深化平安建设，为垦区率先全面建成小康社会营造和谐稳定的社会环境。

八、切实加强党的建设

要以改革创新精神，切实加强党的执政能力建设、先进性和纯洁性建设，全面提高垦区党建科学化水平。

（一）以执政为民为宗旨，牢固树立群众观念。形势的发展，事业的开拓，人民的期待，都需要党领导人民去完成。要深入开展党的群众路线教育实践活动，做到"在思想感情上亲民爱民，在工作作风上为民利民，在发展成果上安民富民"。要坚定群众立场，坚持问政于民、问需于民、问计于民，从群众的伟大实践中汲取智慧和力量。要始终植根人民、造福人民，保持党同人民群众的血肉联系，与人民心连心、同呼吸、共命运。职工群众是提升垦区核心竞争力的最强大依靠力量。要着力办好顺民意、解民忧、惠民生的实事，着力解决好职工群众反映强烈的土地征用、拆迁安置、企业改制、土地承包、涉法涉诉等重点难点问题。要改进群众工作方法，最大限度地赢得群众的理解和支持，把人民对美好生活的向往，作为矢志不渝的奋斗目标，把人民的信任与重托，转化为加快发展的具体行动。

（二）以改革创新为动力，全面加强领导班子建设。按照德才兼备、以德为先、能够驾驭全局的要求，因地制宜地配齐配强各级领导班子，注重优化领导班子结构，增强班子整体战斗力。加强思想政治建设，坚持用马克思主义中国化最新成果武装头脑，不断增强各级领导班子领导科学发展能力和构建和谐能力，深化学习型党组织建设，创建学习型领导班子。健全党内民主、议事决策、民主监督和工作例会等制度，提高集体领导、民主决策和科学决策水平，努力形成整体合力，营造团结合作、和谐共事的浓厚氛围，创建团结型领导班子。不断提高各级领导干部的创新能力，培养造就"思想新、思维新、信息新、知识新、措施新、政绩新"的创新型领导班子。强化执行力建设，加大治庸、治懒、治浮、治散力度，真正做到干工作不因轻重而挑剔，抓落实不因阻力而退缩，解难题不因挫折而气馁，建设实干型领导班子。要把执行力作为衡量各级领导班子战斗力、凝聚力和各级领导干部驾驭复杂局面能力的重要标准。各级领导干部特别是"一把手"，要及时、准确、深刻地理解把握总局党委的决策部署，结合实际、融会贯通地高效落实。

（三）以人才强垦为主题，着力锻造高素质干部人才队伍。要建设一支忠于农垦事业、富有远见卓识、合力攻坚克难的党员干部和人才队伍。坚持五湖四海、任人唯贤，坚持德才兼备、以德为先，坚持注重实绩、群众公认，深化干部人事制度改革，使各方面优秀干部充分涌现、各尽其能、才尽其用。贯彻民主、公开、竞争、择优方针，完善干部选拔方式。健全干部管理体制，加大干部轮岗交流力度。培养选拔优秀年轻干部，重视培养选拔女干部和少数民族干部，鼓励年轻干部到基层锻炼成长。切实抓好人才引进工作，继续推进工业人才引进基地建设，全年引进以高校毕业生为主的各类人才4000名以上。着力构建符合垦区实际的人才培养和储备体系，注重发挥高等院校作用，培养落地型高技能人才。鼓励人才立足本岗创业、立业、兴业，开创人人皆可成才、人人尽展其才、人人有广阔天地施展才华的生动局面。

（四）以创先争优为统领，着力激发基层党组织生机活力。扎实推进党的建设模范区创建工作，深入实施"北大荒先锋工程"。巩固和提升垦区"创先争优"活动成果，不断推进创先争优常态化、长效化。引导各级党组织和广大党员，继续把创先争优融入中心任务、融入岗位职责、融入制度建设，使之成为推动科学发展、促进社会和谐、服务人民群众的强大动力源泉。健全党的基层组织体系，加强基层党组织带头人队伍建设，提高基层党组织服务群众的能力和水平。深入推进"两新"组织党建工作，扩大基层党组织和党的工作覆盖面，以党的基层组织建设带动其他各类基层组织建设。不断激发基层党组织的生机活力，坚持思想先进与行动先进的高度统一，围绕中心，服务大局，把党的建设融入创科学发展之优、创社会和谐之优的实践中，发挥好党组织领导核心、战斗堡垒和党员先锋模范作用。

（五）以廉洁高效为目标，营造良好事业环境。深入实施反腐倡廉"清风净土"工程，坚持标本兼治、综合治理、惩防并举、注重预防方针，全面推进惩治和预防腐败体系建设。做到干部清正、部门清廉、政治清明。进一步落实党风廉政建设责任制，切实把党风廉政责任分解到位、落实到位，提高党风廉政建设规范化、精细化水平。加强反腐倡廉教育和北大荒廉政文化建设，牢固树立“当好公仆，用好公权，出以公心，重视公德，提高公信，做好公民”的廉政理念，提高各级党员干部拒腐防变能力。注重从源头上预防和治理腐败，贯彻落实“三重一大”决策制度，完善公共权力监管机制，努力构建符合垦区特点的廉政风险防控体系。深化绩效管理，加强效能监察，促进效能提升。创新维护群众切身利益的工作机制和方法，深入开展纠风护民活动，严肃查办损害群众利益背后的腐败问题，做到治理一个问题，建立一项制度，巩固一项成果。严肃腐败案件查处，做到查处一起重大案件，教育一批干部，完善一批制度，促进一方廉政！

同志们！垦区奋力超越的号角已经吹响，全面建成小康社会的蓝图已经绘就。站在新起点上，让我们高举中国特色社会主义伟大旗帜，坚持以邓小平理论、“三个代表”重要思想、科学发展观为指导，坚定信心，聚精会神，开拓创新，团结带领垦区人民奋力攻坚克难，共创北大荒更加幸福美好的未来！

在总局党委(扩大)会议上的总结讲话

李 涛

(2012 年 11 月 29 日)

同志们:

总局党委(扩大)会议历时一天半,圆满完成了各项预定议程,现在就要结束了。

这次会议,是在党的十八大胜利召开,垦区全面完成三步走“实现跨越”阶段任务,即将进入“奋力超越”阶段的关键时期,召开的一次重要会议。会议自始至终贯彻了党的十八大精神和省委十一届二次全会精神,突出了**“为垦区率先全面建成小康社会而努力奋斗”**这个主题。特别是凤富书记代表总局党委所作的《报告》,使我们进一步认清了形势,明确了任务,统一了思想,坚定了信念,为垦区上下全面把握机遇,强化自觉自信,沉着应对挑战,推进跨越发展,奠定了坚实基础。昨天,会议代表对《报告》和三个文件草案进行了讨论。今天上午,18个单位作了典型发言和表态发言。在大家的共同努力下,会议开得很成功,达到了预期目的。

下面,我就贯彻落实这次总局党委(扩大)会议精神,讲几点意见。

第一,与会代表对《报告》和会议的总体评价

在分组讨论中,代表们畅所欲言,气氛热烈。一致认为,凤富书记今年所做的《报告》,高屋建瓴、内涵丰富、论述精辟。对五年发展成就的评价客观实际,对薄弱环节的把握深刻透彻,对重要经验的提炼精到准确,对未来发展的描绘恢弘大气,对明年工作的部署全面细致,完全符合中央和省委精神,切合垦区发展实际,顺应广大干部职工渴盼更好更快发展的新期待,具有很强的实践指导性,是推进垦区率先全面建成小康社会,完成奋力超越宏伟目标的纲领性文件。总体来看,这次会议体现出**“快、高、新、实”**的突出特点:*一是动作快*。党的十八大和省委十一届二次全会刚刚闭幕,总局党委第一时间召开这次(扩大)会议,迅速学习传达、制定具体举措、全面贯彻落实。这充分体现了总局党委在思想上政治上行动上,同党中央和省委保持着高度一致,更体现出总局党委强大的执行力和战斗力。*二是站位高*。《报告》以科学发展观为指导,抓住当前难得的政治机遇、政策机遇、领导机遇和发展机遇,以战略性的思维谋划垦区新定位,确立了“比全国提前五年率先全面建成小康社会” 这个总目标,为未来发展确立了新的坐标点。*三是理念新*。《报告》通篇始终昂扬着创新发展的主旋律,确立了统筹发展的新方针,制定了转变发展方式、提高管理水平的新举措,诠释了北大荒思想文化的新内涵,提出了加强社会建设的新任务, 强调了党的建设新要求,具有很强的指导性、前瞻性和创新性。*四是措施实*。《报告》立足垦区实际,瞄准未来发展方向,把中央和省委的重要指示精神,细化为实际行动,工作推进力度空前,部署工作实实在在,多数指标呈现两位数增长, 体现了总局党委团结带领垦区人民,实现奋力超越发展的大智慧、大胸怀和大气魄。

代表们一致认为,这次党委(扩大)会议,是一次统一思想、凝聚人心的大会,是一次团结鼓劲、务实高效的大会,是一次承前启后、继往开来的大会。代表们坚信,只要坚定不移地按照党和国家、省委省政府和总局党委的要求,真抓实干,拼搏进取,狠抓落实,就一定能够实现垦区的新发展、新跨越,在全国率先全面建成小康社会。

代表们本着对垦区事业高度负责的精神,对《报告》和三个文件草案提出了一些很好的意见和建议,会后我们将组织相关部门认真研究,积极吸纳。

第二,着重理解和把握好凤富书记《报告》的精髓

*(一)要着重理解和把握好“一个中心”。即:贯彻落实党的十八大和省委十一届二次全会精神。*党的十八大报告勾画了在新的历史条件下全面建成

小康社会、加快推进社会主义现代化、夺取中国特色社会主义新胜利的宏伟蓝图，为垦区未来发展指明了方向。省委十一届二次全会，围绕深入学习贯彻落实党的十八大精神，提出六项措施，明确了建设富强文明和谐大美幸福龙江的目标。垦区各级党组织和广大党员干部，要把学习贯彻党的十八大精神和省委十一届二次全会精神，作为当前的一项首要政治任务抓实抓好。要结合自身实际，适时调整发展战略，使之更加贴合中央和省委的发展目标、重点任务，自我加压，迎难而上，以更大的气魄、更大的思路、更大的作为，为国家战略和全省大局作出新的更大贡献。

（二）要着重理解和把握好“一个目标”，即：率先全面建成小康社会。总局党委立足垦区坚实的发展基础、优越的外部环境和良好的社会氛围，在充分调研论证基础上，提出比全国提前5年全面建成小康社会，既与时俱进，鼓舞人心，又立足现实、切实可行。率先全面建成小康社会，是总局党委对垦区人民作出的庄严承诺，承载着垦区人民对建设幸福北大荒的新期待。各级党组织和广大党员干部，一定要切实增强加快发展的责任感、紧迫感和使命感，带领广大职工群众，万众一心，埋头苦干，确保这一目标如期实现！

（三）要着重理解和把握好“一个机遇”，即：建三江、九三综合改革试验区管理委员会正式设立。省委、省政府在建三江和九三管理局设立管委会，将宝泉岭经济开发区、红兴隆工业园纳入重点支持范围，突破了长久以来制约垦区发展的制度障碍，对于促进垦区经济社会转型，示范带动全省城乡一体化发展，具有重大意义。垦区各级一定要牢牢把握千载难逢的战略机遇，闻令而动，乘势而上，主动作为，抓紧对接，在如何用好用活相关财税政策上动脑筋、想办法，以政策引项目，以项目带发展，使之成为助推垦区经济社会跨越腾飞的强大引擎。

（四）要着重理解和把握好“一个方针”，即：强工、兴城、优农。《报告》立足世情、国情、垦情的新变化，与时俱进地将垦区发展方针调整为“强工、兴城、优农”，目的就是实现更高水平、更高质量的新型工业化、城镇化和农业现代化，把发展重点转移到“质量和效益”上来。这次会议，总局党委还首次做出了“推进信息化建设”的部署，并细化落实到经济社会建设各个领域，着力推进信息化与新型工业化、农业现代化和城镇化融合发展。垦区上下一定要按照总局党委谋划的统筹发展新方针，统一思想，狠抓落实，合力开创垦区“四化”建设新局面。

（五）要着重理解和把握好“一个主题”。即：实施国家安全食品生产基地建设工程。总局党委把“强工”作为今后一个时期垦区发展的主抓手，把“紧紧围绕国家安全食品生产基地建设，全力推进新型工业化建设”，作为“强工”的总目标，体现了战略设计与实施步骤的统一，宏观谋划与微观措施的结合，为垦区科学发展提供了重要遵循，对于推进垦区产业升级，提高优质、安全、绿色、生态农产品有效供给能力，维护国家食品安全，具有重要的现实意义和深远的历史意义。各单位、各部门，尤其是重点产业化龙头企业，一定要按照总局党委确立的目标，统筹规划，强力推进，以奋发有为的精神状态推动垦区新型工业化再上新台阶。

（六）要着重理解和把握好“一个灵魂”，即：发展繁荣北大荒文化。北大荒文化是北大荒人信仰之源、信念之本。波澜壮阔的农垦事业，呼唤北大荒文化大发展大繁荣。垦区上下要按照总局党委新号召，在奋力跨越的伟大实践中，不断丰富和发展北大荒文化体系，赋予北大荒精神、北大荒核心价值观新内涵，践行“六民”执政、“六新”勤政、“六公”廉政理念，贯彻“六字”管理原则，执行“六严”管控制度，实现“六富”施政目标，使之细化到每一个北大荒人的一行一动之中，成为北大荒人生生不息的精神动力，成为北大荒人的醒目“名片”。

（七）要着重理解和把握好“一个核心”，即：加强党的建设。凤富书记在《报告》中，要求垦区上下必须坚定不移地贯彻落实党的十八大精神，牢牢把握加强党的执政能力建设、先进性和纯洁性建设这条主线，继续解放思想，提高领导水平，树立宗旨观念，严明党的纪律，为垦区奋力超越提供坚强有力的组织保障和领导保障。垦区各级党组织、广大党员干部，要按照《报告》要求，深入实施北大荒先锋工程，加快推进党建模范区建设，特别是要狠抓执行力建设，坚定不移地把总局党委各项要求抓实落靠，并进一步凝聚干部群众的智慧和力量，形成万众一心奔小康的强大合力。

第三，要结合近期重点工作，狠抓会议精神的贯彻落实

垦区各级党组织要迅速掀起学习宣传贯彻总局党委（扩大）会议精神的新热潮，切实把垦区广大干部群众的思想和行动，统一到中央、省委和总局党委的各项部署和要求上来。要重点抓好“四个结合”：

(一)贯彻落实会议精神,要与完成全年重点工作相结合。从现在到年底,仅剩一个月时间。各单位、各部门要按照年初确定的计划,狠抓主要经济指标的攻坚,确保全年任务目标如期实现。特别是,要搞好粮食市场销售服务,主动深入销区搞对接,及时为职工提供信息服务,最大限度地保证职工丰产丰收。

(二)贯彻落实会议精神,要与谋划好明年工作相结合。要紧紧围绕总局党委(扩大)会议精神,结合本单位本部门实际,及早着手,超前谋划,对明年工作进行认真研究,周密安排部署,把"强工、兴城、优农"各项举措落到实处。各级领导干部要认真分析研究国家政策的新走势、新动向,及时掌握新情况,研究新问题,提出新措施,把国家和省支持垦区发展的各项政策落实到位,力求在经济社会发展的主要领域实现新突破,取得新进展。

(三)贯彻落实会议精神,要与抓好社会管理相结合。各级领导干部要以对党、对人民、对垦区事业高度负责的态度,从构建垦区和谐社会的高度,认真抓好社会管理工作。要搞好供热、供气、供电、消防和交通等社会公共服务,保障人民群众正常生产生活。要着力解决好影响社会和谐稳定的突出问题,从源头抓起,积极预防和化解社会矛盾。要强化安全生产管理,坚决防止发生重特大安全事故。要加强基层警务和群防群治队伍建设,提高社会治安局势控制力。各级领导干部要时刻把职工群众安危冷暖挂在心上,深入到贫困场队、特困家庭,通过走访慰问,体察社情民意,解决实际困难,把党的温暖送到千家万户。

(四)贯彻落实会议精神,要与凝聚力量提升干劲相结合。站在新的历史起点上,垦区各级领导干部要按照总局党委(扩大)会议各项部署,以奋发有为的工作状态,务实高效的工作作风,勇于攻坚的进取精神,团结带领广大职工群众,五指并拢,攥紧拳头,做到思想上合心,组织上合力,工作上合拍,努力创造经得起实践和历史检验的一流业绩。

同志们!伟大事业离不开万众一心的拼搏,美好未来需要脚踏实地的行动。让我们在总局党委的正确领导下,解放思想,与时俱进,锐意进取,扎实工作,为实现垦区率先全面建成小康社会而努力奋斗!

黑龙江省农垦总局2012年经济和社会发展统计公报

2012年,垦区各级在总局党委的正确领导下,坚持以科学发展观为统领,以转变发展方式为主线,高举现代化大农业伟大旗帜,攻坚克难,锐意进取,坚定不移地推进"三化"统筹发展,加快建设"三个垦区",使垦区经济保持平稳较快发展,社会建设、文化建设和生态文明建设全面推进,取得了众多突破性、历史性成绩,为垦区率先全面建成小康社会奠定了坚实基础。

一、综　　合

经济总量首次突破千亿元大关。全年实现垦区生产总值(GDP)1143.4亿元,比上年增加227亿元,增长20.6%,连续10年保持两位数增长,近四年增速均在18%以上。人均生产总值达到66363元,增长18.6%,以当年平均汇率折算人均地区生产总值为10513美元,比上年增加1921美元。全年实现非公有经济增加值514.5亿元,比上年增长26.9%。

三次产业连续8年保持两位数增长。第一产业增加值553.2亿元,增长13.4%,第二产业增加值300.4亿元,增长34.4%,第三产业增加值289.8亿元,增长22.6%。一、二、三产业对垦区当年经济增长的贡献率分别为33.5%、39.7%和26.8%。

经济结构调整呈现实质性变化。三次产业结构为48.4:26.3:25.3,第二产业比重比上年提高2.5个百分点,第一产业比重10年来首次降到50%以下;农、林、牧、渔业及服务业结构为70.2:0.9:25.3:0.6:3.0,牧业比重比上年提高0.8个百分点;公有和非公有经济结构为55.0:45.0,非公有经济比重比上年提高1.8个百分点。

图1　2008—2012年垦区生产总值及其增长速度

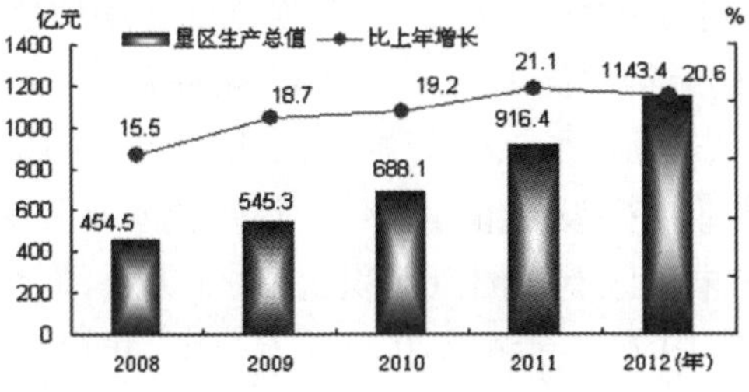

二、农、林、牧、渔业

粮食生产连续9年实现播种面积、综合单产和总产量历史性突破。2012年垦区种植各种农作物287.1万公顷,比上年增长0.9%,实现农业增加值389.3亿元,增长9.5%。其中,粮食种植面积279.8万公顷,比上年增长2%,占全部农作物的比重达97.5%。高产作物水稻和玉米分别达到154.8万公顷和85.4万公顷,两者占粮食面积的比重为85.9%,比上年提高8.1个百分点,为垦区粮食总产量跃上新台阶奠定了坚实的基础。粮食综合单产实现7524公斤/公顷,比上年增长1.4%。粮食综合生产能力再创历史新高,总产量达到210.5亿公斤,比上年增长3.3%。在我省粮食生产中的地位和对国家粮食安全的贡献进一步增强,粮食产量占全省和全国的比重分别为36.5%和3.3%。为国家提供商品粮198.1亿公斤,粮食商品率达94.1%,比上年提高0.1个百分点。

历经65年的开发建设,垦区已累计生产粮食2853.2亿公斤,累计向国家交售商品粮2226.1亿公斤。垦区年商品粮总量可以保障全国1.2亿城镇人口一年的口粮供应,成为国家抓得住、调得动、能有效应对突发事件的"中华大粮仓"。

绿色、有机食品和无公害农产品认定规模逐年扩大,质量安全体系建设日臻完善。年末垦区有效使用绿色食品标志产品数达到287个,比上年增加2个,占全省的27%;全年种植绿色有机食品农作物199.3万公顷,占垦区农作物总种植面积的69.4%,占全省绿色有机食品认证面积的44.5%;无公害农产品产地认定总数达542个,占全省的15.5%,产地认定面积263.4万公顷,占全省的28%,无公害农产品489个。到2012年末,垦区获得国家地理标志产品2个,累计获得全国农业标准化示范农场项目24个,全国绿色食品标准化原料生产基地63个。农垦农产品质量追溯系统建设项目稳步增加,2012年建设项目45个,创建项目55个。垦区农产品检验检测体系建设全面展开，建成了部级质检中心3个，6个重点县级和3个县级农产品质检站项目全面启动。

图2　2008—2012年粮食产量及其增长速度

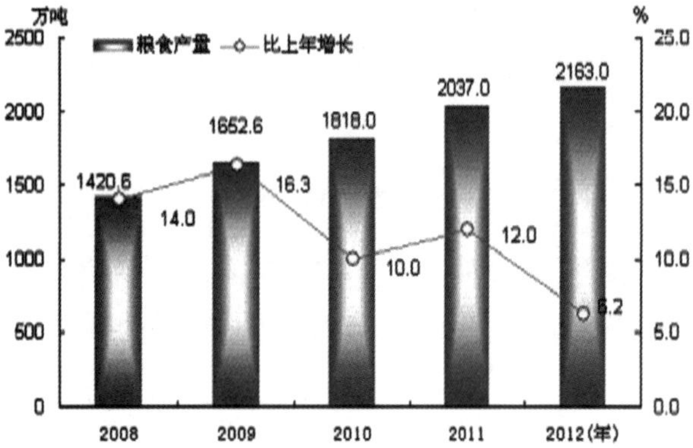

表1　2012年主要农产品产量

产品名称	产量(万吨)	比上年增长(%)
粮　　食	2163.0	6.2
其中：水 稻	1370.4	7.2
小 麦	21.2	-60.3
玉 米	664.3	19.1
大 豆	87.1	-29.8
杂 豆	6.7	-37.4
马铃薯(折粮)	13.2	10.5
油　　料	1.7	-40.6
亚　　麻	0.3	-35.2
甜　　菜	75.9	-9.0
蔬　　菜	20.4	-35.9
瓜　　类	22.2	-23.9
饲料作物	167.3	-26.2

森林垦区创建活动效果良好，生态经济型林业得到快速发展。2012年垦区林业以创建“森林垦区”为重点，全面实施林业生态护农工程、林业产业富民工程和农垦城镇森林靓化工程，使垦区园林化档次大幅度提高，林业产业得到快速发展。全年实现林业增加值5.2亿元，比上年增长37.2%。当年完成造林绿化24万亩，建设百亩以上森林公园52个，完善和新建绿色城堡597个，绿色通道862公里，完成绿色屏障2567条，见缝插绿2630块，使城镇暨管理区绿化覆盖率提高1个百分点，达到38%，区域森林覆盖率达18.4%。全年未发生大的森林、草原火灾，森林过火面积控制在0.5‰以下，林业有害生物成灾率控制在3‰以下，森林病虫害防治率达90%以上。严厉查处毁林、毁湿案件，林政案件结案率达98%以上，森林、湿地资源得到有效保护。

畜牧业继续保持较快增长势头。年初以来，垦区继续加大畜牧业标准化、规模化、产业化养殖力度，加快了垦区绿色健康养殖基地的建设步伐，使垦区以“两牛一猪”为发展重点的畜牧业生产继续保持良好的发展势头。全年实现畜牧业增加值139.9亿元，比上年增长19.6%。主要畜禽存栏和产品产量如下：

表2　2012年主要畜产品产量和年末存栏

指标名称	计量单位	绝对数	比上年增长(%)
肉类总产量	万吨	78.2	13.7
其中：猪肉	万吨	49.6	11.6
牛肉	万吨	13.6	17.5
羊肉	万吨	3.8	19.8
禽肉	万吨	10.9	16.5
禽蛋产量	万吨	8.9	8.4
牛奶产量	万吨	148.0	12.4
大牲畜存栏	万头	100.9	5.5
其中：奶牛	万头	44.9	5.7
黄牛	万头	55.6	5.6
猪存栏	万头	301.9	24.1
其中：能繁母猪	万头	29.2	0.6
羊存栏	万只	170.7	0.1
其中：绒山羊	万只	75.3	-6.8
家禽存栏	万只	1671.2	8.5
其中：鹅	万只	189.3	39.8
鹿存栏	万只	2.3	-6.6
兔存栏	万只	13.1	10.5

渔业生产稳步增长。全年实现渔业增加值3.3亿元，比上年增长44.6%。全年养殖面积为2.46万公顷，水产品产量3.45万吨，比上年增长20.9%。

农业基础设施继续强化，现代化水平显著提高。年末垦区有效灌溉面积达162.1万公顷，增长5.5%，其中节水灌溉面积24.3万公顷；机电井8.6

万眼，增长5.9%。现有粮食处理中心270座，种子加工厂87个，金属粮仓2383座，水泥晒场2734万平方米，农用飞机场69处。粮食仓储能力达到958万吨，比上年增长13.1%。农机装备能力显著提升，截至2012年末，垦区建设完善了380个现代农机装备作业区，农业生产田间作业综合机械化率提高到97.5%。年末拥有农用机械总动力818.6万千瓦，比上年增长9.8%；农用大中型拖拉机6.23万台，增长6.6%，其中100马力以上拖拉机6470台，增加365台；机动水稻插秧机6.97万台，增长5.3%；联合收获机2.63万台，增长20.4%。现有农用飞机44架，垦区航化作业面积171.2万公顷，比上年增长8.1%。

图3　2008—2012年农业机械情况

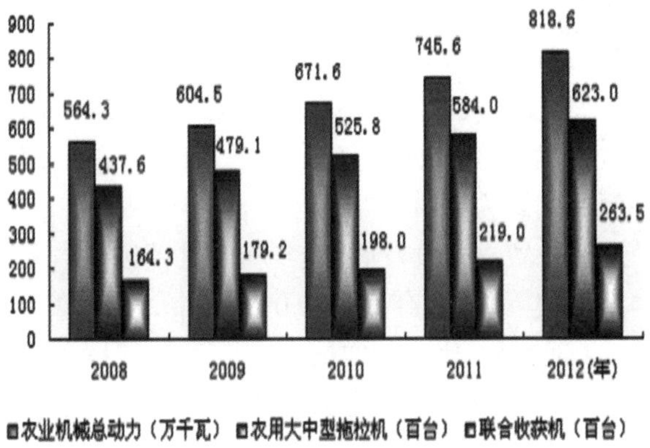

三、工业和建筑业

工业生产快速增长，整体实力不断增强。2012年，垦区全面启动“强工”攻坚战，突出抓好工业重点项目建设，大力推进农业产业化经营，进一步提高企业的竞争实力和运行质量。全年实现工业增加值219.9亿元，比上年增长36.6%，其中，规模以上企业完成增加值139.4亿元，增长31.5%；省级以上龙头企业完成增加值54.7亿元，增长18.2%。在全部工业增加值中，轻工业增加值175.1亿元，增长43.8%；重工业增加值44.8亿元，增长14.1%。

图4　2008—2012年工业增加值及其增长速度

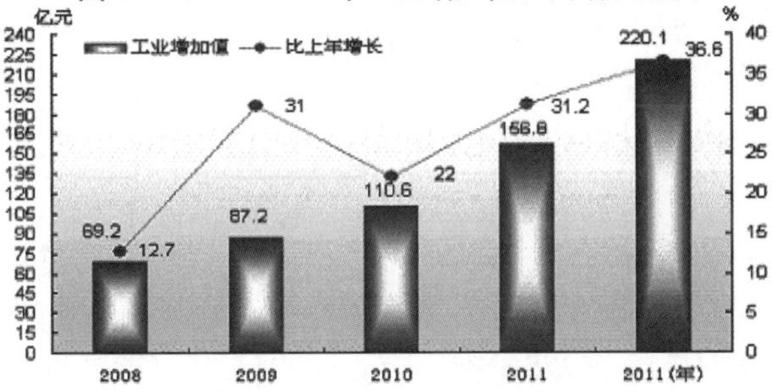

表3　2012年主要工业产品产量

指标名称	计量单位	产　量	比上年增长（%）
小麦粉	万吨	32.7	16.4
大米	万吨	606.9	30.1
食用植物油	万吨	123.7	9.8
乳制品	万吨	30.0	6.4
其中：乳液体	万吨	23.0	11.1
成品糖	万吨	3.1	–17.4
鲜冷藏冻肉	万吨	87.5	437.8
白酒	万吨	101740	67.7
大麦芽	万吨	18.7	–15.5
配混合饲料	万吨	60.3	43.5
豆粕	万吨	533.6	9.1
中成药	万吨	0.4	55.3
化肥（实物量）	万吨	38.6	11.7
水泥	万吨	199.7	–9.5
焦炭	万吨	2.7	–78.6
发电量	万吨	7.7	33.8
机制纸及纸板	万吨	2.9	–20.7
豆制品	万吨	9.2	38.9
精甲醇	万吨	1.1	268.9
淀粉	万吨	5.6	–14.1

工业企业增效显著。全部工业企业全年实现主营业务收入945.1亿元，比上年增长28.7%；实现利税总额47.9亿元，比上年增长36.4%，其中利润20.8亿元，增长23.0%。

建筑业生产增速和效益明显提高。全年实现建筑业增加值80.5亿元，比上年增长28.6%。当年新开工的单位工程施工个数4500个，比上年增加1055个。当年单位工程竣工个数4258个，比上年增加823个。年内房屋建筑施工面积和竣工面积分别达到868.7万平方米和653.1万平方米，分别比上年增长16.4%和–1.0%。实现利税27.0亿元，增长16.7%，其中利润17.9亿元，增长9.8%。

四、固定资产投资

固定资产投资持续快速增长。2012年垦区继续抓住国家加大农业投入和推进城乡一体化发展的机遇，以加速实现垦区"三化"进程为目标，积极推进大项目战略的实施，突出农产品龙头加工项目、千亿斤粮食工程、现代农机装备项目、保障性安居工程、高速公路等重点建设项目的投资，固定资产投资呈现大幅度增长。全年完成固定资产投资总额367.9亿元，比上年增长28.9%，其中，生产性建设投资182.3亿元，增长66.0%，非生产性建设投资185.6亿元，增长5.6%。从产业投向上看，第一产业81.1亿元，增长61.2%，占22.0%；第二产业77.1亿元，增长1.93倍，占21.0%，比上年提高了11.8个百分点，当年投资对经济增长的贡献率达到61.7%。其中工业76.7亿元，增长1.95倍，工业投资连续两年保持高速增长，为垦区工业经济健康持续发展提供后劲；第三产业209.7亿元，增长0.4%，占57.0%。

图5　2008—2012年固定资产投资及其增长速度

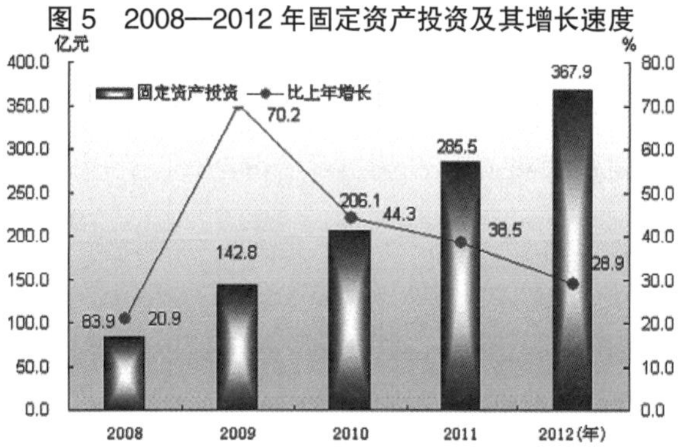

五、交通运输、通讯和旅游业

交通运输业发展良好。全年垦区完成运输场站、公路养护和区域物流园区建设等投资5.4亿元。新建农场客运站16个；新建九三物流园区铁路专用线8.42公里；完成农村公路养护、养护设备购置、急弯改造及景观路建设项目114个。运输基础设施进一步完善，运输生产能力显著增强。全年共完成道路客运量0.1亿人次，客运周转量6.6亿人公里，货运量0.2亿吨，货运周转量13.4亿吨公里，分别比上年增长1.6%、2.0%、2.4%和2.7%。

公路三年决战成果显著。2012年末，垦区公路硬化里程突破1万公里大关，达10063公里，为垦区新农村建设做出了突出贡献。全年完成公路建设投资15.9亿元，其中，高速公路建设完成投资12.3亿元，重点公路建设完成投资0.7亿元，农村公路建设完成投资2.5亿元。

通信事业健康发展。年末农垦通信拥有通信线路27038公里，比上年增长0.8%。其中，光缆线路总长度16387皮长公里，增加731皮长公里。垦区固定电话达到48.4万部，比上年增长1.5%，户均固定电话普及率达到73.4%，比上年提高0.2个百分点。宽带用户达到15.8万户，比上年增加2.3万户，增长17%。

旅游业发展迅速。全年累计接待国内外旅游者468.2万人次，实现旅游收入22.8亿元，比上年分别增长23.4%和25.9%。年末，垦区拥有A级以上景区21个，比上年增加3个，其中，AAAA级景区2个，AAA级景区19个。海林、七星、兴凯湖农场被确定为黑龙江省旅游名镇。

六、国内贸易和对外经济

消费品市场繁荣稳定。全年垦区实现社会消费品零售总额158.5亿元，比上年增长15.1%。其中，农场及农场以下消费品零售额135.5亿元，增长15.7%；批发零售贸易业消费品零售额135亿元，增长15.2%；餐饮业零售额21.5亿元，增长22.9%；食品类商品零售额60.3亿元，增长12.5%，占全部零售额的比重为38%。

对外贸易持续发展。全年实现外贸进出口总额24.1亿美元，比上年增长9.0%，其中，出口总额实现8.3亿美元，比上年增长16.9%。北大荒绿色特色产业基地被商务部认定为黑龙江省唯一一家国家级出口示范基地。

招商引资和对外经济贸易合作取得新进展。全年签订国内外经济技术合作项目483项，其中利用外资项目53项。实际利用国内外资金98.4亿元，比上年增长39.7%，其中合同利用外资到位额9356万美元，比上年增长10.8%。

实施"走出去"战略向纵深推进。垦区在俄罗斯、菲律宾、朝鲜、美国、巴西、哈萨克斯坦、香港等国家和地区注册公司29个，其中，独资企业18个，合资企业3个，合作企业8个；境外产业多元发展，在优势农业境外开发的基础上，产业链条延伸到加工业、畜牧业、木材采伐、矿藏开采、贸易流通、现代物流网络建设等行业。在境外租种土地200万亩；对外劳务输出累计达到1.4万人次，输出生产机械0.37万台套；境外投资超过7.0亿元人民币，累计生产粮豆25亿公斤。

七、科技、教育、卫生、文化和体育

科技事业成果丰硕。2012年末垦区有专业科研机构19个，技术推广中心（站）113个，省级科技成果推广示范基地 11 个，国家级农业科技园区 1 个，省级农业科技园区 2 个，国家级工程技术中心 1 个，省部级工程技术中心、生产力促进中心、企业研发中心等 27 个。年内开展的科技项目 181 个，其中省部级以上科技项目 127 个，获得总局以上项目经费 2.6 亿元。全年垦区各级科技投入 9.2 亿元，比上年增长 48.4?%。有 5 项科技成果获得黑龙江省科技奖励。新增专利 189 个，比上年增长 92%，累计拥有专利数 685 个；新增专利优势企业 1 个，累计达 6 个。总局生产力促进中心被认定为国家级技术转移示范机构和中国创新驿站黑龙江基层站点。

教育事业稳步发展。垦区在全省率先建成学前教育服务体系，各级各类教育办学质量普遍提高。年末垦区有独立普通小学 28 所，招生 1.5 万人，在校生 8.5 万人，毕业生 2.4 万人；普通中学 126 所，招生 3.5 万人，在校生 10.9 万人，毕业生 3.2 万人。普通高等院校 3 所，招生 0.8 万人，在校生 2.9 万人，毕业生 0.8 万人；中等职业教育学校 9 所，招生 1 万人，在校生 3.2 万人，毕业生 0.9 万人。当年高考进入普本分数线以上的有 6173 人，比上年增加 807 人。

医疗卫生服务体系不断完善。2012 年末垦区共有各级各类医疗卫生机构 1536 个，其中综合医院 124 所，专科医院 1 所，疗养院 1 所；卫生监督所（含疾病预防控制中心）118 个，妇幼保健院 97 所。卫生技术人员 14889 人，其中，执业医师和执业助理医师 8427 人，注册护士 4685 人。拥有住院床位和观察床位 11015 张。全垦区现有社区卫生服务中心 106 个，社区卫生服务站 422 个，基层卫生覆盖率达 100%，“六位一体”社区卫生服务体系不断完善。当年垦区共发生法定传染病 18 种，其中乙类传染病 12 种，丙类传染病 6 种，报告发病率为 119.74/10 万，比全省发病率低 177.83/10 万。

文化艺术事业更加繁荣。年末垦区共有博物馆 12 个，图书馆 224 个，文化馆 53 个，场史馆 44 个，社区、管理区综合文化活动室 388 个，文化广场、主题公园 213 个。现有一报四刊，《北大荒日报》全年总印数 2120 万份，杂志 4 种，全年总印数 36.12 万册。出版了《北大荒文化地理标志》大型图书，编辑了《北大荒群众歌曲集》图书。在全省第十三届“群星奖”比赛活动中，有 12 件作品分获金、银奖项；在省第七届“黑龙江省文艺奖”评选中，大型电视文艺晚会《中华大粮仓》和摄影作品《春江水暖》荣获二等奖。2012 年垦区继续实施文化信息资源共享工程，在 9 个管理局充实完善了文化信息管理系统，在 36 个农场建立文化信息资源展示系统，建立健全四级公共文化服务体系，文化信息资源共享工程覆盖率 100%。

广播电视事业稳步发展。各级广播电视台站共开办专栏 220 余个，累计播出 1200 余期，省级以上媒体播发新闻 700 余条。农垦广播电视台开辟电视栏目 30 个，播出 1000 余期，新闻 7900 余条。“龙广·北大荒之声”实现了 19 个频点覆盖，引进转播中央台和省台广播节目 7 个。继续推进数字电视平移，目前用户已达到 36 万户，比上年增加 6 万多户。《北大荒农业频道》已在 13 个地市落地，收视人口近 3000 万，实现全省覆盖的目标。

体育事业深入开展。年末垦区拥有体育场馆 144 个，全年组织各类体育运动会及体育比赛 672 次，有 15.7 万人参加了各种类型的体育运动项目。继续加大全民健身工程投入力度，当年在垦区建设奥林匹克中心 1 个，综合性体育馆 4 个，国家、省级健身路径 130 个。

八、社会保障和环境保护

社会保障能力明显提高。2012 年，垦区基本养老、医疗、失业、工伤、生育等“五险合一”的社会保险制度不断完善，各项社会保险覆盖范围继续扩大，基金规模持续增长，保障能力明显提高。2012 年末，参加企业基本养老保险人数达到 49.1 万人，比上年增长 4.1%，离退休人员达到 36.7 万人，比上年增长 8.6%，全年累计发放养老金 57.3 亿元，比上年增长 17.9%；参加基本医疗保险人员为 145.8 万人，其中，参加职工医疗保险 73.6 万人，参加居民医疗保险 72.3 万人，全年支付医疗保险基金达到 13.1 亿元，比上年增长 35.4%；参加失业保险人员达到 43.4 万人，全年发放失业保险基金 377.5 万元，比上年下降 26.7%；参加工伤保险人员 39.4 万人，全年支付工伤保险基金 5076 万元，比上年增长 17.9%；参加生育保险人员 39.3 万人，全年支付生育保险基金 2041.5 万元，比上年增长 59%。

保险事业发展加快。全年保费收入 22.6 亿元，比上年增长 33.5%，其中，农险保费收入 19.4 亿元，比上年增长 27.9%，农业保险承保面积 7078 万亩。全年赔付额 10.3 亿元，其中，农险赔金额 9.3 亿元。

资源环境保护力度加大。年末垦区已建各级各类自然保护区 21 个，总面积 51.5 万公顷，占垦区土地总面积的 9.1%。继续加强农村环境保护和自然生态保护工作，加大环境监管力度，8个项目列入“十二五”松花江流域规划项目，60%以上的农场开展饮用水源地划分工作，狠抓污染防治工作，严格控制污染物排放量，如期完成年度减排项目。积极争取农村饮用水水源地保护项目。广泛开展国家级、省级生态乡镇创建工作，2012年垦区获得国家级生态乡镇称号农场5个，省级生态乡镇13个，省级生态村31个，生态系列创建工作走在全省前列。

九、人口与人民生活

人口保持低速增长。全年垦区人口出生率为4.33‰，比上年提高0.3个千分点，人口自然增长率为-1.21‰，比上年提高0.09个千分点。年末垦区总人口173.4万人，比年初增加2.2万人。其中，农场人口148.2万人，占总人口的85.5%。

从业人员薪酬保持较高增长。年末垦区从业人员98.3万人，全年从业人员劳动报酬201.9亿元，比上年增长14.1%；年末全部在岗职工36.8万人，比上年减少0.9万人，在岗职工年平均工资为24174元/人，比上年增长18.0%。

农场职工家庭人均纯收入首次突破2万元大关。全年农场职工家庭人均纯收入达到20227元，比上年增加3761元，增长16.7%。其中，工资性收入增长21.1%，家庭经营性收入增长7.6%，财产性收入增长16.1%。农场职工家庭人均生活消费支出9479元，比上年增长9.3%，其中食品消费支出所占比重即恩格尔系数为32.8%。耐用消费品数量稳中有增。年末，平均每百户农场职工家庭拥有彩色电视机108台、洗衣机96台、电冰箱82台、空调3台、摩托车61辆、热水器51台、微波炉18台、照相机28台、影碟机28台、家用计算机62台、移动电话205部、生活用汽车9辆。

图6　2008—2012年农场职工家庭人均纯收入及其增长速度

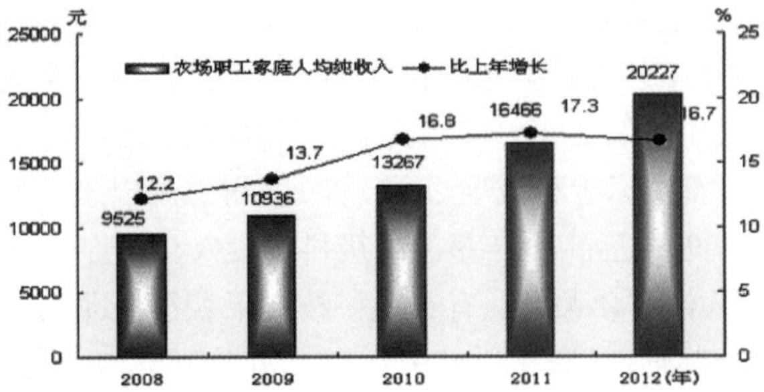

小城镇建设发展迅速。垦区继续加快小城镇基础设施和城区环境绿化美化建设，增强城镇的综合载体功能。全年新建小城镇住房558万平方米，小城镇人均拥有住房面积31.5平方米，比上年增加1.5平方米；集中供热面积3809.1万平方米，比上年增长18.7%；城镇高等级混凝土路面已达1941公里，增长18.4%；人均绿地面积41平方米，增长13.9%；城镇化率达到85%，比上年提高5个百分点。

居民居住条件得到持续改善。垦区继续加快居民住宅基础设施、公共设施建设步伐，全年用于住宅的投资达98.6亿元，比上年下降20.4%。到年末，垦区居民住房面积达到5240.2万平方米，比上年增长8.5%，人均住房面积30.2平方米，比上年增加2.0平方米。

居民储蓄存款继续增加。年末垦区居民储蓄总额298.9亿元，比上年增长17.5%，人均储蓄额17238元。

注：1.垦区生产总值、各产业增加值、人均生产总值和农场职工家庭人均纯收入及其构成项目绝对数按现价计算，增长速度按可比价格计算。

2.公报数据为初步统计数据，最终数据以《2013年黑龙江垦区统计年鉴》为准。

1

行政区划和自然资源

STATISTICAL YEARBOOK

1-1 各部门机构数(一)

（2012 年） 单位：个

项目	合计	宝泉岭管理局	红兴隆管理局	建三江管理局	牡丹江管理局
一、农 业					
农牧场个数	113	13	12	17	14
#农 场	102	13	11	14	14
牧 场	6	0	0	1	0
农林牧渔业单位数	1194	363	104	155	192
#管理区	568	44	74	111	110
二、工 业					
工业企业及生产单位数	1230	153	256	155	185
#国有及国有控股	208	8	28	23	19
法 人	900	83	178	136	167
农场属	1030	135	235	107	161
三、建筑业					
建筑企业单位数	199	31	39	32	17
#国有及国有控股	34	7	7	9	3
四级以上资质等级	89	10	10	15	7
农场属	151	24	30	27	15
四、交通运输、仓储业					
交通运输、仓储业单位数	181	12	36	46	36
#国有及国有控股	147	11	29	39	34
法 人	25	1	5	7	2
农场属	138	11	27	39	24
五、批发和零售业					
批发和零售业单位数	469	54	64	39	69
#国有及国有控股	195	30	22	15	34
法 人	349	35	26	26	63
农场属	358	47	59	33	56
六、住宿和餐饮业					
住宿和餐饮业单位数	85	10	26	13	6
#国有及国有控股	52	8	12	12	6
法 人	22	3	3	2	1
七、居民服务及其他服务业					
居民服务及其他服务业单位数	40	8	20	0	4
#国有及国有控股	26	4	13	0	4
法 人	9	4	2	0	0
八、信息传输、计算机服务和软件业					
信息传输、计算机服务和软件业单位数	51	1	10	12	2
九、房地产业					
房地产业单位数	51	4	7	6	8
十、租赁与商务服务业					
租赁与商务服务业单位数	67	3	8	10	3

1-1(1)续表　　(2012年)　　单位:个

项目	北安管理局	九三管理局	齐齐哈尔管理局	绥化管理局	哈尔滨管理局	总局直属
一、农业						
农牧场个数	15	11	11	10	9	1
#农场	15	11	8	7	8	1
牧场	0	0	3	1	1	
农林牧渔业单位数	135	108	41	52	39	5
#管理区	97	73	28	21	10	
二、工业						
工业企业及生产单位数	113	99	66	94	83	26
#国有及国有控股	40	24	11	23	13	19
法人	63	36	50	90	72	25
农场属	93	81	62	86	70	
三、建筑业						
建筑企业单位数	20	6	9	24	4	17
#国有及国有控股	2	1	2	0	0	3
四级以上资质等级	11	2	2	13	3	16
农场属	17	5	9	20	4	
四、交通运输、仓储业						
交通运输、仓储业单位数	29	2	6	9	4	1
#国有及国有控股	23	2	2	6	0	1
法人	3	1	0	3	3	1
农场属	25	1	4	4	3	
五、批发和零售业						
批发和零售业单位数	53	22	31	73	21	43
#国有及国有控股	22	21	4	8	3	36
法人	39	9	16	73	19	43
农场属	36	17	23	69	18	
六、住宿和餐饮业						
住宿和餐饮业单位数	13	4	8	2	2	1
#国有及国有控股	8	2	2	0	1	1
法人	3	3	3	2	1	1
七、居民服务及其他服务业						
居民服务及其他服务业单位数	1	1	1	0	3	2
#国有及国有控股	1	1	1	0	1	1
法人	0	0	0	0	2	1
八、信息传输、计算机服务和软件业						
信息传输、计算机服务和软件业单位数	3	1	5	1	1	15
九、房地产业						
房地产业单位数	1	0	2	5	6	12
十、租赁与商务服务业						
租赁与商务服务业单位数	4	13	1	2	0	23

1-1 各部门机构数(二)

(2012年) 单位:个

项目	合计	宝泉岭管理局	红兴隆管理局	建三江管理局	牡丹江管理局
十一、个体经营户	42890	5950	6621	9906	5086
农林牧渔业	878	140	304	1	75
工　　业	2198	287	245	331	221
建 筑 业	83	0	17	1	20
交通运输业	533	163	27	24	24
批发和零售业	25371	2829	4364	5961	3307
住宿和餐饮业	6603	859	804	1828	805
其　　他	7224	1672	860	1760	634
十二、卫生事业					
医疗卫生机构	1870	289	367	307	315
1. 医　　院	123	14	14	16	15
综合医院	122	14	14	16	15
专科医院	1	0	0	0	0
2. 卫生院、门诊部(所)	1412	233	311	242	255
#基层卫生所	1412	233	311	242	255
3. 疗 养 院	1	0	0	0	0
4. 卫生监督及防保机构	334	42	42	49	45
卫生监督所	118	14	15	17	16
疾病预防控制中心	119	14	14	16	15
妇幼保健站	97	14	13	16	14
十三、体育、教育、文化、电视事业					
1. 体育机构: 体校	1		1		
2. 教育事业					
普通高等学校	3				
成人高等学校	3				
普通中等专业学校	2	1			
成人中等专业学校	4		1	1	
普通中学	127	16	15	17	17
职业中学	6		2	1	
小　　学	28	2	10	2	
3. 文化、艺术事业					
艺术表演团体	1				
艺术创作机构	1				
俱乐部、文化站	165	10	29	13	70
图 书 馆、室	549	118	125	35	138
报　　社	1				
4. 广播电视事业					
电视转播台(座)	38	9	7	7	6
有线电视站(个)	113	14	13	16	13
十四、科学研究事业					
独立科学研究机构	19	1	1	1	1
自然科学	17	1	1	1	1
社会科学	1				
科学技术情报和文献机构	1				

注:本表第十一、十二、十三(4)、十四部分的数据分别由工商局、卫生局、广电局、科技局提供。

1-1(2)续表　　(2012年)　　单位:个

项　　目	北安管理局	九三管理局	齐齐哈尔管理局	绥化管理局	哈尔滨管理局	总局直属
十一、个体经营户	4108	3982	3701	1379	1485	672
农林牧渔业	46	20	66	12	200	14
工　业	132	183	335	276	168	20
建筑业	4	6	1	8	4	22
交通运输业	53	44	12	92	7	87
批发和零售业	2741	2394	2030	618	705	422
住宿和餐饮业	479	706	542	364	129	87
其　他	653	629	715	9	272	20
十二、卫生事业						
医疗卫生机构	201	130	168	42	40	11
1. 医　院	16	13	12	10	9	4
综合医院	16	13	12	10	9	3
专科医院	0	0	0	0	0	1
2. 卫生院、门诊部(所)	146	81	122	15	7	0
#基层卫生所	146	81	122	15	7	0
3. 疗养院	0	0	0	0	0	1
4. 卫生监督及防保机构	39	36	34	17	24	6
卫生监督所	17	13	10	8	6	2
疾病预防控制中心	16	12	12	9	9	2
妇幼保健站	6	11	12	0	9	2
十三、体育、教育、文化、电视事业						
1. 体育机构:体校						
2. 教育事业						
普通高等学校						3
成人高等学校						3
普通中等专业学校	1					
成人中等专业学校	1					1
普通中学	18	14	9	9	10	2
职业中学		2			1	
小　学		8	3	1	2	
3. 文化、艺术事业						
艺术表演团体						1
艺术创作机构						1
俱乐部、文化站	17	14	2	4	3	4
图书馆、室	40	44	11	14	7	17
报　社						1
4. 广播电视事业						
电视转播台(座)	2	3	2	1	1	
有线电视站(个)	15	12	11	9	9	1
十四、科学研究事业						
独立科学研究机构	1	1				13
自然科学	1	1				11
社会科学						1
科学技术情报和文献机构						1

1-2 自然状况及资源

（2012 年） 单位：个

项　目	单　位	数　量	项　目	单　位	数　量
一、自然状况			#可开发量	亿立方米	33.04
1. 地理位置			水库数量	座	193
北　纬	度	43° 56'-50° 21'	水库容量	万立方米	110232
东　经	度	123° 32'-134° 33'	大型水库	座	2
2. 土地总面积	万公顷	553.65		万立方米	31020
构成：山　地	%	11.7	八五二农场蛤蟆通水库	万立方米	15720
丘　陵	%	29.0	查哈阳农场太平湖水库	万立方米	15300
漫　岗	%	24.6	中型水库	座	16
平　原	%	16.5		万立方米	41424
沼　泽	%	18.2	八五三农场清河水库	万立方米	2588
3. 气　候			八五二农场大索伦水库	万立方米	1650
年平均气温	摄氏度	-0.9-4.0	云山农场云山水库	万立方米	5196
有效积温≥ 10	摄氏度	2100-2500	八五六农场青山水库	万立方米	4362
年降水总量	亿立方米	265	八五五农场红星水库	万立方米	1940
年平均降水量	毫米	450-600	海林农场双峰水库	万立方米	1163
相对湿度	%	66-74	二龙山农场跃进水库	万立方米	5757
全年日照时数	小时	2400-2900	引龙河农场青年水库	万立方米	4910
年无霜期	天	100-140	赵光农场工农水库	万立方米	1930
二、自然资源			尾山农场三七水库	万立方米	1238
1. 土地资源			建设农场青石岭水库	万立方米	1470
耕地面积	万公顷	288.0	襄河农场襄河水库	万立方米	1401
水面面积	万公顷	25.2	格球山农场炮台山水库	万立方米	1286
#已养殖面积	万公顷	2.6	七星泡农场东风水库	万立方米	2700
林地面积	万公顷	91.8	红五月农场南阳河水库	万立方米	1614
草地面积	万公顷	35.2	大西江农场西江水库	万立方米	2219
2. 林木资源			小(I)型水库	座	106
森林蓄积量	万立方米	8852		万立方米	34305
森林覆盖率	%	19.8	小(II)型水库	座	69
3. 水利资源				万立方米	3483
河流入境水量	亿立方米	3000	4. 矿产资源		
水资源总量	亿立方米	97.59	煤　炭	万吨	15000
（1）地表水量	亿立方米	56.66	石灰石	亿吨	10
（2）地下水量	亿立方米	40.93	黄　金	吨	15.4

注：气候资料为多年平均值；矿产资源为以前调查数；林木资源和水利资源分别由林业局和水务局提供。

1-3 土地资源利用情况

单位:公顷

年份 单位	土地 总面积	耕地	林地	#苗圃	园地	牧地草原
2000	5385957	2045117	790619	2298	2667	336986
2005	5439344	2268907	895467	2055	1899	355370
2007	5542002	2390906	913324	2080	2410	372214
2008	5542014	2535598	903042	2044	2285	372585
2009	5534858	2649854	910712	2270	3111	368515
2010	5536308	2800938	916808	2370	2951	358918
2011	5536485	2853885	916743	2939	3428	353542
2012	5536483	2879660	917792	3248	3309	351651
宝泉岭局	575667	328721	84072	474	40	21206
红兴隆局	880811	476936	165003	486	2395	18080
建三江局	1238164	7399660	174883	252		23459
牡丹江局	855135	467143	164913	333	118	45733
北安局	898616	323571	130494	611	149	81582
九三局	565729	270743	87697	503	25	92847
齐齐哈尔局	265486	147956	42736	329	448	40080
绥化局	201849	98099	58063	219	96	20130
哈尔滨局	50066	23310	9841	40	33	8492
总局直属	4961	3214	90	1	5	43

1-3 续表

单位:公顷

年份 单位	苇塘	水面	可垦荒地	宜林地	场址道路 及其他建 筑占地	其他土地
2000	36956	277967	562315		235584	1095448
2005	37297	268335	395013	17662	234451	964943
2007	37356	280048	357070	18656	245366	924654
2008	37341	277510	270969	21150	242915	878619
2009	38902	263212	224167	19232	239266	817889
2010	33849	260797	185950	17091	232279	726727
2011	33849	256683	164635	17124	229672	708653
2012	32003	252261	155552	16751	227605	699899
宝泉岭局	926	41736	23769	1566	25392	48239
红兴隆局	11969	54164	37813	5014	59474	49963
建三江局	9273	47051	44061	7421	50244	141806
牡丹江局	3851	73092	7912	635	29908	61830
北安局	1	12979	19629	576	24881	304754
九三局	1094	7791	16867	112	15151	73403
齐齐哈尔局	4071	6959	1995	1427	10374	9440
绥化局	521	6036	3364		7538	8002
哈尔滨局	297	2143	142		3624	2184
总局直属		311			1020	278

1-4 各管理局平均气温

（2012 年） 单位：摄氏度

月 份	宝泉岭管理局	红兴隆管理局	建三江管理局	牡丹江管理局	北 安管理局	九 三管理局	齐齐哈尔管理局	绥 化管理局	哈尔滨管理局
一 月	-20.2	-20.4	-22.8	-19.4	-25.6	-27.5	-23.9	-24.0	
二 月	-14.5	-13.6	-17.2	-13.5	-18.6	-20.0	-18	-17.1	
三 月	-5.2	-4.5	-6.1	-4.1	-7.1	-8.5	-6.8	-5.9	
四 月	5.5	6.7	5.4	5.2	4.9	5.0	5.3	5.5	
五 月	15.1	15.8	15.3	14.4	14.0	14.2	14.3	14.3	
六 月	20.6	21.4	20.9	18.7	20.0	19.7	19.9	20.2	
七 月	21.5	22.5	21.9	21.8	21.7	22.5	22.3	22.1	
八 月	20.4	21.6	20.7	20.9	19.5	19.7	19.5	20.4	
九 月	14.7	16.0	15.4	16.6	13.6	13.1	13.7	15.1	
十 月	4.4	6.0	5.2	6.1	3.6	3.0	3.3	5.0	
十一月	-6.6	-5.5	-5.5	-3.6	-9.7	-11.0	-9.3	-6.8	
十二月	-21.2	-18.7	-20.6	-18.1	-23.6	-24.4	-22.7	-22.0	
全 年	**2.9**	**3.9**	**2.7**	**3.8**	**1.1**	**0.5**	**1.5**	**2.3**	
比历年(+\-)	0.3	0.1	0.2	0.2	0.0	-0.1	0.0	0.7	

注：1-4 表至 1-7 表的数据由农业局提供。

1-5 各管理局降水量

（2012 年） 单位：毫米

月 份	宝泉岭管理局	红兴隆管理局	建三江管理局	牡丹江管理局	北 安管理局	九 三管理局	齐齐哈尔管理局	绥 化管理局	哈尔滨管理局
一 月	0.4	0.9	1.4	0.7	1.2	2.1	0.6	1.0	
二 月	0.2	1.5	4.9	3.5	0.3	1.2	0.0	0.7	
三 月	14.0	11.8	17.9	6.4	5.0	1.1	4.3	32.3	
四 月	35.6	23.5	36.2	60.5	20.6	13.4	2.3	32.6	
五 月	55.3	77.2	69.3	34.0	32.7	45.8	28.0	31.3	
六 月	118.5	54.6	54.0	55.3	178.6	157.6	149.4	181.1	
七 月	111.1	136.6	106.4	123.5	189.5	95.5	187.0	262.4	
八 月	122.6	44.3	34.1	62.9	55.5	40.1	12.6	127.4	
九 月	104.7	215.8	167.1	121.8	152.9	172.1	132.5	104.3	
十 月	39.4	25.8	45.2	67.8	29.6	43.0	61.6	50.4	
十一月	47.3	50.5	34.4	38.4	24.9	13.2	12.2	22.9	
十二月	12.2	12.3	18.2	25.0	10.7	13.9	10.4	15.2	
全 年	**661.3**	**654.8**	**589.1**	**599.8**	**701.5**	**599.0**	**600.9**	**861.6**	
比历年(+\-)	87.7	165.3	59.6	33.8	-133.9	104.5	108.3	240.0	

1-6 各管理局日照时数

(2012 年) 单位:小时

月 份	宝泉岭管理局	红兴隆管理局	建三江管理局	牡丹江管理局	北 安管理局	九 三管理局	齐齐哈尔管 理 局	绥 化管理局	哈尔滨管理局
一 月	164.2	189.7	200.8	195.0	184.9	112.9	173.0	116.8	
二 月	157.6	197.0	202.7	163.6	224.3	152.1	214.0	175.7	
三 月	204.5	194.4	225.1	166.4	254.0	210.3	243.1	204.2	
四 月	189.7	190.8	201.8	183.1	224.5	229.9	213.2	181.4	
五 月	270.4	248.1	241.9	204.7	265.8	254.1	242.5	253.4	
六 月	211.6	234.9	229.0	192.4	221.6	222.2	186.9	217.7	
七 月	179.5	203.5	163.5	147.6	201.3	250.3	223.3	192.2	
八 月	213.9	253.7	226.2	192.6	266.3	253.0	262.3	249.1	
九 月	136.7	141.2	127.7	89.4	176.7	152.9	177.1	149.1	
十 月	181.1	172.6	184.1	154.7	131.7	87.8	154.5	140.9	
十一月	120.0	102.1	123.2	106.9	147.0	86.5	133.4	81.2	
十二月	106.4	125.7	121.2	123.8	151.0	66.3	153.2	83.4	
全 年	**2015.6**	**2253.7**	**2247.2**	**1920.2**	**2449.1**	**2078.3**	**2376.5**	**2045.1**	
比历年(+\-)	– 293.7	–191.5	– 105.8	–89.7	–211.3	–588.8	–196.1	–264.7	

1-7 各管理局无霜期及≥10℃积温

(2012 年) 单位:毫米

单 位	初终霜日期(日 / 月)及无霜期(天)				≥10℃ 初终日期(日 / 月)及积温(℃)			
	终 日	初 日	无霜期	比历年(+\-)	初 日	终 日	积 温	比历年(+\-)
宝泉岭局	17/4	7/10	174	37	10/5	4/10	2719.4	174.5
红兴隆局	2/5	1/10	153	10	9/5	10/10	2980.3	272.2
建三江局	2/5	7/10	157	21	9/5	6/10	2865.3	350.0
牡丹江局	27/4	7/10	162	10	28/4	10/10	2970.7	354.6
北 安 局	27/4	27/9	152	33	10/5	4/10	2683.9	379.2
九 三 局	9/5	27/9	140	18	2/5	28/9	2704.5	394.3
齐齐哈尔局	25/5	29/9	126	3	2/5	4/10	2788.0	394.6
绥 化 局	10/5	1/10	144	25	18/4	9/10	3054.3	602.8
哈尔滨局								

主要统计指标解释

森林面积　指生长着乔木和竹林，郁闭度在0.3度以上（不包括0.3）的林地面积，即有林地面积。它是反映森林资源总面积的重要指标。森林面积包括天然林面积和人工林面积。但不包括灌木林地和疏林地面积。

森林覆盖率　通常是指森林面积占地总面积之比，一般用百分数表示。但国家规定在计算森林覆盖率时，森林面积还包括灌木林面积、农田林网树占地面积以及四旁树木的覆盖面积。森林覆盖率，是反映一个国家或地区森林资源和绿化水平的重要指标。计算公式：

$$森林覆盖率(\%)=\frac{森林面积}{土地总面积}\times 100\%$$

森林蓄积量　指森林面积上生长着的林木树干材积总量。它是反映一个国家或地区森林资源总规模和水平的重要指标。

草地面积　指牧区和农区用于放牧牲畜或割草，植被盖度在5%以上的草原、草坡、草山等面积。包括天然的和人工种植或改良的草地面积。

淡水总面积　指江、河、湖泊、塘堰、水库等各种流水或蓄水的水面占地面积。

矿产保有储量　指探明的矿产储量（包括工业储量和远景储量）扣除已开采部分和地下损失量后的年底实有储量。它反映国家矿产资源的现状。

≥0℃积温　为稳定通过0℃的各日平均温度累计值。

有效积温　为稳定通过0℃的各日平均温度累计值。

2

综 合

STATISTICAL YEARBOOK

垦区生产总值(亿元)

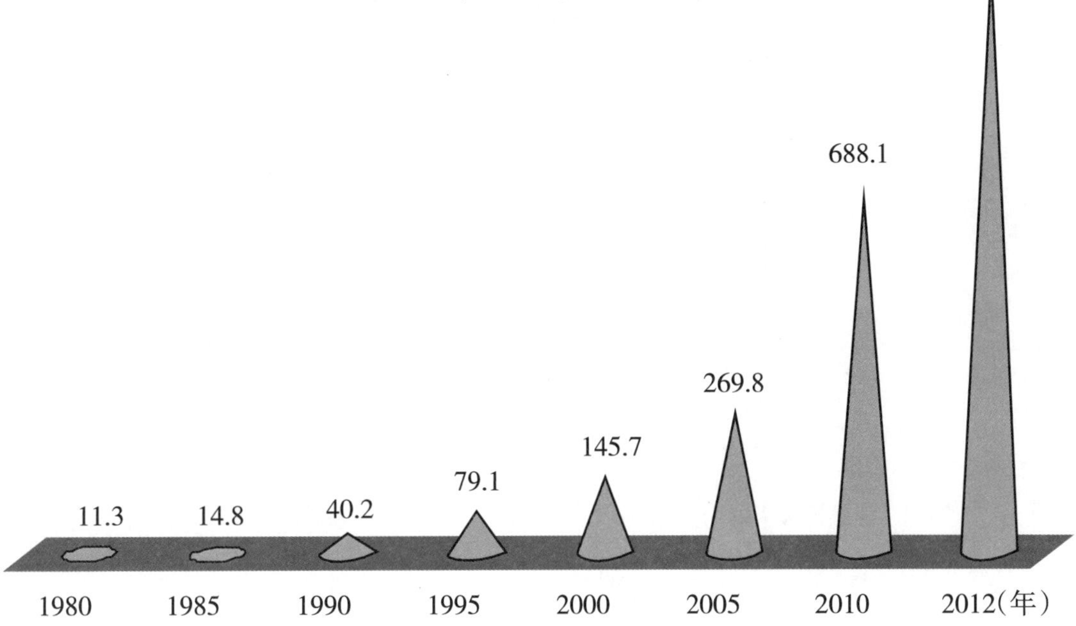

垦区生产总值构成(%)

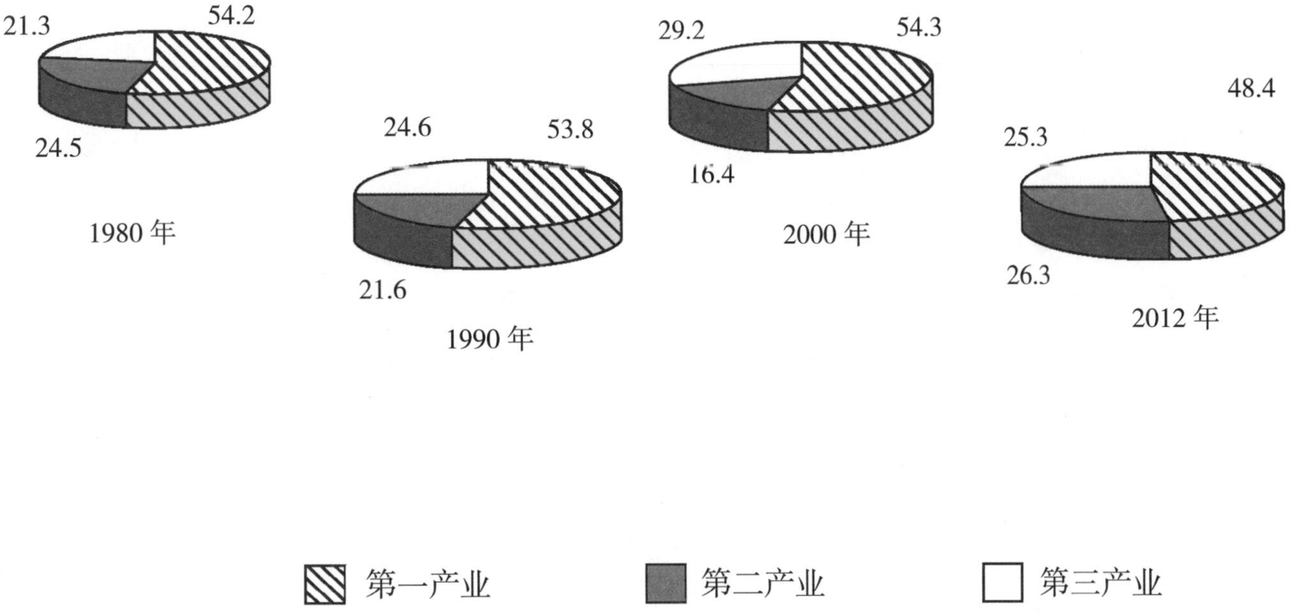

2-1　国民经济主要指标总量

指　　标	单位	1978	1980	1990	2000	2005	2010	2012
一、年末总人口	万人	166.3	156.7	155.4	157.5	158.6	167.3	173.4
二、从业人员数	万人	86.4	74.2	81.4	70.7	74.4	93.7	98.3
#职　工	万人	80.9	68.5	73.1	43.4	34.5	37.9	36.8
三、生产总值	亿元	9.7	11.3	40.2	145.7	269.8	688.1	1143.4
#第三产业增加值	亿元	2.6	2.4	9.9	42.6	70.9	171.1	289.8
四、工农业总产值	亿元	16.3	18.7	71.6	211.4	495.7	1267.9	1998.6
五、固定资产投资								
1.全社会固定资产投资总额	万元	30651	43826	69629	219391	593665	2061482	3679483
生产性建设	万元	21545	30897	54044	149840	396246	944961	1823539
非生产性建设	万元	9106	12929	15585	69551	197419	1116520	1855944
#住　宅	万元	4099	2590	7916	17777	56095	807163	986263
2.国有单位固定资产投资额	万元	30651	43826	63569	184210	421309	1346675	2131909
六、企业主要财务指标(统营)								
1.固定资产原值	亿元	21.1	23.9	43.4	124.2	222.5	458.7	667.9
2.固定资产净值	亿元	14.8	17.6	31.3	89.7	160.2	277.6	448.0
3.销售(经营)收入	亿元	14.7	22.8	65.7	111.8	207.8	639.1	1151.0
4.利润总额	万元	-13110	13719	22646	16831	49384	71287	123394
七、职工收入和消费								
1.职工工资总额	亿元	4.2	5.3	10.6	24.8	32.3	66.7	90.4
2.职工平均工资	元/人	518	763	1445	5593	9205	17639	24174
3.农场职工家庭人均纯收入	元/人	246	327	1217	3337	6179	13267	20227
4.农场职工家庭人均消费支出	元/人			816	2511	3373	7761	9479
八、农林牧渔业								
1.农林牧渔业总产值	亿元	10	13.2	44.9	144.0	279.7	693	1039.0
2.主要农产品产量								
粮　食	万吨	234.6	324.9	460.3	814.1	1026.5	1818	2105.0
油　料	万吨	0.9	0.3	6.4	7.7	11.4	2.2	1.7
甜　菜	万吨	5.9	19.5	98.9	30.7	51.6	53.4	75.9
水　果	万吨		0.49	0.31	0.40	0.63	2.6	1.7
肉　类	万吨	6.3	5.1	3.5	10.0	32.4	61.1	78.2
牛　奶	万吨	2.5	1.9	21.9	28.0	82.5	119.2	148
水产品	万吨	0.19	0.17	0.69	1.21	1.90	2.58	3.47

注:本表第六、十、十二、十三(1)、十四部分的数据分别由总局财务处、交通局、商务局、教育局、卫生局提供。

2-1 续表

指　　标	单位	1978	1980	1990	2000	2005	2010	2012
九、工　业								
1. 工业总产值	亿元	6.3	5.5	26.7	67.4	216.0	574.9	959.6
2. 主要工业产品产量								
原　煤	万吨	91.2	98.5	178.5	82.7	33.0	53.5	51.6
焦　炭	万吨	4.0	2.3	14.2	3.3	21.4	19.8	
发 电 量	万度	13874	9464	47219	43917	51646	46779	77153
水　泥	万吨	8.6	10.9	38.8	77.0	134.8	189.6	199.7
化　肥(实物量)	万吨	3.4	0.1	10.9	9.9	20.8	29.7	38.6
机制纸及纸板	万吨	0.9	1.4	3.5	1.5	2.6	3.7	2.9
机 制 糖	万吨	0.8	1.9	8.8	1.5	1.7	3.3	3.1
乳 制 品(含液体乳)	万吨	0.1	0.2	2.8	4.4	17.8	57.7	31.2
十、交通运输								
1. 货物周转量	万吨公里	42298	41435	30933	50882	126138	128706	133691
2 .旅客周转量	万人公里			29178	29378	52308	63114	66645
十一、国内商业								
1. 商品销售总额	亿元			14.0	90.3	110.1	400.4	691.0
2. 社会消费品零售总额	亿元	3.5	4.2	12.0	35.4	58.8	116.7	158.5
十二、对外贸易								
进出口总额	万美元		5669.8	11174.9	6998.1	46100	205358.9	240655
进口额	万美元			912.0	229.2	21800	143995.2	157329
出口额	万美元		5669.8	10262.9	6768.9	24300	61363.7	83326
十三、教育文化								
1. 在校学生数								
高等学校	人	1225	1396	3030	7933	20659	29054	27466
中等专业学校	人	992	2131	3070	8080	7221	3189	8175
普通中学	万人	14.7	14.9	11.6	13.8	13.9	11	11.9
小　学	万人	26.9	27.8	16.9	14.6	12.8	9.7	8.6
2. 出版数量								
杂　志	万册	10.8	9.0	37.9	11.0	7.8	22.0	34.5
报　纸	万份	756.4	680.6	688.6	1650	1269.0	1829.1	2201.4
十四、卫　生								
卫生机构床位数	张	9197	9677	9324	7838	7352	11416	11604
卫生技术人员	人	17331	16324	14903	11487	10103	12143	12709
#医　生	人	3852	4882	7628	6392	6347	8333	8427

2-2 国民经济主要指标发展速度

指　　标	发展速度(2012年为以下各年)(%)						平均年增长速度(%)	
	1978	1980	1990	2000	2005	2010	1978−2012	2000−2012
一、年末总人口	102.9	109.3	110.2	108.7	107.9	102.3	0.12	0.80
二、从业人员数	110.8	129.0	117.6	135.4	128.6	102.1	0.38	2.78
#职　工	46.6	55.0	51.6	86.9	109.3	99.5	-2.29	-1.37
三、生产总值	3186.2	2747.0	1222.0	553.2	306.4	146.0	10.72	15.32
#第三产业增加值	2678.7	2741.2	1345.9	517.4	308.2	149.6	10.15	14.68
四、固定资产投资								
1. 全社会固定资产投资总额	9315.5	6515.1	4100.7	1301.5	481.0	138.5	15.12	26.49
生产性建设	5098.1	3555.0	2032.4	733.0	277.2	116.2	13.94	23.15
非生产性建设	19294.0	13588.9	11273.1	2526.1	889.9	157.4	16.93	31.48
#住　宅	30232.9	47847.4	15655.0	6971.1	2209.2	153.5	17.50	39.75
2. 国有单位固定资产投资额	5653.5	3954.0	2726.0	940.7	411.3	128.7	13.29	22.64
五、企业主要财务指标								
1. 固定资产原值	2610.0	2304.2	1268.9	443.4	247.5	120.1	10.70	15.05
2. 固定资产净值	2385.1	2005.7	1127.8	393.5	220.3	127.2	10.55	14.34
3. 销售(经营)收入	6395.2	4123.2	1430.9	840.9	452.4	147.1	13.68	21.45
4. 利润总额	976.3	741.9	449.4	604.7	206.1	142.8	7.42	18.06
六、职工收入和消费								
1. 职工工资总额	1842.9	1460.4	730.2	312.1	239.6	116.0	9.45	11.38
2. 职工平均工资	3953.7	2684.1	1417.3	366.2	222.5	116.1	11.97	12.97
3.农场职工家庭人均纯收入	1555.9	1412.7	780.4	441.5	254.5	136.9	8.41	13.17
4.农场职工家庭人均消费支出			1063.1	345.5	257.2	111.8		11.71
七、农林牧渔业								
1. 农林牧渔业总产值	1676.3	1268.6	726.7	399.0	245.7	130.2	8.65	12.22
2. 主要农产品产量								
粮　食	897.3	647.9	457.3	258.6	205.1	115.8	6.67	8.24
油　料	322.2	966.7	45.3	37.7	25.4	131.8	1.89	-11.83
甜　菜	1413.6	427.7	84.3	271.7	161.6	156.2	7.80	7.83
水　果		489.8	774.2	600.0	381.0	92.3		12.81
肉　类	1092.1	1349.0	1965.7	688.0	212.3	112.6	7.69	18.70
牛　奶	5268.0	6931.6	601.4	470.4	159.6	110.5	12.75	14.88
水产品	1526.3	1705.9	420.3	239.7	152.6	112.4	8.92	9.18

注:生产总值、人均纯收入、农林牧渔业总产值、工业总产值的发展速度和平均年增长速度均按可比价计算。

2-2 续表

指　标	发展速度(2012年为以下各年)(%)						平均年增长速度(%)	
	1978	1980	1990	2000	2005	2010	1978-2012	2000-2012
八、工　业								
1. 工业总产值	4216.0	4795.9	1678.2	935.7	349.0	152.6	11.63	20.48
2. 主要工业产品产量								
原　煤	73.2	67.8	37.4	80.8	202.4	124.9	-1.66	-3.85
焦　炭	320.0	556.5	90.1	387.9	59.8	64.6		
发电量	415.6	609.3	122.1	131.3	111.7	123.3	5.18	4.81
水　泥	2567.4	2025.7	569.1	286.8	163.8	116.5	9.69	8.27
化　肥(实物量)	1017.6	34600.0	317.4	349.5	166.3	116.5	7.41	12.01
机制纸及纸板	400.0	257.1	102.9	240.0	138.5	97.3	3.50	5.65
机制糖	475.0	200.0	43.2	253.3	223.5	115.2	4.06	6.24
乳制品(含液体乳)	28200.0	14100.0	1007.1	640.9	158.4	48.9	18.40	17.73
九、交通运输								
1. 货物周转量	307.7	314.1	420.7	255.8	103.2	101.1	3.44	8.38
2 .旅客周转量			223.9	222.4	124.9	103.5		7.06
十、国内商业								
1. 商品销售总额			4070.7	631.1	517.6	142.3		18.48
2. 社会消费品零售总额	3934.3	3278.6	1147.5	389.0	234.2	118.0	11.87	13.31
十一、对外贸易								
进出口总额		3898.1	1977.8	3158.2	479.4	107.6		34.29
进口额			16421.2	65340.7	687.0	104.0		72.34
出口额		1256.7	694.3	1052.7	293.2	116.1		23.27
十二、教育文化								
1. 在校学生数								
高等学校	2252.1	1976.2	910.5	347.8	133.5	95.0	9.58	10.90
中等专业学校	378.2	176.1	122.2	46.4	52.0	117.7	6.40	0.10
普通中学	71.4	70.5	90.5	76.1	75.5	95.5	-0.62	-1.23
小　学	34.2	33.1	54.4	63.0	71.9	94.8	-3.30	-4.31
2. 出版数量								
杂　志	238.0	285.6	67.8	233.6	329.5	133.9	3.47	9.99
报　纸	277.7	308.6	305.1	127.3	165.5	114.8	3.19	2.43
十三、卫　生								
卫生机构床位数	111.0	105.5	109.5	130.2	138.8	89.4	0.69	3.32
卫生技术人员	78.6	83.4	91.4	118.5	134.8	112.1	-0.91	0.85
#医　生	195.5	154.3	98.7	117.8	118.7	90.4	2.33	2.33

2-3 国民经济主要比例关系

单位:%

指标	1978	1980	1990	2000	2005	2010	2012
一、生产总值三次产业比例							
第一产业	37.4	54.2	53.8	54.3	55.0	53.1	48.4
第二产业	35.6	24.5	21.6	16.4	18.7	22.0	26.3
第三产业	27.0	21.3	24.6	29.3	26.3	24.9	25.3
二、生产总值所有制结构比例							
公　有				59.8	59.7	57.6	55
非公有				40.2	40.3	42.4	45
第一产业:公　有				75.5	77.6	74.2	73.2
非公有				24.5	22.4	25.8	26.8
第二产业:公　有				47	39.0	36.0	28.3
非公有				53	61.0	64.0	71.7
第三产业:公　有				38	37.0	41.5	47.9
非公有				62	63.0	58.5	52.1
三、社会总产出五大部门比例							
农林牧渔业	50.5	56.4	54.1	55.5	47.5	40.9	41.6
工　业	31.9	23.8	32.1	26.4	36.4	35.0	39.3
建筑业	8.8	10.6	5.8	5.7	4.9	7.0	8.4
运输仓储和邮电业	1.7	2.0	1.8	3.9	3.4	3.0	3.3
贸易和餐饮业	7.1	7.2	6.2	8.5	7.8	6.3	7.3
四、固定资产投资资金来源比例							
国家预算内投资	50.6	32.9	20.2	26.8	15.8	16.9	14.7
国内贷款			23.2	7.1	4.7	3.5	0.4
利用外资				7.1	0.03	0.4	0.4
自筹投资	46.1	67.1	46.3	51.1	67.3	56.9	59.9
其他投资	3.3		10.3	7.9	12.17	22.3	24.6
五、固定资产投资生产与非生产比例							
生产性建设	70.3	70.5	77.6	68.3	66.7	45.8	49.6
非生产性建设	29.7	29.5	22.4	31.7	33.3	54.2	50.4
#住　宅			11.4	8.1	9.4	39.2	26.8
六、固定资产投资主要行业投资比例							
农林牧渔业	50.6	40.6	46.5	65.2	28.9	20.8	28.4
工　业	20.1	20.4	31.6	11.7	37.9	6.6	26.8
交通运输、通讯业	5.6	7.7	4.1	3.8	4.7	17.6	6.2
教育文化艺术和广电事业	1.8	3.6	3.7	3.7	5.8	2.4	5.2
科技事业		0.1	0.6	1.1	0.4	0.2	0.2

注:生产总值、社会总产出、工业总产值、农林牧渔业总产值的比例按现价计算。

2-3 续表

指　　标	1978	1980	1990	2000	2005	2010	2012
七、国有固定资产投资三次产业比例							
第一产业	50.6	40.6	46.5	58.0	30.6	20.8	22.0
第二产业	20.1	20.4	31.6	14.4	38.2	6.6	21.0
第三产业	29.3	39.0	21.9	27.6	31.2	72.6	57.0
八、公有固定资产投资农工比例							
农林牧渔业	50.6	40.6	46.5	58.0	45.2	75.1	54.1
工　业	49.4	59.4	53.5	42.0	54.8	24.9	45.9
九、工农业总产值农轻重比例							
农林牧渔业	61.3	70.4	62.7	68.1	56.4	54.7	52.0
轻工业	20.7	19.2	26.6	24.4	37.2	38.5	41.5
重工业	18.0	10.4	10.7	7.5	6.4	6.8	6.5
十、工业总产值轻重工业比例							
轻工业	51.2	55.8	71.4	76.5	85.6	85.0	86.4
重工业	48.8	44.2	28.6	23.5	14.4	15.0	13.6
十一、农林牧渔业总产值各业比例							
农　业	90.4	93.6	90.7	84.9	73.2	69.9	66.7
林　业	0.8	0.9	0.8	0.9	0.6	0.8	1.0
牧　业	8.6	5.4	7.9	13.5	24.3	27.4	29.0
渔　业	0.2	0.1	0.6	0.7	0.7	0.5	0.6
服务业					1.2	1.4	2.7
十二、农林牧渔业总产值所有制结构比例							
农　业:国　有				89.1	99.0	98.7	98.5
非国有				10.9	1.0	1.3	1.5
林　业:国　有				64.8	73.4	74.4	88.5
非国有				35.2	26.6	25.6	11.5
牧　业:国　有				4.2	0.9	0.3	0.5
非国有				95.8	99.1	99.7	99.5
渔　业:国　有				20.1	12.6	27.9	39.8
非国有				79.9	87.4	72.1	60.2
服务业:国　有					48.2	46.2	55.2
非国有					51.8	53.8	44.8
十三、全社会从业人员人数比例							
1. 按三次产业分							
第一产业	59.4	55.0	54.3	59.6	62.5	64.3	60.9
第二产业	22.3	23.3	24.5	14.3	14.1	14.2	16.8
第三产业	18.3	21.7	21.2	26.1	23.4	21.5	22.3
2. 按经济类型分							
国有经济			89.8	81.2	73.1	71.9	69.1
非国有经济			10.2	18.8	26.9	28.1	30.9

2-4　主要经济指标占全国农垦和全省的比重

（2012 年）

指　　标	单　位	全国农垦	黑龙江省	黑龙江垦　区	占全国农　垦（%）	占黑龙江　省（%）
一、年末总人口	万人	1361.2	3834.0	173.4	12.7	4.5
二、全部从业人员	万人	659.8	2027.8	98.3	14.9	4.8
三、生产总值	亿元	5074.3	13691.6	1143.4	22.5	8.4
#农林牧渔业增加值	亿元	1569.3	2113.7	553.2	35.3	26.2
工业增加值	亿元	1674.4	5659.3	219.9	13.1	3.9
四、固定资产投资						
全社会固定资产投资总额	亿元	3321.9	9780.9	367.9	11.1	3.8
#公有控股经济投资	亿元	1194.7	3708.9	213.2	17.8	5.7
五、收　入						
农场职工家庭(农村居民)人均纯收入	元 / 人	10919.0	8604	20227	185.2	235.1
在岗职工平均工资	元 / 人	24467.0	38598	24174	98.8	62.6
六、主要农产品产量						
粮　食	万吨	3371.4	5761.5	2105.2	62.4	36.5
#水　稻	万吨	1819.4	2171.0	1370.4	75.3	63.1
小　麦	万吨	266.4	70.0	21.2	8.0	30.3
玉　米	万吨	1063.8	2888.0	586.5	55.1	20.3
大　豆	万吨	121_5	463.5	107.0	88.1	23.1
油　料	万吨	78.3	22.5	1.7	2.2	7.6
甜　菜	万吨	315.7	273.1	75.9	24.0	27.8
亚　麻	万吨	1.0	0.9	0.3	30.3	33.3
水　果	万吨	409.4	56.7	1.7	0.4	3.0
肉　类	万吨	296.6	216.2	78.2	26.4	36.2
牛　奶	万吨	435.0	560.0	148	34.0	26.4
七、主要工业产品产量						
大　米	万吨	1085.1	1503.8	618.9	57.0	41.2
食用植物油	万吨	275.7	304.8	123.7	44.9	40.6
乳 制 品	万吨	326.2	185.7	30	9.2	16.2
#液体乳	万吨	297.1	134.1	23.0	7.7	17.2
成品糖	万吨	232.4	26 5	3.1	1.3	11.7
焦　炭	万吨	336.1	957.2	0	0.0	0.0
水　泥	万吨	2729.0	3872.9	199.7	7.3	5.2
化　肥(折纯)	万吨	83.7	71.6	16.1	19.2	22.5
机制纸及纸板	万吨	46.7	61.6	2.9	6.2	4.7
中成药	万吨	4.8	14.0	0.42	8.8	3.0
八、交通运输						
货物周转量	亿吨公里		2020.7	13.4		0.7
旅客周转量	亿人公里		733.9	6.6		0.9
九、批发零售贸易						
社会消费品零售总额	亿元	3662.2	5491.0	158.5	4.3	2.9
十、对外贸易						
进出口总额	亿美元		378.2	24.1		6.4
进口额	亿美元		144.4	15.8		10.9
出口额	亿美元	118.1	233.9	8.3	7.0	3.5

2-5　平均每天主要社会经济活动及主要经济指标人均占有量

指　　标	单　位	1990	2000	2004	2005	2010	2012
一、平均每天主要社会经济活动							
(一)每天创造的财富							
生产总值	万元	1101.4	3991.8	6468.5	7391.8	18852.4	31325.0
农林牧渔业总产值	万元	1230.1	3945.2	6424.7	7663.1	18987.4	28465.9
工业总产值	万元	731.5	1848.6	4315.1	5917.8	15749.8	26291.4
销售(经营)收入	万元	1800.0	3063.0	4515.1	5693.2	17509.6	31534.2
利润总额	万元	62.0	46.1	127.8	135.3	195.3	338.1
水　泥	吨	1063.0	2109.6	3816.4	3693.2	5194.5	5471.2
化　肥	吨	298.6	271.2	347.9	569.9	813.6	1058.5
(二)每天消费(销售)量							
消费总额	万元	328.8	969.9	1284.9	1611	3197.3	4341.7
平均每人消费额	元	2.1	6.2	8.1	10.2	19.0	25.0
粮食(原粮)	吨	894.6	541.2	565.7	670.3	604.2	567.8
肉　类	吨	46.2	67.2	58.8	76.4	77.0	71.9
食用植物油	吨	30.3	35.0	42.9	41.8	49.8	50.2
(三)每天其他经济活动							
新建住宅面积	平方米	121	1845	1532	1426	26932	15726
(四)每天人口变动							
出　生	人	46	29.1	20.8	19.6	20.6	20.7
死　亡	人	17	17.5	19.6	18.6	26.3	24.7
二、主要经济指标人均占有量							
(一)人均创造财富							
生产总值	元	2586	9254	14953	17012	41186	66363
销售(经营)收入	元	4231	7100	10437	13103	38190	66378
利润总额	元	145.6	106.4	295.5	311.4	426	711.6
水　泥	公斤	250	488.7	882.2	849.9	1133.0	1151.8
化　肥	公斤	70	63	80.4	131.2	177.5	222.8
粮　食	公斤	2962	5170.2	5937.3	6472.5	10863.4	12141.9
肉　类	公斤	22.5	63.5	147.6	204.3	364.8	451.0
(二)人均占有生产资料							
耕　地	公顷	1.3	1.3	1.3	1.4	1.7	1.7
森　林	公顷	0.5	0.5	0.6	0.6	0.5	0.5
草　原	公顷	0.3	0.2	0.2	0.2	0.2	0.2
水　域	公顷	0.2	0.2	0.2	0.2	0.2	0.2
固定资产(净值)	元	2011	5785	8581	10101	16588	25839
(三)其他人均占有量							
纯 收 入	元	1217	3337	5593	6179	13267	20227
生活消费	元	816	2511	3119	3373	7761	9479

2-6　主要经济指标与以往历史最高水平对比

指　标	单　位	以往历史最高水平		2011 年	2012 年	2012 年比历史最高水平增长（%）
		年份	数量			
年末总人口	万　人	2011	171.2	171.2	173.4	1.3
从业人员	万　人	2011	95.7	95.7	98.3	2.7
生产总值	亿　元	2011	916.4	916.4	1143.4	20.6
农林牧渔业总产值	亿　元	2011	879.8	879.8	1039.0	14.6
工业总产值	亿　元	2011	740.8	740.8	959.6	27.9
耕地面积	万公顷	2011	285.4	285.4	288.0	0.9
林地面积	万公顷	1978	98	91.7	91.8	-6.3
草原面积	万公顷	1978	105	35.4	35.2	-66.5
总播种面积	万公顷	2011	284.3	284.3	287.1	1.0
粮食作物面积	万公顷	2011	274.4	274.4	279.8	2.0
粮食总产量	万　吨	2011	2037	2037	2105	3.3
粮食平均单产	公斤 / 公顷	2011	7423	7423	7524	1.4
水稻单产	公斤 / 公顷	2011	8790	8790	8850	0.7
小麦单产	公斤 / 公顷	2011	5718	5718	6080	6.3
玉米单产	公斤 / 公顷	2011	8198	8198	6864	-16.3
大豆单产	公斤 / 公顷	2011	2717	2717	3380	24.4
奶牛年末存栏	万　头	2011	42.5	42.5	44.9	5.6
黄牛年末存栏	万　头	2007	53	52.7	55.6	4.9
猪年末存栏	万　头	2011	243.3	243.3	301.9	24.1
羊年末存栏	万　只	2003	210.4	170.5	170.7	-18.9
肉类总产量	万　吨	2011	68.8	68.8	78.2	13.7
#猪　肉	万　吨	2011	44.4	44.4	49.6	11.7
牛　肉	万　吨	2011	11.6	11.6	13.6	17.2
羊　肉	万　吨	2011	3.15	3.15	3.77	19.7
牛奶产量	万　吨	2011	131.7	131.7	148	12.4
禽蛋产量	万　吨	2011	8.3	8.3	8.9	7.2
水产品产量	万　吨	2011	2.85	2.85	3.45	21.1
交售粮食	万　吨	2011	1914.8	1914.8	1981.0	3.5
粮食商品率	%	2011	94	94	94.1	+0.1 个百分点
出口大豆	万　吨	1989	50	12.8	14.0	-72.0
农场职工家庭人均纯收入	元 / 人	2011	16466	16466	20227	16.7
利润总额	万　元	2009	166107	101778	123394	-25.7

注：生产总值、农林牧渔业总产值、工业总产值、农场职工家庭人均纯收入的增长速度均按可比价计算。

2-7　垦区生产总值

单位:万元

年　份	生　产 总　值	第　一 产　业	第　二 产　业	工　业	建筑业	第　三 产　业	#交通运输、 仓储及通讯业	#贸易业 及餐饮业
1949	93	69	7	3	4	17	1	8
1950	270	130	101	86	15	40	2	16
1951	225	128	55	32	23	41	2	20
1952	471	299	101	44	56	72	4	34
1953	860	478	244	91	153	138	9	68
1954	1697	1312	213	56	157	172	16	85
1955	2476	1641	396	70	326	440	17	210
1956	5957	3710	1336	235	1101	910	49	375
1957	7563	4129	2197	795	1402	1237	84	493
1958	11010	4328	3405	1822	1582	3277	134	1286
1959	20592	7661	6101	4043	2058	6830	302	2538
1960	19230	5732	7040	5105	1934	6458	214	2634
1961	19073	7005	5862	5010	852	6206	184	2567
1962	15026	6795	4895	4352	543	3335	156	1265
1963	18437	9046	5769	4600	1169	3622	199	1336
1964	20282	9892	6294	4705	1589	4096	239	1496
1965	22871	12061	6521	4908	1613	4290	280	1652
1966	27348	13537	8204	6515	1689	5607	360	2105
1967	33339	17770	8209	6519	1691	7360	485	2913
1968	34901	19023	8258	6705	1553	7620	537	2980
1969	32665	15022	9325	7123	2202	8318	420	3280
1970	40572	18143	11800	8794	3006	10629	533	3874
1971	41876	18274	12036	8730	3306	11566	628	4106
1972	47934	19821	14571	11143	3429	13542	674	4463
1973	49395	16478	16489	11749	4740	16428	720	5149
1974	65177	27320	19842	16106	3736	18015	881	6140
1975	77698	33290	23928	19594	4334	20480	998	6414
1976	80631	36095	24674	21115	3558	19862	1165	5752
1977	85550	34156	27772	24025	3747	23622	1280	6365
1978	96866	36259	34476	29068	5408	26131	1506	5424
1979	104102	40325	36452	30211	6241	27325	1484	5967

2–7 续表　　　　　　　　　　　　　　　　　　　　　　　　　　　　　　单位:万元

年份	生产总值	第一产业	第二产业			第三产业		
				工业	建筑业		#交通运输、仓储及通讯业	#贸易业及餐饮业
1980	113420	61462	27759	21086	6673	24199	1780	6290
1981	58905	5712	29109	23279	5830	24084	1241	6765
1982	123039	60295	31265	25876	5389	31479	2557	7541
1983	161292	91976	33333	28591	4742	35983	3291	7435
1984	136189	63325	36225	30545	5680	36639	3308	8200
1985	148093	66627	40622	34530	6092	40844	3589	9183
1986	178033	87239	43264	36334	6930	47530	4539	11904
1987	203952	92259	51194	42791	8403	60499	5547	19327
1988	243198	115960	63417	53817	9600	63821	6878	20746
1989	318931	166251	76980	65876	11104	75700	9512	22523
1990	401974	216131	86835	70856	15979	99008	10278	33453
1991	320288	121461	88443	74502	13941	110384	11516	41124
1992	362738	151691	90067	75550	14517	120980	11663	40621
1993	465133	229494	92592	76075	16517	143047	15041	39834
1994	567640	312972	94260	77258	17002	160408	13999	38670
1995	791074	454339	133478	110943	22535	203257	13710	51670
1996	1088400	669943	169305	139262	30043	249152	19377	67794
1997	1350782	846561	199633	161680	37953	304588	30470	90623
1998	1410402	826438	227622	181139	46483	356342	37472	116660
1999	1366008	759356	230359	181782	48577	376293	45996	115288
2000	1457251	791863	239595	191459	48136	425793	54207	129855
2001	1606628	865574	263036	212872	50164	478018	66735	140661
2002	1718555	874150	308845	246834	62011	535560	79257	177678
2003	1879502	938360	354302	279843	74459	586840	91421	214219
2004	2361168	1301394	432031	338494	93537	627743	100126	226270
2005	2698322	1484469	504860	405276	99584	708993	112212	268807
2006	3014742	1578985	622940	501038	121902	812817	134632	284547
2007	3603481	1892367	723288	572210	151078	987826	158832	372605
2008	4544690	2449720	898008	692135	205873	1196962	198462	471668
2009	5453578	2922173	1142211	872148	270063	1389194	228521	540588
2010	6881123	3656133	1514422	1106337	408085	1710568	266256	595059
2011	9164007	4733534	2182167	1568481	613686	2248306	328456	863090
2012	11433627	5531700	3003797	2198916	804881	2898130	447987	1029085

注:国民经济核算数据为第二次经济普查衔接修订后的数据。

2-8　垦区生产总值构成

（以生产总值为100）　　单位:%

年　份	第一产业	第二产业	工　业	建筑业	第三产业	# 交通运输仓储及通讯业	# 贸易业及餐饮业	人均生产总值(元)
1949	74.2	7.7	3.0	4.7	18.1	0.9	8.6	192
1950	48.1	37.2	31.8	5.4	14.7	0.9	5.8	376
1951	57.0	24.7	14.2	10.4	18.4	0.7	8.9	152
1952	63.4	21.3	9.4	12.0	15.3	0.9	7.2	202
1953	55.6	28.4	10.6	17.8	16.0	1.0	7.9	278
1954	77.3	12.5	3.3	9.3	10.1	0.9	5.0	431
1955	66.3	16.0	2.8	13.2	17.8	0.7	8.5	397
1956	62.3	22.4	3.9	18.5	15.3	0.8	6.3	505
1957	54.6	29.1	10.5	18.5	16.4	1.1	6.5	434
1958	39.3	30.9	16.6	14.4	29.8	1.2	11.7	356
1959	37.2	29.6	19.6	10.0	33.2	1.5	12.3	368
1960	29.8	36.6	26.5	10.1	33.6	1.1	13.7	249
1961	36.7	30.7	26.3	4.5	32.5	1.0	13.5	234
1962	45.2	32.6	29.0	3.6	22.2	1.0	8.4	197
1963	49.1	31.3	24.9	6.3	19.6	1.1	7.2	248
1964	48.8	31.0	23.2	7.8	20.2	1.2	7.4	265
1965	52.7	28.5	21.5	7.1	18.8	1.2	7.2	280
1966	49.5	30.0	23.8	6.2	20.5	1.3	7.7	302
1967	53.3	24.6	19.6	5.1	22.1	1.5	8.7	348
1968	54.5	23.7	19.2	4.5	21.8	1.5	8.5	329
1969	46.0	28.5	21.8	6.7	25.5	1.3	10.0	258
1970	44.7	29.1	21.7	7.4	26.2	1.3	9.5	291
1971	43.6	28.7	20.8	7.9	27.6	1.5	9.8	287
1972	41.4	30.4	23.2	7.2	28.3	1.4	9.3	321
1973	33.4	33.4	23.8	9.6	33.3	1.5	10.4	327
1974	41.9	30.4	24.7	5.7	27.6	1.4	9.4	426
1975	42.8	30.8	25.2	5.6	26.4	1.3	8.3	502
1976	44.8	30.6	26.2	4.4	24.6	1.4	7.1	509
1977	39.9	32.5	28.1	4.4	27.6	1.5	7.4	525
1978	37.4	35.6	30.0	5.6	27.0	1.6	5.6	585
1979	38.7	35.0	29.0	6.0	26.2	1.4	5.7	649

2-8 续表　　（以生产总值为 100）　　单位:%

年　份	第一产业	第二产业			第三产业			人　均生产总值（元）
			工　业	建筑业		# 交通运输仓储及通讯业	# 贸易业及餐饮业	
1980	54.2	24.5	18.6	5.9	21.3	1.6	5.5	729
1981	9.7	49.4	39.5	9.9	40.9	2.1	11.5	374
1982	49.0	25.4	21.0	4.4	25.6	2.1	6.1	775
1983	57.0	20.7	17.7	2.9	22.3	2.0	4.6	1006
1984	46.5	26.6	22.4	4.2	26.9	2.4	6.0	845
1985	45.0	27.4	23.3	4.1	27.6	2.4	6.2	927
1986	49.0	24.3	20.4	3.9	26.7	2.5	6.7	1127
1987	45.2	25.1	21.0	4.1	29.7	2.7	9.5	1297
1988	47.7	26.1	22.1	3.9	26.2	2.8	8.5	1559
1989	52.1	24.1	20.7	3.5	23.7	3.0	7.1	2056
1990	53.8	21.6	17.6	4.0	24.6	2.6	8.3	2589
1991	37.9	27.6	23.3	4.4	34.5	3.6	12.8	2055
1992	41.8	24.8	20.8	4.0	33.4	3.2	11.2	2325
1993	49.3	19.9	16.4	3.6	30.8	3.2	8.6	2977
1994	55.1	16.6	13.6	3.0	28.3	2.5	6.8	3639
1995	57.4	16.9	14.0	2.8	25.7	1.7	6.5	5093
1996	61.6	15.6	12.8	2.8	22.9	1.8	6.2	6979
1997	62.7	14.8	12.0	2.8	22.5	2.3	6.7	8617
1998	58.6	16.1	12.8	3.3	25.3	2.7	8.3	8959
1999	55.6	16.9	13.3	3.6	27.5	3.4	8.4	8646
2000	54.3	16.4	13.1	3.3	29.2	3.7	8.9	9237
2001	53.9	16.4	13.2	3.1	29.8	4.2	8.8	10186
2002	50.9	18.0	14.4	3.6	31.1	4.6	10.3	10868
2003	49.9	18.9	14.9	4.0	31.2	4.9	11.4	11906
2004	55.1	18.3	14.3	4.0	26.6	4.2	9.6	14973
2005	55.0	18.7	15.0	3.7	26.3	4.2	10.0	17049
2006	52.4	20.7	16.6	4.0	27.0	4.5	9.4	18956
2007	52.5	20.1	15.9	4.2	27.4	4.4	10.3	22214
2008	53.9	19.8	15.2	4.6	26.3	4.4	10.4	27467
2009	53.6	20.9	16.0	5.0	25.5	4.2	10.1	32777
2010	53.1	22.0	16.1	5.9	24.9	3.9	8.9	41186
2011	51.7	23.8	17.1	6.7	24.5	3.6	9.4	54138
2012	48.4	26.3	19.2	7.0	25.3	3.9	9.0	66363

2-9 垦区生产总值指数

（以1980年为100）　单位:%

年 份	生产总值	第一产业	第二产业	工 业	建筑业	第三产业	#交通运输、仓储及通讯业	#贸易业及餐饮业
1949	0.09	0.12	0.03	0.01	0.10	0.11	0.06	0.20
1950	0.28	0.24	0.46	0.46	0.33	0.25	0.19	0.38
1951	0.24	0.24	0.26	0.18	0.52	0.26	0.13	0.49
1952	0.51	0.57	0.48	0.26	1.25	0.46	0.32	0.83
1953	0.85	0.87	1.04	0.50	2.94	0.76	0.60	1.44
1954	1.58	2.17	0.94	0.32	3.08	0.96	1.10	1.84
1955	2.36	2.73	1.84	0.42	6.81	2.63	1.30	4.83
1956	4.90	5.45	5.18	1.24	18.94	4.48	3.00	7.10
1957	6.53	6.78	8.27	4.09	23.31	5.88	5.00	9.03
1958	10.52	8.96	12.36	8.35	27.62	16.36	8.38	24.73
1959	18.54	15.49	21.05	18.11	32.25	30.60	17.03	43.81
1960	18.06	11.39	24.77	22.44	34.02	32.47	13.56	51.03
1961	17.10	12.66	19.12	20.02	15.44	32.17	11.97	51.27
1962	13.63	11.13	17.75	19.40	10.64	18.67	11.01	27.28
1963	16.27	14.63	20.01	19.60	22.01	19.50	13.50	27.71
1964	18.33	17.13	21.57	19.95	28.93	21.32	15.66	30.00
1965	20.63	20.89	22.31	20.81	29.13	22.15	18.19	32.87
1966	24.14	23.41	27.88	28.04	27.75	26.35	21.27	38.11
1967	28.66	30.74	27.33	28.04	25.10	31.24	25.89	47.64
1968	30.78	32.90	27.98	28.80	25.37	35.58	31.54	53.61
1969	29.78	26.00	32.39	30.62	39.70	42.87	27.23	65.14
1970	37.13	33.19	41.71	40.04	48.60	49.13	30.98	69.00
1971	37.23	33.14	41.46	39.29	50.10	50.11	34.22	68.54
1972	41.40	31.81	49.65	48.22	56.05	63.29	39.62	80.36
1973	41.17	26.41	54.88	50.83	71.29	70.63	38.93	85.30
1974	55.61	43.75	70.28	74.93	57.10	78.71	48.41	103.37
1975	68.68	57.34	84.90	91.13	66.97	90.48	55.45	109.18
1976	71.04	57.88	88.76	98.22	60.23	96.11	70.90	107.24
1977	73.51	54.68	98.87	111.72	58.66	105.74	72.06	109.78
1978	84.00	58.99	124.66	137.93	83.84	115.87	84.70	92.62
1979	89.41	65.61	131.39	143.35	93.57	119.19	83.44	100.19

2-9 续表　　（以 1980 年为 100）　　单位:%

年份	生产总值	第一产业	第二产业	工业	建筑业	第三产业	#交通运输、仓储及通讯业	#贸易业及餐饮业
1980	100.00	100.00	100.00	100.00	100.00	100.00	100.00	100.00
1981	53.90	9.50	87.69	94.64	70.63	97.49	87.03	107.99
1982	110.77	96.67	102.97	115.11	71.44	142.48	160.35	117.71
1983	140.70	127.15	108.84	126.65	62.60	194.63	193.28	114.18
1984	136.48	110.11	124.47	142.09	78.74	193.27	199.05	118.20
1985	138.55	110.80	131.81	151.84	79.83	192.64	195.05	116.43
1986	155.76	145.69	126.30	143.53	81.57	201.41	228.20	142.39
1987	161.66	146.06	138.14	156.16	91.38	211.08	265.64	204.76
1988	165.02	161.15	150.47	173.01	91.97	185.68	297.53	188.38
1989	191.71	215.03	162.83	190.39	91.29	179.52	354.06	177.67
1990	224.80	259.22	185.43	209.60	122.69	203.68	408.03	245.63
1991	173.17	140.89	185.12	217.30	101.60	217.03	429.46	311.61
1992	188.12	164.96	189.04	220.07	108.51	226.97	472.02	283.46
1993	223.81	228.33	194.84	222.95	121.87	243.98	555.66	281.51
1994	227.59	235.62	195.82	222.33	127.00	244.44	449.89	231.04
1995	276.50	296.50	238.31	271.22	152.92	279.00	397.03	278.03
1996	338.71	392.45	264.31	301.30	168.36	318.23	500.06	338.36
1997	409.64	495.47	300.36	335.95	208.14	367.68	747.34	399.84
1998	440.77	513.31	328.29	363.16	237.90	424.67	878.12	467.01
1999	463.25	531.28	344.70	381.32	250.03	460.34	1094.14	481.02
2000	496.60	552.00	363.00	406.87	249.53	529.85	1270.30	550.77
2001	553.21	616.03	401.48	455.69	260.01	590.25	1415.11	592.08
2002	605.76	641.90	480.97	538.63	327.87	669.96	1702.38	757.86
2003	672.39	711.23	546.86	607.04	385.90	734.24	1963.70	913.68
2004	792.75	888.32	632.72	699.31	451.51	786.37	2150.64	964.20
2005	896.60	1000.25	725.10	817.49	480.86	889.38	2380.76	1132.94
2006	1016.74	1107.28	879.55	991.62	582.32	1001.44	2805.96	1178.03
2007	1150.95	1236.83	1003.57	1121.52	687.72	1156.66	3146.60	1466.29
2008	1329.35	1431.01	1164.14	1263.95	883.72	1326.69	3723.06	1767.76
2009	1577.94	1655.68	1528.52	1655.77	1170.05	1533.65	4221.95	2036.46
2010	1880.90	1918.93	1944.27	2020.04	1683.70	1832.72	4880.60	2311.40
2011	2277.77	2222.12	2581.99	2652.32	2303.29	2235.91	5690.78	2748.25
2012	2746.99	2519.89	3470.20	3623.07	2962.04	2741.23	7534.59	3182.48

2-10　垦区生产总值指数

（以上年为100）　　单位:%

年份	生产总值	第一产业	第二产业	工业	建筑业	第三产业	#交通运输、仓储及通讯业	#贸易业及餐饮业
1949	100.00	100.00	100.00	100.00	100.00	100.00	100.00	100.00
1950	300.31	196.26	1451.60	3216.00	333.30	235.63	300.00	194.40
1951	85.60	102.56	56.38	38.73	160.00	104.15	66.70	128.60
1952	211.99	235.82	184.86	144.00	240.60	174.51	250.00	170.00
1953	167.69	151.54	217.06	194.94	234.41	165.75	185.12	172.86
1954	185.10	250.42	89.86	64.66	104.85	127.09	183.56	127.68
1955	149.35	125.51	196.80	128.93	220.95	272.77	118.97	263.11
1956	207.85	200.12	281.57	297.09	278.24	170.37	230.24	146.97
1957	133.30	124.37	159.48	330.11	123.06	131.30	166.74	127.07
1958	161.08	132.15	149.47	204.06	118.52	278.22	167.46	273.89
1959	176.27	172.76	170.34	216.87	116.75	187.08	203.19	177.16
1960	97.44	73.55	117.70	123.92	105.49	106.13	79.66	116.48
1961	94.64	111.10	77.17	89.21	45.40	99.07	88.27	100.47
1962	79.72	87.95	92.83	96.90	68.89	58.04	91.95	53.22
1963	119.36	131.45	112.76	101.01	206.86	104.42	122.62	101.57
1964	112.67	117.09	107.80	101.79	131.42	109.37	116.01	108.26
1965	112.55	121.97	103.40	104.31	100.70	103.89	116.12	109.57
1966	117.04	112.07	125.01	134.77	95.28	118.93	116.99	115.94
1967	118.70	131.29	98.01	99.98	90.44	118.58	121.70	125.01
1968	107.40	107.03	102.39	102.73	101.08	113.89	121.81	112.53
1969	96.77	79.03	115.74	106.31	156.47	120.48	86.33	121.49
1970	124.66	127.66	128.80	130.77	122.43	114.61	113.81	105.93
1971	100.28	99.85	99.39	98.13	103.07	101.98	110.43	99.33
1972	111.19	95.99	119.75	122.72	111.89	126.31	115.79	117.25
1973	99.46	83.02	110.54	105.42	127.18	111.60	98.26	106.14
1974	135.07	165.64	128.06	147.41	80.10	111.44	124.35	121.19
1975	123.49	131.06	120.81	121.63	117.30	114.95	114.54	105.62
1976	103.45	100.95	104.55	107.78	89.93	106.22	127.86	98.22
1977	103.47	94.46	111.38	113.74	97.40	110.02	101.64	102.37
1978	114.26	107.89	126.08	123.46	142.92	109.58	117.54	84.37
1979	106.44	111.22	105.40	103.93	115.39	102.86	98.51	108.06

2-10 续表　　（以上年为 100）　　单位：%

年份	生产总值	第一产业	第二产业	工业	建筑业	第三产业	#交通运输、仓储及通讯业	#贸易业及餐饮业
1980	108.97	152.42	80.43	72.80	110.49	95.00	119.86	99.81
1981	53.90	9.50	87.69	94.64	70.63	97.49	87.03	107.98
1982	205.53	1017.70	117.42	121.63	101.14	146.15	184.25	109.00
1983	127.01	131.53	105.70	110.02	87.63	136.60	120.54	97.00
1984	97.00	86.60	114.37	112.19	125.78	99.30	102.99	103.53
1985	101.52	100.63	105.89	106.86	101.38	99.67	98.00	98.50
1986	112.42	131.49	95.82	94.53	102.18	104.55	116.99	122.30
1987	103.79	100.26	109.38	108.80	112.02	104.80	116.41	143.80
1988	102.08	110.33	108.93	110.80	100.65	87.97	112.00	92.00
1989	116.17	133.44	108.21	110.04	99.27	96.68	119.00	94.32
1990	117.26	120.55	113.88	110.09	134.39	113.46	115.24	138.25
1991	77.04	54.35	99.84	103.67	82.81	106.56	105.25	126.86
1992	108.63	117.09	102.12	101.28	106.79	104.58	109.91	90.97
1993	118.97	138.41	103.07	101.31	112.31	107.49	117.72	99.31
1994	101.69	103.19	100.50	99.72	104.21	100.20	80.97	82.07
1995	121.49	125.83	121.70	121.99	120.41	114.14	88.25	120.34
1996	122.50	132.36	110.91	111.09	110.10	114.06	125.95	121.70
1997	120.94	126.25	113.64	111.50	123.63	115.54	149.45	118.17
1998	107.60	103.60	109.30	108.10	114.30	115.50	117.50	116.80
1999	105.10	103.50	105.00	105.00	105.10	108.40	124.50	103.00
2000	107.20	103.90	105.30	106.70	99.80	115.10	116.10	114.50
2001	111.40	111.60	111.60	112.00	104.20	111.40	111.40	107.50
2002	109.50	104.20	119.80	118.20	126.10	113.50	120.30	128.00
2003	111.00	110.80	113.70	112.70	117.70	109.60	115.35	120.56
2004	117.90	124.90	115.70	115.20	117.00	107.10	109.52	105.53
2005	113.10	112.60	114.60	116.90	106.50	113.10	110.70	117.50
2006	113.40	110.70	121.30	121.30	121.10	112.60	117.86	103.98
2007	113.20	111.70	114.10	113.10	118.10	115.50	112.14	124.47
2008	115.50	115.70	116.00	112.70	128.50	114.70	118.32	120.56
2009	118.70	115.70	131.30	131.00	132.40	115.60	113.40	115.20
2010	119.20	115.90	127.20	122.00	143.90	119.50	115.60	113.50
2011	121.10	115.80	132.80	131.30	136.80	122.00	116.60	118.90
2012	120.60	113.40	134.40	136.60	128.60	122.60	132.40	115.80

2-11　垦区生产总值

（2012年）　　　　单位:万元

指　　标	合　计	劳动者报　酬	固定资产折旧	生产税净　额	#补　贴	营　业盈　余
生产总值	**11433627**	**4535316**	**1301334**	**268931**	**309972**	**5328046**
第一产业	**5531700**	**2435500**	**465020**	**-303312**	**303482**	**2934492**
1、农林牧渔业	5531700	2435500	465020	-303312	303482	2934492
(1)农　业	3881210	1788876	336209	-300294	300339	2056420
(2)林　业	52497	24401	2786	-143	208	25453
(3)畜牧业	1399102	543901	103882	-2927	2933	754247
(4)渔　业	32802	13029	2791	34	2	16947
(5)农林牧渔业服务业	166089	65294	19352	19		81424
第二产业	**3003797**	**976540**	**324905**	**402204**	**6279**	**1300148**
2、工　业	2198916	589328	265172	316094	6279	1028323
3、建筑业	804881	387212	59733	86110		271826
第三产业	**2898130**	**1123276**	**511409**	**170039**	**211**	**1093406**
4、交通运输、仓储业和邮政业	395884	145260	48732	27027	176	174866
(1)交通运输业	353836	134179	45316	25278	174	149064
(2)仓储业	33592	8869	2690	1452		20581
(3)邮政业	8456	2212	726	298	2	5221
5、信息传输、软件和信息技术服务业	56851	23525	8431	2742	2	22152
#电信	52103	22907	8407	2476	2	18313
6、批发和零售业	876013	272634	74585	62618	33	466175
7、住宿和餐饮业	201090	72805	25285	16091	1	86910
#餐饮业	167337	60501	21349	12997		72490
8、金融业	192274	38532	7248	20250		126244
#银行	159913	27203	5585	14904		112221
9、房地产业	265124	9793	214393	20565		20374
#职工自有住房	210345		210345			
10、租赁和商务服务业	97923	21071	10749	2373		63731
11、科学研究、技术服务和地质勘查业	26125	17317	3447	1296		4065
12、水利、环境和公共设施管理业	67908	45619	6697	1083		14508
13、居民服务和其他服务业	167281	68988	25549	13524		59220
14、教　育	176665	145694	25617	135		5219
15、卫生和社会工作	124511	87306	16681	1277		19247
16、文化、体育和娱乐业	10451	7037	2167	169		1079
17、公共管理、社会保障和社会组织	240031	167697	41829	890		29615

2-12　各管理局生产总值、构成和指数

（2012 年）

单　位	生产总值	第一产业	#农业	#畜牧业	第二产业	工业	建筑业	第三产业	#贸易和餐饮业	人均生产总值（元）
绝对数(万元)	**11433627**	**5531700**	**3881210**	**1399102**	**3003797**	**2198916**	**804881**	**2898130**	**1029085**	**66363**
宝泉岭局	1659631	866038	589854	225596	454276	356980	97296	339317	131859	80030
红兴隆局	2227968	1165065	779766	321211	597501	395324	202177	465401	165047	65440
建三江局	2261861	1523416	1380917	125028	372669	267880	104789	365776	100273	92300
牡丹江局	1915322	1057142	859304	187401	435523	344755	90769	422657	132261	93405
北安局	806479	401733	255631	115342	120843	87206	33636	283904	98597	38330
九三局	886513	497279	322234	126543	126561	89187	37374	262672	98414	52637
齐齐哈尔局	624672	322285	159814	153847	84150	63723	20428	218237	92550	42215
绥化局	568919	277471	136231	126656	151952	116248	35704	139496	61986	76978
哈尔滨局	213795	67682	45861	15520	91013	86020	4993	55101	18275	48786
总局直属	920467	5589	3600	1958	569308	391592	177716	345570	129822	114467
构成%(总值=100)	**100**	**48.4**	**33.9**	**12.2**	**26.3**	**19.2**	**7.0**	**25.3**	**9.0**	
宝泉岭局	100	52.2	35.5	13.6	27.4	21.5	5.9	20.4	7.9	
红兴隆局	100	52.3	35.0	14.4	26.8	17.7	9.1	20.9	7.4	
建三江局	100	67.4	61.1	5.5	16.5	11.8	4.6	16.2	4.4	
牡丹江局	100	55.2	44.9	9.8	22.7	18.0	4.7	22.1	6.9	
北安局	100	49.8	31.7	14.3	15.0	10.8	4.2	35.2	12.2	
九三局	100	56.1	36.3	14.3	14.3	10.1	4.2	29.6	11.1	
齐齐哈尔局	100	51.6	25.6	24.6	13.5	10.2	3.3	34.9	14.8	
绥化局	100	48.8	23.9	22.3	26.7	20.4	6.3	24.5	10.9	
哈尔滨局	100	31.7	21.5	7.3	42.6	40.2	2.3	25.8	8.5	
总局直属	100	0.6	0.4	0.2	61.8	42.5	19.3	37.5	14.1	
指数%(上年=100)	**120.6**	**113.4**	**109.1**	**119.6**	**134.4**	**136.6**	**128.6**	**122.6**	**115.8**	**118.6**
宝泉岭局	123.5	117.4	110.6	121.5	138.1	145.2	117.3	118.0	125.7	123.2
红兴隆局	124.5	115.8	109.3	124.2	148.3	151.9	141.7	126.4	125.4	123.0
建三江局	122.5	116.4	115.6	119.8	151.4	144.9	171.8	125.3	115.4	112.5
牡丹江局	122.3	116.4	118.5	108.0	139.7	143.7	126.3	121.7	124.4	123.7
北安局	123.4	117.1	112.0	119.7	144.1	145.4	140.8	124.6	138.2	121.3
九三局	124.1	127.5	130.8	120.1	140.3	156.2	112.3	114.7	102.1	122.2
齐齐哈尔局	124.0	119.8	119.4	121.7	151.8	151.9	151.6	124.5	122.4	118.4
绥化局	124.6	119.4	117.0	121.5	143.7	149.6	127.4	121.1	124.0	122.8
哈尔滨局	121.9	106.0	106.5	107.2	140.2	143.4	101.2	117.4	114.3	121.4
总局直属	113.4	124.6	87.5	507.7	107.2	107.6	106.2	125.5	86.6	115.9

2-13　各管理局生产总值要素

单位:万元

年份 单位	生产总值	劳动者报酬	固定资产折旧	生产税净额	#补贴	营业盈余
2000	1457251	630025	210697	97431	401	528098
2004	2361168	998773	279839	39015	56481	1043541
2005	2698322	1119155	337362	42417	57730	1199388
2006	3014742	1279975	371311	33955	92848	1329501
2007	3603481	1517882	444800	24775	123183	1616024
2008	4544690	1856973	532018	-39217	216608	2194916
2009	5453578	2322767	613343	-2137	242713	2519625
2010	6881123	2927015	806323	105018	243377	3042767
2011	9164007	3683798	1003017	134658	270225	4342534
2012	11433627	4535316	1301334	268931	309972	5328046
宝泉岭局	1659631	457797	149997	5130	42281	1046706
红兴隆局	2227968	956948	249970	55738	54486	965312
建三江局	2261861	961679	229860	-12859	60507	1083182
牡丹江局	1915322	577207	176849	-3404	50207	1164670
北安局	806479	300661	107148	-17418	37358	416089
九三局	886513	345500	91527	-6495	31015	455980
齐齐哈尔局	624672	261501	95428	10655	15234	257089
绥化局	568919	229299	44499	24494	10406	270627
哈尔滨局	213795	77527	25103	15102	2540	96064
总局直属	920467	367197	130953	197989	5938	224328

2-14　各管理局生产总值要素构成

（以生产总值为100）

单位:%

年份 单位	生产总值	劳动者报酬	固定资产折旧	生产税净额	#补贴	营业盈余
2000	100	43.2	14.5	6.7	0.1	35.6
2004	100	42.3	11.9	1.7	2.4	44.1
2005	100	41.5	12.5	1.6	2.1	44.4
2006	100	42.5	12.3	1.1	3.1	44.1
2007	100	42.1	12.3	0.7	3.4	44.8
2008	100	40.9	11.7	-0.9	4.8	48.3
2009	100	42.6	11.2	…	4.5	46.2
2010	100	42.5	11.7	1.5	3.5	44.2
2011	100	40.2	10.9	1.5	2.9	47.4
2012	100	39.7	11.4	2.4	2.7	46.6
宝泉岭局	100	27.6	9.0	0.3	2.5	63.1
红兴隆局	100	43.0	11.2	2.5	2.4	43.3
建三江局	100	42.5	10.2	-0.6	2.7	47.9
牡丹江局	100	30.1	9.2	-0.2	2.6	60.8
北安局	100	37.3	13.3	-2.2	4.6	51.6
九三局	100	39.0	10.3	-0.7	3.5	51.4
齐齐哈尔局	100	41.9	15.3	1.7	2.4	41.2
绥化局	100	40.3	7.8	4.3	1.8	47.6
哈尔滨局	100	36.3	11.7	7.1	1.2	44.9
总局直属	100	39.9	14.2	21.5	0.6	24.4

2-15　各管理局生产总值所有制构成及指数

单位：万元

年份 单位	生产总值 合计	生产总值 公有经济	生产总值 非公有经济	构成(%) 公有经济	构成(%) 非公有经济	指数%(上年=100) 公有经济	指数%(上年=100) 非公有经济
2000	1457251	872036	585215	59.8	40.2	102.0	119.6
2004	2361168	1408770	952398	59.7	40.3	122.3	111.0
2005	2698322	1610853	1087469	59.7	40.3	113.1	113.0
2006	3014742	1785274	1229468	59.2	40.8	110.3	117.5
2007	3603481	2126799	1476682	59.0	41.0	111.5	115.5
2008	4544690	2547458	1997232	56.1	43.9	111.4	121.4
2009	5453578	3032007	2421571	55.6	44.4	114.8	123.8
2010	6881123	3966411	2914712	57.6	42.4	122.4	115.2
2011	9164007	5217973	3946034	56.9	43.1	119.6	123.3
2012	11433627	6289064	5144564	55.0	45.0	116.5	126.9
宝泉岭局	1659631	817980	841651	49.3	50.7	115.2	130.6
红兴隆局	2227968	1018522	1209446	45.7	54.3	117.6	132.9
建三江局	2261861	1607424	654438	71.1	28.9	119.6	129.9
牡丹江局	1915322	1071493	843829	55.9	44.1	120.2	124.9
北安局	806479	460281	346198	57.1	42.9	124.4	122.0
九三局	886513	536086	350427	60.5	39.5	130.7	117.4
齐齐哈尔局	624672	238058	386615	38.1	61.9	128.4	123.1
绥化局	568919	196736	372184	34.6	65.4	125.9	125.4
哈尔滨局	213795	78995	134801	36.9	63.1	123.8	120.9
总局直属	920467	873384	47083	94.9	5.1	114.4	97.4

注：本表公有经济为全部国有、集体经济及国有集体控股经济，2005年以前称国有经济。

2-16　各管理局总产出

单位：万元

年份 单位	总产出	第一产业	第二产业	工业	建筑业	第三产业	#交通运输、仓储及通讯业	#贸易业及餐饮业
2000	2989144	1445564	834381	686880	147501	709199	102795	221639
2004	5295840	2344534	1893431	1613925	279506	1057875	180985	416270
2005	6476202	2797343	2495947	2199109	296838	1182912	204145	471878
2006	7245997	2964399	2878622	2500072	378550	1402976	257541	515319
2007	8542381	3596771	3235100	2778363	456737	1710510	297128	702274
2008	10567719	4645351	3881360	3287011	594349	2041008	373262	846102
2009	13217368	5557240	5252451	4458968	793483	2407677	438574	980209
2010	16954748	6930385	7128979	5938129	1190850	2895384	507142	1071711
2011	21950821	8798021	9340545	7548261	1792284	3812255	617269	1552085
2012	27117735	10390060	11910328	9806051	2104277	4817348	831665	1816254
宝泉岭局	3558449	1537537	1466149	1251859	214290	554763	112728	224078
红兴隆局	4608029	2093982	1773541	1234826	538714	740506	172919	251157
建三江局	4513143	2515786	1336543	1065708	270835	660813	118818	197469
牡丹江局	3827284	1892274	1311576	1131682	179894	623434	136031	187406
北安局	1691124	842186	358015	273441	84574	490923	75780	187366
九三局	1757212	923380	404705	301609	103095	429127	44324	174848
齐齐哈尔局	1399703	694616	326684	259193	67490	378403	58993	164309
绥化局	1175453	564059	358766	290516	68250	252628	43246	125688
哈尔滨局	530224	126071	291380	274465	16915	112772	12851	38308
总局直属	4871750	14801	4282970	3722750	560219	573979	55974	265626

注：国民经济核算数据为与第二次经济普查衔接修订后的数据

主要统计指标解释

国民经济核算体系　是联合国各国推荐的统计制度。它以国民经济作为一个整体,是用帐户形式,进行系统核算的体系,是宏观经济管理、计划、预测和决策的重要手段。

1947年联合国发表关于《国民收入的测算及社会帐户的建立》的报告,1953年联合国制定了《国民经济核算帐户体系辅助表》(简称旧SNA),标志着规范化的国民经济核算体系的诞生,1968年,联合国在完善国民收入和生产核算的同时,引进投入产出核算、资金流量核算、国际收支核算和资产负债核算,从而形成了比较完整的国民经济核算体系,即新SNA,可以清晰地描述国民经济循环全过程。

1993年联合国统计委员会通过了新修订的SNA,我国目前正在实现向新国民经济核算体系的全面过渡。

国民生产总值　也叫国民总收入(GNI)。是指一个国家(或地区)所有常住单位在一定时期内收入初次分配的最终成果。国民生产总值是一个收入概念。我国常住单位从事生产活动所创造的增加值在初次分配过程中主要分配给我国的常住单位,但也有一部分以生产税及进口税(扣除生产和进口补贴)、劳动者报酬和财产收入等形式分配给非常住单位;同时,国外所创造的增加值也有一部分以劳动者报酬和财产收入等形式分配给我国常住单位,从而产生了国民生产总值概念。它等于国内生产总值加上来自国外的劳动者报酬和财产收入减去支付给国外的劳动者报酬和财产收入。

国内生产总值　是指一个国家(或地区)所有常住单位在一定时期内生产活动的最终成果。国内生产总值是一个生产概念。从价值形态看,它是所有常住单位在一定时期内所生产的全部货物和服务价值超过同期投入的全部非固定资产货物和服务价值的差额,即所有常住单位的增加值之和;从收入形态看,它是所有常住单位在一定时期内所创造并分配给我们常住单位和非常住单位的初次分配收入之和,由劳动者报酬、固定资产折旧、生产税净额、营业盈余四部分构成;从产品形态看,它是最终使用的货物和服务减去进口货物和服务。在核算中,国内生产总值的三种表现形态表现为三种计算方法,即生产法、收入法(分配法)和支出法。三种方法分别从不同的方面反映国内生产总值及其构成。多年来,我国习惯上将国家和某一地区(省、市、县)的GDP统称为"国内生产总值",其英文全称为Gross Domestic Product,考虑到"Domestic"词有'国内、地区"等多种含义,将一个地区的GDP称为国内生产总值是不够恰当的。因此,为了准确的表达该指标,从2004年起各地区的GDP的中文译名不再叫"国内生产总值",统一改称为"××地区生产总值",如"××市生产总值",简称为"××市GDP"。

三次产业　按照我国现行计算国内生产总值的有关规定,将各物质生产部门和非物质生产部门在国民经济和社会发展中的地位和作用不同划分为三次产业。

第一产业　是指农林牧渔业。

第二产业　是指采矿业,制造业,电力、燃气及水的生产和供应业,建筑业。

第三产业　是指除第一、二产业以外的其他行业。包括:交通运输、仓储和邮政业,信息传输、软件和信息技术服务业,批发和零售业,住宿和餐饮业,金融业,房地产业,租赁和商务服务业,科学研究、技术服务和地质勘查业,水利、环境和公共设施管理业,居民服务和其他服务业,教育,卫生和社会工作,文化、体育和娱乐业,公共管理、社会保障和社会组织。

总产出　指一定时期内一个国家(或地区)常住单位生产的所有货物和服务的价值,既包括新增价值,也包括被消耗的货物和服务价值及固定资产的转移价值。总产出按生产者价格计算,它反映常住单位生产活动的总规模。

中间投入　指常住单位在生产或提供货物与服务过程中,消耗和使用的所有非固定资产货物和服务的价值。中间投入也称中间消耗,一般按购买者价格计算。

增加值　指常住单位生产过程创造的新增价值和固定资产的转移价值。它可以按生产法计算,也可以按收入法计算,按生产法计算,它等于总产出减中间投入;按收入法计算,它等于劳动者报酬、生产税净额、固定资产折旧和营业盈余之和。

劳动者报酬　指劳动者因从事生产活动所获得的全部报酬。包括劳动者获得的各种形式的工资、奖金和津贴,既包括货币形式,也包括实物形式的,还包括劳动者所享受的公费医疗和医药卫生费、上下班交通补贴、单位支付的社会保险费、住房公积金等。

生产税净额　指生产税减生产补贴后的余额。生产税指政府对生产单位从事生产、销售和经营活动以及因从事生产活动使用某些生产要素(如固定资产、土地、劳动力)所征收的各种税、附加费和规费。生产补贴与生产税相反,指政府对生产单位的单方面转移支出,因此视为负生产税,包括政策亏损补贴、价格补贴等。

固定资产折旧　指一定时期内为弥补固定资产损耗按照规定的固定资产折旧率提取的固定资产折旧,或按国民经济核算统一规定的折旧率虚拟计算的固定资产折旧。它反映了固定资产在当期生产中的转移价值。各类企业和企业化管理的事业单位的固定资产折旧是指实际计提的折旧费;不计提折旧的政府机关、非企业化管理的事业单位和居民住房的固定资产折旧是按照统一规定的折旧率和固定资产原值计算的虚拟折旧。

营业盈余　指常住单位创造的增加值扣除劳动者报酬、生产税净额和固定资产折旧后的余额。它相当于企业的营业利润加上生产补贴,但要扣除从利润中开支的工资和福利等。

社会总产值　也称社会总产出。是反映一个国家(或地区)在一定时期内生产的全部物质产品的总和的重要指标。在实物形态上,它可分为生产资料和消费资料两大类;在价值形态上,它可分为:(1)生产过程中消耗掉的生产资料转移价值;(2)劳动者所创造的价值,其中包括相当于劳动报酬的那部分必要产品的价值和为社会创造的剩余产品的价值。在社会生活中,农业、工业、建筑业直接生产物质产品,运输业和商业担负着产品生产过程继续的职能,也创造和增加一部分价值。因此,农业、工业、建筑业、运输业、商业(包括饮食业和物质供应业)五个物质生产部门总产值(当年价格)之和,就是社会总产值。社会总产值的统计范围,是以地域为原则的。

当年价格　指报告期的实际价格,如工厂的出厂价格,农产品的收购价格,商业的零售价格等。按当年价格计算,是指一些以货币表现的物量指标,如社会总产值、工农业总产值、国民收入、国民生产总值等,按照当年的实际价格来计算总量,是为了使国民经济各项指标互相衔接,便于考察当年社会经济效益,便于对生产和流通、生产和分配、生产和消费进行经济核算和综合平衡。

按当年价格计算的价值指标,在不同年份之间进行对比时,因为包含有各年间价格变动的因素,不能确切地反映实物量的增减变动,必须消除价格变动因素后才能真实反映经济发展动态。因此,在计算增长速度时都使用可比价格计算的数字。

可比价格　指在不同时期的价格指标对比时,扣除了价格变动的因素,以确切表示物量的变动,按可比价格计算有两种方法:一种是直接按产品产量乘其不变价格计算;一种是用物价指数换算。

发展速度　发展速度是报告期发展水平与基期水平之比。它是从相对数方面来说明现象发展程度的重要指标。

增长速度　增长速度是表明现象增长程度的相对指标。是根据增长量与基期水平之比计算的,也可用发展速度减1来计算,说明现象报告期水平比基期水平增长了多少倍或百分之几。

平均每年增长速度　在我国计算平均增长速度有两种方法,一种是习惯上经常使用的“水平法”,又称几何平均法,是以间隔期最后一年的水平同基期水平对比来计算平均每年增长(或下降)速度的。另一种是“累计法”,又称代数平均法和方程法,是以间隔期内各年水平的总和同基期水平对比来计算平均每年增长(或下降)速度的。(具体计算方法,可参阅中国财政经济出版社出版的平均增长速度查对表)。

在一般正常情况下,两种方法计算的平均年增长速度比较接近,但在经济不平衡出现大起大落时,两种方法计算的结果差别较大,本《年鉴》内所列的平均每年年增长速度,都是用“水平法”计算的。

指数　指数是表明现象数量对比关系的相对数。广义上的指数,就是相对数。狭义上的指数,是一种特殊的相对数,是用来表明不能直接相加的各种要素所构成的复杂现象总体的数量对比关系的相对数。

国有经济　是指生产资料归国家所有的经济类型,它包括中央和地方各级国家机关、事业单位和社会团体使用国有资产投资举办的企业,也包括实行企业化经营,国家不再核拨经费或核拨部分经费的事业单位和从事经营活动的社会团体。

集体经济　是指生产资料归公民集体所有的一种经济类型,它包括城乡所有使用集体投资举办的企业,以及部分个人通过集体自愿放弃所有权并依法经工商管理机关认定为集体经济的企业。

个体经济　指生产资料归劳动者个人所有,以个体劳动为基础,劳动成果归劳动者个人占有和支配的一种经济类型,它包括所有登记注册的个体工商户和个人合伙。

3

人口、从业人员和职工工资

STATISTICAL YEARBOOK

从业人员三次产业构成(%)

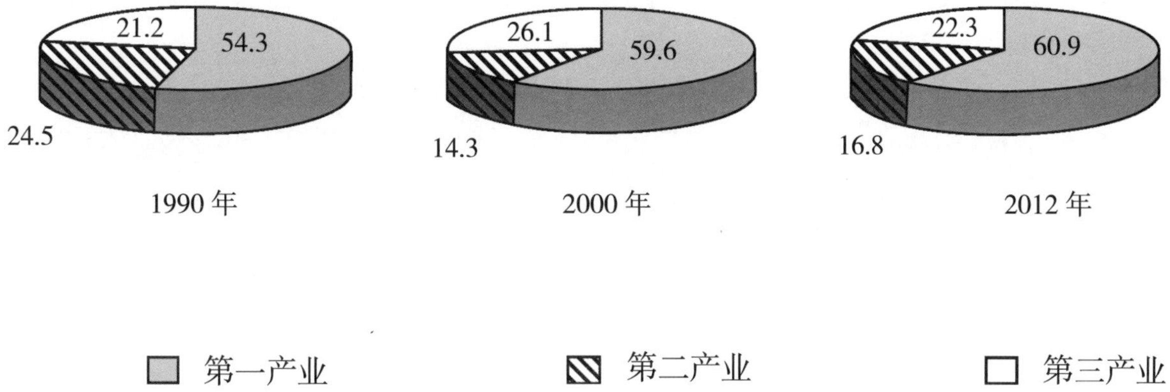

职工平均工资(元)

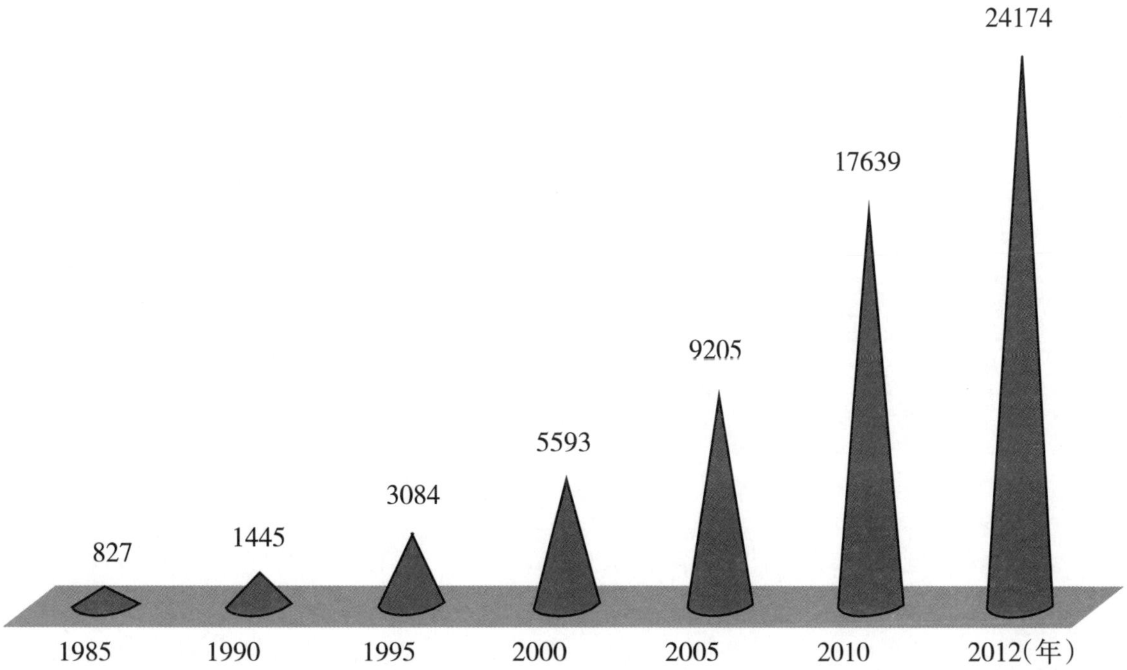

注 2000 年及以后年份为在岗职工平均工资,以前年份为全部职工平均工资

3-1 历年年末户数和人口数

年 份	总户数（户）	农场户	非农场户	总人口（人）	农场人口	非农场人口
1949	1008	1008		4836	4836	
1950	1744	1744		9557	9557	
1955	9891	8789	1102	81368	73098	8270
1960	116074	114259	1815	845814	790964	54850
1965	148639	144963	3676	853410	808494	44916
1970	199688	186254	13434	1426115	1341899	84216
1971	210764	195732	15032	1490392	1391233	99159
1972	217068	201456	15612	1492790	1385534	107256
1973	226752	209249	17503	1526608	1406482	120126
1974	241190	222834	18356	1534111	1419799	114312
1975	252320	236604	15716	1560671	1466163	94508
1976	265322	247804	17518	1609681	1475938	133743
1977	287719	265219	22500	1649667	1532771	116896
1978	308553	274437	34116	1663485	1509127	154358
1979	308255	286403	21852	1544882	1419951	124931
1980	333997	290889	43108	1567498	1417376	150122
1981	341806	312675	29131	1578689	1442805	135884
1982	364111	331392	32719	1596901	1457331	139570
1983	376948	342469	34479	1608840	1463934	144906
1984	390008	350737	39271	1612954	1465712	147242
1985	396939	357237	39702	1582424	1428940	153484
1986	406125	366585	39540	1576941	1423474	153467
1987	417000	375087	41913	1569000	1404137	164863
1988	417005	371586	45419	1551050	1380516	170534
1989	425613	386040	39573	1551257	1395910	155347
1990	444939	396467	48472	1554242	1383853	170389
1991	458444	409170	49274	1562401	1387522	174879
1992	466431	412990	53441	1558581	1370455	188126
1993	469268	420014	49254	1566351	1313572	252779
1994	470143	407047	63096	1553486	1370395	183091
1995	480926	429076	51850	1553051	1354009	199042
1996	489908	434803	55105	1566168	1363310	202858
1997	494924	434041	60883	1569137	1303196	265941
1998	499906	437884	62022	1579481	1370286	209195
1999	502246	445101	57145	1580554	1377611	202943
2000	510477	450073	60404	1574655	1371087	203568
2001	518438	460517	57921	1579927	1363533	216394
2002	520350	458559	61791	1582752	1349727	233025
2003	523822	462631	61191	1574558	1356351	218207
2004	529588	468388	61200	1579389	1365675	213714
2005	545198	484845	60353	1585954	1379391	206563
2006	552652	494864	57788	1594897	1390611	204286
2007	586854	525004	61850	1649509	1452205	197304
2008	596355	534825	61530	1659685	1460384	199301
2009	609174	544834	64340	1668033	1456360	211673
2010	626056	560598	65458	1673491	1443366	230125
2011	651529	570845	80684	1711963	1465347	246616
2012	659149	576075	83074	1733822	1481857	251965

3-2 各管理局年末人口数

单位:人

年 份 单 位	总户数 (户)	总人口	按性别分		按农场、非农场户口分	
			男	女	农 场	非农场
2000	510477	1574655	829433	745222	1371087	203568
2005	545198	1585954	821075	764879	1379391	206563
2006	552652	1594897	824151	770746	1390611	204286
2007	586854	1649509	857094	792415	1452205	197304
2008	596355	1659685	861105	798580	1460384	199301
2009	609174	1668033	877934	790099	1456360	211673
2010	626056	1673491	870314	803177	1443366	230125
2011	651529	1711963	883112	828851	1465347	246616
2012	659149	1733822	892265	841557	1481857	252365
宝泉岭局	81973	206541	103030	103511	180308	26233
红兴隆局	136260	338246	173682	164564	313732	24514
建三江局	91748	249505	129792	119713	211056	38449
牡丹江局	83673	202394	104821	97573	171672	30722
北 安 局	76382	210332	109197	101135	200937	9395
九 三 局	61130	170897	86090	84807	133890	37007
齐齐哈尔局	57837	155850	78607	77243	149035	6815
绥 化 局	31429	75284	37325	37959	72029	3255
哈尔滨局	16428	45529	23441	22088	36412	9117
总局直属	22289	79244	46280	32964	12786	66458

3-3 各管理局计划生育情况

年 份 单 位	计划生育率 (%)	女性晚婚率 (%)	综合节育率 (%)	一孩生育率 (%)	二孩生育率 (%)	多孩生育率 (%)
2000	99.72	67.91	94.04	95.83	4.12	0.05
2005	99.54	60.51	93.11	92.79	7.16	0.05
2006	99.60	57.82	93.15	91.71	8.22	0.07
2007	99.72	58.07	93.28	91.13	8.80	0.07
2008	99.66	54.48	92.44	90.38	9.49	0.13
2009	99.71	47.23	91.28	90.54	9.36	0.10
2010	99.44	50.58	91.22	91.17	8.69	0.14
2011	99.90	57.20	90.89	91.50	8.34	0.16
2012	99.92	61.17	90.52	91.56	8.27	0.17
宝泉岭局	99.88	62.86	87.52	91.20	8.32	0.48
红兴隆局	99.66	70.21	92.12	94.20	5.72	0.08
建三江局	100.00	57.13	92.18	90.80	9.20	
牡丹江局	100.00	61.89	88.64	88.27	11.22	0.51
北 安 局	100.00	57.06	91.05	93.02	6.98	
九 三 局	100.00	50.72	89.57	91.30	8.70	
齐齐哈尔局	100.00	48.92	91.73	93.28	6.72	
绥 化 局	100.00	55.00	89.87	86.22	13.39	0.39
哈尔滨局	100.00	75.00	92.18	96.08	3.92	
总局直属	100.00	100.00	83.71	99.05	0.95	

注:本表资料由总局计划生育委员会提供。

3-4 各管理局按年龄分组的人口数

单位:人

单位	总人口	0-6岁	7-15岁	16-17岁	#女性
总局	1733822	66780	137097	95937	46858
宝泉岭局	206541	5670	12640	10059	5031
红兴隆局	338246	14170	28386	17557	8471
建三江局	249505	11357	19344	10140	4923
牡丹江局	202394	7727	16188	13419	6369
北安局	210332	8386	18979	14722	7187
九三局	170897	7064	14867	14632	7771
齐齐哈尔局	155850	4869	11395	5498	2502
绥化局	75284	3189	6339	3678	1871
哈尔滨局	45529	1430	3295	1949	861
总局直属	79244	2918	5664	4283	1872

3-4续表

单位:人

单位	18-54岁	#女性	55-59岁	#女性	60岁以上
总局	1081359	515742	148380	69897	204269
宝泉岭局	123672	60343	21005	9760	33495
红兴隆局	200531	97283	30917	15548	46685
建三江局	166594	80433	20614	9846	21456
牡丹江局	120871	57319	18369	8497	25820
北安局	130197	59911	15607	6848	22441
九三局	98476	48661	13982	6781	21876
齐齐哈尔局	103926	47826	11534	5240	18628
绥化局	49932	24038	6721	2994	5425
哈尔滨局	29649	14329	4772	2230	4434
总局直属	57511	25599	4859	2153	4009

3–5 各管理局分民族人口数

（2010年11月1日第六次人口普查资料）

单位	总人口（人）	汉族	满族	蒙古族	朝鲜族	回族	其他民族
总计	1667494	1634359	18072	4975	4709	1852	3527
宝泉岭局	192159	189369	1580	311	448	191	260
红兴隆局	343807	335916	4659	525	1564	221	922
建三江局	240892	238191	1677	403	237	96	288
牡丹江局	220789	216302	2469	428	938	256	396
北安局	185852	181102	3247	531	122	170	680
九三局	166274	163760	1078	468	266	444	258
齐齐哈尔局	127448	124600	661	1017	470	81	619
绥化局	63609	61548	543	1165	120	212	21
哈尔滨局	43931	42934	560	72	270	61	34
总局直属	82733	80637	1598	55	274	120	49

3–6 各管理局6岁及以上按文化程度分的人口数

（2010年11月1日第六次人口普查资料）

单位	六岁及以上人口	未上过小学	小学	初中	高中	大学专科	大学本科	研究生
总计	1606333	58656	339593	719970	315021	126866	45155	1072
宝泉岭局	186467	7942	40604	81981	39777	11468	4602	93
红兴隆局	332839	13908	70896	151831	65995	21807	8266	136
建三江局	230299	7123	54708	113331	39477	10968	4609	83
牡丹江局	213575	7547	53462	99276	35697	12572	4941	80
北安局	179930	6101	39020	88704	32905	10197	2938	65
九三局	156626	7087	33392	69624	31500	11454	3516	53
齐齐哈尔局	123365	4665	24211	58793	27717	6356	1595	28
绥化局	61434	2281	13176	30965	11458	2783	750	21
哈尔滨局	42513	1219	7373	17748	10869	4030	1234	40
总局直属	79285	783	2751	7717	19626	35231	12704	473

3-7 分年龄人口数

（2010年11月1日第六次人口普查资料）

年龄	人口数			比重			性别比（女=100）
	合计	男	女	合计	男	女	
总计	1667494	849357	818137	100.00	50.94	49.06	103.82
少年儿童组(0–14岁)	178095	92595	85500	10.68	5.55	5.13	108.30
学龄前儿童组(1–6岁)	63248	33065	30183	3.79	1.98	1.81	109.55
婴儿组(0岁)	8843	4561	4282	0.53	0.27	0.26	106.52
托儿组(1–3岁)	28774	15016	13758	1.73	0.90	0.83	109.14
幼儿组(4–6岁)	34474	18049	16425	2.07	1.08	0.99	109.89
学龄儿童(7–12岁)	74713	38652	36061	4.48	2.32	2.16	107.19
初中适龄组(13–15岁)	50371	26066	24305	3.02	1.56	1.46	107.25
高中适龄组(16–18岁)	57687	29570	28117	3.46	1.77	1.69	105.17
大学适龄组(18–24岁)	145990	75520	70470	8.76	4.53	4.23	107.17
男性兵员组(18–22岁)	100976	52470	48506	6.06	3.15	2.91	108.17
孕龄高峰妇女组(20–29岁)	201232	102893	98339	12.07	6.17	5.90	104.63
女性劳动力组(16–54岁)	1110844	569677	541167	66.62	34.16	32.45	105.27
男性劳动力组(16–59岁)	1219461	625459	594002	73.13	37.51	35.62	105.30
老年人口组(60岁及以上)	250858	121554	129304	15.04	7.29	7.75	94.01
高龄老年人口组(80岁及以上)	22801	12611	10190	1.37	0.76	0.61	123.76

3-8 各管理局家庭户数及家庭规模

（2010年11月1日第六次人口普查资料）

单 位	家庭户数	家庭人口数				平均家庭户规模（人/户）
		合 计	男	女	性别比（女为100）	
总 计	643928	1594170	807427	786743	102.6	2.48
宝泉岭局	75620	183532	92340	91192	101.3	2.43
红兴隆局	137406	338757	170569	168188	101.4	2.47
建三江局	87908	234031	120542	113489	106.2	2.66
牡丹江局	89158	216746	109960	106786	103.0	2.43
北 安 局	73021	180362	91612	88750	103.2	2.47
九 三 局	65807	158549	80233	78316	102.4	2.41
齐齐哈尔局	50699	125734	63659	62075	102.6	2.48
绥 化 局	25208	63020	31308	31712	98.7	2.50
哈尔滨局	16502	42905	21731	21174	102.6	2.60
总局直属	22599	50534	25473	25061	101.6	2.24

3-9 各管理局户籍人口及外出人口

（2010年11月1日第六次人口普查资料）

单 位	户籍人口			外出半年以上人口		
	合 计	男	女	小 计	男	女
总 计	1664363	845471	818892	294751	147230	147521
宝泉岭局	211033	106283	104750	48440	23791	24649
红兴隆局	348047	175360	172687	64350	31575	32775
建三江局	209346	108464	100882	30965	16083	14882
牡丹江局	194302	98486	95816	31478	15739	15739
北 安 局	203378	103851	99527	41605	20784	20821
九 三 局	174261	88222	86039	35636	17777	17859
齐齐哈尔局	137224	69846	67378	18378	9227	9151
绥 化 局	72808	36812	35996	15279	8020	7259
哈尔滨局	41159	20817	20342	6801	3299	3502
总局直属	72805	37330	35475	1819	935	884

3-10 各管理局人口增减变动情况

单位:人

年份 单位	年初人口数(人)	年内增加数(人)	迁入	出生	年内减少数(人)	迁出
2000	1580554	75065	66231	8834	80964	74493
2005	1579389	56147	48994	7153	49582	42795
2006	1585954	66027	58854	7173	57084	49712
2007	1594897	110616	103676	6940	56004	48720
2008	1649509	56390	49716	6674	46214	38291
2009	1659685	66735	59826	6909	58387	49893
2010	1668033	79846	72339	7507	74388	64779
2011	1673491	95540	88802	6738	57068	48391
2012	1711963	74929	67379	7550	53070	44061
宝泉岭局	208213	2849	2032	817	4521	3199
红兴隆局	342678	6622	5263	1359	11054	9226
建三江局	240604	11878	10210	1668	2977	1993
牡丹江局	207716	3570	2716	854	8892	7645
北安局	210481	3377	2577	800	3526	2323
九三局	165942	11459	10852	607	6504	5405
齐齐哈尔局	140100	19337	18684	653	3587	3081
绥化局	72530	3680	3263	417	926	386
哈尔滨局	42117	4146	4050	96	734	602
总局直属	81582	8011	7732	279	10349	10201

3-10续表

单位:人

年份 单位	死亡	年末人口数(人)	年平均人口数(人)	出生率(‰)	死亡率(‰)	自然增长率(‰)
2000	6375	1574655	1577605	6.82	4.10	2.72
2005	6787	1585954	1582672	5.17	4.74	0.43
2006	7372	1594897	1590425	4.97	5.05	-0.08
2007	7284	1649509	1622203	4.55	4.91	-0.36
2008	7923	1659685	1654597	4.03	4.79	-0.75
2009	8494	1668033	1663859	4.15	5.10	-0.95
2010	9609	1673491	1670762	4.49	5.75	-1.26
2011	8677	1711963	1692727	3.98	5.13	-1.15
2012	9009	1733822	1722893	4.38	5.23	-0.85
宝泉岭局	1322	206541	207377	3.94	6.37	-2.44
红兴隆局	1828	338246	340462	3.99	5.37	-1.38
建三江局	984	249505	245055	6.81	4.02	2.79
牡丹江局	1247	202394	205055	4.16	6.08	-1.92
北安局	1203	210332	210407	3.80	5.72	-1.92
九三局	1099	170897	168420	3.60	6.53	-2.92
齐齐哈尔局	506	155850	147975	4.41	3.42	0.99
绥化局	540	75284	73907	5.64	7.31	-1.66
哈尔滨局	132	45529	43823	2.19	3.01	-0.82
总局直属	148	79244	80413	3.47	1.84	1.63

3-11 各管理局从业人员人数

单位:人

年份 单位	从业人员	国有单位	集体单位	其他单位
2000	707390	574335	3813	129242
2005	743997	544052	233	199712
2006	781497	552547	213	228737
2007	883865	654430	213	229222
2008	906730	671054	236	235440
2009	916658	663369	126	253163
2010	936591	673791	524	262276
2011	957410	679676	659	277075
2012	982719	678627	745	303347
宝泉岭局	134683	90646	242	43795
红兴隆局	191695	144098	103	47494
建三江局	146192	110846	150	35196
牡丹江局	100661	72051		28610
北安局	107047	82324	64	24723
九三局	88125	66756		21305
齐齐哈尔局	73930	57568		16362
绥化局	44061	27786	64	16211
哈尔滨局	24259	12754		11505
总局直属	72066	13798	122	58146

3-12 各管理局按三次产业分的从业人员人数

年份 单位	绝对数(人)			构成%(以全部从业人员为100)		
	第一产业	第二产业	第三产业	第一产业	第二产业	第三产业
2000	421900	101245	184245	59.6	14.3	26.1
2005	465073	105950	172974	62.5	14.2	23.2
2006	497173	109934	174390	63.6	14.1	22.3
2007	594990	117256	171619	67.3	13.3	19.4
2008	611059	120317	175354	67.4	13.3	19.3
2009	603106	129208	184344	65.8	14.1	20.1
2010	602140	133298	201153	64.3	14.2	21.5
2011	599512	147185	210713	62.6	15.4	22.0
2012	598771	165194	218754	60.9	16.8	22.3
宝泉岭局	86292	20834	27557	64.1	15.5	20.4
红兴隆局	132886	21981	36828	69.3	11.5	19.2
建三江局	92167	13335	40690	63.0	9.1	27.9
牡丹江局	59769	14775	26117	59.4	14.7	25.9
北安局	75724	9688	21635	70.7	9.1	20.2
九三局	58314	11834	17977	66.2	13.4	20.4
齐齐哈尔局	55050	5956	12924	74.5	8.1	17.4
绥化局	27502	7028	9531	62.4	16.0	21.6
哈尔滨局	10195	7054	7010	42.0	29.1	28.9
总局直属	872	52709	18485	1.2	73.1	25.7

3-13 各管理局分行业从业人员人数

单位：人

年份 单位	合计	农林牧渔业	工业	建筑业	交通运输仓储和邮政业	批发、零售及住宿、餐饮业
2000	707390	421900	77768	23477	18446	49585
2005	743997	465073	77850	28100	20383	58568
2006	781497	497173	83846	26088	20824	59145
2007	883865	594990	89508	27748	19836	58419
2008	906730	611059	91146	29171	19836	62377
2009	916658	603106	94695	34513	21105	64759
2010	936591	602140	97440	35858	22633	68673
2011	957410	599512	102867	44318	23362	72996
2012	982719	598771	106122	59072	24065	77269
宝泉岭局	134683	86292	16485	4349	3486	10562
红兴隆局	191695	132886	17285	4696	4777	12279
建三江局	146192	92167	9356	3979	5043	15196
牡丹江局	100661	59769	12092	2683	3624	7857
北安局	107047	75724	5688	4000	2285	7796
九三局	88125	58314	9153	2681	976	6189
齐齐哈尔局	73930	55050	4708	1248	2026	5098
绥化局	44061	27502	5191	1837	870	3631
哈尔滨局	24259	10195	6647	407	706	2092
总局直属	72066	872	19517	33192	272	6569

3-13 续表

单位：人

年份 单位	房地产业及居民服务、修理和其他服务业	卫生和社会工作	教育、文化、体育和娱乐业	科学研究、技术服务业	公共管理、社会保障和社会组织	其他
2000	44599	14074	32120	1679	23742	
2005	17791	13764	27315	2292	13143	19718
2006	19817	13771	26753	2101	13616	18363
2007	17505	12247	26831	1657	16532	18592
2008	17258	12614	26409	2082	16773	18005
2009	17416	13163	27081	2180	17431	21209
2010	22994	13844	26040	2379	19694	24896
2011	23807	14624	26046	3161	20654	26063
2012	24008	15154	26550	2626	25133	23949
宝泉岭局	3263	2074	3029	182	1919	3042
红兴隆局	7286	3136	3395	90	2555	3310
建三江局	3755	1996	3974	339	6452	3935
牡丹江局	2190	1912	3410	194	3079	3851
北安局	3025	1343	2943	77	3253	913
九三局	1681	1305	2262	188	1103	4273
齐齐哈尔局	1155	882	1779	14	1522	448
绥化局	692	348	1783	1	1567	639
哈尔滨局	668	213	773		2385	173
总局直属	293	1945	3202	1541	1298	3365

3-14　年末按登记注册类型分的各行业从业人员人数

单位:人

行　　业	从业人员人　　数	国　有单　位	#在岗职工人数	集　体单　位	其　他单　位
总　　计	**982719**	**678824**	**367601**	**745**	**303150**
一、按国民经济行业分组					
(一)农林牧渔业	598771	561495	230262	28	37248
1. 农　　业	471894	459482	195181		12412
2. 林　　业	5374	4979	2914		395
3. 畜　牧　业	106888	85021	25522	28	21839
4. 渔　　业	3381	2587	644		794
5. 农林牧渔服务业	11234	9426	6001		1808
(二)工　　业	106122	11856	37989	336	93930
(三)建　筑　业	59072	3749	8207	214	55109
(四)批发和零售业	52292	3388	9222		48904
(五)交通运输、仓储和邮政业	24065	4140	3552		19925
(六)住宿和餐饮业	24977	2284	1781		22693
(七)信息传输、软件和信息技术服务业	4041	1677	3658		2364
(八)金融业	4593	1847	3091	167	2579
(九)房地产业	1344	427	554		917
(十)租赁和商务服务业	3685	3391	2486		294
(十一)科学研究和技术服务业	2626	1681	2065		945
(十二)水利、环境和公共设施管理业	11630	11415	5983		215
(十三)居民服务、修理和其他服务	22664	4908	1332		17756
(十四)教育	25560	25505	23879		55
(十五)卫生和社会工作	15154	15130	14169		24
(十六)文化、体育和娱乐业	990	798	742		192
(十七)公共管理、社会保障和社会组织	25133	25133	18629		
二、按三次产业分组					
第一产业	598771	561495	230262	28	37248
第二产业	165194	15605	46196	550	149039
第三产业	218754	101724	91143	167	116863

3-15 各管理局分行业全部职工人数

单位:人

年份 单位	合计	农林牧渔业	工业	建筑业	交通运输仓储和邮政业	批发、零售及住宿、餐饮业
2000	433963	268196	46020	11203	3975	13159
2005	345249	230132	31414	6287	4026	7313
2006	346037	227088	37729	5936	3543	7546
2007	360922	243959	34577	6342	3589	7135
2008	361783	243171	36019	6504	3236	7819
2009	367968	242017	37383	8115	3244	8661
2010	379023	244733	39234	7402	3469	11207
2011	377354	237603	41356	8548	3494	11450
2012	367601	230262	37989	8207	3552	11003
宝泉岭局	39932	26077	3696	576	188	751
红兴隆局	83828	67295	3841	621	610	555
建三江局	24382	7088	3053	518	780	858
牡丹江局	31588	18776	3063	173	601	597
北安局	44629	34353	1218	845	390	472
九三局	46114	35082	2203	100	218	633
齐齐哈尔局	32762	25899	1102	458	487	602
绥化局	18059	11612	1233	249	25	808
哈尔滨局	5660	3208	313	1	6	26
总局直属	40647	872	18267	4666	247	5701

3-15 续表

单位:人

年份 单位	房地产业及居民服务、修理和其他服务业	卫生和社会工作	教育、文化、体育和娱乐业	科学研究、技术服务业	公共管理、社会保障和社会组织	其他
2000	24525	13523	30328	1050	22184	
2005	3108	12902	25783	1722	11905	10657
2006	3562	10957	25173	1631	12640	10232
2007	2393	11306	25424	1378	13996	10823
2008	2178	11708	25081	1809	14138	10120
2009	1895	12157	25402	2004	15257	11833
2010	3031	12926	24287	2160	16192	14382
2011	2397	13641	24320	2384	17137	15024
2012	1886	14169	24621	2065	18629	15218
宝泉岭局	348	1997	2929	126	1746	1498
红兴隆局	586	2794	3242	80	2264	1940
建三江局	91	1855	3669	328	3509	2633
牡丹江局	217	1813	2899	67	2048	1334
北安局	21	1323	2742	77	2728	460
九三局	87	1251	2122	76	1096	3246
齐齐哈尔局	121	835	1405	13	1482	358
绥化局	47	346	1772		1552	415
哈尔滨局	96	150	745		993	122
总局直属	272	1805	3096	1298	1211	3212

3-16 国有单位按性别和专业技术分的各行业从业人员数

（2012年） 单位：人

行业	从业人员合计	#女性	比重(%)	#专业技术人员	比重(%)
总计	678627	285950	42.1	50745	7.5
一、按企业、事业、机关分组					
1.企业	612835	252384	41.2	19609	3.2
2.事业	51443	29578	57.5	28893	56.2
3.机关	14349	3988	27.8	2243	15.6
二、按国民经济行业分组					
（一）农林牧渔业	561495	234248	41.7	13007	2.3
1. 农业	459482	194623	42.4	10857	2.4
2. 林业	4979	1650	33.1	311	6.2
3. 畜牧业	85021	34658	40.8	577	0.7
4. 渔业	2587	595	23.0	19	0.7
5. 农林牧渔服务业	9426	2722	28.9	1243	13.2
（二）工业	11856	3239	27.3	1159	9.8
（三）建筑业	3749	313	8.3	467	12.5
（四）批发和零售业	3388	1012	29.9	557	16.4
（五）交通运输、仓储和邮政业	4140	1469	35.5	455	11.0
（六）住宿和餐饮业	2284	1379	60.4	46	2.0
（七）信息传输、软件和信息技术服务业	1677	586	34.9	621	37.0
（八）金融业	1847	796	43.1	409	22.1
（九）房地产业	427	173	40.5	48	11.2
（十）租赁和商务服务业	3391	1366	40.3	1009	29.8
（十一）科学研究和技术服务业	1681	609	36.2	877	52.2
（十二）水利、环境和公共设施管理业	11415	4608	40.4	654	5.7
（十三）居民服务、修理和其他服务	4908	2376	48.4	200	4.1
（十四）教育	25505	16081	63.1	15812	62.0
（十五）卫生和社会工作	15130	10066	66.5	10557	69.8
（十六）文化、体育和娱乐业	798	361	45.2	504	63.2
（十七）公共管理、社会保障和社会组织	24936	7268	29.1	4363	17.5

3-17 各管理局国有单位分行业职工人数

单位：人

年份 单位	合计	农林牧渔业	工业	建筑业	交通运输仓储和邮政业	批发、零售及住宿、餐饮业
2000	414995	265875	34158	8902	3333	12162
2005	313509	228243	10552	3505	3413	4415
2006	300074	220177	6259	1637	2872	6356
2007	320089	240048	5628	2879	2962	4234
2008	321361	240235	10366	1261	2733	4028
2009	317681	238685	6007	861	2650	3935
2010	326823	241832	8405	784	2648	4074
2011	323751	234592	9975	1450	2705	4026
2012	316280	227392	9739	1471	2802	3778
宝泉岭局	36101	25686	619	364	170	646
红兴隆局	79780	67295	1034	108	598	464
建三江局	20704	7088	1021	99	767	426
牡丹江局	28666	18701	535	82	595	469
北安局	43290	34096	595	704	336	261
九三局	43267	34159	771		59	489
齐齐哈尔局	29809	25092	279	114	24	227
绥化局	16169	11396	487			192
哈尔滨局	5298	3180	149		6	21
总局直属	13196	699	4249		247	583

3-17 续表

单位：人

年份 单位	房地产业及居民服务、修理和其他服务业	卫生和社会工作	教育、文化、体育和娱乐业	科学研究、技术服务业	公共管理、社会保障和社会组织	其他
2000	23519	13484	30328	1050	22184	
2005	2946	10740	25783	1604	11905	10403
2006	2820	10957	25173	1540	12557	9726
2007	2215	11306	25424	1268	13996	10129
2008	1904	11691	24992	1315	13848	8988
2009	1619	12128	25402	1530	14994	9870
2010	1860	12842	24287	1670	16204	12217
2011	1691	13620	24296	1860	17129	12407
2012	1266	14169	24618	1418	18533	11094
宝泉岭局	320	1997	2929	126	1746	1498
红兴隆局	494	2794	3242	80	2264	1407
建三江局	69	1855	3669	294	3509	1907
牡丹江局	217	1813	2899	61	2048	1246
北安局	11	1323	2742	77	2712	433
九三局	28	1251	2122	46	1096	3246
齐齐哈尔局	0	835	1402	13	1482	341
绥化局	9	346	1772		1552	415
哈尔滨局	27	150	745		983	37
总局直属	91	1805	3096	721	1141	564

3-18 各管理局国有单位分行业女性从业人员数

单位:人

年份 单位	合计	农林牧渔业	工业	建筑业	交通运输仓储和邮政业	批发、零售及住宿、餐饮业
2000	231094	155368	16939	2169	3732	3232
2005	217827	170414	4235	2438	1655	2507
2006	233207	190671	2534	564	1393	3379
2007	271406	227743	1895	741	1407	2527
2008	277511	233083	3445	442	1258	2479
2009	274966	230134	2165	246	1302	2074
2010	280857	232662	2755	499	1444	2349
2011	282545	232122	3336	297	1421	2275
2012	285950	234248	3239	313	1469	2391
宝泉岭局	38404	32559	154	129	81	345
红兴隆局	61973	53199	262	43	357	330
建三江局	46882	38293	321	44	380	328
牡丹江局	30278	23472	268	75	471	225
北安局	31062	26174	332	1	100	269
九三局	29244	24493	158		6	271
齐齐哈尔局	25644	23128	104	21	9	124
绥化局	11212	9273	149		22	125
哈尔滨局	5169	3404	131		8	53
总局直属	6082	253	1360		35	321

3-18 续表

单位:人

年份 单位	房地产业及居民服务、修理和其他服务业	卫生和社会工作	教育、文化、体育和娱乐业	科学研究、技术服务业	公共管理、社会保障和社会组织	其他
2000	13818	8910	18577	790	5970	
2005	1656	6931	16746	657	3030	7558
2006	1279	7299	16298	707	3302	5781
2007	1104	7794	16432	475	4267	7021
2008	1122	8007	16391	501	4259	6524
2009	980	8500	17466	590	4276	7233
2010	2576	8977	16482	656	4921	7536
2011	2915	9676	16268	1005	5334	7896
2012	2549	10066	16442	609	7268	7356
宝泉岭局	190	1377	1895	75	536	1063
红兴隆局	1932	2008	2305	29	561	947
建三江局	106	1400	2536	140	1949	1385
牡丹江局	182	1189	2283	25	827	1261
北安局	51	940	1810	22	1076	287
九三局	6	869	1448	19	281	1693
齐齐哈尔局	0	604	1095	7	339	213
绥化局	5	220	916		378	124
哈尔滨局	31	133	417		956	36
总局直属	46	1326	1737	292	365	347

3–19 各管理局分行业个体劳动者人数

单位:人

年份 单位	合计	农林牧渔业	工业	建筑业	交通运输仓储和邮政业	批发、零售及住宿、餐饮业	房地产业及居民服务和其它服务业	其他
2000	69912	12521	9252	359	8101	32571	5888	1220
2005	63702	1624	8677	179	10350	32069	6036	4767
2006	59882	1584	8221	179	9553	31789	6538	2018
2007	64669	1589	8430	169	9132	36798	6221	2330
2008	54703	1069	6317	341	2889	25279	13	18795
2009	55688	1526	4597	234	908	39820	6156	2447
2010	59343	1543	4687	428	1012	43337	6282	2054
2011	58925	1630	4383	163	570	41061	7111	4007
2012	75262	1902	5348	216	4735	50325	8891	3845
宝泉岭局	10203	481	919		315	5744	1135	1609
红兴隆局	12309	620	823	73	66	9173	1344	210
建三江局	17980	3	705	3	42	14277	1915	1035
牡丹江局	7369	148	575	82	3925	1428	935	276
北安局	5684	102	273	11	94	4427	665	112
九三局	5271	28	309	11	69	4093	674	87
齐齐哈尔局	11546	160	864	2	25	8495	1640	360
绥化局	1726	12	276	8	92	1032	216	90
哈尔滨局	2657	328	474	16	7	1456	357	19
总局直属	517	20	130	10	100	200	10	47

注:3–19 表资料由总局工商局提供。

3–20 各管理局职工增减变动情况

年份 单位	年末职工人数	1. 增加人数	#招收职工子女	#调入人数	2. 减少人数	#离退休退职	#调出人数
2000	433963	37200	1075	20641	63555	5647	11469
2005	345249	17064	248	9375	58325	6775	6894
2006	346037	23201	251	9215	22413	6926	3442
2007	360922	33046	418	6573	18161	6798	3510
2008	361783	21113	544	7398	20252	8406	4418
2009	367968	27725	796	6513	21540	9685	2329
2010	379075	34101	1599	9564	25406	9551	5295
2011	377354	25975	1439	8379	25792	11911	4116
2012	367601	20449	1739	6005	29175	12895	4506
宝泉岭局	39932	1934	413	687	6445	1825	950
红兴隆局	83828	3719	254	761	5561	3719	679
建三江局	24382	2174	147	600	1179	295	184
牡丹江局	31588	1763	243	418	2319	1469	565
北安局	44629	2464	234	1185	3149	1300	315
九三局	46114	1221	103	420	3493	1782	974
齐齐哈尔局	32762	1042	280	124	1760	1513	48
绥化局	18059	255		3	302	234	8
哈尔滨局	5660	443		313	390	168	96
总局直属	40647	5434	65	1494	4577	590	687

3-21 各管理局新就业和失业人数

单位:人

年份 单位	新就业人数	国有单位	集体单位	从事个体劳动	其他	失业人数
2000	3529	3467	62			18046
2005	53975	2816		7140	44019	24151
2006	85981	9488		7140	69353	20523
2007	52584	7282		38007	7295	23127
2008	48263	11409		27968	8886	22570
2009	52118	12065		17870	22183	20622
2010	42558	11834		28530	2194	19759
2011	55026	11198		38115	5713	22148
2012	57084	12033		41197	3854	22678
宝泉岭局	7380	1153		5709	518	1410
红兴隆局	11696	2547		8433	716	5358
建三江局	9731	2082		7307	342	4010
牡丹江局	6487	1166		5015	306	1868
北安局	4347	1170		3077	100	3012
九三局	4793	1527		3242	24	2926
齐齐哈尔局	4359	1648		1977	734	2764
绥化局	6987	631		5289	1067	1214
哈尔滨局	1304	109		1148	47	116
总局直属						

3-22 各管理局离退休、退职及五七工家属工人员人数

单位:人

年份 单位	离退休人员总数	离休人员	退休人员	退职人员	五七工家属工人数
2000	176445	8218	160012	8215	
2005	215859	8010	199292	8557	
2006	222334	7998	207464	6872	
2007	230577	7908	214548	8121	
2008	245583	6079	231728	7776	
2009	263703	5736	246893	11074	68743
2010	341186	3326	250611	11444	75805
2011	356967	3573	267833	10873	74688
2012	390134	3501	302160	9785	74688
宝泉岭局	55286	529	41799	1148	11810
红兴隆局	91399	840	76324	3232	11003
建三江局	38598	240	29583	1609	7166
牡丹江局	57323	606	50926	1339	4452
北安局	42329	317	27811	791	13410
九三局	38006	248	26385	887	10486
齐齐哈尔局	28119	138	19345	123	8513
绥化局	17187	116	11169	288	5614
哈尔滨局	6351	35	4735	67	1514
总局直属	15536	432	14083	301	720

注:3-21-22 由总局人力资源和社会保障局提供

3-21 表 2009 年离退休人员总数没包括“五七工”、“家属工”。

3-23 年末按登记注册类型分的各行业从业人员劳动报酬

（2012 年） 单位:万元

行业	全部从业人员劳动报酬	国有单位	集体单位	其他单位
总计	2019216	1293963	1795	723458
一、按企业、事业、机关分组				
1.企业	1821795	1097373	1795	722627
2.事业	159566	158735		831
3.机关	37855	37855		
二、按国民经济行业分组				
（一）农林牧渔业	1025434	976375	26	49033
1. 农业	806389	797194		9195
2. 林业	9802	9489		313
3. 畜牧业	182106	147762	26	34318
4. 渔业	4552	3421		1131
5. 农林牧渔服务业	22585	18509		4076
（二）工业	269969	44885	917	224167
（三）建筑业	212049	14720	852	196477
（四）批发和零售业	101761	6366		95395
（五）交通运输、仓储和邮政业	53864	8036		45828
（六）住宿和餐饮业	47956	4994		42962
（七）信息传输、软件和信息技术服务业	14141	5351		8790
（八）金融业	22035	5902		16133
（九）房地产业	4497	1165		3332
（十）租赁和商务服务业	9811	7587		2224
（十一）科学研究和技术服务业	12684	7906		4778
（十二）水利、环境和公共设施管理业	14307	13458		849
（十三）居民服务、修理和其他服务	37463	5504		31959
（十四）教育	77169	77074		95
（十五）卫生和社会工作	46843	45736		1107
（十六）文化、体育和娱乐业	3849	3520		329
（十七）公共管理、社会保障和社会组织	65384	65384		

3-24 各管理局分行业全部从业人员劳动报酬

单位:万元

年份 单位	合计	农林牧渔业	工业	建筑业	交通运输仓储和邮政业	批发、零售及住宿、餐饮业
2000	396155	192470	48625	18488	16003	37502
2005	650106	346371	80201	28968	19256	57292
2006	779430	425395	98819	41396	23666	62731
2007	955967	542337	114619	42167	25667	71771
2008	1047553	587327	123424	50910	32350	84297
2009	1211368	659472	151740	62797	37871	102480
2010	1446263	789944	178988	84080	47943	108954
2011	1771923	898442	231176	194260	49681	127816
2012	2019216	1025434	269969	212049	53864	149716
宝泉岭局	237031	112965	48085	15772	7404	18254
红兴隆局	396378	265311	33155	19874	11290	19214
建三江局	310442	170155	25495	11939	12677	34752
牡丹江局	150956	71213	24228	8409	6108	12133
北安局	127187	80056	6963	9271	3311	8622
九三局	240795	169054	20700	6680	2604	14847
齐齐哈尔局	148847	100798	11260	3019	5563	10942
绥化局	62908	36712	7564	3317	1706	5534
哈尔滨局	54982	18289	16009	1586	1628	5567
总局直属	289690	881	76511	132183	1574	19850

3-24 续表

单位:千元

年份 单位	房地产业及居民服务、修理和其他服务业	卫生和社会工作	教育、文化、体育和娱乐业	科学研究、技术服务业	公共管理、社会保障和社会组织	其他
2000	23596	11893	26587	1209	19781	
2005	20058	18841	37960	2864	22324	15971
2006	23683	17601	42183	3725	24681	15550
2007	28299	21032	54538	4719	32371	18447
2008	25716	24707	57164	6227	34192	21239
2009	24826	28421	71186	7864	38930	25781
2010	32222	32734	72819	10310	52434	35835
2011	39717	40949	78850	11972	55083	43977
2012	41961	46843	81018	12684	65385	60294
宝泉岭局	4785	8080	9410	353	6599	5325
红兴隆局	10865	10077	11325	146	7028	8094
建三江局	8735	6112	13492	1151	12638	13295
牡丹江局	3256	4523	7279	731	8006	5070
北安局	3253	1765	6323	130	5812	1682
九三局	3212	3802	7923	413	4272	7289
齐齐哈尔局	3427	2578	5031	35	4951	1243
绥化局	1034	398	2393	1	3021	1229
哈尔滨局	1754	457	2466		6722	503
总局直属	1638	9050	15376	9724	6337	16565

3-25 历年职工工资总额及指数

年份	绝对数（万元）			指数%（以上年为100）		
	全部工资总额	#国有单位	#集体单位	全部工资总额	#国有单位	#集体单位
1980	53083	53083		112.4	112.4	
1981	49232	49232		92.7	92.7	
1982	53829	51536	2293	109.3	104.7	
1983	59919	57340	2579	111.3	111.3	112.5
1984	56220	54301	1919	93.8	94.7	74.4
1985	59625	58357	1268	106.1	107.5	66.1
1986	71514	70085	1429	119.9	120.1	112.7
1987	75577	74081	1496	105.7	105.7	104.7
1988	83782	82320	1462	110.9	111.1	97.7
1989	98052	96550	1502	117.0	117.3	102.7
1990	105714	104587	1127	107.8	108.3	75.0
1991	122926	121398	1528	116.3	116.1	135.6
1992	128583	127369	1214	104.6	104.9	79.5
1993	134022	132909	891	104.2	104.3	73.4
1994	159523	158477	907	119.0	119.2	101.8
1995	206936	204441	445	129.7	129.0	49.1
1996	225754	223234	352	109.1	109.2	79.1
1997	293753	289674	562	130.1	129.8	159.7
1998	293082	281792	3889	99.8	97.3	692.0
1999	255899	247033	2371	87.3	87.7	60.9
2000	247612	237619	1642	96.8	96.2	69.3
2001	255055	242167	1361	103.0	101.9	82.9
2002	271122	247702	1667	106.3	102.3	122.5
2003	289497	262480	826	106.8	105.9	49.6
2004	321104	282633	229	110.9	107.7	27.7
2005	323252	287772	128	100.7	101.8	55.9
2006	367043	305834	145	113.5	106.3	113.3
2007	418058	360559	121	113.9	117.9	83.4
2008	462402	401942	181	126.0	131.4	124.8
2009	535581	441496	137	115.8	109.8	75.7
2010	667263	549249	169	144.3	136.6	93.4
2011	773721	637378	1174	116.0	116.0	694.7
2012	904081	736852	1291	116.8	115.6	110.0

3-26 历年职工平均工资及指数

年份	平均货币工资（元）			指数%（以上年为100）		
	全部职工	#国有单位	#集体单位	全部工资总额	#国有单位	#集体单位
1980	763	763		119.4	119.4	
1981	720	720		94.4	94.4	
1982	732	761	391	101.7	105.7	
1983	802	839	402	109.6	110.2	102.8
1984	763	783	442	95.1	93.3	110.0
1985	827	842	449	108.4	107.5	101.6
1986	971	986	556	117.4	117.1	123.8
1987	1004	1011	745	103.4	102.5	134.0
1988	1146	1151	887	114.1	113.8	119.1
1989	1363	1370	1041	118.9	119.0	117.4
1990	1445	1455	913	106.0	106.2	87.7
1991	1641	1646	1329	113.6	113.1	145.6
1992	1713	1718	1327	104.4	104.4	99.8
1993	1835	1843	1163	107.1	107.3	87.6
1994	2242	2248	1669	122.2	122.0	143.5
1995	3084	3077	2643	137.6	136.9	158.4
1996	3541	3544	2205	114.8	115.2	83.4
1997	4714	4730	3048	133.1	133.5	138.2
1998	4985	5024	3844	105.7	106.2	126.1
1999	5360	5366	4065	107.5	106.8	105.7
2000	5593	5621	4827	104.3	104.8	118.8
2001	6158	6138	5421	110.1	109.2	112.3
2002	6639	6544	7031	107.8	106.6	129.7
2003	7256	7060	5492	109.3	107.9	78.1
2004	8255	8026	7099	113.8	113.7	129.3
2005	9205	9012	6574	111.5	112.3	92.6
2006	10291	10094	7591	111.8	112.0	115.5
2007	11531	11291	7402	112.0	111.9	115.5
2008	13066	12806	8036	113.3	113.4	108.6
2009	14862	14305	10301	113.7	111.7	128.2
2010	17639	16947	14355	135.0	132.3	178.6
2011	20480	19850	27820	116.1	117.1	193.8
2012	24174	23202	24059	118.0	116.9	86.5

3-27 各管理局分行业全部职工工资总额

单位:万元

年份 单位	合计	农林牧渔业	工业	建筑业	交通运输仓储和邮政业	批发、零售及住宿、餐饮业
2000	247612	126718	28832	8089	2536	9213
2005	323252	175497	36032	6166	3343	8525
2006	367043	199091	45815	7269	3373	10221
2007	418058	224825	50338	8357	3127	7575
2008	462402	239064	58372	13051	3340	11395
2009	535581	268820	67960	16352	3745	16862
2010	667263	340418	88704	20325	5733	22269
2011	773721	397342	104145	30632	6629	20723
2012	904081	472421	123762	31589	8386	29599
宝泉岭局	73248	33954	10724	1355	340	1629
红兴隆局	212849	162072	9846	3517	1461	1966
建三江局	75171	18576	10268	1296	1877	2341
牡丹江局	44968	16833	6162	417	703	1360
北安局	60211	39718	1730	3486	416	795
九三局	144010	116766	4346	273	536	1165
齐齐哈尔局	86151	61029	7701	1339	1597	1076
绥化局	23241	13649	1266	1053	32	484
哈尔滨局	16970	8944	970	3	18	83
总局直属	167263	881	70750	18850	1405	18701

3-27 续表

单位:万元

年份 单位	房地产业及居民服务、修理和其他服务业	卫生和社会工作	教育、文化、体育和娱乐业	科学研究、技术服务业	公共管理、社会保障和社会组织	其他
2000	14789	11434	25641	1061	19299	
2005	2140	18310	36792	2527	21645	12275
2006	3006	17079	40428	3134	23710	13917
2007	2578	20362	52527	3989	30173	14207
2008	2540	23874	55758	5788	32338	16882
2009	2776	27193	68664	7474	36802	18934
2010	5650	31234	66210	9771	48339	28610
2011	4093	39104	75971	10516	50033	34533
2012	4948	43967	77004	10576	56002	45826
宝泉岭局	522	6884	9307	298	6222	2014
红兴隆局	1289	9565	11155	78	6353	5546
建三江局	373	5824	12432	1132	10095	10957
牡丹江局	285	4099	6317	238	6025	2530
北安局	33	1724	6078	130	5107	994
九三局	221	3746	7285	173	4257	5242
齐齐哈尔局	255	2491	4568	35	4846	1215
绥化局	146	395	2375		2988	854
哈尔滨局	234	342	2339		3919	118
总局直属	1590	8896	15149	8493	6191	16357

3-28 各管理局国有单位分行业职工工资总额

单位:万元

年份 单位	合计	农林牧渔业	工业	建筑业	交通运输仓储和邮政业	批发、零售及住宿、餐饮业
2000	237619	126178	22648	6505	2100	8366
2005	287772	173724	13189	3451	2833	4263
2006	305834	197941	7091	1270	2629	8359
2007	360559	223055	7029	1612	2322	5772
2008	401942	241724	15395	1693	2626	5788
2009	441496	265927	10712	1498	3016	5675
2010	549249	337076	21326	1756	4270	6970
2011	637378	394116	27868	2760	4590	7809
2012	736852	467583	41332	4836	5600	8161
宝泉岭局	63840	33651	2290	970	281	1446
红兴隆局	196658	161892	2348	180	836	949
建三江局	61376	18576	4247	295	1851	1017
牡丹江局	38072	16197	568	26	694	994
北安局	58015	39438	822	2940	327	540
九三局	139726	115861	2088		102	966
齐齐哈尔局	74277	59602	690	426	86	361
绥化局	20407	13272	432			77
哈尔滨局	16221	8864	525		18	46
总局直属	68262	231	27322		1405	1765

3-28 续表

单位:万元

年份 单位	房地产业及居民服务、修理和其他服务业	卫生和社会工作	教育、文化、体育和娱乐业	科学研究、技术服务业	公共管理、社会保障和社会组织	其他
2000	14402	11417	25641	1061	19299	
2005	2063	15363	36792	2448	21645	12001
2006	2672	16442	35353	2903	22203	8971
2007	2371	20362	52527	3811	30173	11525
2008	2251	23874	55758	4684	32338	15811
2009	2258	27159	68664	6376	36636	13575
2010	2870	31232	69210	8028	48339	18172
2011	2362	39025	75897	8252	49993	24706
2012	2437	43967	76999	6879	55961	23098
宝泉岭局	478	6884	9307	298	6222	2014
红兴隆局	774	9565	11155	78	6353	2527
建三江局	188	5824	12432	1022	10095	5829
牡丹江局	491	4099	6317	229	6340	2118
北安局	19	1724	6078	130	5079	918
九三局	42	3746	7285	137	4257	5242
齐齐哈尔局	0	2491	4563	35	4846	1178
绥化局	15	395	2375		2988	854
哈尔滨局	99	342	2339		3870	118
总局直属	331	8896	15149	4950	5912	2300

主要统计指标解释

总户数　是农垦辖区内农(牧)场和各级机构主办的各企事业单位中的常住户数。一般按户口所在单位进行统计。为全面反映和掌握农垦辖区内农垦系统总户数,凡在城镇居住的属本系统企事业单位正式职工(户主)的户数,均应统计在内。虽居住在辖区,但不是本系统职工(户主)则不能统计在农垦总户数内。

农场户数　指独立核算的农(牧)场总户数。包括农(牧)内所有各行各业的户数。

总人口　指一定时点,农垦辖区内农(牧)场和各级机构主办的各类企事业单位的有生命的个人总和,一般按户口上常住人口统计。为全面反映和掌握农垦辖区内农垦系统总人口数,对户口不在本系统,而本人是本系统正式职工的也要统计在内。如果本人是户主,则户口上的非职工家庭成员(即供养人员)也要统计在内,虽然居住在辖区,但不是本系统职工或供养人,不能统计在农垦总人口数内。

农场人口　指独立核算的农(牧)场的有生命的全部人口数。

年初人口　指一月一日零时的人口数,当年年初人口数实际上就是上年年末人口数。年初人口=上年初人口数+上年内出生人数+上年内迁入人数一上年内死亡人数一上年内迁出人数

年末人口　指十二月三十一日二十四时的人口数,实际上就是下一年的年初人口数。

年末人口=年初人口数+年内出生人数+年内迁入人数一年内死亡数一年内迁出人数

出生人数　是指一定时期(一般是一年)内出生的有生命标志的婴儿的总和。出牛人数只包括有生命现象的活产数,不包括死产数。婴儿出生时只要有过一瞬间的生命现象,都算作活婴。如刚出生有生命而又很快死去的,则既作出生人数统计,又作死亡人数统计。统计出生人数时,无论婚生子女与非婚生子女,都要包括在内。

出生率　又称粗出生率或总出生率,是指一定时期(通常为一年)内出生人数与同期平均人口数之比,以千分数表示。若出生人数计算期不是一年(或大于一年)的,需折算为年出生人数。公式:

人口出生率=年内出生人数/年平均人数×1000‰。

死亡人数　指一定时期(一般是一年)内丧失生命的人口数。

凡丧失生命的人均包括在内。统计死亡人数时,不包括死产。但有生命现象的活婴出生后发生死亡,不论其生存时间长短,均应加入统计。

死亡率又称粗死亡率或总死亡率。死亡率是一个国家或地区在一定时期(通常为一年)内的死亡人数与同期平均人口数之比,以千分比表示。公式为:

人口死亡率=年内死亡人数/年平均人数×1000‰。

死亡率一般按年计算,如统计期满一年或超过一年,年内死亡人数与同年平均人口数之比应折算成一年计算。

人口自然增长率　指一定时期内(通常为一年)某一地区人口的净增(减)数与年平均人口数的比例,一般用千分率表示。计算公式:

$$\text{人口自然增长率(‰)}=\frac{\text{本年出生人口数}-\text{本年死亡人口数}}{\text{年平均人口数}}\times 100‰$$

或=人口出生率(‰)-人口死亡率(‰)

从业人员　指从事一定社会劳动并取得劳动报酬或经营收入的人员。包括:(1)全部职工;(2)城镇私营企业从业人员;(3)城镇个体劳动者;(4)农村社会劳动者;(5)其他社会劳动者。这一指标反映了一定时期内全部劳动力资源的实际利用情况是研究我国基本国情国力的重要指标。

单位从业人员　指在各级国家机关、政党机关、社会团体及企业、事业单位中工作,并取得劳动报酬的全部人员。包括:职工、再就业的离退休人员、民办教师以及在各单位中工作的外方人员和港、澳、台方人员。各单位的从业人员反映了各单位实际参加生产或工作的全部劳动力。

其他从业人员　指劳动统计制度规定不作职工统计但实际参加社会劳动并取得劳动报酬的人员。各单位的其他从业人员是指单位中除职工以外的全部参加单位生产或工作并取得劳动报酬的人员。包括再就业的离退休人员、民办教师以及在各单位中工作的外方人员和港、澳、台方人员、兼职人员、借用的外单位人员和从事第二职业的人员。

职工　指在国有经济、城镇集体经济、联营经

济、股份制经济、外商和港、澳、台投资经济、其人口、从业人员和职工工资他经济单位及其附属机构工作,并由其支付工资的各类人员。不包括私营企业。(1998年以后的数据均为在岗职工数据,其他相关指标如职工工资总额,职工平均工资等指标也从1998年按此口径进行了相应调整。)

在岗职工 指在本单位工作并由单位支付工资的人员,以及有工作岗位,但由于学习、病伤产假等原因暂未工作,仍由单位支付工资的人员。

合同制职工 指各单位根据国务院国发(1986)77号文件和国务院令第99号的规定,通过签订有固定期限劳动合同、无固定期限劳动合同的以完成一项工作为期限劳动合同所使用的职工。包括实行全员劳动合同制单位的全部职工。

长期职工 指用工期限在一年以上(含一年)的在岗职工。

临时职工 指用工期限不超过一年的在岗职工。

离开本单位仍保留劳动关系的职工 指由于各种原因,已经离开本人的生产或工作岗位,并已不在本单位从事其他工作,但仍与用人单位保留劳动关系的职工。

内部退养职工 指接近正常退休年龄但因各种原因退出工作岗位,并办理了内退手续,在办理正式退休手续前由单位按月发给一定生活费的职工。

从业人员劳动报酬 指各单位在一定时期内直接支付给本单位全部从业人员的劳动报酬总额。包括在岗职工工资总额和其他从业人员劳动报酬两部分。

其他从业人员劳动报酬 指各单位在一定时期内直接支付给本单位其他从业人员的全部劳动报酬。

工资总额 是指各单位在一定时期内直接支付给本单位全部职工的劳动报酬总额。

工资总额的计算原则应以直接支付给职工的全部劳动报酬为根据。各单位支付给职工的劳动报酬以及其他根据有关规定支付的工资,不论是计人成本的还是不计人成本的,不论是按国家规定列入计征奖金税项目的,还是未列入计征奖金税项目的,不论是以货币形式支付的还是以实物形式支付的,均应列人工资总额的计算范围。

在岗职工工资总额 指各单位在一定时期内直接支付给本单位全部在岗职工的劳动报酬总额。

工资总额包括:计时工资、计件工资、奖金、津贴、补贴、加班加点工资、其他工资。

离开本单位仍保留劳动关系职工的生活费 指离开本单位仍保留劳动关系的职工在离开本单位期间从本单位领取的生活费用。

职工平均工资 指企业、事业、机关单位的职工在一定时期内平均每人所得的货币工资额。它表明一定时期职工工资收入的高低程度,是反映职工工资水平的主要指标。计算公式为:

$$\text{职工平均工资}=\frac{\text{报告期实际支付的全部职工工资总额}}{\text{报告期全部职工平均人数}}$$

职工平均实际工资 指扣除物价变动因素后的职工平均工资。计算公式为:

$$\text{职工平均实际工资}=\frac{\text{报告期职工平均工资}}{\text{报告期城镇居民消费价格指数}}$$

4

固定资产投资

STATISTICAL

YEARBOOK

固定资产投资资金来源的构成情况(%)

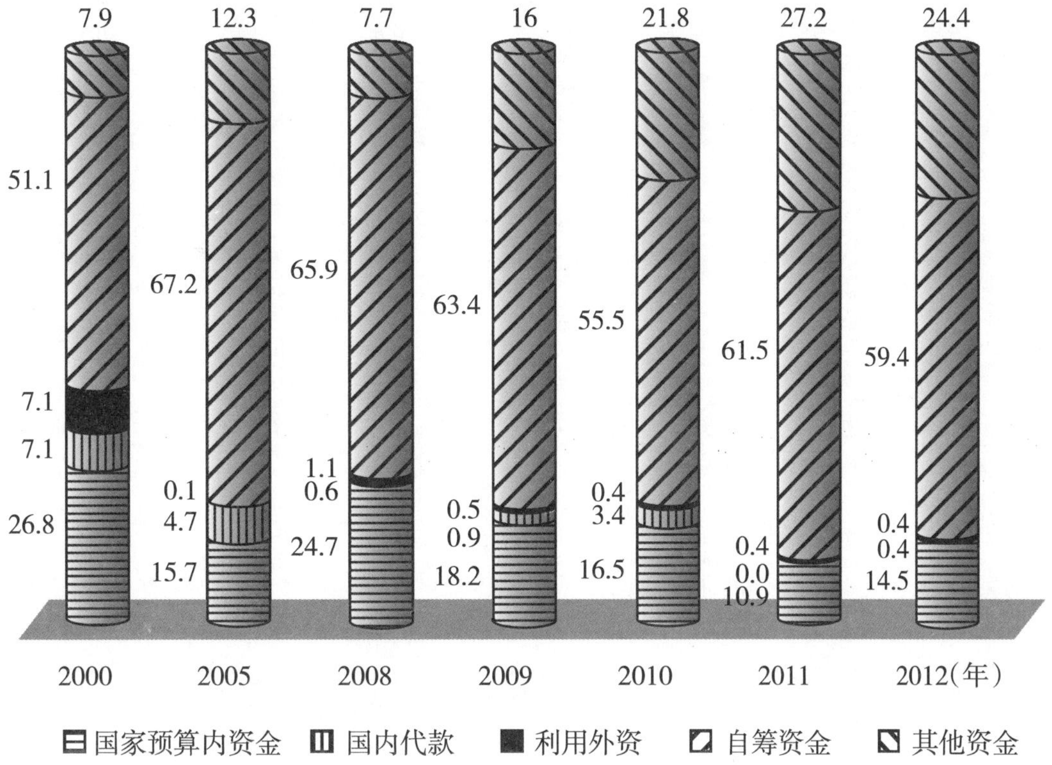

固定资产投资完成额(万元)

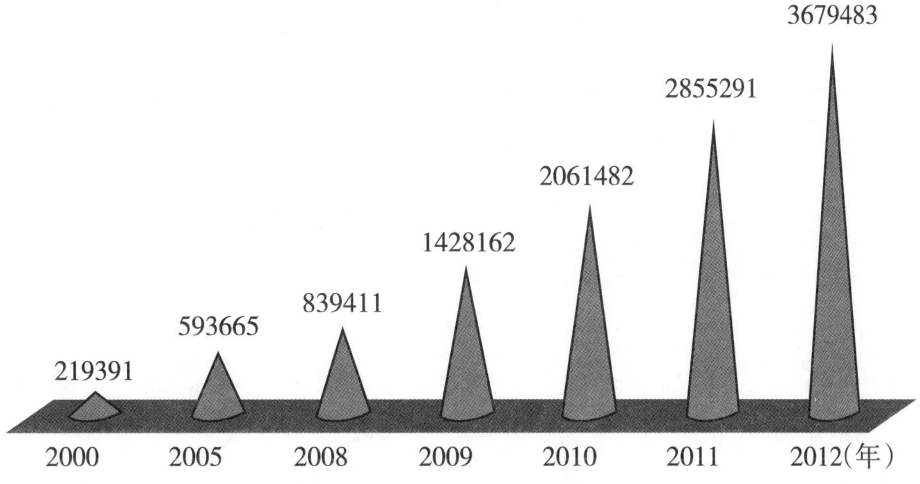

4-1 固定资产投资构成

指　　标	2000	2005	2008	2009	2010	2011	2012
一、投资总额(万元)	219391	593665	839411	1428162	2061481.99	2855291	3679483
按资金来源分							
国家预算内投资	60396	93632	207941	268228	340755	312310	534632
国内贷款	15918	27798	5147	28432	69943	10475	13300
利用外资	15900	187	9652	6636	7348	680	15522
自筹资金	115166	399571	554824	933392	1144056	1759477	2186184
其他投资	17880	73468	64835	234868	448380	776347	897709
按用途分							
生产性建设	149840	396246	547608	594825	944962	1098379	1823539
非生产性建设	69551	197419	291803	833337	1116520	1756912	1855944
# 住宅	17777	56095	129725	603485	807164	1239248	986263
按产业分							
第一产业	142051	171316	266469	295987	429583	502581	810802
第二产业	26545	247080	90639	151946	136005	262934	771126
第三产业	50797	175269	482303	980229	1496794	2089776	2097555
二、构成(%)							
按资金来源分							
国家预算内投资	26.8	15.7	24.7	18.2	16.9	10.9	14.7
国内贷款	7.1	4.7	0.6	1.9	3.5	0.4	0.4
利用外资	7.1	...	1.1	0.5	0.4	…	0.4
自筹资金	51.1	67.2	65.9	63.4	56.9	61.5	59.9
其他投资	7.9	12.4	7.7	16.0	22.3	27.2	24.6
按用途分							
生产性建设	68.3	66.7	65.2	41.6	45.8	38.5	49.6
非生产性建设	31.7	33.3	34.8	58.4	54.2	61.5	50.4
# 住宅	8.1	9.4	15.5	42.3	39.2	43.4	26.8
按产业分							
第一产业	64.7	28.9	31.7	20.7	20.8	17.6	22.0
第二产业	12.1	41.6	10.8	10.6	6.6	9.2	21.0
第三产业	23.2	29.5	57.5	68.7	72.6	73.2	57.0
三、新增固定资产	183265	483168	663222	1069067	1663907	2506694	3025226

4–2 各管理局固定资产投资完成情况

（2012 年）　　　　单位：万元

单位名称	本年固定资产投资				比重(以投资总额为 100)		
	合　计	公有控股经济	非公有控投经济	#个体	公有控股经济	非公有控投经济	#个体
总　　计	**3679483**	**2131909**	**1547574**	**1288871**	**57.9**	**42.1**	**35.0**
宝泉岭局	413697	221247	192450	145858	53.5	46.5	35.3
红兴隆局	570638	317803	252835	199463	55.7	44.3	35.0
建三江局	545797	317256	228541	206103	58.1	41.9	37.8
牡丹江局	404714	255772	148942	103220	63.2	36.8	25.5
北 安 局	322717	188661	134056	116771	58.5	41.5	36.2
九 三 局	320574	124569	196004	185391	38.9	61.1	57.8
齐齐哈尔局	311699	110573	201126	184623	35.5	64.5	59.2
绥 化 局	180147	124051	56096	46836	68.9	31.1	26.0
哈尔滨局	197603	60556	137047	100606	30.6	69.4	50.9
总局直属	411897	411420	478		99.9	0.1	0.0

4–3 各管理局按用途分的固定资产投资

（2012 年）　　　　单位：万元

单位名称	生产性建设投资				非生产性建设投资			
	合　计	公有控股经济	非公有控投经济	#个体	合　计	公有控股经济	非公有控投经济	#个体
总　　计	**1823539**	**1091706**	**731833**	**554365**	**1855944**	**1040204**	**815740**	**734506**
宝泉岭局	208846	96717	112129	81702	204851	124530	80321	64156
红兴隆局	263780	132077	131703	78331	306858	185726	121132	121132
建三江局	220189	137249	82941	76081	325608	180007	145601	130023
牡丹江局	199206	105178	94029	54657	205508	150595	54913	48563
北 安 局	124009	55779	68230	62762	198708	132882	65826	54010
九 三 局	192366	60712	131654	121041	128207	63857	64350	64350
齐齐哈尔局	96471	32815	63656	52739	215228	77758	137470	131884
绥 化 局	56117	31732	24385	16564	124030	92319	31711	30272
哈尔滨局	60350	37719	22631	10490	137253	22837	114416	90116
总局直属	402205	401728	478		9692	9692		

4-4 各管理局按用途分的固定资产投资

年份 单位	绝对数（万元）			比重%(以投资总额为100)		
	生产性建设	非生产性建设	#住宅	生产性建设	非生产性建设	#住宅
2000	149840	69551	17777	68.3	31.7	8.1
2005	396246	197419	56095	66.7	33.3	9.4
2008	547608	291803	129725	65.2	34.8	15.5
2009	594825	833337	603485	41.6	58.4	42.3
2010	944962	1116520	807164	45.8	54.2	29.3
2011	1098379	1756912	1239248	38.5	61.5	43.4
2012	1091706	1855944	986263	49.6	50.4	26.8
宝泉岭局	208846	204851	87619	50.5	49.5	21.2
红兴隆局	263780	306858	175550	46.2	53.8	30.8
建三江局	220189	325608	142767	40.3	59.7	26.2
牡丹江局	199206	205508	82755	49.2	50.8	20.4
北安局	124009	198708	87520	38.4	61.6	27.1
九三局	192366	128207	65693	60.0	40.0	20.5
齐齐哈尔局	96471	215228	151533	30.9	69.1	48.6
绥化局	56117	124030	100870	31.2	68.8	56.0
哈尔滨局	60350	137253	91801	30.5	69.5	46.5
总局直属	402205	9692	155	97.6	2.4	0.0

4-5 各管理局按产业分的固定资产投资

年份 单位	绝对数（万元）			比重%(以投资总额为100)		
	第一产业	第二产业	第三产业	第一产业	第二产业	第三产业
2000	142051	26454	50797	64.7	12.1	23.2
2005	171316	247080	175269	28.9	41.6	29.5
2008	266469	90639	482303	31.7	10.8	57.5
2009	295987	151946	980229	20.7	10.6	68.7
2010	429583	136005	1496794	20.8	6.6	72.6
2011	502581	262934	2089776	17.6	9.2	73.2
2012	810802	771126	2097555	22.0	21.0	57.0
宝泉岭局	116448	62677	234572	28.1	15.2	56.7
红兴隆局	136888	100621	333129	24.0	17.6	58.4
建三江局	176230	22880	346688	32.3	4.2	63.5
牡丹江局	127433	64680	212600	31.5	16.0	52.5
北安局	83981	24744	213992	26.0	7.7	66.3
九三局	104074	66681	149815	32.5	20.8	46.7
齐齐哈尔局	39065	50272	222362	12.5	16.1	71.3
绥化局	19793	30763	129591	11.0	17.1	71.9
哈尔滨局	6724	50375	140504	3.4	25.5	71.1
总局直属	165	297434	114298	0.0	72.3	27.7

4–6 各管理局按行业分的固定资产投资

（2012 年） 单位:万元

单位名称	(一)农林牧渔业投资				1. 农 业			
	合 计	公有控股经济	非公有控投经济	#个 体	合 计	公有控股经济	非公有控投经济	#个 体
总 计	**810802**	**477247**	**333555**	**324064**	**724588**	**417802**	**306786**	**299446**
宝泉岭局	116448	73468	42981	41653	97154	57445	39709	38381
红兴隆局	136888	88799	48089	46589	131886	85479	46407	44907
建三江局	176230	111014	65216	63556	161781	96735	65046	63556
牡丹江局	127433	83067	44367	43239	117377	75874	41504	40496
北 安 局	83981	35614	48367	47665	76759	30275	46484	45782
九 三 局	104074	36488	67586	67586	82089	27397	54692	54692
齐齐哈尔局	39065	26887	12179	11972	33606	23444	10162	10162
绥 化 局	19793	16872	2921	996	17567	16275	1292	980
哈尔滨局	6724	4874	1851	810	6204	4714	1490	490
总局直属	165	165			165	165		

4–6 续表 1 单位:万元

单位名称	其中:农机具购置				2. 林 业			
	合 计	公有控股经济	非公有控投经济	#个 体	合 计	公有控股经济	非公有控投经济	#个 体
总 计	**301081**	**47902**	**253179**	**251977**	**23936**	**23474**	**462**	**455**
宝泉岭局	36237	5487	30750	30750	6160	6150	10	10
红兴隆局	41803	5251	36552	36552	2440	2440		
建三江局	60238	10506	49732	49732	7456	7456		
牡丹江局	55445	15446	39999	39999	2878	2878		
北 安 局	46095	1200	44895	44693	1853	1493	360	360
九 三 局	49905	5548	44357	44357	1844	1844		
齐齐哈尔局	6302	1845	4456	4456	884	792	92	85
绥 化 局	2630	1681	949	949	422	422		
哈尔滨局	2420	930	1490	490				
总局直属	8	8						

4-6 续表 2

单位:万元

单位名称	3. 畜牧业				4. 渔业			
	合计	公有控股经济	非公有控股经济	#个体	合计	公有控股经济	非公有控股经济	#个体
总计	**53276**	**28450**	**24826**	**22682**	**1187**	**1150**	**37**	**37**
宝泉岭局	12548	9846	2702	2702	28	28		
红兴隆局	2562	880	1682	1682				
建三江局	2438	2268	170		392	392		
牡丹江局	7178	4315	2863	2743				
北安局	4826	3340	1486	1486	37		37	37
九三局	17962	5953	12009	12009	731	731		
齐齐哈尔局	3437	1513	1924	1724				
绥化局	1804	175	1629	16				
哈尔滨局	521	160	361	320				
总局直属								

4-6 续表 3

单位:万元

单位名称	5. 农林牧渔服务业				(二)工业			
	合计	公有控股经济	非公有控股经济	#个体	合计	公有控股经济	非公有控股经济	#个体
总计	**7814**	**6370**	**1444**	**1444**	**766637**	**405488**	**361150**	**196657**
宝泉岭局	560		560	560	62678	5200	57477	31360
红兴隆局					100552	19973	80579	28707
建三江局	4163	4163			21859	4729	17130	11930
牡丹江局					64310	16906	47404	9160
北安局	506	506			24744	9081	15663	10897
九三局	1447	563	884	884	65985	10712	55273	44660
齐齐哈尔局	1138	1138			50272	3009	47263	36578
绥化局					30763	9299	21464	15568
哈尔滨局					50375	31478	18897	7797
总局直属					295101	295101		

4-6 续表 4

单位:万元

单位名称	(三)建筑业				(四)交通运输、仓储业			
	合　计	公有控股经济	非公有控投经济	#个体	合　计	公有控股经济	非公有控投经济	#个体
总　　计	**4489**	**2298**	**2191**	**1730**	**176434**	**157955**	**18479**	**15472**
宝泉岭局					25041	17320	7721	4739
红兴隆局	69		69	69	22825	22825		
建三江局	1021	426	595	595	21029	21029		
牡丹江局	370		370	370	6482	4814	1668	1668
北安局					12770	11070	1700	1700
九三局	696		696	696	7261	3512	3749	3749
齐齐哈尔局					6063	2920	3143	3118
绥化局					5561	5561		
哈尔滨局					611	113	498	498
总局直属	2333	1872	461		68792	68792		

4-6 续表 5

单位:万元

单位名称	(五)信息传输、计算机服务				(六)批发和零售业			
	合　计	公有控股经济	非公有控投经济	#个体	合　计	公有控股经济	非公有控投经济	#个体
总　　计	**2102**	**1895**	**207**	**207**	**55955**	**47013**	**8943**	**8926**
宝泉岭局	231	31	200	200	2950		2950	2950
红兴隆局					2491	480	2011	2011
建三江局	126	126						
牡丹江局					205	205		
北安局	127	127						
九三局					12580	10000	2580	2580
齐齐哈尔局	1117	1110	7	7				
绥化局								
哈尔滨局					2585	1200	1385	1385
总局直属	501	501			35144	35128	17	

4-6 续表 6

单位:万元

单位名称	(七)住宿和餐饮业				(八)房地产业			
	合　计	公有控股经济	非公有控投经济	#个　体	合　计	公有控股经济	非公有控投经济	#个　体
总　　计	**9222**	**1705**	**7517**	**7517**	**1067406**	**288729**	**778677**	**709122**
宝泉岭局	1729	729	1000	1000	93736	17670	76066	63683
红兴隆局	955		955	955	181562	60430	121132	121132
建三江局	51	51			162515	20340	142175	127303
牡丹江局	406	186	220	220	102057	48209	53848	47498
北　安　局	2514	14	2500	2500	94678	44057	50621	39396
九　三　局	1771		1771	1771	65693	5704	59989	59989
齐齐哈尔局	1071		1071	1071	153695	18916	134779	131279
绥　化　局					100870	69452	31418	30193
哈尔滨局	55	55			112601	3951	108650	88650
总局直属	670	670						

4-6 续表 7

单位:万元

单位名称	(九)科学、技术服务				(十)水利、环境和公共设施业			
	合　计	公有控股经济	非公有控投经济	#个　体	合　计	公有控股经济	非公有控投经济	#个　体
总　　计	**6268**	**6268**			**376807**	**364612**	**12195**	**8281**
宝泉岭局	2387	2387			49742	47727	2015	
红兴隆局					64371	64371		
建三江局	22	22			97792	97792		
牡丹江局	2156	2156			40295	40295		
北　安　局	54	54			55783	49050	6734	6414
九　三　局					14143	13393	750	750
齐齐哈尔局	1	1			34636	33144	1492	2
绥　化　局					11848	11759	89	
哈尔滨局	36	36			8196	7081	1115	1115
总局直属	1612	1612						

4-6 续表 8

单位:万元

单位名称	(十一)居民服务和其他服务				(十二)教育				(十三)卫生、社会保	
	合　计	公有控股经济	非公有控投经济	#个体	合　计	公有控股经济	非公有控投经济	#个体	合　计	公有控股经济
总　　计	**114301**	**104257**	**10045**	**9467**	**101329**	**95761**	**5568**	**738**	**58679**	**57036**
宝泉岭局	14884	14611	274	274	12190	12190			9898	9898
红兴隆局	16078	16078			22131	22131			13138	13138
建三江局	24029	21703	2326	2020	10173	9473	700	700	5781	5381
牡丹江局	25104	24644	460	460	12421	12421			6277	5672
北安局	10804	7773	3031	2759	9745	9745			4423	4399
九三局	16834	13733	3101	3101	8295	8295			9642	9132
齐齐哈尔局	2679	2177	502	502	7532	7089	443	38	5755	5730
绥化局	3451	3451			1313	1188	125		1371	1292
哈尔滨局	438	87	351	351	13530	9230	4300		2394	2394
总局直属					3999	3999				

4-6 续表 9

单位:万元

单位名称	障和福利业		(十四)文化、体育和娱乐业				(十五)公共管理和社会组织			
	非公有控投经济	#个体	合　计	公有控股经济	非公有控投经济	#个体	合　计	公有控股经济	非公有控投经济	#个体
总　　计	**1643**	**1218**	**47468**	**45342**	**2126**	**1988**	**81584**	**76304**	**5280**	**3485**
宝泉岭局			4376	4376			17407	15640	1767	
红兴隆局			1485	1485			8093	8093		
建三江局	400		12395	12395			12775	12775		
牡丹江局	605	605	7456	7456			9741	9741		
北安局	24	24	11544	9612	1932	1932	11550	8065	3485	3485
九三局	510	510	3500	3500			10100	10100		
齐齐哈尔局	25		3883	3689	194	56	5930	5902	28	
绥化局	79	79	2794	2794			2384	2384		
哈尔滨局			35	35			24	24		
总局直属							3580	3580		

4-7　各管理局新增固定资产及资金来源

（2012 年）　　单位:万元

单位名称	本年新增固定资产	公有控股经济	非公有控投经济	#个体	本年资金来源	公有控股经济	非公有控投经济	#个体
总计	**3025226**	**1794281**	**1230945**	**1003840**	**3647347**	**2119456**	**1527892**	**1273074**
宝泉岭局	397486	209024	188461	141516	413697	216226	197471	150526
红兴隆局	552605	301356	251249	202949	568866	312712	256154	204554
建三江局	473513	275839	197674	166594	543247	322474	220774	198411
牡丹江局	301609	201652	99957	74915	395829	255772	140057	94378
北安局	256253	163050	93203	87847	319717	186160	133557	115538
九三局	136950	49014	87936	77323	320574	125684	194890	184277
齐齐哈尔局	311699	110573	201126	184623	311699	110573	201126	184623
绥化局	168821	122965	45856	37508	180147	132461	47686	37508
哈尔滨局	90658	25652	65007	30566	196437	60736	135701	103260
总局直属	335632	335154	478		397134	396657	478	

4-8　各管理局按资金来源分的固定资产投资

单位:万元

年份/单位	投资总额	国家预算投资	国内贷款	利用外资	自筹资金	其他资金
2005	594656	93632	27798	187	399571	73468
2007	696670	142785	5223	2778	513281	32603
2008	842399	207941	5147	9652	554824	64835
2009	1471557	268228	28432	6636	933392	234868
2010	2010481	340755	69943	7348	1144055	448380
2011	2859289	312310	10476	680	1759477	776347
2012	3647347	534633	13300	15522	2186184	897709
宝泉岭局	413697	71220	500	1750	290191	50036
红兴隆局	568866	77422			300216	191228
建三江局	543247	93311	1651		301399	146887
牡丹江局	395829	48489		13772	226806	106763
北安局	319717	51922			191590	76206
九三局	320574	36345	5443		128869	149917
齐齐哈尔局	311699	32004	706		247041	31948
绥化局	180147	37782			105678	36687
哈尔滨局	196437	10649			77850	107938
总局直属	397134	75489	5000		316546	99

4-9　全社会房屋年末实有面积及构成

单位:万平方米

指　　标	2000	2005	2008	2009	2010	2011	2012
总　计	3808.0	4494.5	5590.1	5910.7	6534.2	7264.2	7932.6
农业用房	230.7	247.5	270.0	275.0	289.3	304.3	328.1
畜牧用房	143.6	333.0	451.5	472.8	520.6	527.9	535.0
科学研究用房	6.7	6.5	7.3	8.1	7.1	7.3	8.0
文教卫生用房	245.6	287.5	349.5	348.7	349.0	371.2	390.0
住宅	2315.5	2700.5	3446.0	3715.4	4215.3	4830.0	5240.2
其他用房	865.9	919.5	1065.8	1090.7	1152.9	1223.5	1431.3
构成(%)							
农业用房	6.1	5.5	4.8	4.7	4.4	4.2	4.1
畜牧用房	3.8	7.4	8.1	8.0	8.0	7.3	6.7
科学研究用房	0.2	0.1	0.1	0.1	0.1	0.1	0.1
文教卫生用房	6.4	6.4	6.3	5.9	5.3	5.1	4.9
住宅	60.8	60.1	61.6	62.9	64.6	66.5	66.1
其他用房	22.7	20.5	19.1	18.4	17.6	16.8	18.1

主要统计指标解释

全社会固定资产投资 包括国有经济单位投资、集体经济单位投资、其他各种经济类型的单位投资和城乡居民个人投资。按照我国现行计划管理体制，全社会固定资产投资总额又包括基本建设、更新改造、房地产开发投资和其它固定资产投资。

固定资产投资按用途分 固定资产投资按其不同的经济用途，分为生产性建设和非生产性建设两大类，其目的在于反映固定资产投资在各种不同用途的建设工程中的分配情况，以便研究固定资产投资的使用方向。

生产性建设 指用于物质生产和直接为物质生产服务的建设。包括工业建设；建筑业建设；农、林、牧、渔水利建设；交通、运输、邮电建设；批发零售贸易业建设。

非生产性建设 指用于满足人们的生活需要的建设和非物质生产部门的建设。包括：住宅建设、文化、教育、卫生建设、房地产和公用事业建设、生活服务事业建设、科学研究建设、综合技术服务事业建设等。如企业、事业单位的职工食堂、浴室以及医院、学校、招待所等建筑物和设备。

本年新增固定资产 指报告期内交付使用的固定资产价值。包括本年内建成投入生产或交付使用的工程投资和达到固定资产标准的设备、工具、器具的投资及有关应摊人的费用。

属于增加固定资产价值的其他建设费用，应随同交付使用的工程一并计人新增固定资产。

自开始建设至本年底累计新增固定资产 指建设项目开始建设以来至本年底已累计交付使用的固定资产价值，它是自开始建设累计完成投资中开始发挥效益的部分，是反映整个建设项目的建设进度和建设成果的指标。

本年资金来源小计 指固定资产投资单位在报告期收到的，用于固定资产投资的各种货币资金。包括国内预算的资金、国内贷款、债券、利用外资、自筹资金和其他资金。

国家预算资金 自2011年起，按照全国人大和国务院的要求，各级财政的所有资金，包括税收和非税收入，均必须纳入预算管理，我国已不存在预算外资金的概念，因此各级政府用于固定资产投资的财政资金均为预算资金。由于已经没有预算外资金，因此名称改为国家预算资金，包括中央预算资金和地方预算资金，旧的国家预算内资金的内容和现中央预算资金的内容基本一致。

国家预算包括一般预算、政府性基金预算、国有资本经营预算和社保基金预算。各类预算中用于固定资产投资的资金全部作为国家预算资金填报，其中一般预算中用于固定资产投资的部分包括基建投资、车购税、灾后恢复重建基金和其他财政投资。各级政府债券也应归入国家预算资金。

国内贷款 指报告期固定资产投资单位向银行及非银行金融机构借入的用于固定资产投资的各种国内借款，包括银行利用自有资金及吸收的存款发放的贷款、上级主管部门拨入的国内贷款、地方财政专项资金安排的贷款、国家专项贷款、周转贷款等。

银行贷款 指向各商业银行、政策性银行借入的用于固定资产投资的各种贷款。

利用外资 指报告期收到的用于固定资产建造和购置投资的境外资金（包括设备、材料、技术在内）。包括外商直接投资、对外借款（外国政府贷款、国际金融组织贷款、出口信贷、外国银行商业贷款、对外发行债券和股票），以及外商其他投资（包括补偿贸易和加工装配由外商提供的设备价款、国际租贷）。不包括我国自有外汇资金（即国家外汇、地方外汇、留成外汇、调剂外汇和中国银行自有资金发行的外汇贷款等）。

自筹资金 指固定资产投资单位报告期收到的，由各地区、各部门及企业、事业单位筹集用于固定资产投资的预算外资金，包括中央各部门、各级地方政府和企业、事业单位的自有资金。

其他资金来源 指在报告期收到的除以上各种资金之外其他用于固定资产投资的资金。包括社会集资、个人资金、无偿损赠的资金及其他单位拨入的资金等。

5

能源和原材料消费

STATISTICAL YEARBOOK

5-1　主要年份主要能源、原材料消费量

指　标	单　位	2000	2004	2005	2006	2007	2008	2009	2010	2011	2012
生　铁	吨	2045	1133	2582	3087	7149	4691	4264	12588	16188	18071
钢　材	吨	31243	52132	70023	81894	75632	121596	157792	204133	252366	253247
硫　酸	吨	392	398	369	302	104	143	131	211	188	276
烧　碱	吨	2476	11534	7408	7215	7147	5372	6646	5121	5558	6677
纯　碱	吨	1449	543	1023	528	625	653	686	885	2956	1613
橡　胶	吨	202	243	249	247	320	315	397	365	540	812
水　泥	吨	230264	400271	456191	564188	692571	872198	1088727	1355313	1821966	1773313
平板玻璃	重量箱	14994	10598	34369	27164	18278	55277	68386	63497	135065	160353
原　木	立方米	38817	54324	74156	94308	76225	110455	135023	88309	112674	133852
锯　材	立方米	13092	33473	43525	55000	61764	78445	90710	170856	230357	229818
煤　炭	吨	1922201	2435324	2650825	3070674	3384038	4209353	4290189	4320788	4381619	4884003
焦　炭	吨	8946	2076	2245	1373	2056	833	2122	5834	2611	2561
燃 料 油	吨	47132	20601	2460	2215	1815	1920	2442	484	424	3461
汽　油	吨	54970	45099	56175	56462	71092	84701	108366	118031	141531	186179
柴　油	吨	226558	248105	265944	283950	334204	359172	399997	429369	458713	520585
润 滑 油	吨	8440	5685	5880	5880	2572	3621	4759	6388	6480	7012
电　力	万千瓦时	73288	104305	128486	146665	165058	184855	230173	257125	315065	376554
化　肥	吨	521503	620081	646843	716715	795617	829956	916213	1006176	1103724	1175372
#氮　肥	吨	205518	233596	239490	270401	305369	318168	346987	384874	422757	449334
磷　肥	吨	137579	179177	194291	207374	238890	252647	269928	289598	302930	318296
钾　肥	吨	53072	81351	89259	108526	124134	139243	163729	184324	218165	222082
复合肥	吨	125334	125957	123803	130414	127224	119898	135569	147380	159872	185660
农　药	吨	6721	8412	8363	9233	11022	11159	12103	13686	14846	14793
农　膜	吨	5583	7444	8839	10890	13412	14008	12215	13912	14788	17375

5-2 各管理局原材料、能源消费量

年　份 单　位	生　铁 （吨）	钢　材 （吨）	硫　酸 （公斤）	烧　碱 （吨）	纯　碱 （吨）	橡　胶 （吨）
2000	2045	31243	392400	2476	1449	202
2005	2582	70023	368586	7408	1023	249
2006	3087	87495	301542	7215	528	247
2007	7149	75632	104497	7147	625	320
2008	4691	121596	142791	5372	653	315
2009	4264	157792	130709	6646	686	397
2010	12558	204133	211254	5121	885	365
2011	16188	252366	188137	5558	2956	540
2012	18071	253247	275944	6677	1613	812
宝泉岭局	473	24234	2	1	36	10
红兴隆局	697	38624	96933	30	54	36
建三江局	196	36398	12	20	1	
牡丹江局	12838	19823	4678	143	3	174
北安局	325	12676	128		28	15
九三局	135	7199	999	11	5	40
齐齐哈尔局	864	19669	64596			10
绥化局	305	9335	101000			
哈尔滨局	1991	12243				527
总局直属	247	73046	7596	6472	1486	

5-2 续表 1

年　份 单　位	水　泥 （吨）	平板玻璃 （重量箱）	原　木 （立方米）	锯　材 （立方米）	煤　炭 （吨）	焦　炭 （吨）
2000	230264	14994	38817	13092	1922201	8946
2005	456191	34369	74156	43525	2650825	2245
2006	564188	27164	94308	55000	3070677	1373
2007	692571	18278	76225	61764	3384042	2056
2008	872198	55227	110455	78445	4209353	833
2009	1088727	68386	135023	90710	4290189	2122
2010	1355313	63497	88309	170856	4320788	5834
2011	1821966	135065	112674	230357	4381619	2611
2012	1773313	160353	133852	229818	4884003	2561
宝泉岭局	196136	13644	5288	19342	436690	
红兴隆局	238468	15739	28492	39913	1363508	961
建三江局	208375	13777	4362	10649	394803	
牡丹江局	125417	2992	11642	12131	845021	100
北安局	143156	33635	15939	10153	302012	
九三局	40295	1366	14994	7933	238618	1500
齐齐哈尔局	67605	50762	45494	6946	121744	
绥化局	86337	2405	5770	2936	197094	
哈尔滨局	10858	530	40	2712	87079	
总局直属	656666	25503	1831	117103	897434	

5–2 续表 2

年份 单位	润滑油 （吨）	汽油 （吨）	柴油 （吨）	燃料油 （吨）	电力 （万千瓦时）	农膜 （吨）
2000	8440	54970	226558	47132	73288	5883
2005	5880	56175	265944	2460	128486	8839
2006	5880	56462	283950	2215	147014	10890
2007	2572	71092	334204	1815	165058	13412
2008	3621	84701	359172	1920	184855	14008
2009	4759	108366	399997	2442	230173	12215
2010	6388	118031	429369	484	257125	13912
2011	6480	141531	458713	424	315065	14788
2012	7012	186179	520585	3461	376554	17375
宝泉岭局	600	54259	103888		34230	2491
红兴隆局	929	17474	67323	26	53351	2817
建三江局	852	27205	126142	27	49102	6369
牡丹江局	3051	21154	64871	278	31463	4315
北安局	585	16928	38739	166	14235	29
九三局	206	10879	27782	21	25643	52
齐齐哈尔局	138	6121	28384	28	9644	686
绥化局	630	8511	25465		6423	292
哈尔滨局	16	1705	5530		6419	316
总局直属	5	21943	32461	2915	146044	8

5–2 续表 3

年份 单位	化肥 （实物量） （吨）					农药 （吨）
		氮肥	磷肥	钾肥	复合肥	
2000	521503	205518	137579	53072	125334	6712
2005	646843	239490	194291	89259	123803	8363
2006	716715	270401	207374	108526	130414	9233
2007	795617	305369	238890	124134	127224	11022
2008	829956	318168	252647	139243	119898	11159
2009	916213	346987	269928	163729	135569	12103
2010	1006176	384874	289598	184324	147380	13686
2011	1103724	422757	302930	218165	159872	14846
2012	1175372	449334	318296	222082	185660	14793
宝泉岭局	160947	71113	38963	29659	21212	1392
红兴隆局	193946	80393	44241	28494	40818	2551
建三江局	291686	112346	80759	81688	16893	4287
牡丹江局	197903	65516	55040	35037	42310	3056
北安局	113985	39368	40739	15708	18170	1233
九三局	93824	34560	35526	12956	10782	1237
齐齐哈尔局	76997	29987	18808	12857	15345	399
绥化局	35617	12315	849	4010	18443	521
哈尔滨局	9392	3200	3063	1559	1570	107
总局直属	1075	536	308	114	117	10

主要统计指标解释

单位 GDP 能耗 GDP,即国内(地区)生产总值。单位 GDP 能耗,即一个国家或地区生产(创造)一个计量单位(通常为万元)的 GDP 所消费的能源。能源消费的核算范围既包括全部三次产业的生产、经营及其他活动用能,也包括居民生活用能。

能源消费总量 指一定时期内全国(地区)物质生产部门、非物质生产部门和生活消费的各种能源的总和,是观察能源消费水平、构成和增长速度的总量指标,能源消费总量包括原煤和原油及其制品、天然气、电力。能源消费总量分为三部分,即终端能源消费量、能源加工转换损失量和损失量。

能源消费总量 = 终端能源消费量折标准煤之和 + 能源加工转换投入量折标准煤之和 - 能源加工转换产出量折标准煤之和 + 能源损失量折标准煤之和

能源消费的两种形式 能源消费有两种形式。一种是一次性直接消费,又称终端消费;另一种是加工转换消费,又称中间消费。

终端消费是对中间消费而言,是指能源不用于中间加工转换,而是直接投入到各种加热、动力等设备,用于生产和非生产活动的消费。主要包括:

1. 作为燃料、动力使用的能源。是指将能源投入到各种加热、动力等设备,产生光、热、功所消费的能源。

2. 作为原料使用的能源。是指在工业生产活动中,把能源作为原料投入使用,经过一系列化学反应,逐步转化为另一种新的非能源产品,如化肥厂生产的合成氨、化工厂生产的合成橡胶等产品所消耗的天然气、煤炭、焦炭;生产染料、塑料、轻纺产品所消耗的原料油等。

3. 作为材料使用的能源。是指一些能源的使用,不构成产品的实体,只起辅助作用的消费。如洗涤用的汽油、柴油、煤油;各种设备所使用的润滑油等。

4. 工艺用能。是指在生产过程中既不作为原料使用,也不作为燃料、动力使用的工艺用能。如生产电石用电、电解用电等。

中间消费,是指能源加工、转换企业(或车间)生产二次能源产品所消费的能源数量。其特点是在能源加工转换过程中投入消费的是能源,产出的主要产品仍是能源,其生产的目的是为了提高能源的质量和使用价值,为社会提供更高级的能源产品。

某品种的能源中间消费量 = 该种能源加工转换投入量

上式只代表单一能源品种在中间消费的物量消耗,不是能源的能量消耗,中间消费的能量消耗(能源加工转换损失)应按下式计算:

能源中间消费量(能源加工转换损失)= 能源加工转换投入量折标准煤之和—能源加工转换产出量折标准煤之和

终端能源消费量 能源消费分两个部分,即加工转换消费和终端消费。终端能源消费,是在能源核算时,为反映能源的实际消费情况而设置的一个综合指标,它是指没有经过加工转换的一次能源或经过加工转换后的二次能源直接用作原料、材料、燃料、动力以及工艺性消费的数量,不包括二次能源在加工转换过程中再投入的部分。

终端能源消费量 = 终端消费的各种能源折标准煤之和

工业综合能源消费量 指报告期内工业企业在工业生产活动中实际消费的各种能源的总和。计算综合能源消费量时,需要先将使用的各种能源折算成标准燃料后再进行计算。根据生产活动的性质,综合能源消费量在不同的企业有不同的计算方法。

非能源加工转换企业综合能源消费量,就是企业工业生产消费的各种一次能源和二次能源的总和,即:综合能源消费量 = 工业生产消费的能源合计。

能源加工转换企业综合能源消费量,是企业工业生产消费的各种一次能源和二次能源扣除加工转换产出的二次能源后的实际能源消费量。计算公式为:综合能源消费量 = 工业生产消费的能源合计 - 能源加工转换产出合计。

6

人民生活

STATISTICAL

YEARBOOK

农场职工家庭人均纯收入（元）

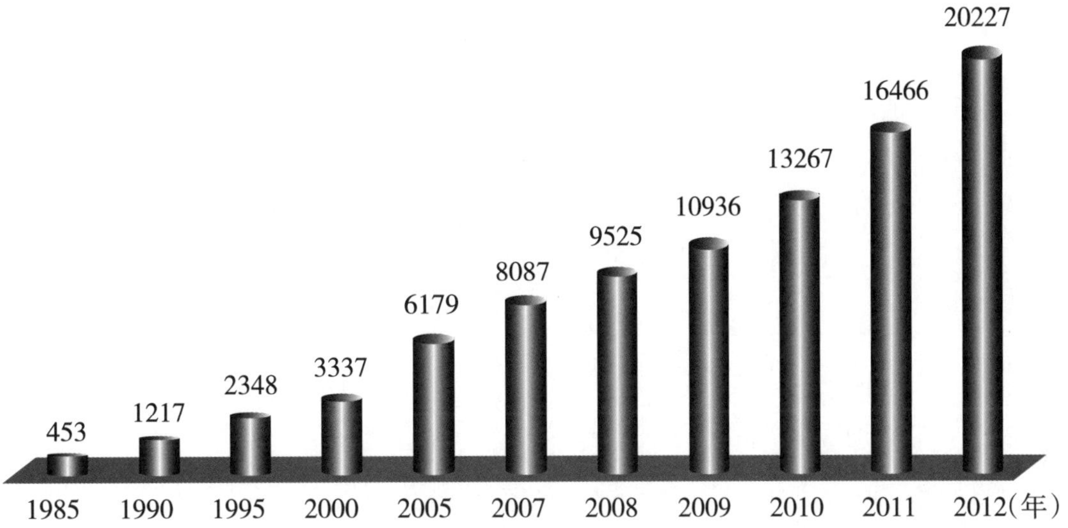

垦区居民人均存款余额（元）

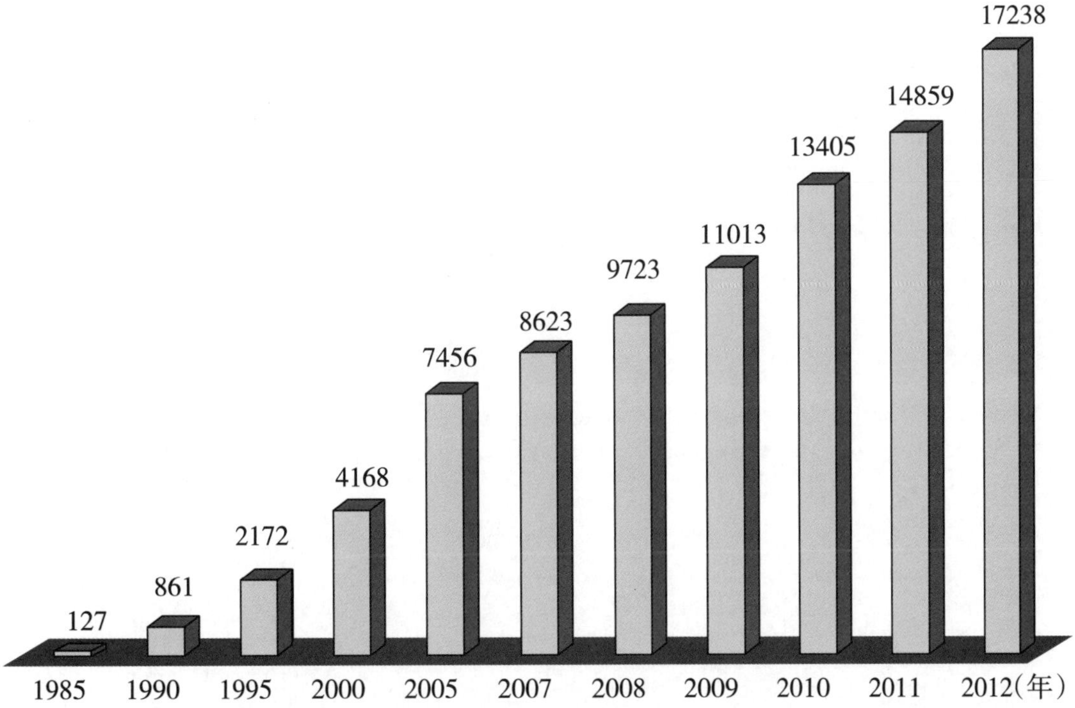

6-1 物质文化生活水平

指　标	单　位	1985	1990	1995	2000	2005	2010	2011	2012
一、收入									
农牧场职工家庭人均纯收入	元	453	1217	2348	3337	6179	13267	16466	20227
职工年平均工资	元	827	1445	3084	5593	9205	17639	20480	24174
二、消费水平									
人均生活消费	元	327.00	816.00	1674.00	2510.80	3372.80	7760.69	8674.90	9478.78
消费品支出	元	307.00	701.00	1628.55	1815.10	2221.92	4757.39	5664.40	6186.25
服务性支出	元	20.00	115.00	38.10	695.70	1150.88	3003.30	3010.50	3292.53
三、储蓄									
居民年末储蓄存款余额	亿元	2.01	13.35	33.73	65.63	118.25	224.33	254.38	298.87
人均储蓄存款余额	元	127	861	2172	4168	7456	13405	14859	17238
四、住房									
年末住宅总面积	万平方米	1449.20	1767.70	2040.30	2315.50	2700.50	4215.28	4829.98	5240.24
平均每人居住面积	平方米	9.10	11.40	13.10	14.70	17.03	25.19	28.21	30.22
五、交通									
每百人拥有自行车	辆	23.80	38.60	40.00	37.46	24.00	24.38	21.32	20.36
每百人拥有摩托车	辆	0.80	1.40	2.70	12.00	18.00	24.75	24.86	22.03
六、公用事业									
已安装自来水管理区	个		891	1410	1659	644	566	567	565
管理区自来水普及率	%		35.10	58.70	72.90	97.40	99.00	99.30	99.50
七、文化									
每百人拥有彩色电视机	台	17.00	24.80	29.30	32.25	33.00	38.21	38.29	39.13
每百人拥有电脑	台						19.90	21.75	22.46
每百人每天有报纸	份	1.20	1.20	2.40	14.20	4.14	3.00	3.36	3.16
每百人每年有杂志	册	17.60	24.40	8.60	18.75	4.92	11.48	15.05	19.90
八、教育									
学龄儿童入学率	%	98.80	99.70	100.00	100.00	100.00	100.00	100.00	100.00
每万人口有在校大学生数	人	14.70	19.50	27.50	47.30	131.84	173.61	161.15	158.40
九、卫生									
每万人拥有医院病床数	张	50.70	57.90	60.00	49.78	46.36	57.31	59.62	61.65
每万人拥有医生人数	人	25.10	49.10	43.10	40.59	40.02	49.79	50.67	49.50
十、就业									
每一劳动力负担人数	人	1.73	1.60	1.37	1.57	1.45	1.34	1.37	1.34

注:公用事业部分 2004 年前为生产队数,2005 年后为管理区数,由总局建设局提供。

6-2 各管理局物质文化生活水平主要指标

年份 单位	农场职工家庭人均纯收入（元）	职工年平均工资（元）	居民年末储蓄存款余额（万元）	人均储蓄存款余额（元）	人均居住面积（平方米）
2000	3337	5593	656293	4168	14.7
2002	3863	6639	863444	5455	15.5
2003	4267	7256	959461	6094	15.6
2004	5593	8255	1067537	6759	16.3
2005	6179	9205	1182537	7456	17.0
2006	7064	10291	1375160	8622	18.2
2007	8087	11531	1422358	8623	19.4
2008	9525	13066	1613778	9723	20.8
2009	10936	14862	1836927	11013	22.3
2010	13267	17639	2243266	13405	25.2
2011	16466	20480	2543774	14859	28.2
2012	20227	24174	2988718	17238	30.2
宝泉岭局	23234	17306	561232	27173	35.6
红兴隆局	23875	25047	530551	15685	30.9
建三江局	25980	31100	946599	37939	31.1
牡丹江局	22433	14471	203365	10048	34.6
北安局	18228	13388	186139	8850	27.0
九三局	23246	29420	179921	10528	21.5
齐齐哈尔局	20888	25649	142026	9113	30.7
绥化局	24650	12568	57941	7696	30.3
哈尔滨局	21998	30066	31045	6819	23.2
总局直属	12622	42029	149899	18916	29.9

6-2 续表

年份 单位	自来水普及率（%）	学龄儿童入学率（%）	每万人拥有医院病床数（张）	每万人拥有医生数（人）	每一就业者负担人数（人）
2000	77.5	100	49.8	40.6	2.23
2002	77.6	100	45.6	39.2	2.23
2003	94.0	100	38.5	42.1	2.23
2004	94.6	100	42.1	39.3	2.23
2005	95.1	100	46.4	40.0	2.13
2006	95.8	100	46.9	48.7	2.04
2007	95.9	100	44.9	43.7	1.87
2008	96.0	100	48.0	39.5	1.83
2009	97.2	100	48.4	37.6	1.82
2010	99.0	100	56.3	49.8	1.79
2011	99.3	100	59.6	50.7	1.79
2012	99.5	100	61.7	49.5	1.76
宝泉岭局	100.0	100	61.5	52.4	1.53
红兴隆局	100.0	100	49.8	46.7	1.76
建三江局	100.0	100	53.9	49.3	1.71
牡丹江局	100.0	100	67.1	59.1	2.01
北安局	100.0	100	53.8	38.7	1.96
九三局	100.0	100	54.8	36.4	1.94
齐齐哈尔局	95.0	100	43.8	32.5	2.11
绥化局	100.0	100	35.5	23.9	1.71
哈尔滨局	100.0	100	40.9	34.3	1.88
总局直属	100.0	100	261.5	133.5	1.10

6-3 农场职工家庭基本情况

指　　标	单　位	1985	1990	1995	2000	2005	2010	2011	2012
调查户数	户	560	252	336	500	500	500	500	500
调查人口									
1.常住人口	人	2392	956	1157	1528	1383	1382	1382	1376
2.平均每户常住人口	人	4.27	3.79	3.44	3.06	2.77	2.76	2.76	2.75
3.平均每户整、半劳动力	人	2.47	2.37	2.34	1.95	1.88	2.06	2.02	2.05
4.平均每个劳动力负担人口	人	1.73	1.60	1.37	1.57	1.45	1.34	1.37	1.34
平均每人全年收入									
1.总收入	元	1197.60	1456.04	6910.62	5545.60	15726.03	34622.31	41702.41	50704.85
2.纯收入	元	453.29	1216.72	2348.00	3337.20	6179.40	13267.07	16465.90	20227.35
3.现金收入	元	894.45	1436.27	6056.55	5203.60	14610.91	33050.74	40032.15	47646.49
人均纯收入分组户数所占比重									
2000 元以下	%	100.0	84.1	66.1	48.7	18.6	7.7	5.8	4.1
2000–4000 元	%		15.9	33.9	51.3	14.8	9.1	6.6	5.5
4000–6000 元	%					22.4	10.8	9.0	7.2
6000–8000 元	%					17.4	12.0	10.6	8.6
8000–10000 元	%					9.6	25.1	24.5	20.5
10000–12000 元	%					17.2	6.8	7.8	8.7
12000–14000 元	%						5.8	4.8	5.6
14000–16000 元	%						3.8	4.8	6.6
16000–18000 元	%						3.2	6.2	8.2
18000–20000 元	%						3.2	4.0	4.4
20000 元以上	%						12.5	15.9	20.6
平均每人全年支出									
1.总　支　出	元	1163.81	1122.40	6143.19	4929.28	13868.78	32151.35	36102.75	41857.87
家庭经营费用支出	元	792.22	209.92	4357.84	1410.55	6965.64	15310.99	18120.22	22836.91
生活消费支出	元	327.23	816.36	1666.65	2510.80	3372.80	7760.69	8674.90	9478.78
其他支出	元	44.36	96.12	118.70	1007.93	3530.34	9079.67	9307.63	9542.18
2.现金支出	元	805.49	1296.69	5767.51	5402.13	13814.40	31488.42	35572.11	41215.74
生产性费用和开发性生产投资	元	217.78	166.60	1847.60	1350.50	7437.57	17660.23	19258.46	23810.80
缴纳税金和上交集体承包费	元	121.54	11.77	888.05	365.80	2283.16	4583.69	5344.15	5773.68
生活消费支出	元	315.02	788.70	1522.88	1809.40	3332.74	7644.68	8577.33	9366.44
其他非生产性支出	元	20.51	37.73	116.43	579.30	760.93	1599.82	2392.17	2264.82

注:①本表至 6-16 表为农场住户调查资料。②本表人均纯收入各分组户数占调查总户数比重中,1985 年 2000 元以上没有进行分组全部包括在 2000 元以下组;1990、1995、2000 年 4000 元以上没有进行分组全部包括在 2000–4000 元组;2005 年 10000 元以上没有进行分组全部包括在 10000–12000 元组。各分组数值不包括上限。

6-4　农场职工家庭人均全年纯收入

（2012 年）　　单位:元

指　　标	数　量	指　　标	数　量
纯收入	**20227.35**	1. 利息	29.90
一、工资性收入	**4398.22**	2. 集体分配股息和红利	50.27
1. 在非企业组织劳动得到收入	2793.19	3. 其他股息和红利	10.38
2. 在本场地域内劳动得到收入	1525.69	4. 租金(包括农业机械)	58.63
3. 外出从业得到收入	79.34	5. 出让无形资产净收入	
二、家庭经营收入	**9399.27**	6. 储蓄性保险投资收入	22.60
1. 第一产业收入	8109.27	7. 转让承包土地经营权收入	169.67
(1)农业收入	7217.25	8. 其他	179.25
(2)林业收入	4.86	**四、转移性收入**	**5909.16**
(3)牧业收入	882.32	1. 家庭住户成员寄回和带回	
(4)渔业收入	4.84	2. 城市亲友赠送	139.72
2.　非农产业收入	1290.00	3. 城市亲友支付赡养费	13.08
A.第二产业收入		4. 农场亲友支付赡养费	0.36
(1)工业收入		5. 救济金、抚恤金、救灾款	10.55
(2)建筑业收入		6. 退税	10.18
B.第三产业收入	1290.00	7. 退耕还林还草补贴	0.05
(1)交通、运输、邮电业收入	430.64	8. 无偿扶贫或扶持款	
(2)批零贸易业、饮食业收入	789.88	9. 得到赔款	16.82
(3)社会服务业收入	38.63	10. 各项补贴收入	2061.46
(4)文教卫生业收入	7.13	# 粮食直补、良补收入	698.84
(5)其他行业收入	23.72	综合补贴收入	1338.81
三、财产性收入	**520.70**	11. 其他	3656.94

6-5 农场职工家庭人均全年总收入

单位:元

指 标	1985	1990	1995	2000	2001	2010	2011	2012
总收入	1197.60	1456.04	6910.62	5545.60	15726.03	34622.31	41702.41	50301.21
一、基本收入	1157.24	1388.64	6686.65	5257.10	14594.87	30724.32	36840.01	43726.39
(一)劳动者的报酬收入	260.90	837.88	1272.76	2043.90	1648.15	2997.52	3450.06	4398.22
1.在国有经济单位得到的	250.75	812.16	1261.66	1188.80	1137.22	1804.02	2131.09	2793.19
2.在非国有经济单位得到的	10.15	25.72	11.10	855.10	510.93	1193.50	1318.97	1605.03
(二)家庭经营收入	896.34	550.76	5419.89	3211.90	12946.72	27726.80	33389.95	39328.17
1.种植业收入	714.40	264.93	4766.50	2434.30	10495.49	23425.63	27937.06	32935.61
# 粮食收入	714.40	136.32	4244.59	2308.80	9479.63	21601.45	24550.05	29266.11
2.林业收入		4.15	0.03	0.40	24.73	11.37	12.39	6.94
3.牧业收入	92.70	163.98	324.78	329.10	1464.17	1952.01	2262.15	2304.45
4.渔业收入	2.37	0.07	6.93	4.20	1.29	11.51	7.40	6.54
5.工业收入			4.34	13.40	44.57			
6.建筑业收入				59.50	14.54			
7.交通、运输、邮电业收入	12.95	50.82	50.12	77.80	98.62	818.69	883.94	1278.56
8.批零贸易业、饮食业收入	1.60	1.16	6.39	103.60	578.37	1389.72	2094.30	2516.72
9.社会服务业收入	1.79	9.12	87.85	22.80	39.83	44.00	61.88	79.21
10.其他家庭经营收入	17.18	38.82	166.95	166.76	185.11	69.09	121.22	200.14
二、转移性收入	40.36	67.40	176.26	239.70	851.06	3551.76	4436.10	6054.12
# 家庭住户成员寄回和带回	1.67	1.05	9.97	12.80	22.11	46.42	40.14	
城市亲友赠送收入	5.82	13.06	29.14	7.70	42.09	47.92	77.42	139.72
三、财产性收入			47.71	49.40	280.1	346.23	426.30	520.70
# 利息收入			37.00	18.10	26.91	18.24	21.41	29.90
股息和红利收入			0.27	3.66	27.87	49.43	56.39	60.65

注:1994 年以前的财产性收入含在转移性收入内。

6-6 农场职工家庭人均全年总收入和总支出

（2012年） 单位：元

指标	数量
总收入	**50301.21**
一、工资性收入	**4398.22**
1.在非企业组织劳动得到收入	2793.19
2.在本场地域内劳动得到收入	1525.69
3.外出从业得到收入	79.34
二、家庭经营收入	**39328.17**
1.第一产业收入	35253.54
（1）农业收入	32935.61
# 粮食收入	29266.11
（2）林业收入	6.94
（3）牧业收入	2304.45
（4）渔业收入	6.54
2.第二产业收入	
（1）工业收入	
（2）建筑业收入	
3.第三产业收入	4074.63
（1）交通、运输、邮电业收入	1278.56
（2）批零贸易业、饮食业收入	2516.72
（3）社会服务业收入	79.21
（4）文教卫生业收入	14.36
（5）其他行业收入	185.78
三、转移性收入	**6054.12**
# 家庭住户成员寄回和带回	
城市亲友赠送收入	139.72
农场亲友赠送收入	155.71
四、财产性收入	**520.70**
1.利息收入	29.90
2.股息和红利收入	60.65
3.租金收入（包括农业机械）	58.63
4.储蓄性保险投资收入	22.60
5.转让承包土地经营权收入	169.67
6.其他财产收入	179.25

指标	数量
总支出	**41857.87**
一、家庭经营费用支出	**22836.91**
（一）第一产业生产费用支出	20851.02
1. 农业生产支出	19649.04
2. 林业生产支出	2.08
3. 牧业生产支出	1198.20
4. 渔业生产支出	1.70
（二）第二产业生产费用支出	
1. 工业生产支出	
2. 建筑业支出	
（三）第三产业生产费用支出	1985.89
1. 交通运输邮电业生产费用支出	450.21
2. 批零贸易餐饮业生产费用支出	1512.22
3. 社会服务业生产费用支出	19.23
4. 其他行业生产费用支出	4.23
二、购置生产用固定资产支出	**1091.89**
三、建造生产性固定资产雇工支出	
四、税费支出	**6180.25**
1. 第一产业的税金	
2. 第二产业的税金	
3. 第三产业的税金	5.28
4. 其他各种收费	6174.97
五、生活消费支出	**9478.78**
六、财产性支出	**4.56**
七、转移性支出	**2265.48**
# 给大中专学生生活费和学杂费	574.26
赠送农场亲友	403.49
赠送城市亲友	79.07
购买非储蓄性保险	146.27
赡养费	38.33

6-7 农场职工家庭人均全年消费性支出与构成

单位:元

指　　标	1985	1990	1995	2000	2001	2010	2011	2012
消费性支出(元)	**327.23**	**816.36**	**1666.70**	**2510.75**	**3372.80**	**7760.69**	**8674.90**	**9478.78**
一、食品	187.40	381.33	916.88	906.37	1214.28	2677.44	2880.07	3109.04
#主食	64.62	128.55	355.94	232.61	239.32	316.93	319.38	341.32
副食	79.50	151.76	366.10	367.81	783.12	1278.24	1374.64	1476.43
其他食品	34.13	77.51	168.85	211.23	191.84	392.51	421.69	441.93
二、衣着	46.03	115.26	201.07	287.79	332.12	735.80	857.39	890.14
#服装			96.50	163.58	202.61	478.70	595.60	613.47
三、居住	19.75	81.45	193.55	185.74	394.20	1017.32	1354.26	1517.95
#住房	10.92	51.90	63.89	57.70	270.05	485.48	713.00	832.57
四、家庭设备、用品及服务	41.81	93.20	84.61	206.00	195.10	480.38	556.10	611.10
五、交通通讯	5.97	19.88	34.04	210.80	369.59	957.00	1012.12	1190.97
六、文化教育娱乐用品及服务	15.26	67.84	127.55	367.80	524.49	1176.08	1229.82	1309.67
#文化教育娱乐用品	7.49	26.16	31.72	80.35	101.59	278.03	333.84	357.57
七、医疗保健	9.65	40.66	55.99	221.56	270.13	565.45	591.86	649.36
八、其他商品和服务	1.36	16.74	52.95	124.68	72.88	151.20	193.28	200.55
消费支出构成(%)								
一、食品（恩格尔系数）	57.30	46.70	55.00	36.10	36.00	34.50	33.20	32.80
#主食	34.50	33.70	38.80	25.66	19.70	11.84	11.09	10.98
副食	42.40	39.80	39.90	40.58	64.49	47.74	47.73	51.26
其他食品	18.20	20.30	18.40	23.31	15.80	14.66	14.64	14.21
二、衣着	14.10	14.10	12.10	11.46	9.85	9.48	9.88	9.39
#服装			48.00	56.84	61.01	65.06	69.47	68.92
三、居住	6.00	10.00	11.60	7.40	11.69	13.11	15.61	16.01
#住房	55.30	63.70	33.00	31.60	68.50	47.72	52.65	54.85
四、家庭设备、用品及服务	12.80	11.40	5.10	8.20	5.78	6.19	6.41	6.45
五、交通通讯	1.80	2.40	2.00	8.40	10.96	12.33	11.67	12.56
六、文化教育娱乐用品及服务	4.70	8.30	7.60	14.65	15.55	15.15	14.18	13.82
#文化教育娱乐用品	49.10	38.60	24.90	21.85	19.37	23.64	27.15	27.30
七、医疗保健	2.90	5.00	3.40	8.82	8.01	7.29	6.82	6.85
八、其他商品和服务	0.40	2.10	3.20	4.97	2.16	1.95	2.23	2.12

6-8 农场职工家庭人均全年生活消费支出

（2012年） 单位:元

指　　标	数　量	指　　标	数　量
生活消费支出	**9478.78**	(4)生活用房	468.12
其中:服务性支出	3292.53	(5)生活用燃料	239.92
一、食品	**3109.04**	2.居住消费服务性支出	445.46
1.购买食品支出	2259.68	# 生活用电	212.53
(1)谷物	319.84	生活用水	37.55
(2)薯类	13.72	**四、家庭设备、用品**	**611.10**
(3)豆类	7.76	1.家庭设备用品支出	577.87
(4)食用油	141.19	(1)日用品	172.00
(5)蔬菜及制品	400.67	(2)床上用品	56.40
(6)肉、禽、蛋、奶及制品	545.78	(3)室内装饰品	50.10
(7)水产品及制品	99.90	(4)家俱类	150.46
(8)烟、酒	241.89	(5)机电设备	148.91
(9)茶叶、饮料	47.00	2.家庭设备用品服务性消费支出	33.23
(10)其他类食品	441.93	**五、交通和通讯**	**1190.97**
2.食品消费服务性支出	849.36	1.购买交通和通讯用品支出	700.51
(1)在外饮食	845.47	# 交通工具	479.81
(2)食品加工费	1.02	通讯工具	85.50
(3)其他服务性支出	2.87	2.交通和通讯服务消费支出	490.46
二、衣着	**890.14**	(1)交通服务支出	261.42
1.购买衣着支出	887.16	(2)通讯服务支出	229.04
(1)服装	613.47	**六、文化教育娱乐用品及服务**	**1309.67**
(2)服装材料	8.73	1.购买文化教育、娱乐用品	357.57
(3)鞋类	243.15	2.教育服务消费	710.85
(4)其他	21.81	3.文化、体育、娱乐服务消费	241.25
2.衣着消费服务性支出	2.98	**七、医疗保健**	**649.36**
# 衣着加工费	1.94	1.购买医疗保健用品	215.92
三、居住	**1517.95**	2.医疗保健服务消费支出	433.44
1.购买居住消费品支出	1072.49	**八、其他商品和服务**	**200.56**
(1)建筑生活用房材料	41.24	1.购买其他商品支出	115.05
(2)维修生活用房材料	21.95	2.其他消费服务支出	85.50
(3)装修生活用房材料	301.26		

6-9 农场职工家庭人均全年现金收入与现金支出

（2012年） 单位：元

指　　标	数　量	指　　标	数　量
一、期内现金收入	**47646.49**	牧业生产支出	1084.87
1.工资性收入	4390.02	渔业生产支出	1.70
2.家庭经营收入	36810.33	工业生产支出	
# 出售农产品的现金收入	28961.07	交通运输邮电业生产支出	450.21
出售林业产品的现金收入	6.94	批零贸易餐饮业生产支出	1512.22
出售牧业产品的现金收入	2292.15	社会服务业生产支出	19.23
工业现金收入		（2）购置生产用固定资产支出	1091.89
交通、运输、邮电业的现金收入	1278.56	# 购买役畜、产品畜	
批零贸易业、饮食业的现金收入	2516.72	农林牧渔业机械	1060.42
3.转移性收入	6025.44	（3）建、造生产性固定资产雇工支出	
# 家庭住户成员寄回和带回		2.税费支出	5773.68
亲友赠送收入	269.33	3.生活消费支出	9366.44
4.财产性收入	420.70	4.财产性支出	4.56
# 利息收入	29.90	5.转移性支出	2260.26
二、非收入现金所得	**22676.52**	# 赠送亲友	478.94
1.非借贷性现金所得	1090.81	**四、非消费性支出**	**30809.57**
# 出售财物	268.94	1.非借贷性支出	1428.51
出售役畜、产品畜	70.60	2.储蓄、借贷性支出	29381.07
2.借贷性现金所得	21585.71	# 归还银行、信用社	7184.88
# 银行、信用社的贷款	6182.05	归还借款	1034.99
借入款	1453.34	存入银行信用社	19062.40
收回借出款	1941.94	**五、期末金融资产余额**	**40081.07**
三、期内现金支出	**41215.74**	# 手存现金	4575.43
1.生产费用支出的现金	23810.80	银行存款	35502.36
（1）家庭经营费用支出的现金	22718.91	**六、期末债务余额**	**1167.65**
# 农业生产支出	19644.37	# 银行、信用社贷款	1033.43
林业生产支出	2.08	个人借款	134.23

6-10 农场职工家庭人均收入与支出情况

（1978–2012年）　　单位:元

年　份	总收入	总支出	#生活消费支出	人均纯收入	人均纯收入指数(%)（上年=100）	人均纯收入指数(%)（1978=100）
1978				246	100.0	100.0
1979				289	104.1	104.1
1980				327	105.8	110.1
1981				321	98.5	108.5
1982	370	330	288	351	103.9	112.7
1983	429	373	309	405	107.1	120.7
1984	466	384	317	440	103.7	125.2
1985	1198	1164	327	453	96.2	120.4
1986	994	894	366	507	104.4	125.7
1987	920	764	465	655	120.2	151.1
1988	1469	1164	553	789	105.5	159.4
1989	1885	1584	675	938	103.6	165.2
1990	1456	1122	816	1217	120.7	199.4
1991	1246	1149	888	1058	86.8	173.1
1992	1274	1116	825	1049	97.2	168.2
1993	2679	2210	983	1491	127.3	214.1
1994	4361	3870	1254	1831	104.9	224.6
1995	6911	6143	1674	2348	111.5	250.4
1996	6541	5893	2394	2832	111.7	279.8
1997	8128	6785	2644	3321	114.7	320.9
1998	5610	5066	2703	3448	104.8	336.3
1999	5462	4814	2463	3216	100.0	336.3
2000	5546	4929	2511	3337	104.8	352.4
2001	6062	5387	2675	3650	109.3	385.2
2002	6789	6275	2761	3863	106.5	410.2
2003	11180	10638	2912	4267	109.1	447.5
2004	13994	12198	3119	5593	125.1	559.8
2005	15726	13869	3373	6179	109.2	611.3
2006	18203	16200	4078	7064	112.3	686.5
2007	20968	18493	5144	8087	111.1	762.7
2008	26674	24883	6772	9525	112.2	855.7
2009	28696	27040	7358	10936	113.7	972.9
2010	34622	32151	7761	13267	116.8	1136.3
2011	41702	36103	8675	16466	117.3	1332.9
2012	50301	41858	9479	20227	116.7	1555.5

6-11 农场职工家庭人均全年主要消费品消费量

品 名	单 位	1985	1990	1995	2000	2004	2005	2010	2011	2012
粮 食	公斤	161.71	210.10	229.13	125.45	130.73	154.27	131.78	123.71	119.54
蔬 菜	公斤	142.23	140.33	150.75	187.99	63.99	70.31	63.36	56.09	50.27
食 油	公斤	7.11	8.12	12.31	8.71	9.92	9.62	10.86	10.61	10.56
肉 类	公斤	8.60	10.86	11.82	15.57	13.58	15.17	16.79	13.78	15.13
家 禽	公斤	1.06	2.32	1.86	2.03	2.05	2.52	2.64	2.21	2.45
蛋 类	公斤	4.80	6.69	5.89	6.43	5.92	6.23	6.11	6.97	7.82
鱼 虾	公斤	2.75	3.42	5.24	5.70	4.32	5.18	5.23	4.83	5.16
食 糖	公斤	2.32	2.10	2.51	1.75	1.53	1.21	1.13	1.11	0.91
水 果	公斤		11.84	9.87	36.76	24.53	26.97	24.31	21.00	22.02
卷 烟	盒	13.41	33.61	40.41	18.63	25.56	25.04	21.33	20.02	20.05
酒	公斤	4.60	7.58	9.75	12.98	13.82	13.64	15.09	13.67	12.74

6-12 农场职工家庭人均全年主要消费品消费量

（2012 年）

品 名	单 位	数 量	品 名	单 位	数 量
谷物	公斤	117.19	蛋类及蛋制品	公斤	7.82
# 小麦	公斤	61.98	奶和奶制品	公斤	5.70
豆类	公斤	1.30	水产品	公斤	5.16
# 大豆	公斤	0.08	# 鱼类	公斤	4.59
豆制品	公斤	1.34	虾贝蟹类	公斤	0.36
蔬菜及菜制品	公斤	50.27	食糖	公斤	0.91
油脂类	公斤	10.56	酒	公斤	12.74
植物油	公斤	10.54	# 白酒	公斤	2.88
动物油	公斤	0.02	啤酒	公斤	9.75
肉禽及其制品	公斤	17.58	瓜类和水果类	公斤	29.65
# 猪肉	公斤	11.12	坚果及果仁制品	公斤	1.80
牛肉	公斤	0.65	服装	件	4.52
羊肉	公斤	0.52	鞋类	双	1.98
家禽	公斤	2.45			

6-13 农场职工家庭平均每百户生产性固定资产拥有情况

指标	单位	1985	1990	1995	2000	2005	2010	2011	2012
一、年末生产性固定资产原值	元	90382	66403	401127	608456	1804506	4287098	5267226	5429865
# 役畜	元	6873	3274	12548	9281	14400	2600		
农牧渔业机械(具)	元	53444	10595	279360	552084	1078186	1667860	2053179	2895306
生产用房	元		952	9821	22989	274860	771840	638060	762260
二、年末拥有固定资产数量									
1.役畜	头		5.16	8.93	6.11	16.00	1.20		
2.胶轮大车	架			1.79	3.06	3.00	1.20	2.60	2.80
3.小型和手扶拖拉机	台		3.17	13.99	21.39	34.00	27.80	29.20	26.60
4.大中型拖拉机	台		0.79	6.25	13.10	9.00	21.60	22.60	22.00
5.联合收割机	台			1.19	8.91	3.00	3.60	4.80	6.00
6.汽车	辆		0.40	0.30	2.12	1.00	4.80	5.40	5.00

6-14 农场职工家庭平均每百户年末耐用消费品拥有量

品名	单位	1985	1990	1995	2000	2005	2010	2011	2012
自行车	辆	101.79	146.43	137.80	116.13	77.00	67.40	59.00	56.20
固定电话机	部					82.00	81.20	76.00	78.40
移动电话	部					88.00	185.40	198.60	204.40
汽车(生活用)	辆						7.40	6.60	8.20
洗衣机	台	50.89	46.83	52.08	75.20	74.00	92.60	94.20	95.80
家用电冰箱	台		1.98	7.74	24.80	28.00	75.60	78.40	81.40
摩托车	辆	3.22	5.16	9.23	37.20	49.00	68.40	68.80	60.80
微波炉	台					3.00	17.40	16.00	18.00
摄像机	台					1.00	7.40	4.60	4.60
热水器	台					9.00	34.80	42.80	50.40
彩色电视机	台	72.50	32.14	64.88	98.90	96.00	105.60	106.00	108.00
家用计算机	台						55.00	60.20	62.00
照相机	架		5.56	7.44	11.62	17.00	23.40	23.00	27.20
抽油烟机	台			5.06	17.24	16.00	44.00	52.60	60.20
吸尘器	台			1.49	3.22	3.00	7.60	6.00	6.80

6-15 农场职工家庭人均全年购买主要商品数量

品名	单位	1985	1990	1995	2000	2005	2010	2011	2012
粮食	公斤	137.45	230.79	207.95	125.32	153.58	137.22	121.60	119.18
蔬菜	公斤	45.81	49.12	76.75	40.84	33.70	33.73	31.40	29.91
食用植物油	公斤	5.54	6.41	9.70	8.58	9.62	10.86	10.60	10.54
猪肉	公斤	6.77	7.52	10.72	9.71	10.62	10.54	9.12	10.64
牛羊肉	公斤	0.29	0.82	1.39	0.86	1.30	1.36	1.25	1.17
家禽	公斤	0.82	0.49	1.27	2.38	1.65	1.42	1.43	1.60
鲜蛋	公斤	1.41	1.29	2.46	6.43	5.05	5.03	5.42	6.66
鱼虾	公斤	1.87	2.91	4.28	3.35	5.07	4.90	4.58	4.81
食糖	公斤	2.08	1.90	1.74	1.75	1.21	1.13	1.11	0.91
卷烟	盒	13.09	33.53	40.41	18.63	25.04	21.33	20.02	20.05
酒	公斤	3.94	7.21	9.66	12.98	13.52	15.03	13.66	12.72
服装	件		1.36	1.34	2.52	3.72	4.43	4.59	4.52
鞋类	双	0.23	0.31	0.39	1.43	2.25	2.17	2.25	1.98

6-16 农场职工家庭房屋建设与使用情况

指标	单位	1985	1990	1995	2000	2005	2010	2011	2012
户均年末使用面积	平方米	38.45	42.49	47.65	60.32	54.46	66.06	67.66	69.30
#私有房屋面积	平方米	7.95	18.37	43.14	60.32	54.46	66.06	67.66	69.30
私有房屋价值	元	1351.19	2142.73	8262.67	18305.66	24042.56	74192.41	97427.04	106917.64
人均年末使用房屋面积	平方米	9.00	11.20	13.84	19.21	24.91	33.92	34.32	34.38
1.生产用房	平方米		0.03	0.45	2.28	5.22	10.02	9.93	9.20
2.生活用房	平方米	9.00	11.17	13.39	16.93	19.69	23.90	24.49	25.18
# 砖木结构	平方米	7.28	9.02	12.72	14.31	16.37	14.73	11.39	9.82
户均本年新建(购)房屋									
1.新建(购)房屋面积	平方米	1.11	0.76	0.51	0.68	0.21	2.23	3.08	0.73
2.新建(购)房屋价值	元	82.32	138.10	148.81	185.00	112.00	4185.12	5920.26	1418.30
3.每平方米价值	元	74.47	181.25	294.71	272.06	533.33	1880.11	1924.66	1932.29
人均本年新建(购)房屋面积	平方米	0.26	0.20	0.15	0.22	0.07	0.81	1.11	0.27

主要统计指标解释

常住人口　指全年经常在家或在家居住六个月以上，而且经济生活和本户连成一体的人口。在外劳动超过六个月的合同工、临时工和其他副业工，其收入主要带回家中或交钱给国有或集体单位的，仍要计算在内。在家居住，生活和本户连成一体的国家职工、退休人员也要计算在内。不包括参军人员，以及已成家，经济自理，不在一起用饭，但因住房问题仍住在一起的人口。

职工家庭整半劳动力　指常住职工家庭成员中有劳动能力并经常参加实际劳动的人员。它是生产的基本要素指标之一，是发展生产增加职工家庭收入的重要源泉。按规定，男 18 周岁至 50 周岁、女 13 周岁至 45 周岁为整劳动力；男 16 周岁到 17 周岁、51 周岁到 60 周岁，女 16 周岁到 17 周岁、46 周岁到 55 周岁为半劳动力。职工家庭整半劳动力既包括在上述规定劳动的年龄内和在劳动年龄以外有劳动能力并经常参加实际劳动的男女整半劳动力，也包括家庭常住人员中属于职工的劳动力。但不包括在劳动年龄内已丧失劳动能力的人员。

平均每个劳动力负担人口　指职工家庭中每个整半劳动力负担的人口数量，包括劳动者本人。

总收入　指调查期内农场住户和住户成员从各种来源渠道得到的收入总和。按收入的性质划分为工资性收入、家庭经营收入、财产性收入和转移性收入。

纯收入　指农场住户当年从各个来源得到的总收入相应地扣除所发生的费用后的收入总和。纯收入主要用于再生产投入和当年生活消费支出，也可用于储蓄和各种非义务性支出。“农场职工人均纯收入”按人口平均的纯收入水平，反映的是一个地区或一个农场住户居民的平均收入水平。计算方法：纯收入 = 总收入—家庭经营费用支出—税费支出—生产性固定资产折旧—赠送农场外部亲友支出。

总支出　指农场住户用于生产、生活和再分配方面的全部支出。包括家庭经营费用支出、购置生产性固定资产支出、生产性固定资产折旧、税费支出、生活消费支出、财产性支出和转移性支出。

生活消费支出　指农场住户用于物质生活和精神生活方面的支出。包括食品、衣着、居住、家庭设备用品及服务、医疗保健、交通和通讯、文化教育娱乐用品及服务、其他商品和服务等消费支出。

现金收入　指农场住户和住户成员在调查期内得到以现金形态表现的收入。按来源分成工资性收入、家庭经营现金收入、财产性收入、转移性收入。

现金支出　指农场住户在调查期内用于生产、生活和再分配所支付的现金。包括家庭经营费用支出、缴纳的税费、购买生产性固定资产、生活消费、财产性和转移性支出。

居民年底储蓄存款余额　指农垦系统的居民存入银行及信用社储蓄的年底时点数(存入数扣除取出数的余额)，不包括居民的手存现金。

恩格尔系数　指食物支出金额在消费性总支出金额中所占的比例。计算公式为：

$$恩格尔系数 = \frac{食品支出金额}{消费性总支出金额} \times 100\%。$$

7

农林牧渔业

STATISTICAL

YEARBOOK

本年农作物面积结构

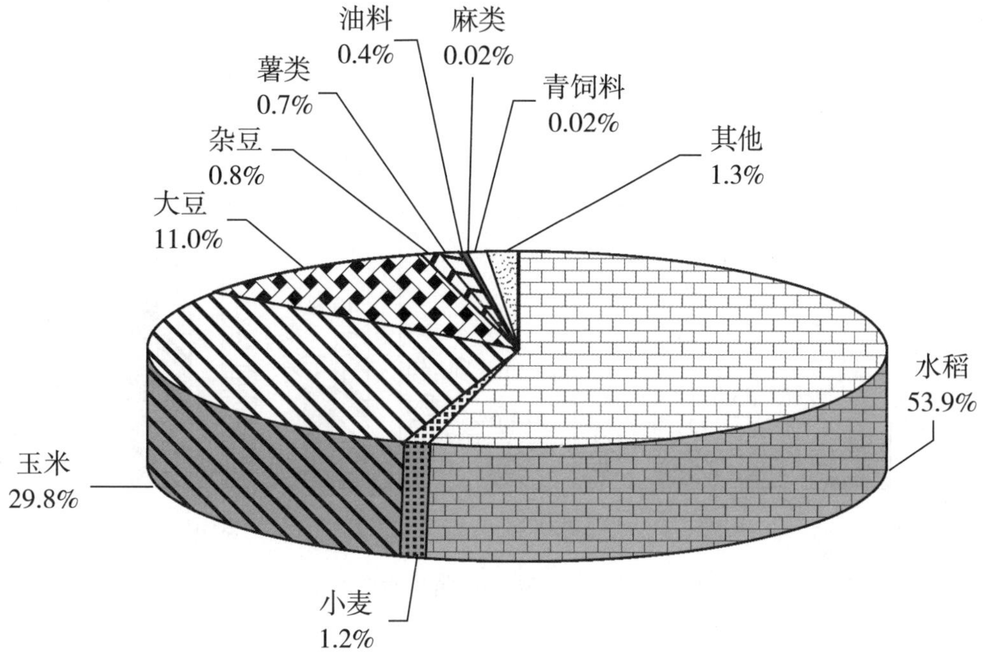

主要年度粮食产量(万吨)

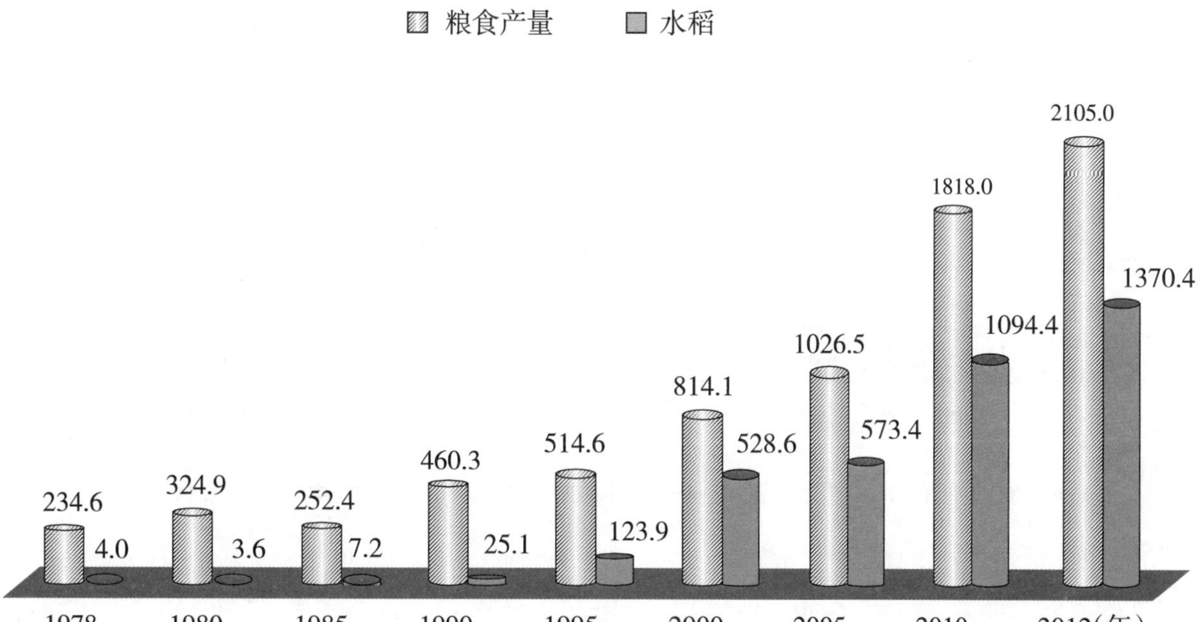

畜牧业生产情况

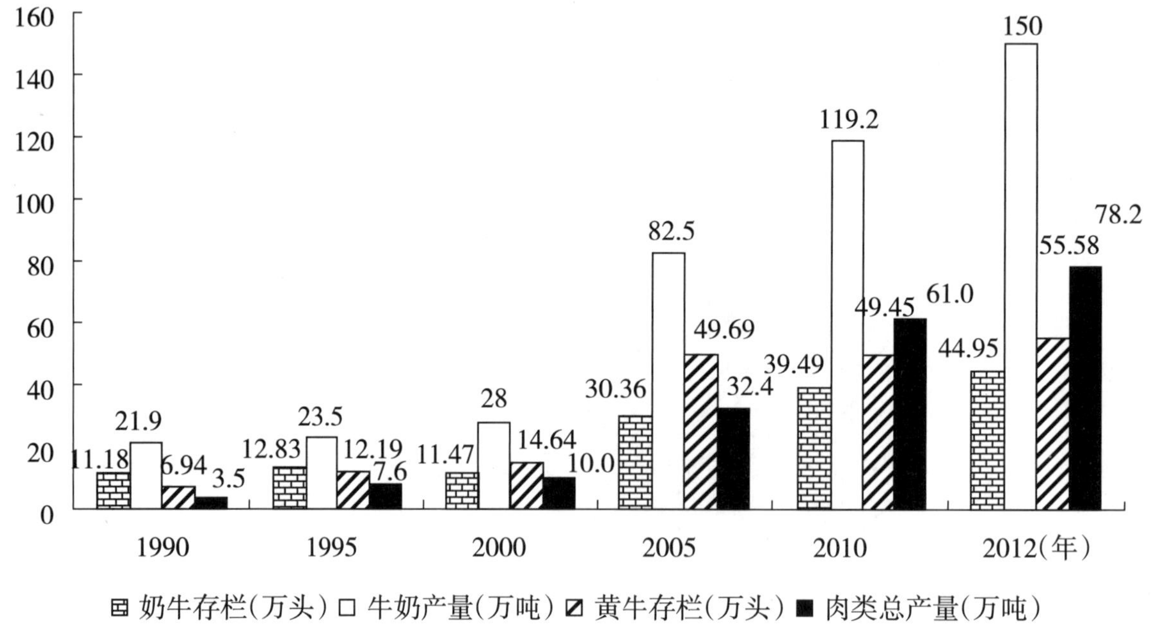

农业机械情况

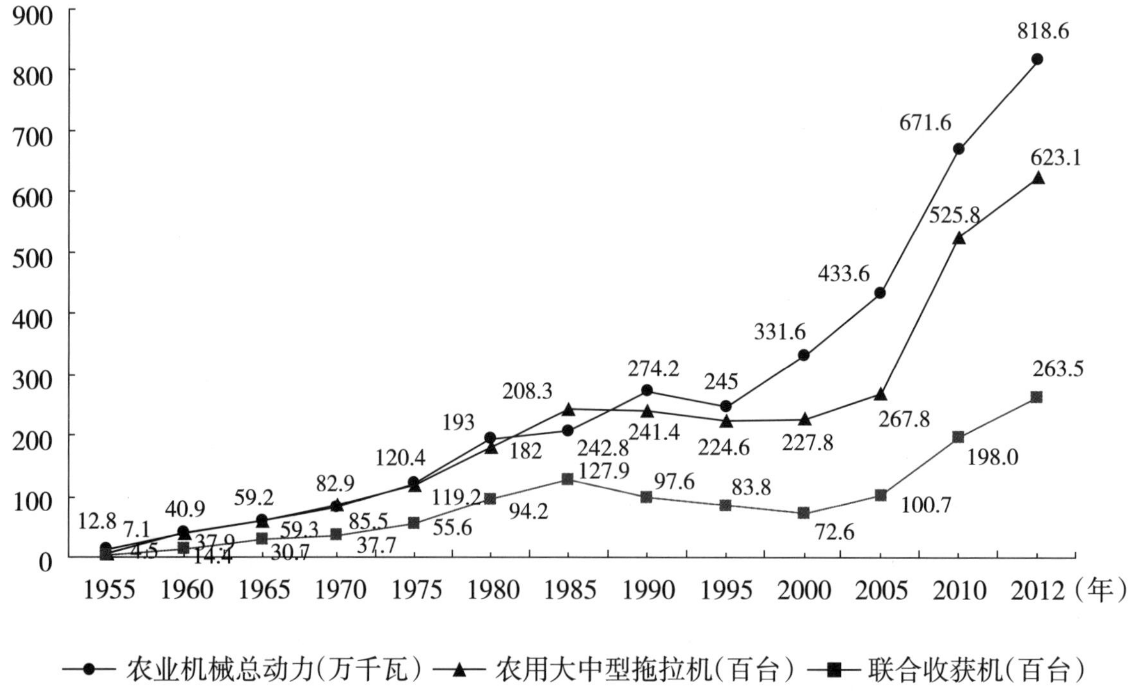

7-1 各管理局农林牧渔业总产值

（当年价格） 单位:万元

年份 单位	农林牧渔业总产值	农业	#粮食主产品	林业	畜牧业	渔业	农林牧渔服务业
2000	1440064	1223047	1037488	12177	194617	10223	
2005	2797343	2047212	1665820	18019	680610	19150	32352
2008	4645351	3191650	2707029	30124	1336385	25264	61928
2009	5557240	3856175	3363983	40430	1551053	29319	80263
2010	6930386	4842848	4299669	56838	1900899	34972	94829
2011	8798021	6023540	5261319	74053	2500434	43495	156499
2012	10390060	6932410	5980928	100226	3017584	59993	279847
宝泉岭局	1537537	1004767	907016	8825	452023	9928	61995
红兴隆局	2093982	1314888	1094093	20055	671301	12136	75602
建三江局	2515786	2210596	2012042	3639	273201	6165	22185
牡丹江局	1892274	1469250	1211217	6584	403376	11225	1840
北安局	842186	549412	515897	37033	234941	6981	13819
九三局	923380	563321	478837	7086	284696	2078	66199
齐齐哈尔局	694616	314415	296185	9231	359155	2361	9455
绥化局	564059	235175	159122	3175	295343	7396	22970
哈尔滨局	126071	78942	46655	4579	35156	1613	5782
总局直属	14802	6280	6021	20	8391	110	

7-2 各管理局农林牧渔业总产值构成

（以农林牧渔总产值为100） 单位:%

年份 单位	农林牧渔业总产值	农业	#粮食主产品	林业	畜牧业	渔业	农林牧渔服务业
2000	100	84.9	72.0	0.9	13.5	0.7	
2005	100	73.2	59.6	0.6	24.3	0.7	1.2
2008	100	68.7	58.3	0.6	28.8	0.5	1.3
2009	100	69.4	60.5	0.7	27.9	0.5	1.4
2010	100	69.9	62.0	0.8	27.4	0.5	1.4
2011	100	68.5	59.8	0.8	28.4	0.5	1.8
2012	100	66.7	57.6	1.0	29.0	0.6	2.7
宝泉岭局	100	65.3	59.0	0.6	29.4	0.6	4.0
红兴隆局	100	62.8	52.2	1.0	32.1	0.6	3.6
建三江局	100	87.9	80.0	0.1	10.9	0.2	0.9
牡丹江局	100	77.6	64.0	0.3	21.3	0.6	0.1
北安局	100	65.2	61.3	4.4	27.9	0.8	1.6
九三局	100	61.0	51.9	0.8	30.8	0.2	7.2
齐齐哈尔局	100	45.3	42.6	1.3	51.7	0.3	1.4
绥化局	100	41.7	28.2	0.6	52.4	1.3	4.1
哈尔滨局	100	62.6	37.0	3.6	27.9	1.3	4.6
总局直属	100	42.4	40.7	0.1	56.7	0.7	

7-3 各管理局农林牧渔业总产值

（可比价格） 单位:万元

年份/单位	农林牧渔业总产值	农业	#粮食主产品	林业	畜牧业	渔业	农林牧渔服务业
2000	1441506	1232910	1077350	11788	186593	10112	
2005	2762561	2010338	1631347	18019	683495	18741	31968
2008	4141137	2951295	2473518	30124	1077896	22843	58979
2009	5412620	3642985	3166112	40430	1620746	28991	79468
2010	6265244	4298252	3769818	56838	1784719	34253	91181
2011	7872268	5436530	4679799	72226	2173670	41923	147919
2012	10081743	6659610	5724918	100417	2990104	59916	271696
宝泉岭局	1511095	967679	869945	8826	464480	9921	60189
红兴隆局	2025835	1251808	1036283	20074	668434	12120	73400
建三江局	2450838	2148072	1949608	3644	271426	6157	21539
牡丹江局	1844088	1425242	1168612	6606	399247	11208	1786
北安局	792784	507252	473890	37157	227985	6973	13417
九三局	874093	527659	444946	7087	273000	2075	64271
齐齐哈尔局	675795	301258	284339	9246	353754	2358	9180
绥化局	541216	220245	149271	3179	288108	7384	22301
哈尔滨局	122493	75333	44726	4579	35357	1611	5613
总局直属	14419	5974	5733	20	8315	110	

7-4 各管理局农林牧渔业总产值指数

（以上年为100） 单位:%

年份/单位	农林牧渔业总产值	农业	#粮食主产品	林业	畜牧业	渔业	农林牧渔服务业
2000	99.9	99.2	96.3	103.3	104.3	101.1	
2005	117.8	111.3	107.1	106.0	140.3	116.6	181.6
2008	115.1	114.3	116.1	143.5	115.8	148.5	121.2
2009	116.5	114.1	117.0	134.2	121.3	114.8	128.3
2010	112.7	111.5	112.1	140.6	115.1	116.8	113.6
2011	113.6	112.3	108.8	127.1	114.3	119.9	156.0
2012	114.6	110.6	108.8	135.6	119.6	137.8	173.6
宝泉岭局	115.0	109.1	109.3	99.4	117.6	349.5	299.8
红兴隆局	115.1	108.7	105.2	122.0	121.7	130.3	215.6
建三江局	113.2	111.5	109.4	125.9	123.1	119.9	225.8
牡丹江局	115.9	118.4	113.7	97.9	108.0	114.0	203.6
北安局	119.8	116.0	117.8	185.0	121.1	122.5	131.6
九三局	126.6	129.5	129.4	117.2	121.4	129.9	128.4
齐齐哈尔局	116.4	108.8	123.1	141.9	124.1	132.1	88.1
绥化局	120.7	114.2	106.6	113.9	124.9	127.3	136.8
哈尔滨局	104.4	103.8	105.6	125.9	101.9	115.9	112.4
总局直属	167.0	96.9	96.3	285.7	356.4	87.3	

7-5 各管理局国有经济农林牧渔业总产值

单位:万元

年份 单位	农林牧渔业总产值	农业	林业	畜牧业	渔业	农林牧渔服务业
2000	1108208	1090048	7890	8213	2057	
2005	2064474	2027107	13231	6144	2405	15587
2008	3203746	3139525	21756	6428	6909	29128
2009	3875858	3794915	26811	9080	9241	35811
2010	4879347	4777985	42272	5531	9744	43815
2011	6107281	5948728	66774	7388	10703	73688
2012	7107716	6826106	88670	14443	23888	154609
宝泉岭局	1058223	1004572	8553		7250	37849
红兴隆局	1375367	1314042	20055	1750	12136	27383
建三江局	2234660	2209431	3422	4100		17708
牡丹江局	1382499	1372769	4919	2273	943	1597
北安局	583874	549152	28648			6075
九三局	628112	563321	7086		1004	56701
齐齐哈尔局	314365	299029	9231			6105
绥化局	239704	234853	2687		2164	
哈尔滨局	84387	78736	4069		391	1192
总局直属	6387	66		6320		

7-6 各管理局非国有经济农林牧渔业总产值

单位:万元

年份 单位	农林牧渔业总产值	农业	林业	畜牧业	渔业	农林牧渔服务业
2000	331856	132999	4287	186404	8166	
2005	732869	20105	4788	674466	16745	16765
2008	1441605	52125	8368	1329957	18355	32800
2009	1681382	61260	13619	1541973	20078	44452
2010	2051039	64863	14566	1895368	25228	51014
2011	2690740	74812	7279	2493046	32792	82811
2012	3282344	106304	11556	3003141	36105	125238
宝泉岭局	479314	195	272	452023	2678	24146
红兴隆局	718615	846		669551		48219
建三江局	281126	1165	217	269101	6165	4477
牡丹江局	509775	96481	1665	401103	10282	243
北安局	258312	260	8385	234941	6981	7744
九三局	295268			284696	1074	9498
齐齐哈尔局	380251	15386		359155	2361	3350
绥化局	324355	322	488	295343	5232	22970
哈尔滨局	41684	206	510	35156	1222	4590
总局直属	8415	6214	20	2071	110	

注:7-5 表和 7-6 表按当年价格计算。

7-7 农林牧渔业分项产值

（2012年） 单位:万元

指　　标	现价产值	可比价产值	构成(%)
农林牧渔总产值	**10390060**	**10081743**	**100.0**
一、农业产值	**6932410**	**6659610**	**66.7**
(一)主产品产值	6289905	6017105	90.7
1. 谷物	5493253	5262559	87.3
# 水稻	4160457	4044777	75.7
小麦	44220	42466	0.8
玉米	1288152	1174893	23.4
大麦			
2. 大豆	395698	360479	6.3
3. 杂豆	48118	54992	0.8
4. 薯类	43860	46889	0.7
5. 油料	17360	17669	0.3
# 白瓜籽	11087	11576	63.9
向日葵	1923	1744	11.1
花　生	3600	3600	20.7
6. 麻类	1898	1833	…
# 亚麻	1898	1833	100.0
7. 糖类	45671	42316	0.7
8. 烟叶	3214	2819	0.1
9. 药材	13589	14003	0.2
10. 蔬菜	35566	33427	0.6
# 叶菜类	10811	12477	30.4
瓜菜类	4499	4850	12.6
11. 食用菌	35179	32456	0.6
12. 瓜果类	82778	73942	1.3
# 果用瓜	64451	57985	77.9
13. 花卉园艺	1632	1632	…
14. 饲料饲草	37408	37408	0.6
15. 其他种植业	34683	34683	0.6
(二)副产品产值	642505	642505	9.3
# 粮食副产品	623024	623024	97.0

注:分项产值构成按当年价格计算。

7-7 续表 单位:万元

指　　标	现价产值	可比价产值	构成(%)
二、林业产值	**100226**	**100418**	**1.0**
(一)林木的培育和种植	60670	60670	60.5
1. 育种育苗	9785	9785	16.1
2. 造林	16960	16960	28.0
3. 抚育和管理	33926	33926	55.9
(二)林产品采集	27003	27003	26.9
(三)林木采运	12553	12745	12.5
三、牧业产值	**3017584**	**2990104**	**29.0**
(一)牲畜的饲养	1298884	1206889	43.0
1. 黄牛(含肉牛)	520073	464351	40.0
2. 奶 牛	39872	35600	3.1
3. 马.驴.骡	653	653	0.1
4. 羊	245426	218643	18.9
5. 奶产品	470650	461106	36.2
# 牛奶	470640	461096	99.9
6.毛绒产品	22211	26538	1.7
(1) 羊毛	8723	13050	39.3
(2) 羊绒	13488	13488	60.7
(二)猪的饲养	1201581	1264955	39.8
(二)家禽的饲养	401908	403049	13.3
1. 肉禽	307753	307139	76.6
2. 禽蛋	94155	95910	23.4
(四)其他畜牧业	115212	115212	3.8
# 兔	4615	4615	4.0
鹿茸	8013	8013	7.0
狐	40293	40293	35.0
四、渔业产值	**59993**	**59916**	**0.6**
1. 鱼类	57538	57461	95.9
# 鲤鱼	25814	25737	44.9
鲢鳙鱼	9282	9282	16.1
鲫鱼	11464	11464	19.9
2. 虾蟹类	2454	2454	4.1
五、农林牧渔服务业产值	**279847**	**271696**	**2.7**

7-8 耕地面积增减变动情况

单位:公顷

指　　标	2000	2005	2008	2009	2010	2011	2012
一、年初耕地面积	2046697	2123679	2390906	2535598	2649854	2800938	2853885
二、年内增加面积	2786	160149	145225	128739	158837	69054	32891
三、年内减少面积	4365	14921	533	14483	7753	16107	7116
1. 国家基建占地	26	11	1	116	76		
2. 场队基建占地	1360	28	2	6	329	3	
3. 个人建房占地							
4. 农业结构调整	561	2633					
退耕改林	552	1370					
退耕改牧		1263			104		
退耕改园地							
退耕改渔池	9						
5. 划归系统外		59		4852			
6. 其他减少	2418	12190	530	9509	7244	16104	7116
四、年末耕地面积	2045118	2268907	2535598	2649854	2800938	2853885	2879660
1. 水田	679971	726971	1021350	1093322	1285450	1455644	1546101
2. 旱田	1365147	1541936	1514248	1556532	1515488	1398241	1333559
# 水浇地	41800	54456	87154	122184	105433	81969	75393

7-9 各管理局耕地面积增减变动情况

单位:公顷

年份 单位	年初耕 地面积	年内增加 面积	年内减少 面积				
				国家基建 占地	场队基建 占地	农业结构 调整占地	#退耕 改林
2000	2046697	2786	4365	26	1360	561	552
2005	2123679	160149	14921	11	28	2633	1370
2008	2390906	145225	533	1	2		
2009	2535598	128739	1448	116	6		
2010	2649854	158837	7753	76	329		
2011	2800938	67326	16107		3		
2012	2853886	32891	7116				
宝泉岭局	327736	1317	332				
红兴隆局	469521	7415					
建三江局	738922	1456	412				
牡丹江局	466757	410	24				
北安局	323018	5842	5289				
九三局	267961	3134	352				
齐齐哈尔局	146214	1742					
绥化局	87680	11109	690				
哈尔滨局	22844	466					
总局直属	3231		17				

7-9 续表

单位:公顷

年份 单位				年末耕 地面积			
	#退耕 改牧	划归 系统外	其他 减少		水田面积	旱田面积	#水浇地
2000			2418	2045118	679971	1365147	41800
2005	1263	59	12190	2268907	726971	1541936	54456
2008			530	2535598	1021350	1514248	87154
2009		4852	9509	2649854	1093322	1556532	122184
2010	104		7244	2800938	1285450	1515488	105433
2011			16104	2852157	1455644	1396513	81969
2012			7116	2879660	1546101	1333559	75393
宝泉岭局			332	328721	237671	91050	6069
红兴隆局				476936	220541	256395	11152
建三江局			412	739966	668203	71763	
牡丹江局			24	467143	294635	172508	961
北安局			5289	323571	12179	311392	3170
九三局			352	270743	8230	262513	5364
齐齐哈尔局				147956	69378	78578	38854
绥化局			690	98099	24767	73332	8180
哈尔滨局				23310	8881	14429	1643
总局直属			17	3214	1616	1598	

7-10 各管理局主要农业机械年末拥有量

单位：台

年份 单位	农业机械总动力（万千瓦）	农用大中型拖拉机	#100马力以上	农用小型拖拉机	大中型拖拉机配套农具	小型拖拉机配套农具
2000	331.6	22782	2656	60270	56390	41175
2005	433.6	26775	4166	71920	57954	68406
2008	564.3	43757	4451	73315	87143	76220
2009	604.5	47898	4913	71764	93856	75815
2010	671.6	52577	5409	69808	100628	72513
2011	745.6	58454	6105	67973	110618	70121
2012	818.6	62309	6470	65130	116201	69770
宝泉岭局	130.5	13511	629	5912	18253	6595
红兴隆局	149.8	10408	1480	12621	18823	14464
建三江局	206.9	17405	818	9442	40217	11552
牡丹江局	144	11564	820	12523	15054	12189
北安局	58.2	3131	997	9669	10542	10838
九三局	47.5	1838	763	4685	5779	6467
齐齐哈尔局	41.2	2681	530	5108	4669	3670
绥化局	25.0	1119	394	2410	2241	2405
哈尔滨局	11.6	641	38	2512	599	1481
总局直属	4.0	11	1	248	24	109

7-10续表1

单位：台

年份 单位	机动水稻插秧机	水稻工厂化育秧设备（套）	农用排灌动力机械	#柴油机	农用水泵	喷灌机（套）
2000	15045	298	39758	36188	40002	1875
2005	29546	167	54686	48435	52617	4898
2008	49408	145	73219	57279	68855	5676
2009	55066	153	76037	57335	74149	8062
2010	60989	176	80197	58168	78041	7771
2011	66276	211	85906	58548	80769	8932
2012	69763	217	91413	59347	85240	9776
宝泉岭局	10813	11	16425	10540	15759	1347
红兴隆局	11050	37	18269	11716	15196	2888
建三江局	27603	34	27187	16708	25215	372
牡丹江局	13997	14	18850	15049	18231	1670
北安局	32	2	196	75	129	107
九三局	152		1724	283	1529	347
齐齐哈尔局	3771	4	5705	3665	6635	2574
绥化局	1236	3	1183	596	1196	254
哈尔滨局	1095		1746	707	1237	143
总局直属	14	112	128	8	113	74

7-10 续表 2

单位:台

年份 单位	联合收获机	自走式	牵引式	水稻收获机	机动割晒机	其他收获机械
2000	7258	7222	36	817		
2005	11065	10442	623	3460	6153	819
2008	16429	15649	780	8700	5334	1243
2009	17874	17167	707	9833	5657	1103
2010	19802	19054	748	11120	5748	1079
2011	21888	21068	820	12858	5806	962
2012	26352	23970	2382	15722	5452	981
宝泉岭局	3773	3627	146	2085	233	70
红兴隆局	6226	4725	185	2732	1139	152
建三江局	6785	6606	179	5749	933	27
牡丹江局	5158	4927	231	3742	2954	321
北安局	1057	977	80	13	90	208
九三局	953	923	30	174	15	82
齐齐哈尔局	1102	912	190	635	65	101
绥化局	941	933	8	318	14	1
哈尔滨局	326	314	12	255	9	15
总局直属	31	26	5	19		4

7-10 续表 3

单位:台

年份 单位	机动脱粒机	谷物烘干机	种子包衣机	种子清选机	机动喷雾(粉)机	牧草播种机
2000	13682	322		883	1407	
2005	11545	232	213	893	3726	37
2008	6657	345	261	917	10752	40
2009	5557	367	274	947	13047	44
2010	4383	371	267	1007	12814	37
2011	3472	466	299	988	16966	36
2012	3382	485	290	934	17089	38
宝泉岭局	571	94	23	132	1417	
红兴隆局	738	152	97	196	2103	10
建三江局	442	44	24	127	11177	3
牡丹江局	1379	55	16	134	2012	3
北安局	69	32	73	174	85	9
九三局	23	46	21	111	158	11
齐齐哈尔局	90	5	26	26	113	1
绥化局	48	5	3	4	3	1
哈尔滨局	15		1			
总局直属	7	52	6	30	21	

7-10 续表 4　　　　单位:台

年份 单位	牧草收割机（台）	牧草打捆机（台）	铡草机（台）	电动挤奶机（部）	机动渔船（艘）	农用汽车（辆）	#农用载重汽车	农用运输车（辆）
2000	291		340	513	293	2800	1139	3778
2005	451	65	2051	2414	248	2204	937	4904
2008	402	114	3096	4063	358	2244	965	5005
2009	418	140	3059	4698	289	2519	973	5201
2010	478	150	3425	5492	294	2820	775	5671
2011	476	160	3267	5464	303	3340	872	6187
2012	477	170	3292	5903	335	4096	900	6350
宝泉岭局	2	18	1386	1475	91	1213	89	1059
红兴隆局	25	55	873	307	15	1157	303	2138
建三江局	9	30	119	12	99			491
牡丹江局	103	4	495	1199	79	478	66	702
北安局	1	15	22	863	10	523	179	497
九三局	10	13	11	368	2	518	229	794
齐齐哈尔局	301	35	56	1533		78	20	421
绥化局	7		43	28	38	84	6	38
哈尔滨局	19		287	116	1	36	6	172
总局直属				2		9	2	38

7-10 续表 5　　　　单位:台

年份 单位	农产品加工机械	#碾米机	#磨面机	#榨油机	农用飞机（架）	飞机场（处）	推土机	挖掘机
2000	4472	1126	657	379	24	45	876	374
2005	3874	1443	438	306	31	57	739	396
2008	4639	1139	419	362	47	59	881	558
2009	5400	1221	498	353	47	60	900	635
2010	5528	1382	467	317	45	68	1214	756
2011	7017	1717	467	285	44	68	1987	2237
2012	8120	2092	407	292	44	69	1202	1388
宝泉岭局	875	190	34	77		8	133	203
红兴隆局	1233	342	48	27		10	203	144
建三江局	1782	769	21	14		15	187	287
牡丹江局	719	230	28	34		11	189	121
北安局	424	15	123	31		12	101	91
九三局	226	4	30	26		8	58	32
齐齐哈尔局	365	205	21	29		3	136	53
绥化局	534	102	17	40		1	60	47
哈尔滨局	519	34	84	7			50	9
总局直属	1443	201	1	7	44	1	85	401

注:农用运输车、农产品加工机械、推土机和挖掘机数据为全社会口径。

7-11 各管理局农业机械化情况

单位:公顷

年份 单位	机械耕整地面积	#水田机整地面积	机械播种面积	#水稻机播、机插面积	机械田间管理面积
2000	1943731		1642118	317494	
2005	2134745	726266	1917673	562235	1805795
2008	2491193	1022185	2327993	918933	2230271
2009	2636246	1089436	2510000	1013297	2397667
2010	2797725	1280987	2709132	1228426	2577674
2011	2840126	1449353	2787905	1413760	2644253
2012	2865300	1543885	2831973	1520134	2711652
宝泉岭局	331314	237671	329392	230358	318630
红兴隆局	477617	220541	472971	216525	475896
建三江局	738291	668203	733932	660064	727919
牡丹江局	467591	293423	462737	293804	393796
北安局	320387	12175	311002	11809	306778
九三局	267952	8230	267678	8100	264626
齐齐哈尔局	147637	68378	144414	66724	140358
绥化局	88654	24767	85205	22839	75181
哈尔滨局	22712	8881	21687	8477	6983
总局直属	3145	1616	2955	1434	1485

7-11 续表

单位:公顷

年份 单位	#飞机作业面积	#飞机施肥面积	#飞机防治病虫害面积	机械收获面积	#水稻机收面积
2000	350123			1352654	
2005	719148	450008	302841	1797027	555772
2008	948340	660514	585735	2278186	948323
2009	1194577	855458	805775	2503664	1041390
2010	1411412	1013899	1043785	2706084	1254540
2011	1583700	1172516	1272939	2792154	1441024
2012	1712158	1258906	1379644	2799046	1526858
宝泉岭局	229794	201878	178118	329512	236912
红兴隆局	281081	195562	219020	464331	212450
建三江局	607625	517853	523998	733716	663052
牡丹江局	208542	127750	168510	454610	292006
北安局	182368	90069	154578	311366	12175
九三局	124897	112460	70911	267021	8230
齐齐哈尔局	77051	13334	63709	136974	69178
绥化局				80956	22820
哈尔滨局	800		800	17630	8521
总局直属				2930	1514

7-12 各管理局农用肥料、农药、农膜、电力使用量

单位:吨

年份 单位	化肥施用总量		氮肥		磷肥		钾肥	
	实物量	折纯量	实物量	折纯量	实物量	折纯量	实物量	折纯量
2000	521503	259703	205518	100833	137579	61066	53072	24809
2005	646843	310988	239490	116246	194291	88618	89259	41815
2008	829956	394732	318168	152613	252647	111748	139243	67816
2009	916213	437102	346987	166705	269928	120937	163729	80055
2010	1006176	483542	384874	185013	289598	128202	184324	90894
2011	1103724	527655	422757	201358	302930	135089	218165	108616
2012	1175372	579642	449334	216984	318296	145130	222082	110750
宝泉岭局	160947	75950	71113	32046	38963	17144	29659	13344
红兴隆局	193946	96200	80393	40571	44241	21682	28494	13563
建三江局	291686	139950	112346	50615	80759	35919	81688	43809
牡丹江局	197903	102798	65516	30925	55040	24056	35037	17206
北安局	113985	56731	39368	21451	40739	18435	15708	7226
九三局	93824	49742	34560	19370	35526	18190	12956	6437
齐齐哈尔局	76997	34704	29987	14444	18808	7580	12857	6342
绥化局	35617	18116	12315	5608	849	373	4010	1922
哈尔滨局	9392	4901	3200	1711	3063	1563	1559	843
总局直属	1075	550	536	243	308	188	114	58

7-12 续表

单位:吨

年份 单位	复合肥		生物肥施用量	有机肥施用量	农药施用量	#化学除草剂	农膜使用量	农业用电量(万度)
	实物量	折纯量						
2000	125334	72995		496017	6721	5479	5883	18481
2005	123803	64309	3822	565452	8364	7011	8839	17469
2008	119898	62555	24047	714184	11159	9156	14008	36014
2009	135569	69405	19921	835078	12103	9772	12215	41737
2010	147380	79433	16918	998044	13686	10706	13912	45656
2011	159872	82592	14396	1035999	14846	11233	14788	52360
2012	185660	106778	14862	1351612	14793	11314	17375	60732
宝泉岭局	21212	13416	464	27291	1392	1222	2491	13241
红兴隆局	40818	20384	2779	112397	2551	1934	2817	12305
建三江局	16893	9607	2687	9135	4287	2768	6369	17948
牡丹江局	42310	30611	8096	41599	3056	2361	4315	4922
北安局	18170	9619	74	57740	1233	1068	29	4817
九三局	10782	5745	219	52023	1237	1152	52	2330
齐齐哈尔局	15345	6338	45	788901	399	271	686	2415
绥化局	18443	10213	467	249044	521	455	292	1695
哈尔滨局	1570	784	32	8482	107	73	316	736
总局直属	117	61		5000	10	9	8	323

7-13 各管理局农田水利化情况

年份 单位	机电井 （眼）	#已配套	排灌站 （座）	排灌能力 （立方米/秒）
1985	3156	1940		
1990	5027	3870	124	412
1992	6475	4914	132	237
1993	7268	5632	119	258
1994	7413	5934	138	457
1995	10854	8610	129	548
1996	21775	19255	131	600
1997	28017	24034	144	682
1998	37213	31950	124	623
1999	40678	37534	127	682
2000	43320	39921	141	786
2001	45342	41489	146	807
2002	49462	43714	152	907
2003	45166	39464	165	943
2004	46987	41199	166	816
2005	48924	44007	168	887
2006	52747	47599	173	916
2007	61891	56757	202	991
2008	66571	60413	208	1349
2009	70539	64309	211	1488
2010	73936	67488	220	2027
2011	81711	74174	230	2513
2012	86544	79111	223	2497
宝泉岭局	17906	16824	23	175
红兴隆局	14572	13260	66	407
建三江局	27805	27805	21	125
牡丹江局	11407	8481	53	1454
北安局	471	118	7	157
九三局	1086	1059	7	87
齐齐哈尔局	10309	8705	33	64
绥化局	973	948	8	24
哈尔滨局	1872	1778	4	4
总局直属	143	133	1	

7-14 灌溉、除涝、治水情况

指　　标	单　位	2000	2005	2008	2009	2010	2011	2012
年底灌区数	处	242	234	254	260	282	292	323
设计 0.067 万公顷以上灌区	处	33	43	45	49	49	49	49
设计 0.067 万公顷以下灌区	处	209	191	209	211	233	243	274
设计灌溉面积	万公顷	93.95	124.32	153.01	165.77	189.29	205.2	212.24
有效灌溉面积	万公顷	77.41	94.54	125.39	134.31	155.74	173.25	184.09
江河引水灌溉	万公顷	7.66	8.3	8.41	8.73	9.04	9.4	10.19
水库塘坝蓄水灌溉	万公顷	3.79	4.78	4.93	5.39	5.44	5.54	5.55
江河提水灌溉	万公顷	5.90	9.23	13.34	13.38	15.65	16.5	17.39
机电井灌溉	万公顷	54.20	57.26	80.96	86.85	102.86	117.68	125.37
喷滴灌灌溉	万公顷	5.91	14.97	17.75	19.96	22.75	24.13	25.59
在有效灌溉面积中：								
机电灌溉面积	万公顷	65.97	81.46	112.06	120.19	141.26	158.31	168.35
涝区面积	万公顷	257.48	257.48	261.6	260.3	260.30	260.68	260.68
易涝耕地面积	万公顷	154.24	154.73	167.8	166.75	166.75	166.93	166.93
除涝面积	万公顷	131.17	137.01	140.28	141.24	142.10	142.77	143.71
三至五年	万公顷	119.40	120.29	122.89	123.76	124.24	123.03	123.77
五年以上	万公顷	11.77	16.72	17.39	17.46	17.86	19.74	19.94
除涝面积占易涝面积比重	%	85.04	88.55	83.6	84.7	85.21	85.53	86.09
堤防长度	公里	2634.30	2828.53	2853.22	2856.72	2856.72	2877.67	2926.07
保护耕地面积	万公顷	70.05	74.79	89.5	89.38	89.38	89.82	91.17
保护人口	万人	61.44	63.72	93.3	93.37	93.37	93.49	94.66
水库	座	146	153	165	178	190	193	193
# 大型水库	座	2	2	2	2	2	2	2
中型水库	座	13	14	14	16	16	16	16
水土流失面积	万公顷	66.95	66.95	67.85	67.85	68.42	68.42	68.42
治理水土流失面积	万公顷	29.43	34.05	36.76	37.21	37.05	38.84	39.96
占流失面积比重	%	43.96	50.86	54.18	54.84	54.17	56.77	58.40

注：7-14 至 7-15 表资料由总局水务局提供。

7-15 各管理局灌溉、除涝、治水情况

年份 单位	水库座数（座）	年底灌区数（处）	有效灌溉面积（万公顷）	#水田灌溉面积	#喷滴灌面积	#机电灌面积	当年实际灌溉面积（万公顷）	易涝耕地面积（万公顷）
2000	146	242	77.41	70.44	5.91	65.97	72.27	154.24
2005	153	234	94.54	78.47	14.97	81.46	76.83	154.73
2008	165	254	125.39	106.74	17.75	112.06	111.04	167.80
2009	178	260	134.31	113.51	19.96	120.19	121.60	166.75
2010	190	282	155.74	132.23	22.75	141.26	134.95	166.75
2011	193	292	173.25	148.5	24.13	158.3	149.96	166.93
2012	193	323	184.09	157.46	25.59	125.36	159.55	166.93
宝泉岭局	7	32	30.21	24.08	6.12	22.24	23.77	29.48
红兴隆局	45	56	26.80	22.99	3.66	17.35	23.79	37.60
建三江局	6	8	73.89	67.45	6.43	65.45	66.96	51.60
牡丹江局	42	82	31.45	30.76	0.69	15.80	29.58	29.20
北安局	30	44	2.69	1.26	1.19		1.22	9.51
九三局	32	23	3.41	0.82	2.59	0.80	1.19	0.95
齐齐哈尔局	12	30	10.85	6.86	3.48	2.31	8.48	2.76
绥化局	13	32	3.55	2.20	1.22	0.84	3.34	5.02
哈尔滨局	5	15	1.12	0.90	0.22	0.44	1.09	0.82
总局直属	1	1	0.14	0.14		0.13	0.15	

7-15 续表

年份 单位	除涝面积（万公顷）	三至五年	五年及以上	堤防长度（公里）	保护耕地面积（万公顷）	保护人口（万人）	水土流失面积（万公顷）	治理水土流失面积（万公顷）
2000	131.17	119.40	11.77	2634.30	70.05	61.44	66.95	29.43
2005	137.01	120.29	16.72	2828.53	74.79	63.72	66.95	34.05
2008	140.28	122.89	17.39	2853.22	89.50	93.30	67.85	36.76
2009	141.24	123.76	17.46	2856.72	89.38	93.37	67.85	37.21
2010	142.10	124.24	17.86	2856.72	89.38	93.37	68.42	37.06
2011	142.77	123.03	19.74	2877.67	89.82	93.49	68.42	33.84
2012	143.71	123.77	19.94	2926.07	91.17	94.66	68.42	39.96
宝泉岭局	23.80	23.80		593.12	12.20	12.53	4.38	1.61
红兴隆局	34.93	20.99	13.95	1147.99	30.42	19.54	8.52	2.94
建三江局	42.27	42.00	0.27	266.45	8.76	4.53	4.69	1.47
牡丹江局	27.54	21.87	5.67	548.12	17.85	16.74	10.87	7.53
北安局	7.74	7.74		114.25	1.40	0.59	18.21	8.48
九三局	0.50	0.50		36.09	0.37	5.9	17.12	14.79
齐齐哈尔局	2.01	2.01		125.33	17.73	31	1.65	1.56
绥化局	4.40	4.34	0.06	94.72	2.43	3.83	2.81	1.48
哈尔滨局	0.53	0.53					0.16	0.09
总局直属								

7-16 各管理局主要农作物播种面积

单位:公顷

年份 单位	总播种 面积	粮食作物		在粮食作物播种面积中				
		播种面积	占总播种 面积%	谷物	水稻	小麦	玉米	高粱
1978	1739733	1529800	87.9	961472	16066	710579	187146	5144
1979	1873067	1695267	90.5	1063575	13359	850036	158944	5666
1980	1979466	1792200	90.5	1176699	12600	994600	139800	5737
1981	2003823	1827914	91.2	1170057	12008	1042224	92919	3375
1982	1867053	1703727	91.3	895802	12015	795348	59702	1988
1983	1930423	1758921	91.1	1139398	14846	1003805	80069	2131
1984	1841471	1689064	91.7	931291	18198	807498	82038	663
1985	1776333	1649451	92.9	900872	25977	814418	45185	93
1986	1731472	1617913	93.4	988708	36559	859662	71534	216
1987	1789005	1649684	92.2	925571	43328	758713	75804	234
1988	1608482	1428899	88.8	670148	36560	550714	50766	138
1989	1772186	1604916	90.6	918121	44427	763635	74705	363
1990	1817801	1636135	90.0	1006983	58401	786456	122182	271
1991	1836356	1646932	89.7	998233	68478	779710	117302	171
1992	1675355	1463223	87.3	868330	80901	682557	87005	872
1993	1830058	1634846	89.3	815628	105500	612565	67172	648
1994	1819826	1621119	89.1	835928	126805	532896	93949	916
1995	1776749	1609675	90.5	846297	178407	460556	169622	2247
1996	1867409	1732325	92.8	1156427	342894	499287	269373	2405
1997	1923167	1811557	94.2	1196837	530844	401375	232471	745
1998	1994437	1861392	93.3	1283230	658253	397761	203639	775
1999	1978736	1846120	93.3	1373003	686358	476386	186162	1568
2000	1980732	1818622	91.8	1081524	676635	299502	83388	1501
2001	2011437	1831757	91.1	1045046	677710	207770	115990	1161
2002	2012107	1792702	89.1	1074587	698925	128580	149664	3958
2003	1967419	1693944	86.1	910432	553540	124719	154178	2193
2004	2152183	1875886	87.2	1105061	686162	152599	225490	924
2005	2155968	1904847	88.4	1197993	737454	140178	252205	837
2006	2349243	2083721	88.7	1410757	872768	133647	301992	
2007	2396780	2151491	89.8	1557184	1000355	110038	402616	670
2008	2501994	2296413	91.8	1623454	1030062	114038	401657	929
2009	2643866	2544187	96.2	1830295	1092140	144604	588071	574
2010	2801189	2702869	96.5	2017606	1282393	112860	621620	560
2011	2842779	2744067	96.5	2229179	1454964	93520	680399	196
2012	2870592	2797784	97.5	2438180	1548497	34901	854478	138
宝泉岭局	331314	330153	99.6	327926	237671		90251	4
红兴隆局	477617	464128	97.2	422230	220541	293	201396	
建三江局	738291	736198	99.7	736198	669470		66728	
牡丹江局	468210	451816	96.5	405443	295763	14	109666	
北安局	322564	315448	97.8	196858	12179	18391	166288	
九三局	267961	247513	92.4	133298	8230	15536	109532	
齐齐哈尔局	148306	145380	98.0	136046	69378		66668	
绥化局	90306	85008	94.1	58861	24767	667	33360	67
哈尔滨局	22861	19096	83.5	18381	8881		9267	67
总局直属	3162	3044	96.3	2939	1617		1322	

注:1985-2007年的粮食作物中不含薯类。

7–16 续表 1 单位:公顷

年份 单位	谷子	其他作物	#大麦	豆类	#大豆	薯类	油料	#油菜籽	麻类
1978	33774	8763	4867	557133	557133		37200	34467	2133
1979	26991	8579		624867	624867		4533	2333	1867
1980	17829	6133		613600	613600		5933	2261	1314
1981	12562	6969		657175	657175		5669	1273	948
1982	9079	17670	13913	807564	807564		7750	3605	645
1983	8435	30112	26313	618993	618993		6603	2222	500
1984	3566	19328	12167	757696	757696		6067	2267	467
1985	486	14713	10867	748579	748579	5425	14609	8302	696
1986	250	20487	18687	629205	629205	5007	28299	25856	617
1987	164	47328	44333	724113	724113	4511	46764	44885	1038
1988	63	31907	29333	758751	758751	4408	67556	66167	1161
1989	84	34907	32224	686795	686795	4703	51322	49248	657
1990	14	39659	36610	629152	629152	3859	59328	57833	439
1991		32572	30403	648699	648699	6037	57400	55796	324
1992	3	16992	15342	594893	592025	5655	85228	83529	18
1993	6	29737	28258	819218	810407	5129	60596	56809	50
1994	40	81322	79449	785191	754305	3693	64055	48320	54
1995	40	35425	34225	763378	746029	3363	47838	41212	380
1996	30	42438	41123	575898	567290	2382	32041	26210	77
1997		31402	31248	614720	607972	2116	21740	18780	67
1998		22802	22802	578162	571893	2701	34328	27256	161
1999	367	22162	21266	473117	452723	2187	76687	56632	1311
2000	182	20316	19530	737098	668210	2914	80684	50196	7196
2001	204	42211	38753	786711	709823	5297	47650	2077	34388
2002	123	93337	92154	718115	664521	6619	64533	801	38974
2003	90	75712	74942	783512	661744	10015	90804	1474	60523
2004	67	39819	39007	770825	663949	8959	80960	2195	61496
2005	2	67317	67223	706854	595631	16399	79222	1267	46125
2006		102350	102350	672964	539975	17827	88537		32187
2007	439	43066	42959	594307	473146	23882	70006		29991
2008	371	76398	76398	628770	538538	44188	67587		22700
2009	33	4873	4873	696891	664137	17001	21189		3874
2010	128	45		658930	624125	26333	14543		1250
2011	100			497164	456299	17724	20783		854
2012	166			340409	316545	19195	10631		551
宝泉岭局				2227	1916				
红兴隆局				41884	41556	14	1846		
建三江局							2054		
牡丹江局				45247	30927	1126	3508		51
北安局				116155	115662	2435	300		
九三局				106879	98793	7336			500
齐齐哈尔局				2667	2667	6667			
绥化局				24814	24698	1333	2000		
哈尔滨局	166			435	233	280	923		
总局直属				101	93	4			

7-16 续表 2 单位:公顷

年份 单位	甜菜	烟叶	药材	蔬菜瓜类合计			其他作物		
					蔬菜	瓜类		#青饲料	#饲草
1978	10533	133	100	58933	56266	2667	100901	67600	
1979	10333	27	500	55467	52400	3067	105073	66133	
1980	22982	5	800	59203	55643	3560	97029	54067	
1981	22344	23	607	56008	52226	3782	90310	39889	
1982	24324	52	653	52386	49207	3179	77516	37094	
1983	31968	7	813	50123	45917	4206	81488	35121	
1984	33851	33	833	37293	34026	3267	73863	33000	
1985	37045	45	727	24898	21698	3200	43437	22600	
1986	30706	76	600	23736	20028	3708	24518	16887	
1987	34473	28	600	24057	18044	6013	27850	18413	
1988	51046	10	47	21442	17632	3810	33913	19454	
1989	41538	226	87	25187	18699	6488	43550	22690	
1990	50956	403	21	24022	21068	2954	42638	28667	
1991	51982	546	36	19897	16911	2986	53202	34703	
1992	49130	264	174	18184	15519	2665	53479	31852	
1993	47257	106	566	20010	16516	3494	61498	37830	
1994	53427	2	415	21643	16424	5219	55418	36940	
1995	51683		182	15794	11809	3985	47834	30810	
1996	48086	5	3	12968	9944	3024	39522	23748	
1997	45398	88	100	13010	9059	3951	29091	18848	
1998	46674	6	2773	19077	15368	3709	27325	16758	
1999	18943	37	2940	8418	5480	2938	22093	11431	
2000	12335	210	1949	14717	8246	6471	42105	13815	3490
2001	25601	305	2810	17299	10853	6446	46330	19857	11464
2002	32994	47	3941	19576	11705	7871	52721	26003	9602
2003	14967	57	10424	25246	16021	9225	61439	43838	8926
2004	12173	138	15888	18056	10680	7376	78627	41718	7533
2005	14702	40	14929	22251	13318	8933	57453	42016	1358
2006	18762	44	13969	24651	12131	12520	69545	52163	1215
2007	22554	54	15893	23812	12041	11771	59097	48943	331
2008	21755	157	12133	23854	14025	9829	57395	47207	502
2009	12738	203	5987	13737	7122	6615	41951	37798	576
2010	12375	239	8470	13865	6808	7057	47578	35874	1633
2011	17906	467	5641	12682	6449	6233	40379	35032	833
2012	15334	705	4931	8341	3994	4347	32315	24643	
宝泉岭局		30		5	3	2	1126	1126	
红兴隆局	7401		201	2508	808	1700	1533	1134	
建三江局				39	35	4			
牡丹江局	444	8	22	1328	829	499	11033	6961	
北安局			1096	1074	1054	20	4646	4646	
九三局	6742		1913	370	201	169	10923	10183	
齐齐哈尔局				1260		1260	1666		
绥化局		667	1667	830	345	485	134		
哈尔滨局	747		32	894	689	205	1169	593	
总局直属				33	30	3	85		

7-17 各管理局主要农作物产品产量

单位:吨

年份 单位	粮食	#交售量	谷物	水稻	小麦	玉米
1978	2345727	1046229	1576444	39831	1018266	482387
1979	2686098	1330553	2068585	32401	1641213	362199
1980	3248751	1912481	2476467	35739	2052748	364534
1981	1768858	566732	1376864	17646	1253212	95887
1982	2348038	1226370	1342349	29748	1195097	92815
1983	3310967	1963993	2506506	32432	2244818	169216
1984	2740114	1409748	1783774	43596	1553092	153476
1985	2523653	1352367	1713948	72044	1520038	95392
1986	2990814	1708914	2030390	105584	1691502	192359
1987	3095582	1661438	2033181	122009	1595222	217155
1988	2571177	1263996	1481975	128103	1167808	116669
1989	3556477	2079103	2434079	167015	1973870	224654
1990	4602621	3007306	3482435	250726	2678139	444493
1991	3665609	2307705	2725918	274700	2041543	332033
1992	3748940	2268879	2934079	374382	2245505	279436
1993	4020256	2615917	2425519	508549	1597071	251228
1994	4144379	2745415	2483452	715899	1174573	424953
1995	5145803	3660850	3651251	1238760	1356677	969940
1996	7156390	5526525	5883478	2449896	1691549	1595375
1997	8519638	6833772	7010823	4049746	1475454	1376591
1998	8685468	7007850	7473844	4758487	1408724	1226452
1999	9052941	7437180	8070419	5175982	1607090	1197488
2000	8141318	6434761	6518426	5286365	645111	535983
2001	8607864	6981008	6820851	5274201	620391	791115
2002	8105875	6342259	6401178	4527726	485210	1005977
2003	7553359	6596891	5692853	4241574	268480	1004569
2004	9375115	8245476	7477942	5286192	558042	1484851
2005	10265095	9043548	8448308	5734267	610861	1839583
2006	11322488	10090187	9797336	6825046	585291	1939997
2007	12463848	11355394	11175179	7980678	507476	2512890
2008	14205932	12995003	12338535	8421787	560774	2990738
2009	16526330	15286855	14626455	9273179	777029	4550139
2010	18179839	16940364	16330285	10943942	565399	4816312
2011	20369839	19147649	18904030	12789134	534767	5577911
2012	21051884	19809823	19783276	13704198	212203	5865000
宝泉岭局	3157234	3078180	3151563	2301751		849797
红兴隆局	4130033	3984311	4014690	2101938	1399	1911353
建三江局	7070571	6771233	7070571	6427510		643061
牡丹江局	3964223	3600059	3838219	2866126	86	972007
北安局	2507368	2266511	2112575	120132	112277	1880166
九三局	1791339	1592118	1392400	78475	95402	1218523
齐齐哈尔局	1179642	1073747	1125790	678149		447641
绥化局	639600	630104	554720	230119	3039	321100
哈尔滨局	180256	141061	177022	88414		87210
总局直属	25526	20647	25254	13696		11558
自1949年起累计	**284800566**	**222629143**	**233568746**	**13704198**	**212203**	**50168208**

7-17 续表 1

单位:吨

年份 单位	高粱	谷子	其他	#大麦	豆类	大豆	杂豆
1978	7705	19399	8856	5925	750694	750694	
1979	7158	14047	11567		605377	605377	
1980	8559	5856	9031		770838	770838	
1981	2520	2287	5312		391508	391508	
1982	2259	3330	19100	17209	1005003	1005003	
1983	2463	2761	54816	50174	803931	803931	
1984	890	965	31755	26486	956175	956175	
1985	115	261	26098	22955	809705	809705	
1986	285	175	40485	38682	960424	960424	
1987	313	165	98317	95597	1062401	1062401	
1988	318	36	69041	65760	1089202	1089202	
1989	513	50	67977	64913	1122398	1122398	
1990	1029	11	108037	103747	1120186	1120186	
1991	253		77389	74679	939691	939691	
1992	2237	2	32517	30299	814861	811304	3557
1993	2574	8	66089	64192	1594737	1584474	10263
1994	3485	104	164438	162991	1660927	1621171	39756
1995	8549	26	77299	73182	1494552	1462054	32498
1996	11427		135231	131075	1272912	1257467	15445
1997	1598		107434	106818	1508815	1494345	14470
1998	4989		75192	75192	1211624	1199335	12289
1999	6979	1288	81592	79702	982522	949581	32941
2000	4607	372	45988	43800	1622892	1493855	129037
2001	5390	408	129346	126839	1787013	1636025	150988
2002	22608	560	359097	355641	1704697	1594186	110511
2003	12753	478	164999	161824	1860506	1659458	201048
2004	5678	229	142950	139864	1897173	1683111	214062
2005	5796	4	257797	257259	1816787	1546258	270529
2006			447002	447002	1525152	1300800	224352
2007	1841	988	171306	171000	1288669	1099642	189027
2008	6128	1072	358037	358037	1628727	1401814	226913
2009	4276	148	21684	21684	1798430	1718641	79789
2010	3656	726	250		1710548	1622101	88447
2011	1618	600			1346499	1239764	106735
2012	879	996			1136796	1070000	66796
宝泉岭局	15				5671	4923	748
红兴隆局					115266	114362	904
建三江局							
牡丹江局					119714	83547	36167
北安局					380148	378521	1627
九三局					345988	319291	26697
齐齐哈尔局					6851	6851	
绥化局	462				76339	76148	191
哈尔滨局	402	996			945	505	440
总局直属					252	232	20
自 1949 年起累计	**317179**	**611922**	**4048108**	**3372528**	**50352498**	**48133045**	**2219453**

注:杂豆产量 1991 年以前含在其他谷物里,本表杂豆累计数是从 1992 年起累计,大麦累计数是从 1978 年起累计。

7-17 续表 2

单位:吨

年份 单位	薯类	油料	# 油菜籽	# 向日葵	甜菜	麻类	烟叶	蔬菜	瓜类
1978		8534	7401		59310	298	54	513907	10340
1979		1164	535		67731	312	20	530157	20769
1980		3317	962		194884	220	2	469098	13966
1981		1890	141		147096	98	12	314145	4617
1982		2111	164		231193	46	34	606060	22960
1983		3512	738		443406	67	6	652593	13640
1984		2738	207	2090	416433	834	13	453591	34227
1985		8513	4184	4035	405133	847	50	327236	44328
1986		12844	10191	2626	379570	838	84	333750	65370
1987		35348	33992	1356	455427	1907	48	300719	56068
1988		31115	29888	1195	729370	3043	13	286882	72248
1989	67505	48357	44940	2467	592554	1751	350	253503	99933
1990	66919	63607	61804	1707	988590	1043	635	322784	61476
1991	63801	61213	59753	1423	728592	712	528	179160	39123
1992	57173	85658	83899	1711	866393	61	317	232268	36496
1993	43233	39300	36292	1567	524383	140	119	180879	64447
1994	38151	38654	33589	1305	645152	80	2	202785	75561
1995	42174	55554	49522	2896	1036056	2031		194770	86225
1996	42906	31810	26295	1663	1047763	293	8	168107	63039
1997	39093	29415	25847	1365	1115768	258	181	197064	70110
1998	39969	34608	25961	2251	759729	75	20	232690	89574
1999	38222	78974	58421	6091	382447	1788	75	114744	95741
2000	50731	76698	37831	20670	307432	20237	405	175048	188553
2001	107111	69131	2351	27305	612372	108789	902	282490	193803
2002	147050	76175	1053	36185	973844	165110	87	330153	233107
2003	196172	102957	2238	26579	268794	168293	139	502168	294507
2004	246028	95081	3246	12819	357607	237066	293	369724	267068
2005	450810	113547	2290	21400	516002	214731	86	432312	367972
2006	501402	119821		25320	758524	188043	81	355916	480376
2007	669698	90274		19555	850796	99028	89	452823	475203
2008	238669	103807		21346	790566	86174	496	492484	392681
2009	101445	32851		11351	461963	18266	809	301799	293320
2010	139006	22313		2428	533580	5258	817	312886	322631
2011	119310	28960		2044	834173	4385	1525	318380	292134
2012	131812	17202		1894	759113	2840	2085	204204	222457
宝泉岭局							57	170	130
红兴隆局	77	2410			375760			42178	77494
建三江局		2440						2378	335
牡丹江局	6290	3835		77	26400	255	27	51206	23011
北安局	14645	449						34781	387
九三局	52951				327820	2585		10445	8613
齐齐哈尔局	47001								75600
绥化局	8541	6000					2001	19681	24457
哈尔滨局	2289	2068		1817	29133			43005	12391
总局直属	20							360	39

注:薯类按 5:1 折粮计算。

7-18 各管理局主要农作物单位面积产量

单位:公斤/公顷

年份 单位	粮食	谷物	水稻	小麦	玉米	高粱	谷子	其他	#大麦
1978	1533	1640	2479	1433	2578	1498	574	1011	1215
1979	1584	1945	2425	1931	2279	1263	520	1348	
1980	1813	2105	2836	2064	2608	1492	328	1473	
1981	968	1177	2470	1202	1032	747	182	762	
1982	1378	1498	2476	1503	1555	1136	367	1081	1230
1983	1882	2200	2185	2236	2113	1156	327	1820	1905
1984	1622	1915	2396	1923	1871	1342	271	1643	2175
1985	1530	1903	2773	1866	2111	1237	537	1774	2115
1986	1849	2054	2888	1968	2689	1319	700	1976	2070
1987	1876	2197	2816	2103	2865	1338	1006	2077	2160
1988	1799	2211	3504	2121	2298	2321	571	2164	2265
1989	2220	2651	3765	2580	3000	1410	600	1950	2010
1990	2820	3458	4290	3405	3645	3810	795	2730	2834
1991	2226	2731	4012	2618	2831	1480		2376	2456
1992	2562	3379	4628	3290	3212	2565	667	1816	1975
1993	2459	2974	4820	2607	3740	3972	1333	2222	2272
1994	2556	2971	5646	2204	4523	3805	2600	2022	2052
1995	3197	4314	6943	2946	5418	3805	650	2182	2138
1996	4131	5088	7145	3388	5923	4751		3187	3187
1997	4703	5858	7629	3676	5922	2145		3421	3418
1998	4666	5824	7229	3542	6023	6437		3298	3298
1999	4904	5878	7541	3373	6433	4451	3510	3682	3748
2000	4477	6027	7813	2154	6428	3069	2044	2264	2243
2001	4699	6527	7782	2986	6821	4643	2000	3064	3273
2002	4522	5957	6478	3774	6722	5712	4553	3847	3859
2003	4459	6253	7663	2153	6516	5815	5311	2179	2159
2004	4998	6767	7704	3657	6585	6145	3418	3590	3586
2005	5398	7052	7776	4358	7294	6925	2000	3830	3827
2006	5434	6945	7820	4379	6424			4367	4367
2007	5793	7177	7978	4612	6241	2747	2250	3977	3980
2008	6186	7600	8176	4917	7446	6596	2889	4686	4686
2009	6496	7991	8491	5373	7737	7449	4485	4450	4450
2010	6726	8094	8534	5010	7748	6529	5672	5556	
2011	7423	8480	8790	5718	8198	8255	6000		
2012	7524	8114	8850	6080	6864	6370	6000		
宝泉岭局	9563	9611	9685		9416	3750			
红兴隆局	8898	9508	9531	4775	9491				
建三江局	9604	9604	9601		9637				
牡丹江局	8774	9467	9691	6143	8863				
北安局	7949	10731	9864	6105	11307				
九三局	7237	10446	9535	6141	11125				
齐齐哈尔局	8114	8275	9775		6714				
绥化局	7524	9424	9291	4556	9625	6896			
哈尔滨局	9439	9631	9955		9411	6000	6000		
总局直属	8386	8593	8470		8743				

7–18 续表

单位:公斤 / 公顷

年份 单位					油料	#油菜籽	甜菜	麻类	烟叶	蔬菜	瓜类
	豆类			薯类							
		大豆	杂豆								
1978	1347	1347			229	215	5631	140	406	9134	3878
1979	969	969			257	229	6555	167	741	10118	6773
1980	1256	1256			559	425	8480	167	400	8430	3953
1981	596	596			333	111	6583	103	522	6015	1215
1982	1244	1244			272	45	9505	71	654	12317	7328
1983	1299	1299			532	332	13870	134	857	14212	3248
1984	1262	1262			451	91	12302	1786	394	13331	10478
1985	1082	1082			583	504	10936	1217	1111	12065	13853
1986	1526	1526			454	394	12361	1358	1105	13331	17631
1987	1467	1467			756	757	13211	1837	1714	13333	9330
1988	1436	1436			461	452	14288	2621	1300	13016	18961
1989	1635	1635		14354	942	913	14265	2665	1549	13557	15402
1990	1785	1785		17341	1072	1100	19401	1622	1576	15321	20811
1991	1449	1449		10568	1066	1071	14016	2198	967	10594	13102
1992	1370	1370	1240	10110	1005	1004	17635	3389	1201	14967	13695
1993	1947	1955	1165	8429	649	639	11096	2800	1123	10952	18445
1994	2115	2149	1287	10330	603	695	12075	1481	1000	12347	14478
1995	1958	1960	1873	12541	1161	1202	20046	5345		16493	21637
1996	2210	2217	1794	18013	993	1003	21789	3805	1600	16905	20846
1997	2454	2458	2144	18475	1353	1376	24577	3851	2057	21753	17745
1998	2096	2097	1960	14798	1008	952	16277	466	3333	15141	24150
1999	2077	2097	1615	17477	1030	1032	20189	1364	2027	20939	32587
2000	2202	2236	1873	17409	951	754	24924	2812	1929	21228	29138
2001	2271	2305	1964	20221	1451	1132	23920	3164	2957	26029	30066
2002	2374	2399	2062	22216	1180	1315	29516	4236	1851	28206	29616
2003	2375	2508	1651	19588	1134	1518	17959	2781	2439	31344	31925
2004	2461	2535	2003	27462	1174	1479	29377	3855	2123	34618	36208
2005	2570	2596	2432	27490	1433	1807	35097	4655	2150	32461	41192
2006	2266	2409	1687	28126	1353		40429	5842	1841	29339	38369
2007	2168	2324	1560	28042	1290		37723	3302	1648	37607	40371
2008	2590	2603	2515	5401	1536		36340	3796	3159	35115	39951
2009	2581	2588	2436	5967	1550		36267	4715	3985	42376	44342
2010	2596	2599	2541	5279	1534		43118	4206	3418	45959	45718
2011	2708	2717	2612	6732	1393		46586	5135	3266	49369	46869
2012	3340	3380	2799	6867	1618		49505	5154	2957	51128	51175
宝泉岭局	2546	2569	2405						1900	56667	65000
红兴隆局	2752	2752	2756	5500	1306		50772			52200	45585
建三江局					1188					67943	83750
牡丹江局	2646	2701	2526	5586	1093		59459	5000	3375	61768	46114
北安局	3273	3273	3300	6014	1497					32999	19350
九三局	3237	3232	3302	7218			48624	5170		51965	50964
齐齐哈尔局	2569	2569		7050							60000
绥化局	3076	3083	1647	6407	3000				3000	57046	50427
哈尔滨局	2172	2167	2178	8175	2241		39000			62417	60444
总局直属	2495	2495	2500	5000						12000	13000

注:薯类自 2008 年起按 5∶1 折粮计算。

7-19 各管理局无公害农产品种植面积

单位:公顷

年份 单位	认证个数（个）	面积合计	水稻	小麦	玉米	谷子	大豆	绿豆	马铃薯	甜菜	其他
2009	426	2214622	936158	138740	345035		549046	267	20040	9863	215472
2010	463	2283777	1050635	129696	289506	666	556028	2263	24125	6437	224422
2011	469	2370675	1139701	121030	277612	666	579587	2330	17520	6937	225291
2012	477	2567094	1322441	88697	582229	667	423886	734	22912	11270	114256
宝泉岭局	92	297648	107468	2253	99731		72288		145		15763
红兴隆局	69	474600	220533	133	201267		41800		14	7400	3453
建三江局	34	738427	669600		66733		2053				40
牡丹江局	65	396839	251441	1333	51072		70400	67	200	500	21826
北安局	73	256125	67	52480	14787		141576		5637		41579
九三局	53	224123	8000	26498	88639		72437		6918	3370	18262
齐齐哈尔局	25	100666	48666	5333	35333		3333		6666		1333
绥化局	66	78667	16666	667	24667	667	20000	667	3333		12000
哈尔滨局											
总局直属											

7-20 各管理局绿色食品原料标准化生产基地面积

单位:公顷

年份 单位	认证个数（个）	面积合计	水稻	小麦	玉米	谷子	大豆	绿豆	马铃薯	甜菜	其他
2009	56	550934	247800	20000	40933		158867		10000		73334
2010	59	570935	254467	20000	47600		165534		10000		73334
2011	63	597601	267800	20000	47600		178867		10000		73334
2012	63	597601	267800	20000	47600		178867		10000		73334
宝泉岭局	15	126934	43800	6667	47600		28867				
红兴隆局	5	93333	13333				13333				66667
建三江局	21	194000	144000				50000				
牡丹江局	7	66667	66667								
北安局	14	106667		13333			86667				6667
九三局											
齐齐哈尔局	1	10000							10000		
绥化局											
哈尔滨局											
总局直属											

注:7-19至7-20表资料由总局绿办提供。

7-21 各管理局农作物受灾情况

单位:公顷

年份 单位	全部作物 受灾面积	#粮食作物	占粮食播种面积比重(%)	全部作物 成灾面积	占全部作物播种面积比重(%)	粮食作物 成灾面积	占粮食播种面积比重(%)
2000	1494194	1363675	75.0	1221167	61.7	1110866	61.1
2005	890774	825782	43.4	479536	22.2	452645	23.8
2008	853637	789153	34.4	513388	20.5	475159	20.7
2009	1245779	1210876	47.6	742761	28.1	719029	28.3
2010	791434	780744	28.9	432205	15.4	426601	15.8
2011	720568	705994	25.7	386873	13.6	376135	13.7
2012	888330	875123	31.3	435106	15.2	427662	15.3
宝泉岭局	62759	62729	19.0	24978	7.5	24978	7.6
红兴隆局	315381	310371	66.9	182194	38.1	179107	38.6
建三江局	292017	292017	39.7	80101	10.8	80101	10.9
牡丹江局	18155	18074	4.0	11159	2.4	11099	2.5
北安局	118988	117316	37.2	77482	24.0	77482	24.6
九三局	33576	28495	11.5	25742	9.6	22245	9.0
齐齐哈尔局							
绥化局	39889	38889	45.7	27213	30.1	26546	31.2
哈尔滨局	7565	7232	37.9	6237	27.3	6104	32.0
总局直属							

7-21 续表

单位:公顷

年份 单位	在全部作物成灾面积中:						
	旱灾	水灾	涝灾	风灾	雹灾	霜冻灾	病虫灾
2000	1091248	4661	13571	21239	57042	1104	30116
2005	69806	12324	174239	25904	57451	5611	123388
2008	267210	138	36444	72039	45128	20810	57505
2009	217905	14846	322810	58297	5394	24157	77841
2010	88396	11253	123531	33025	19799	1800	152904
2011	161059	5885	44816	108054	31344	673	21123
2012	161693	11182	45057	180655	29859	1745	4315
宝泉岭局	136		2031	22811			
红兴隆局	118876	9383	5117	44522	2807		1489
建三江局	1400		5746	71247	333		1375
牡丹江局	2053			8728	378		
北安局	20015	779	31416	11203	10288	1745	1436
九三局	18526		29	1404	5783		
齐齐哈尔局							
绥化局	660	1020	540	14723	10270		
哈尔滨局	27		178	6017			15
总局直属							

7-22 各管理局粮食销售留用情况

单位:吨

年份 单位 作物	垦区留粮	场内消费					管局口粮
			种子	口粮	饲料	工业用粮	
2000	1202342	1201617	315558	330035	345152	210872	725
2005	1441410	1441410	280460	279230	858480	23240	
2008	1143437	1143437	264353	114350	764734		
2009	1814636	1814636	241004	253439	1317773	2420	
2010	1976701	1976701	280475	333039	1357687	5500	
2011	1903803	1903803	245788	310858	1341657	5500	
2012	1875474	1875474	203720	326562	1339192	6000	
宝泉岭局	269745	269745	18652	31909	213184	6000	
红兴隆局	337544	337544	37915	64261	235368		
建三江局	244827	244827	54222	54868	135737		
牡丹江局	286247	286247	25320	67148	193779		
北安局	222544	222544	23858	21042	177644		
九三局	190028	190028	26103	23930	139995		
齐齐哈尔局	241532	241532	8500	33440	199592		
绥化局	64760	64760	8743	24144	31873		
哈尔滨局	18247	18247	407	5820	12020		
按作物分	1875474	1875474	203720	326562	1339192	6000	
一、谷物小计	1676057	1676057	154253	321691	1194113	6000	
小麦	46746	46746	9930	36816			
水稻	394078	394078	123119	270959			
玉米	1235213	1235213	21184	13916	1194113	6000	
杂粮	20	20	20				
二、豆类小计	195465	195465	45570	4816	145079		
大豆	195151	195151	45451	4621	145079		
杂豆	314	314	119	195			
三、薯类	3952	3952	3897	55			
马铃薯	3952	3952	3897	55			

注:7-22 表资料由总局粮食局提供,按粮食年度统计。

续表 7-22　　　　单位:吨

年份 单位 作物	商品粮	国家政策收购			商品粮销售	加工销售	自营出口或出口供货
			国家临时储备	国家最低收购价粮收购			
2000	6872403	2403691	182164	2221527	3429444	1014264	
2005	9361704				6849707	2462582	28150
2008	14107657				11307753	2779904	20000
2009	15760598				12083727	3631871	45000
2010	17810835	26500	26500		15078662	2699673	6000
2011	20384597	2175460	2175460		15521827	2687310	
2012	22744792	1371092	1371092		17756611	3617089	
宝泉岭局	2887489				2582489	305000	
红兴隆局	3792489				3675689	116800	
建三江局	6825744	1344492	1344492		3441769	2039483	
牡丹江局	3677976				2890776	787200	
北安局	2284824	11600	11600		2232914	40310	
九三局	1601311				1523015	78296	
齐齐哈尔局	938110				708110	230000	
绥化局	574840				554840	20000	
哈尔滨局	162009	15000	15000		147009		
按作物分	**22744792**	**1371092**	**1371092**		**17756611**	**3617089**	
一、谷物小计	21761031	1359492	1359492		16897856	3503683	
小麦	165457				150057	15400	
水稻	14498536	1223688	1223688		9786565	3488283	
玉米	7095645	135804	135804		6959841		
杂粮	1393				1393		
二、豆类小计	855919	11600	11600		794219	50100	
大豆	788997	11600	11600		727297	50100	
杂豆	66922				66922		
三、薯类	127842				64536	63306	
马铃薯	127842				64536	63306	

7-23 林业生产情况

指　　标	单　位	2000	2005	2008	2009	2010	2011	2012
一、年末实有造林面积	公顷	456999	572419	578545	586786	596591	596829	598386
按用途分:								
1. 用材林	公顷	245314	302474	303871	306514	308586	305536	305744
2. 经济林	公顷							
3. 防护林	公顷	202751	254688	260904	264845	272001	275050	276049
#农田防护林	公顷	175776	223999	231418	231488	229275	231900	232540
4. 薪炭林	公顷	6299	10245	8608	8465	8523	8523	8487
5. 其他林	公顷	2635	5012	5162	6962	7481	7720	8106
二、当年造林面积	公顷	27573	7616	6079	16264	11445	8294	5959
按用途分:								
1. 用材林	公顷	13922	3351	2714	4674	3956	2874	1830
2. 经济林	公顷							
3. 防护林	公顷	13474	4263	3320	10779	6814	5176	3603
#农田防护林	公顷	11070						
4. 薪炭林	公顷	109			60			
5. 其他林	公顷	68	2	45	751	675	244	526
三、当年迹地更新面积	公顷	2775	4007	2253	1581	6192	5429	7046
四、年末封山育林面积	公顷	17114	32516	38030	32712	32134	31829	21421
五、当年零星植树	百株	14703	31378	41290	24870	30952	44598	64478
六、年末实有育苗面积	公顷	982	1395	1436	1652	1833	2362	2756
#当年新育面积	公顷	419	647	658	1010	1149	1656	1657
七、当年幼林抚育作业面积	公顷次	26891	40892	42923	24898	22963	31517	26245
八、当年成林抚育面积	公顷	9526	18675	29861	27990	26007	31801	34663
九、当年低产林改造面积	公顷	617	1133	207	2095	1434	1449	32
十、林木出材量	立方米	60259	39207	80956	73945	81033	150103	146501
#抚育改造出材量	立方米	22831	19340	32084	25450	25218	62707	46285

7-24 各管理局林业生产情况

单位:公顷

年份 单位	当年造林 面积	用材林	薪炭林	防护林	当年迹地 更新面积	年末封山 育林面积	当年零星 植树 (百株)
2000	27573	13922	109	13474	2775	17114	14703
2005	7616	3351		4263	4007	32516	31378
2008	6079	2714		3320	2253	38030	41290
2009	16264	4674	60	10779	1581	32712	24870
2010	11445	3956		6814	6192	32134	30952
2011	8294	2874		5176	5429	31829	44598
2012	5959	1830		3603	7046	21421	64478
宝泉岭局	800			433	12	667	
红兴隆局	794	221		473	166	333	11532
建三江局	1064	203		842	14		8582
牡丹江局	286	159		87	333	8144	2893
北安局	413	152		261	4059	2098	28909
九三局	860	728		132	1161	9306	11287
齐齐哈尔局	1295	20		1275	500	13	351
绥化局	407	347		60	800	860	882
哈尔滨局	40			40			42
总局直属					1		

7-24 续表

单位:公顷

年份 单位	年末实有 育苗面积	#当年新育 面积	幼林抚育 作业面积 (公顷次)	成林抚育 面积	低产林 改造面积	林木 出材量 (立方米)	#抚育改造 出材量
2000	982	419	26891	9526	617	60259	2831
2005	1395	647	40892	18675	1133	39207	19340
2008	1436	658	43923	29861	207	80956	32084
2009	1652	1010	24898	27990	2095	73945	25450
2010	1833	1149	22963	26007	1434	81033	25218
2011	2362	1656	31517	31801	1449	150103	62707
2012	2756	1657	26245	34663	32	146501	46285
宝泉岭局	416	240	2441	9387		1429	120
红兴隆局	486	249	2743	2250	32	15793	12488
建三江局	252	87	1873	3895		2499	1082
牡丹江局	158	95	277	413		25169	10011
北安局	510	480	4680	8020		63997	380
九三局	497	317	4513	6641		1811	
齐齐哈尔局	229	136	2768	1600		28586	16056
绥化局	168	13	1650	607		6148	6148
哈尔滨局	40	40	5300	1850		569	
总局直属						500	

7-25 各管理局水果、食用菌生产情况

面积:公顷,产量:吨

年份 单位	年末果园面积	#小苹果园	#梨园	#葡萄园	#李子园	水果产量(不含果用瓜)	#小苹果	#梨
2000	2453	1952	54	16		3953	3505	59
2005	2012	1546	172	12	9	6252	5892	237
2008	2152	1287	64	52	413	18360	10238	687
2009	2525	2102	55	59	287	24858	18194	612
2010	2529	2099	43	84	287	26267	16643	548
2011	2199	1801	44	82	272	23780	14585	627
2012	2540	2087	47	60	29	16970	14834	672
宝泉岭局								
红兴隆局	2395	2014	22	21	21	14685	14109	168
建三江局								
牡丹江局	84	68	5	11		672	415	20
北安局								
九三局								
齐齐哈尔局								
绥化局	22			22		116		
哈尔滨局	36	5	20	3	8	1462	310	484
总局直属	3			3		35		

7-25 续表

单位:吨

年份 单位	#葡萄	#李子	食用菌产量(干鲜混合)	黑木耳(干品)	香菇(干品)	蘑菇类(鲜品)	猴头	其它
2000	69							
2005	64	51	5286	1051	114	4121	13	4108
2008	369	7066	7188	1950	126	5112	22	5090
2009	529	5345	9369	2132	202	7035	187	6848
2010	775	8300	13688	2188	298	11201	239	10962
2011	585	7983	14169	2680	314	11175	364	10811
2012	584	700	30189	2838	341	27010	408	26602
宝泉岭局			30	1	12	17		17
红兴隆局	98	130	1602	984	125	493	188	305
建三江局								
牡丹江局	237		1090	138	203	749	219	530
北安局			15010			15010		15010
九三局			550	548	1	1	1	
齐齐哈尔局								
绥化局	116		2714	1160		1554		1554
哈尔滨局	98	570	9193	7		9186		9186
总局直属	35							

7-26 各管理局畜牧业生产情况

单位:头

年份 单位	大牲畜 年末存栏	#从事农事劳役的	黄牛	#能繁母牛	#当年生仔牛	奶牛	#能繁母牛	#当年生仔牛
2000	268593	9725	146388	53080	31622	114723	68165	21490
2005	804800	2523	496866	237575	109994	303551	168195	63017
2008	861932	1175	528317	241875	115263	329585	193710	70144
2009	891549	717	514304	226992	114970	374303	211809	75265
2010	892342	402	494529	230098	105559	394938	226754	72017
2011	955909	255	526510	249882	113102	425294	247004	75672
2012	1008516	447	555812	268097	131978	449480	259826	76738
宝泉岭局	50904		12249	5770	2921	38613	20641	6660
红兴隆局	188976		176465	87768	42145	12511	9394	1478
建三江局	52603		48528	23201	11460	4075	2374	791
牡丹江局	157955	212	57774	21391	10770	100181	56842	18199
北安局	164651	205	94958	49819	22558	68692	43717	12022
九三局	155948	30	54602	26068	14626	100663	54536	13109
齐齐哈尔局	105086		21533	10856	4844	82605	43374	15873
绥化局	121544		89287	43050	22585	31729	22498	4846
哈尔滨局	6277		383	149	69	5872	3938	1733
总局直属	4572		33	25		4539	2512	2027

7-26 续表 1

单位:头

年份 单位	马(匹)	#能繁母马	#当年生仔马	驴	骡	鹿年末存栏	#能繁母鹿	#梅花鹿
2000	5122	2165	851	2296	64	6593	2320	
2005	2735	1244	442	1482	166	17262	5120	13933
2008	2546	1268	405	1439	45	26138	6382	20709
2009	1714	780	309	1174	54	27519	6432	20865
2010	1886	770	253	958	31	25632	6185	18967
2011	2254	969	338	1818	33	24199	4758	17559
2012	2068	1029	356	1121	35	22596	5152	16034
宝泉岭局				42		2745	1097	2465
红兴隆局						2952	942	1097
建三江局						292		292
牡丹江局						12525	2359	9209
北安局	1001	580	172			251	10	215
九三局	522	243	103	157	4	1569	132	675
齐齐哈尔局	277	122	68	658	13	2010	589	1921
绥化局	260	80	9	250	18	92	23	
哈尔滨局	8	4	4	14		160		160
总局直属								

7–26 续表 2

单位:头

年份 单位	猪年末存栏	能繁母猪	种公猪	仔猪	65公斤以上肥猪及架子猪	家禽年末存栏（百只）	#鹅（百只）	#肉鸡（百只）
2000	610831	36863	4799	198055	371114	73929		
2005	1741395	176084	13671	735297	816343	110326	13085	36995
2008	2182394	264514	14328	696666	1206886	139185	13255	48092
2009	2325807	283949	13990	770772	1257096	148537	14041	50085
2010	2313802	277870	16301	711376	1308255	152275	13537	57175
2011	2433134	290145	13270	735087	1394632	154050	13543	60218
2012	3018515	291894	17102	904807	1804712	167117	18935	70147
宝泉岭局	894234	102885	1436	231577	558336	12768	666	5901
红兴隆局	776825	74818	3733	257291	440983	52783	6585	27936
建三江局	196941	17627	1296	85172	92846	24803	2803	9751
牡丹江局	390546	31458	4988	113758	240342	22764	1431	5180
北安局	148738	7434	794	48234	92276	10445	1987	3203
九三局	64378	7941	573	14432	41432	4770	467	1353
齐齐哈尔局	214299	20048	2148	53622	138481	14989	2230	6969
绥化局	288061	23791	1944	82472	179854	18185	2736	9068
哈尔滨局	34963	4792	162	16169	13840	5410	32	681
总局直属	9530	1100	28	2080	6322	200		105

7–26 续表 3

单位:只

年份 单位	羊年末存栏	山羊	#绒山羊	#能繁母羊	#当年生仔山羊	绵羊	#能繁母羊	#当年生仔绵羊
2000	299003	99024		38060	33126	199979	93436	55183
2005	1686972	1075887	923690	537710	271954	611085	306878	154745
2008	1734098	1052464	905735	480424	276724	681634	357793	178081
2009	1713567	1010863	856195	480859	271093	702704	336536	188102
2010	1674043	954058	820148	507618	282669	719985	330190	194496
2011	1705361	958040	808086	493896	292345	747321	361227	190906
2012	1707498	892584	753253	435559	265642	814914	377611	229324
宝泉岭局	32921	18311	14213	7650	5760	14610	6561	4894
红兴隆局	504576	318359	277262	155664	114896	186217	84993	56457
建三江局	268602	253351	248806	135189	59446	15251	8353	4161
牡丹江局	66400	42112	8520	17623	10531	24288	10961	8044
北安局	354777	107156	91558	49040	29980	247621	116215	69629
九三局	216415	53729	43352	30657	8238	162686	80769	36480
齐齐哈尔局	103562	9582		3902	3267	93980	34577	28739
绥化局	153340	87392	67022	34516	33069	65948	32252	19640
哈尔滨局	6825	2566	2520	1300	451	4259	2885	1274
总局直属	80	26		18	4	54	45	6

7–26 续表 4 单位：只

年　份 单　位	兔年末 存　栏	貂年末 存　栏	貉年末 存　栏	狐年末 存　栏	熊年末 存　栏	鸵鸟年 末存栏	山鸡年 末存栏	养蜂箱数 （箱）
2000	72680	20	5513					8528
2005	337341	42	39482	101742	451	3	1010	29492
2008	199449	2479	100802	117955	620		90	28677
2009	208714	7722	94824	101709	634			29989
2010	161441	9149	84473	83456	645	23		33465
2011	118176	14035	88281	87288	716	1712	350	29176
2012	130637	40219	103503	117749	800	60	201	29725
宝泉岭局	12158	26002	1188	1433	63		201	132
红兴隆局	41066	1267	20746	31159				23333
建三江局								
牡丹江局	28626	12500	4253	607	737	60		3426
北安局	19114		1885	1650				120
九三局	25598	450	4756	7781				670
齐齐哈尔局	3125		575	2219				
绥化局			68800	72900				1644
哈尔滨局	950		1300					400
总局直属								

7–26 续表 5

年　份 单　位	肉　类 总产量 （吨）	出栏肥猪 （头）	猪肉产量 （吨）	出栏肉牛 （头）	牛肉产量 （吨）	出栏肉羊 （只）	羊肉产量 （吨）	出栏家禽 （百只）
2000	99947	738178	61381	100633	16772	198060	3560	108063
2005	323945	2685558	198105	343833	55272	1357078	20265	232304
2008	467994	4001011	295478	504095	83732	1522722	24010	314297
2009	571461	4910251	368145	582633	98858	1786676	28627	369934
2010	610532	5293523	394312	608650	104414	1920189	30814	385074
2011	687525	5887143	444252	684639	115773	1996820	31477	453025
2012	781952	6440563	495621	782602	135992	2262056	37701	539678
宝泉岭局	165872	1919628	144780	41894	8203	43918	861	48971
红兴隆局	226481	1899019	147154	194014	37202	450453	7513	172672
建三江局	73904	645729	48483	57289	10049	338795	5530	56212
牡丹江局	78509	565291	44435	85921	15347	135162	2383	80051
北安局	38165	198638	15465	82454	13553	269118	4445	20715
九三局	45704	161635	13504	127982	20608	438040	7836	15836
齐齐哈尔局	79870	599397	47315	71015	10934	327807	5331	80421
绥化局	65273	392010	29687	118202	19472	248465	3642	52120
哈尔滨局	7170	48486	3852	3714	601	10162	158	12516
总局直属	1004	10730	945	117	24	136	3	165

7-26 续表 6

单位:吨

年份 单位	肉禽 产量	其他肉 产量	牛奶 产量	羊奶 产量	羊毛产量 (公斤)	#绵羊毛	禽蛋 产量
2000	17947	287	280414	211	581664	575667	28200
2005	48975	1328	825290	229	1452419	1393714	46702
2008	61822	2952	1018264	40	2093545	2042542	58812
2009	72884	2947	1152921	55	2254435	2148159	70841
2010	77665	3327	1192151	60	2317730	2284164	74770
2011	93254	2769	1316563	70	2392507	2322217	82551
2012	108682	3956	1479740	85	2674778	2597971	89456
宝泉岭局	11649	379	123107		73535	73535	8092
红兴隆局	33785	827	37420		435941	433841	13266
建三江局	9842		13832		11578	11578	14074
牡丹江局	16061	283	376060		59561	53091	18055
北安局	4298	404	228515		576338	576338	6056
九三局	3248	508	241322		1012015	990778	6020
齐齐哈尔局	16095	195	280435		260162	213162	10063
绥化局	11122	1350	141096	80	228848	228848	9234
哈尔滨局	2550	9	19933		16800	16800	4497
总局直属	33		18020	5			99

7-26 续表 7

单位:公斤

年份 单位	鹿茸 产量	羊绒 产量	蜂蜜 产量	产奶牛年 平均头数 (头)	产奶牛年 平均产奶	成母奶牛年 平均头数 (头)	成母奶牛 平均产奶
2000	3189	901	337708	60632	4625	67351	4163
2005	9323	338327	1045387	144859	5697	156113	5286
2008	15633	275250	942570	171216	5947	192542	5289
2009	20305	324374	1068603	189523	6083	210823	5469
2010	20955	315838	1445089	197219	6045	215078	5543
2011	23382	316792	1189390	217054	6066	230174	5720
2012	22917	333119	1321929	237037	6243	265696	5569
宝泉岭局	2049	5825	5600	22621	5442	23393	5263
红兴隆局	10417	128161	965515	7442	5028	8177	4576
建三江局		110134		2722	5082	2802	4936
牡丹江局	5169	4851	240622	51928	7242	55941	6722
北安局	193	43082	2215	41184	5549	50500	4525
九三局	1734	13174	35231	43301	5573	49967	4830
齐齐哈尔局	2550			40072	6998	47585	5893
绥化局	725	26702	58746	20804	6782	21042	6705
哈尔滨局	80	1190	14000	4522	4408	3881	5136
总局直属				2441	7382	2408	7483

7-27　各管理局水产品产量

单位:吨

年　份 单　位	水产品产量	虾蟹类	鱼　类	产　量		比重%(以鱼类为 100)	
				天然生产	人工养殖	天然生产	人工养殖
2000	12079	14	12065	2765	9300	22.9	77.1
2005	18984	461	18523	4630	13893	25.0	75.0
2008	22609	752	21857	3808	18049	17.4	82.6
2009	23555	763	22792	4306	18486	18.9	81.1
2010	25805	737	25068	4960	20108	19.8	80.2
2011	28535	710	27770	6079	21691	21.9	78.1
2012	34500	800	33700	8143	25557	24.2	75.8
宝泉岭局	2362	50	2312	1572	740	68.0	32.0
红兴隆局	7448	74	7374	1355	6019	18.4	81.6
建三江局	3858	4	3854	1482	2372	38.5	61.5
牡丹江局	6209	451	5758	1426	4333	24.8	75.3
北　安　局	4709		4709	731	3977	15.5	84.5
九　三　局	1553		1553	39	1514	2.5	97.5
齐齐哈尔局	1891	221	1670	348	1322	20.8	79.2
绥　化　局	5144		5144	703	4441	13.7	86.3
哈尔滨局	1185		1185	487	698	41.1	58.9
总局直属	142		142		142		100.0

7-28　各管理局淡水养鱼生产情况

面积:公顷,产量:吨

年　份 单　位	淡水养鱼 面　　积	池塘面积	水库面积	其他面积	池塘养鱼 产　　量	水库养鱼 产　　量	其他养鱼 产　　量
2000	19032	3311	15382	339	5086	3939	275
2005	17810	3755	13833	222	7650	5728	515
2008	28738	4526	24105	107	8270	9649	130
2009	23222	4934	17986	302	9535	8771	181
2010	23363	4853	18158	352	10038	9800	270
2011	23951	4690	18968	293	10884	10581	226
2012	22907	5852	16777	278	13071	12239	131
宝泉岭局	1013	491	438	84	312	388	38
红兴隆局	5570	1215	4289	67	3120	2878	21
建三江局	1501	323	1114	64	1602	730	25
牡丹江局	5139	1669	3470		2862	1470	
北　安　局	3608	667	2891	50	624	3319	35
九　三　局	2704	153	2537	13	252	1250	12
齐齐哈尔局	1251	291	959		497	726	
绥　化　局	1680	745	936		3120	1321	
哈尔滨局	409	270	139		550	148	
总局直属	33	29	4		132	10	

7-29 家庭农(林牧渔)场基本情况

年份 单位	一、经营组织数量(个)									
	合计	家庭农场					家庭林场	家庭牧场	家庭渔场	外引户家庭农林牧渔场
			独户	#有机独户	联户	开发性				
2004	219019	162804	159470	63149	2650	684	3513	22412	627	29663
2005	209060	171850	166685	53755	4073	1092	2569	13727	255	20659
2008	252873	223093	209995	83839	7867	5231	5292	7666	215	16606
2009	298045	268562	251297	105411	11556	5710	4884	8823	214	15561
2010	323443	296750	280515	131010	9670	7231	3679	8453	199	14362
2011	333374	306460	289265	152452	6977	10405	3768	9024	204	13918
2012	329139	305077	285183	155900	9433	10336	3183	8894	190	11795
宝泉岭局	34097	32602	32602	26495			329	789	22	355
红兴隆局	69029	61357	56521	32015	3824	1009	1901	3874	37	1860
建三江局	53028	48724	41071	35092	351	7302	26	214	4	4060
牡丹江局	46680	41065	38679	30934	633	1753		692	13	4910
北安局	46714	45250	43505	8374	1488	135	201	1216	33	14
九三局	32361	31331	29066	4120	2265		394	628	5	3
齐齐哈尔局	22662	21491	20482	11681	872	137	59	616	21	475
绥化局	18153	17117	17117	4445			258	712	54	12
哈尔滨局	5710	5451	5451	2518			15	153	1	90
总局直属	705	689	689	226						16

7-29 续表 1

年份 单位	二、承租耕地面积(公顷)									
	合计	家庭农场					家庭林场	家庭牧场	家庭渔场	外引户家庭农林牧渔场
			独户	#有机独户	联户	开发性				
2004	1980729	1609824	1477722	802286	116802	15300	16273	21530	1735	331367
2005	2152059	1860848	1697654	761974	136932	26262	22061	10788	125	258237
2008	2334983	2110939	1779592	964823	184841	160066	3082	7796	99	212996
2009	2620832	2392536	2027486	1184815	233124	145304	2644	9525	72	216012
2010	2779703	2573580	2258791	1450553	161904	161159	4207	13440	817	187614
2011	2809335	2607490	2277638	1545430	150026	183529	2666	9155	844	189179
2012	2838923	2664101	2301073	1586909	189114	176899	1789	7954	44	165035
宝泉岭局	330248	323254	323254	293257			19	469	27	6478
红兴隆局	474590	453109	387057	269047	61654	7383	356	458	11	20656
建三江局	736625	672708	531398	477216	12898	128412				63917
牡丹江局	446763	380907	328962	288118	17932	34014		1235		64621
北安局	322471	319655	258644	85134	56914	4097	857	1039		919
九三局	263935	261070	233270	47398	27800		109	2642	5	109
齐齐哈尔局	148305	141215	126307	72683	11916	2993	447	1314		5329
绥化局	90306	89427	89427	39724				798		81
哈尔滨局	22869	20028	20028	12994						2841
总局直属	2811	2728	2728	1339						84

7–29 续表 2

年份 单位	三、劳动力情况（人）									
	合计	家庭农场	独户	# 有机独户	联户	开发性	家庭林场	家庭牧场	家庭渔场	外引户家庭农林牧渔场
2004	481502	370473	348557	136451	18304	3612	6683	42306	1935	60105
2005	430413	352421	337054	112399	12767	2600	4540	29797	602	43053
2008	573801	517807	452056	195175	53573	11439	6005	15396	689	33894
2009	625798	566386	503363	234701	50596	12355	6043	17229	706	35424
2010	645043	594280	530340	271989	45079	17095	5627	16780	567	27779
2011	653497	595245	530536	300741	44155	18745	5364	21690	536	30662
2012	659055	605957	529496	303053	55685	18388	4559	21389	506	26644
宝泉岭局	86009	82862	82862	67421			212	1952	67	916
红兴隆局	154666	137235	107121	59417	29427	810	3141	9431	72	4787
建三江局	111573	101413	86062	76125	1761	13176	16	291	9	9844
牡丹江局	70603	59348	54104	41408	1278	3966		1298	28	9929
北安局	92090	88222	74668	19864	13088	166	208	3440	159	61
九三局	64279	62337	57570	8933	4767		493	1438	8	3
齐齐哈尔局	45890	43729	36298	18749	5364	270	122	1137	41	861
绥化局	24006	21787	21787	6946			337	1747	113	22
哈尔滨局	9234	8335	8335	3964			30	655	9	205
总局直属	705	689	689	226						16

7–29 续表 3

年份 单位	四、应交利费（万元）									
	合计	家庭农场	独户	# 有机独户	联户	开发性	家庭林场	家庭牧场	家庭渔场	外引户家庭农林牧渔场
2004	286725	235947	219253	119789	14982	1712	1222	2769	246	46541
2005	373185	322537	296917	135168	23307	2313	905	2727	133	46883
2008	425860	379232	339584	188958	34356	3568	705	2034	94	43775
2009	506827	446953	396847	241642	39732	8483	509	2616	266	56471
2010	608479	551542	508072	344199	31785	8921	741	3654	111	52419
2011	757210	689288	638839	460226	37028	10112	1124	3413	117	63268
2012	852666	788088	715786	524202	51840	15530	774	3149	127	60528
宝泉岭局	115640	112293	112293	103546			5	192	8	3142
红兴隆局	142254	136258	119900	86734	15452	433	129	260	11	5596
建三江局	242262	217772	202129	185295	1900	13049				24490
牡丹江局	124632	99397	92592	80159	5015	1790		250	29	24956
北安局	91862	91115	76073	27596	15017	25	22	521	5	199
九三局	70529	69248	61778	13779	7470		570	670	2	39
齐齐哈尔局	34352	32665	21681	12466	6986	233	18	355	17	1297
绥化局	23363	22678	22678	10793				610	55	20
哈尔滨局	6672	5595	5595	3289			30	291		756
总局直属	1100	1067	1067	545						33

7-30 家庭农场土地规模经营情况

单位:户,公顷

年份 单位	总计		一、水田									
	户数	耕地面积	户数	面积	5公顷以下		5-10公顷		10-20公顷		20公顷以上	
					户数	面积	户数	面积	户数	面积	户数	面积
2011	315836	2796616	128712	1431501	32840	97752	45131	373611	38128	559048	12613	401089
2012	312305	2828953	136584	1519623	35108	119446	49600	384072	37596	553709	14280	462396
宝泉岭局	32957	329732	21243	237376	1709	5954	10234	84600	7865	108861	1435	37961
红兴隆局	59468	473765	26362	220541	9179	38068	10905	71942	4883	70413	1395	40117
建三江局	52784	736625	44669	663871	6976	28942	12272	95991	16373	248024	9048	290913
牡丹江局	45279	445345	24592	277256	3999	9484	11592	102798	7246	105416	1755	59558
北安局	45142	320575	660	10839	195	972	164	1662	163	2922	138	5283
九三局	31334	261179	309	7530	7	50	15	165	110	1985	177	5331
齐齐哈尔局	21966	146544	11595	68128	7976	25024	2799	15444	552	8748	268	18911
绥化局	17129	89508	3707	23766	2005	4748	1340	9529	322	6218	40	3271
哈尔滨局	5541	22869	3183	8881	2925	5967	176	1109	62	882	20	924
总局直属	705	2811	264	1434	137	237	103	832	20	239	4	127

7-30续表

单位:户,公顷

年份 单位	二、旱田													
	户数	面积	5公顷以下		5-10公顷		10-30公顷		30-60公顷		60-100公顷		100公顷以上	
			户数	面积	户数	面积	户数	面积	户数	面积	户数	面积	户数	面积
2011	187635	1365115	97524	246990	68611	434878	21823	349946	4129	159813	1122	84957	671	88531
2012	176153	1309330	100829	287916	49328	351939	20052	338453	4243	163979	1087	80784	614	86258
宝泉岭局	11870	92356	4322	15038	5361	36250	1925	28557	212	8167	38	2831	12	1513
红兴隆局	33213	253224	18719	57328	8732	61574	4556	72542	847	31328	219	14021	140	16432
建三江局	8115	72754	3510	9611	2912	19905	1362	22910	183	7083	95	6748	53	6495
牡丹江局	20856	168089	9323	23087	7835	63068	3192	54643	404	15442	41	3247	61	8603
北安局	44482	309736	26008	51102	12812	79976	3537	57549	1603	62548	348	28021	174	30541
九三局	31025	253648	19207	80249	7196	61246	3883	70967	563	23694	137	11670	39	5822
齐齐哈尔局	10371	78416	6639	23133	2570	15143	663	13836	297	11088	131	7999	71	7217
绥化局	13422	65741	10974	22412	1563	12542	645	13567	119	4083	57	3502	64	9635
哈尔滨局	2358	13988	1798	5277	248	1701	276	3720	15	545	21	2746		
总局直属	441	1377	329	679	99	535	13	163						

主要统计指标解释

农林牧渔业总产值 是以货币表现的农林牧渔业的全部产品产量和对农林牧渔业生产活动进行的各种支持性服务活动的价值。它用价值形态反映一定时期农林牧渔业生产的总规模和总成果。农林牧渔业总产值统计范围是辖区内各种经济类型的全部农林牧渔业生产单位和非农行业单位附属的农林牧渔业生产活动单位,但不包括农业科学实验机构进行的农业生产。核算范围是本辖区内在一定时期内生产的农业、林业、牧业、渔业产品的价值量和对农林牧渔业生产活动进行的各种支持性服务活动的价值的总和。执行日历年度,对于收获期延长到次年年初的个别农产品(如甘蔗),依然把延期收获的部分算在本年度内。根据农业生产的特点,农林牧渔业总产值的核算采用"产品法"进行计算,即用产品产量乘以价格求出各种产品的产值,然后把他们加总求得各业的产值,最后各业相加求出农林牧渔业总产值。

农产品现行价格 指农林牧渔业产品生产地当年实际价格。采用农产品生产价格,即生产者第一手出售农产品的价格,来源于农产品生产价格调查。生产价格调查资料中没有涵盖到的少数农产品,可以用集贸市场价格资料代替;没有市场价格的农作物用生产成本代替。按现价计算的产值主要反映生产的总规模和水平。

农林牧渔业商品产值 指本生产年度内全部农业生产单位和农户生产出来的农产品总产量中可供社会需要的商品产值,即农产品商品量作价计算的货币总额。包括出售给国家、城镇居民的或职工之间相互交换的商品产值,自产自用农产品价值不包括在内。

耕地 指专门用于种植农作物,并经常耕锄的田地。包括熟地、当年新开荒地、连续撂荒未满三年的耕地和当年的休闲地(轮歇地)。以种植农作物为主并附带种植桑树、茶树、果树和其它林木的土地及沿海、沿湖地区已围垦利用的"海涂"、"湖田"等也包括在内。但不包括专业性的桑园、果园、茶园、果木苗圃、林地、芦苇地、天然草原以及利用枯水季节的河滩、水库空闲地种植农作物的不固定土地。南方小于一米、北方小于两米宽的渠、路、田埂包括在耕地中。

林地 指用来成片种植林木的土地面积。包括天然生长和人工植造的用材林、经济林、防护林、薪炭林和特种用途林等用地,以及未成林的造林地、疏林地、灌木林地、采伐迹地火烧迹地、苗圃地和国家规定的预备造林地。但不包括茶园、果园、桑园面积。

播种面积和产量的统计年度 凡是在本日历年度内(自1月1日至12月31日)收获的农作物(包括上年秋冬播和本年春播、夏播以及南方地区的晚秋播而在本年收获的全部作物),都要统计。有些收割期较长的作物,虽在当年冬季就开始收割,但需"跨年"延至来年春季才能收割完(如甘蔗),仍应计算为本年的农作物播种面积和产量。本年内不能收获的多年生作物,以本年新植和过去存留的面积计算为本年的播种面积。

播种面积 指播种季节结束时实际播种或移植有农作物的面积。凡是实际种植有农作物的面积,不论种植在耕地上还是非耕地上,也不论面积大小,均应如实统计播种面积。科研单位除在小块地上(一般不超过一亩)所进行的专门用于小样试验研究部分外,其所进行的大田试验部分(包括制种田)以及农业大专院校附属教学实习农场中作为教学实习用的大田生产部分,也要统计在内。

农作物总产量 指调查年度内全社会生产的各种农产品的数量,不论是耕地上与非耕地上的农作物产量都应统计在内。不仅要把国有农场、机关、学校、科研单位附属的国有经济和集体经济的农作物产量统计在内,还要把职工自留地、园田地、饲料地以及其他经营生产的农作物产量统计在内。各种主要农作物产量按国家统一规定计算:①谷物一律按脱粒后的原料计算(玉米按脱粒后的粒子计算)。②豆类按去豆荚后的干豆计算。③棉花按去籽后的皮棉计算。④花生按带壳的干花生计算。⑤麻类除亚麻以麻杆计算,苎麻以刮皮后的干麻计算,苘麻和线麻以熟麻皮计算外,其余一律以生麻皮计算。如果原来就习惯按熟麻皮计算的,亦要按比例折成生麻皮上报,一般情况是1斤熟麻皮可折成2斤生麻皮。⑥甜菜以根块计算。⑦甘蔗以蔗杆计算,包括糖蔗和果蔗。⑧烤烟与晒烟均以干烟叶计算。⑨薯类,实际统计工作中有两种方式,一种是作蔬菜类按鲜品计算,另一种是作折粮薯类按5公斤鲜薯折1公斤粮食计算,黑龙江垦区1985年以前和2008年以后薯类按后一种即折粮进行统计计算。

农产品交售量 指一定时期内(一年)农业生产单位和农户生产的农产品总量中扣除作种籽、饲料、生活用粮和储备以后,作为商品可向全社会出售的农产品数量。包括本年生产本年内已销售商品量和本年生产本年待售(要结转下年销售)部分。

绿色食品 指遵循可持续发展原则,按照特定生产方式生产,经专门机构认定,许可使用绿色食品标志商标的无污染的安全、优质、营养类食品。由于与环境保护有关的事物通常都冠之以“绿色”,为了更加突出这类食品出自良好的生态环境,因此定名为“绿色食品”。

绿色食品分为A级绿色食品和AA级绿色食品二种。A级绿色食品,系指在生态环境质量符合规定标准的产地,生产过程中允许限量使用限定的化学合成物质,按特定的生产操作规程生产、加工,产品质量及包装经检测、检查符合特定标准,并经专门机构认定, 许可使用A级绿色食品标志的产品。AA级绿色食品,系指在生态环境质量符合规定标准的产地,生产过程中不使用任何有害化学合成物质,按特定的生产操作规程生产、加工,产品质量及包装经检测、检查符合特定标准,并经专门机构认定,许可使用AA级绿色食品标志的产品。

有机食品 是指来自于有机农业生产体系,根据国际有机农业生产要求和相应的标准生产加工的,并通过独立的有机食品认证机构认证的一切农副产品,包括粮食、蔬菜、水果、奶制品、禽畜产品、蜂蜜、水产品、调料等。

它是真正的源自自然、富营养、高品质的安全环保生态食品。

无公害农产品 指产地环境、生产过程、最终产品质量符合无公害农产品标准和规范,经中国无公害农产品管理机构审定,许可使用无公害农产品标志的安全、优质、面向大众消费的农产品及其加工产品。

本年造林面积 指调查年度内(1月1日至12月31日)在荒地、荒山、沙丘等一切可以造林的土地上,采用人工播种、植苗、飞机播种等方法新植的成片禾木林和灌木林,经验收符合“造林技术规程”要求株数,成活率达85%以上的面积。四旁植树如一侧在四行以上,连续面积0.066公顷(1亩)以上,应统计在造林面积内。不包括补植面积、治沙种草面积、经济林垦复面积、迹地更新面积和低产林改造面积。零星植树不折算造林面积。

年末实有造林面积 指在调查年度年末时实际存活的人工造林面积,不包括天然林面积。它等于年初造林实有面积加上本年内增加的面积(当年新植面积或划入面积等)减去本年内减少面积(当年采伐面积或划出面积)。

畜禽存栏数 指报告期初、期末各种经济类型生产单位和住户饲养的全部禽畜存栏数量。除科学研究单位专门用于试验研究的牲畜和军马外,不分大小、公母、品种、用途一律包括在内。专业运输组织的运输用牲畜也应包括在内,但批发零售贸易部门库存的和运输途中的活牲畜不进行统计。

禽畜出栏数 指报告期内各种经济类型的生产单位和住户饲养的可供食用并已屠宰或出售的全部畜禽数量。包括交售给国家、集市上出售以及农牧民自食的部分。但不包括出售的仔畜和幼畜,也不包括个别地区习惯吃的“烤小猪”或“乳猪”。出栏肉牛中也包括淘汰的低产老化奶牛和耕牛的出栏数。

牛奶产量 指报告期内各种经济类型生产单位和住户饲养的奶牛所生产的全部奶产量。包括出售给国家和乳制品加工企业、农贸市场交易及农牧民自食部分。不论是纯种牛、杂种牛、黄牛和兼用牛所产的奶均要计算为产量。牛犊直接吮食部分不计入产量。

肉类总产量 指报告期内可供食用并已出售或屠宰的全部畜禽肉产量,即屠宰后除去头蹄下水后带骨肉的重量,也叫胴体重。包括屠宰后出售的胴体肉数量和出售的活育肥畜(禽)所折合的胴体肉总数量(折合胴体肉系数为:猪0.7,牛0.5,羊0.4,禽0.5,兔0.4)。不论是农牧民自食的,还是交售给国家或加工企业,以及在农贸集市上的肉产量都应统计在内。

水产品总产量 指本年度内捕捞的水产品(包括人工养殖并捕获的水产品和捕捞天然生长的水产品)数量。可分为海水产品和淡水产品两大类。海水产品包括海水的鱼类、虾蟹类、贝类和藻类。淡水产品包括淡水的鱼类、虾蟹类和贝类,不包括淡水水生植物。

淡水养殖面积 指已放养鱼苗、鱼种等水产品苗种并进行人工饲养和管理的池塘、湖泊、水库、河沟及其他淡水水域的养殖面积。不包括稻田养殖面积。有些池塘、湖泊、水库、河沟,虽然指定专人管理,也放养了一些鱼苗,但起捕的鱼类中,人工养殖的淡水鱼不足30%的不计为养殖面积。对一些大江、大河、大湖投放鱼种或灌江纳苗,只进行一般的繁殖保护,增殖水产资源的,不计为淡水养殖面积。

淡水养殖产量 指在淡水湖泊、水库、河沟、池塘及其他淡水养殖水域中捕获的人工养殖的水产品数量,包括稻田养殖产量。养殖与捕捞的划分原则是:人工投放鱼、虾、蟹、贝、藻等苗种并经常饲养管理的水产品生产划为养殖(养殖产量一律以捕获的产量计算,虽养成而未捕获仍继续放养的不应包括在内);捕捞天然生长的水产品生产划为捕捞。

8

工 业

STATISTICAL

YEARBOOK

工业经济类型结构

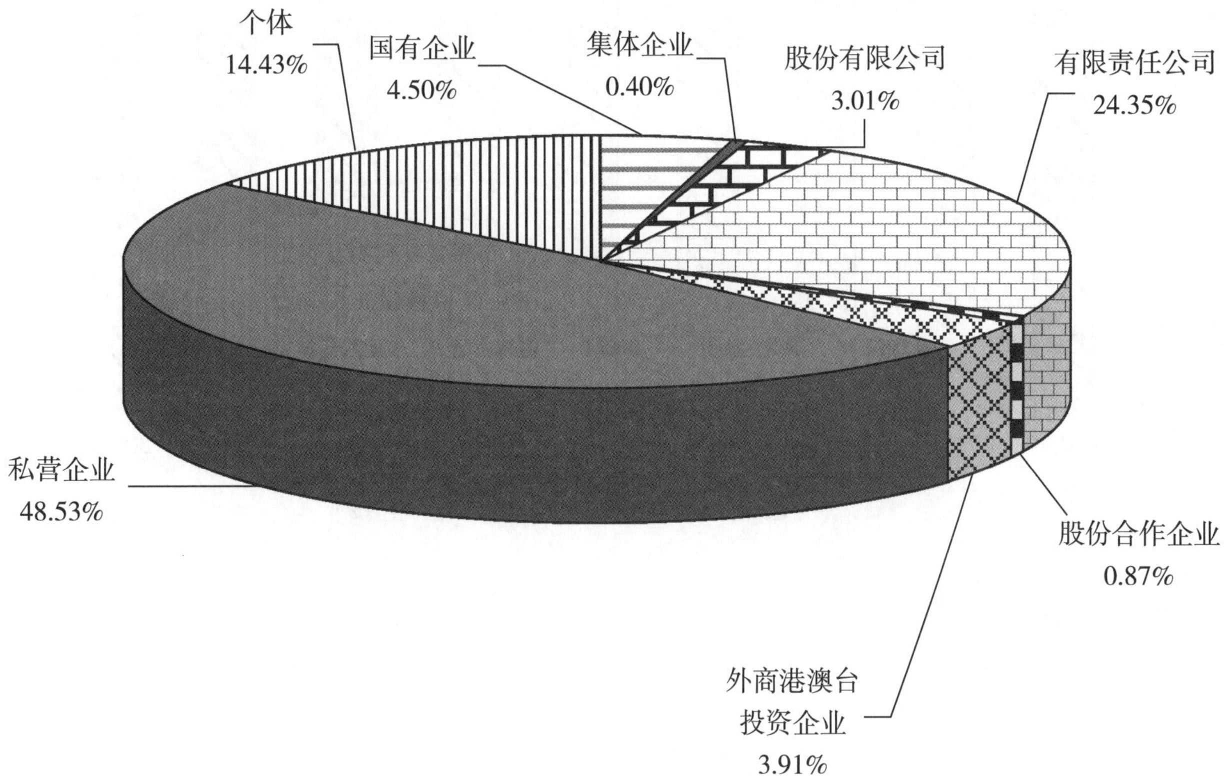

工业增加值(亿元)

轻重工业比重(%)

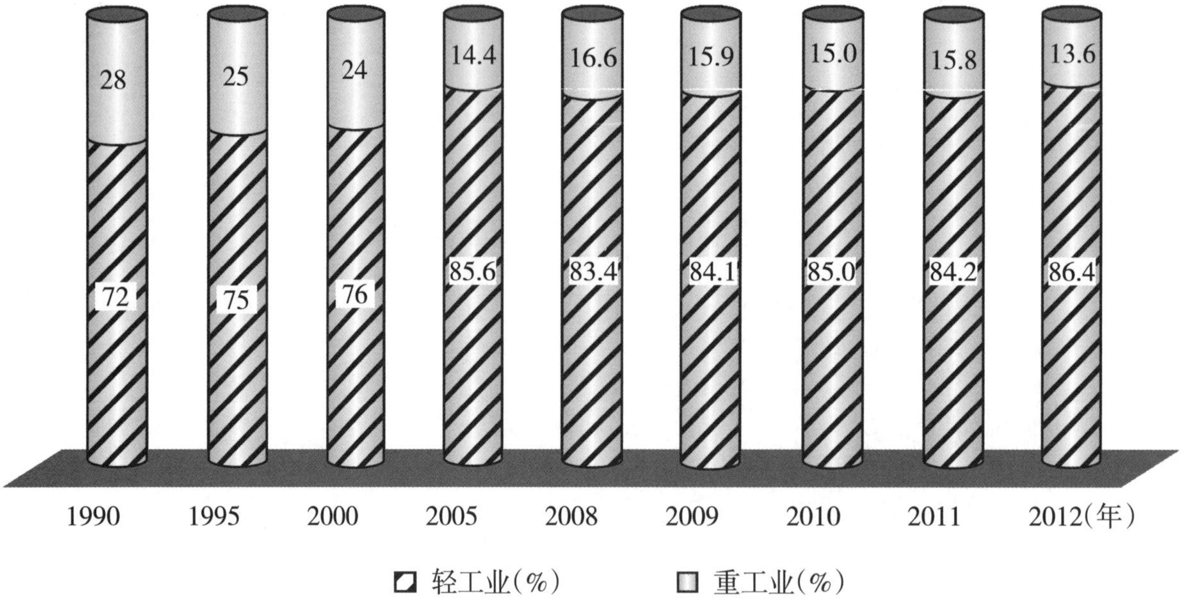

工业行业构成(%)

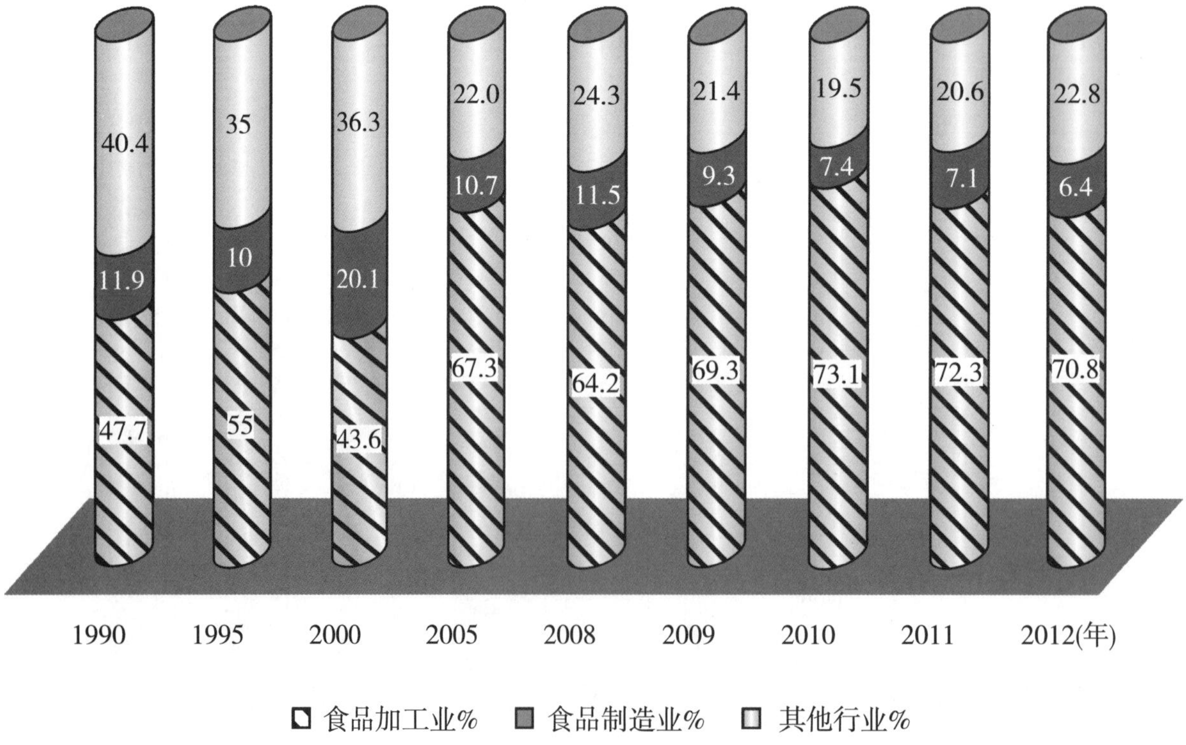

8-1　工业总产值和指数

年　份	绝对数(万元)				指数(%)(以上年为100)			
	工　业总产值	国有经济	集体经济	其他经济	工　业总产值	国有经济	集体经济	其他经济
1985	86192	84153	1861	178	112.1	110.6	164.6	
1990	266873	261825	3202	1846	104.6	104.8	83.5	85.9
1992	310324	306860	2191	1273	96.9	97.1	67.2	120.3
1993	317740	314994	546	2200	93.6	93.8	25.6	179.6
1994	388706	374741	752	13213	100.1	95.8	148.2	15.6
1995	529307	490357	500	38450	125.6	119.5	56.4	219.0
1996	580877	522274	432	58171	110.2	106.7	93.8	146.1
1997	652668	539411	326	112931	113.5	106.2	73.8	169.1
1998	671547	413144	25563	232840	107.3	79.0	5801.5	217.6
1999	679918	379162	24476	276280	103.6	91.1	100.2	125.1
2000	674349	362556	10088	301705	101.0	94.9	45.7	113.3
2001	740401	291434	8093	440874	110.5	82.1	76.4	141.4
2002	940686	266764	8270	665652	129.5	88.7	91.7	154.8
2003	1230311	515353	8384	706574	123.6	182.7	95.9	100.4
2004	1574572	91414	669	1482489	121.9	16.9	7.6	199.8
2005	2159869	75550	635	2083684	133.9	80.7	92.7	137.2
2006	2470653	138111	1132	2331410	112.3	179.4	174.9	109.8
2007	2743733	151802	821	2591110	108.9	107.8	71.1	109.0
2008	3240989	128981	930	3111078	109.6	78.8	105.1	111.4
2009	4403858	164772	1049	4238037	141.2	132.8	117.2	141.6
2010	5748679	235831	1114	5511734	120.3	131.9	97.9	119.9
2011	7409087	541952	7041	6860094	118.3	210.9	580.0	114.2
2012	9596379	393189	8860	9194330	127.9	71.6	124.2	132.3

注:工业总产值绝对数按当年现行价格计算,指数按可比价格计算。

8-2　工业企业单位数和从业人数

年　份	工业企业及生产单位数(个)	国有经济	集体经济	其他经济	从业人数(人)	国有经济	集体经济	其他经济
1985	901	770	115	16	132341	127130	4869	342
1990	1189	957	61	171	156115	149175	4811	2129
1992	1104	920	37	147	155088	150970	2757	1361
1993	1025	998	24	3	150038	146447	2449	1142
1994	922	907	13	2	149178	142670	1542	4966
1995	941	908	15	18	133092	126683	1203	5206
1996	829	802	10	17	131731	121652	651	9428
1997	757	734	7	16	131516	115531	292	15693
1998	651	480	56	115	111667	76837	7667	27163
1999	581	401	55	125	83953	43519	6839	33595
2000	477	314	17	146	54693	42802	2659	9232
2001	448	273	22	153	51009	37213	3121	10675
2002	448	191	16	241	48092	20728	1883	25481
2003	415	146	16	253	47644	20021	801	26822
2004	391	92	4	295	49366	7474	224	41668
2005	401	81	1	319	52621	6815	150	45656
2006	416	66	2	348	57794	6940	176	50678
2007	427	82	1	344	57051	6301	150	50600
2008	482	96	1	385	58481	5696	143	52642
2009	532	113	1	418	67413	7148	134	60131
2010	678	128	1	549	73782	8432	120	65230
2011	946	142	4	800	80883	9974	272	70637
2012	1232	169	11	1052	85401	8117	543	76741

8-3　各管理局工业企业单位情况

单位：个

年　份 单　位	工业企业及 生产单位数	按经济类型分				按轻重工业分	
		国有经济	集体经济	外商及港澳台投资经济	其他经济	轻工业	重工业
2000	477	314	17	5	141	225	252
2002	448	191	16	5	236	220	228
2003	415	146	16	3	250	210	205
2004	391	92	4	3	292	202	189
2005	401	81	1	3	316	222	179
2006	416	66	2	6	342	228	188
2007	427	82	1	8	336	232	195
2008	482	96	1	8	377	274	206
2009	532	113	1	9	409	302	230
2010	678	128	1	10	539	396	282
2011	946	142	4	11	789	554	392
2012	1232	169	11	11	1041	848	384
宝泉岭局	153	7		1	145	97	56
红兴隆局	256	22		1	233	136	120
建三江局	170	20	3	1	146	147	23
牡丹江局	185	15		3	167	131	54
北安局	113	39		1	73	89	24
九三局	99	23	7	1	68	66	33
齐齐哈尔局	66	11			55	57	9
绥化局	94	19			75	71	23
哈尔滨局	83	12		1	70	44	39
总局直属	13	1	1	2	9	10	3

8-4　各管理局工业企业总产值

单位：万元

年　份 单　位	工　业 总产值	按经济类型分				按轻重工业分	
		国有经济	集体经济	外商及港澳台投资经济	其他经济	轻工业	重工业
2000	481110	362556	10088	41017	67449	374360	106750
2002	676644	266764	8270	28222	373388	553035	123609
2003	941947	515353	8384	25549	392661	818992	122955
2004	1232230	91414	669	21957	1118190	1069215	163015
2005	1711067	75550	635	29557	1605326	1501742	209325
2006	1864398	138111	1132	144511	1580644	1611638	252760
2007	2049698	151802	821	164822	1732253	1765303	284396
2008	2486478	128981	930	281683	2074884	2143750	342728
2009	3451084	164772	1049	305856	2979408	3037455	413629
2010	4785632	235831	1114	320396	4228291	4180681	604951
2011	6634243	541952	7041	351057	5734193	5705349	928895
2012	8716080	393188	30398	374804	7917690	7673519	1042561
宝泉岭局	1078447	23953		2030	1052464	859546	218901
红兴隆局	1055458	37629		1977	1015852	727289	328169
建三江局	875301	60170	11424	29304	774403	831649	43652
牡丹江局	950817	36514		14291	900012	746559	204258
北安局	220709	54259		15418	151032	187280	33429
九三局	227405	69406	17766	2890	137343	160817	66588
齐齐哈尔局	221005	14970		1970	204065	198767	22238
绥化局	252026	23400			228626	217043	34983
哈尔滨局	204466	9495		5950	189021	120523	83943
总局直属	3630446	63392	1208	300974	3264872	3624046	6400

注：本表按当年价格计算。

8-5　各管理局工业企业增加值

单位:万元

年份 单位	工业企业增加值	按经济类型分				按轻重工业分	
		国有经济	集体经济	外商及港澳台投资经济	其他经济	轻工业	重工业
2000	125285	80164	3233	8455	33433	91469	33816
2002	164379	70547	2915	11457	79460	125143	39236
2003	184653	89666	2930	11811	80246	144758	39895
2004	223947	25418	244	7772	190513	169787	54160
2005	272997	22281	149	8848	241719	198806	74192
2006	319306	33167	323	40598	245218	234651	84655
2007	366765	32258	126	45065	289316	269293	97472
2008	455520	26850	166	70108	358396	341740	113780
2009	578369	40564	264	77929	459612	453752	124616
2010	825299	69330	251	65419	690300	631846	193453
2011	1343458	97152	1829	77993	1166484	1037849	305609
2012	1927625	99041	8860	85857	1733867	1560794	366831
宝泉岭局	300648	8088		784	291776	218780	81868
红兴隆局	347397	9416		743	337238	232264	115133
建三江局	219644	14431	3100	7326	194787	206675	12969
牡丹江局	300741	12235		4453	284053	231312	69429
北安局	74733	18792		5450	50491	62898	11835
九三局	69542	21171	5487	1329	41556	50344	19198
齐齐哈尔局	53164	4724		548	47892	46250	6914
绥化局	104884	10254			94630	89275	15609
哈尔滨局	65280	3404		2088	59788	38357	26923
总局直属	391592	–3473	273	63136	331656	384640	6952

8-6　各管理局个体工业总产值及增加值

（2012 年）

单位:万元

单位	工业总产值	轻工业	重工业	工业增加值	轻工业	重工业
总计	880299	617570	262729	271289	189808	81481
宝泉岭局	161078	117446	43632	56332	41167	15165
红兴隆局	156605	81608	74997	47927	24941	22985
建三江局	135755	93851	41904	48236	35788	12449
牡丹江局	166720	146225	20495	44014	39138	4876
北安局	48166	32865	15301	12472	8023	4449
九三局	73305	50267	23038	19645	13439	6206
齐齐哈尔局	38935	26840	12095	10559	5714	4845
绥化局	31021	24387	6634	11365	8987	2378
哈尔滨局	68713	44080	24633	20740	12611	8129
总局直属						

8-7　工业企业主要经济指标

（2012年）　　　　单位：个、万元

类　　别	工业企业单位数	#亏损企业	工　业增加值	工　业总产值	工业销售产值	资产总计	流动资产年平均余额
总　计	1232	29	1927625	8716080	8506471	7529736	4781297
#公有控股经济	226	20	589796	4416245	4270682	5839753	4051897
#大中型工业企业	27	9	559853	4309302	4186700	5632242	4000922
#大型	7	2	411823	3752336	3653741	4806950	3676060
#产业化龙头工业企业	31	4	547351	4345648	4220001	5254763	3965384
一、按口径分							
规模以上工业	258	14	1393709	7072221	6936805	6759380	4556506
规模以下工业	974	15	533917	1643859	1569666	770356	224790
二、按轻重工业分							
轻工业	848	26	1560794	7673520	7494258	6998892	4589384
重工业	384	3	366831	1042561	1012212	530844	191912
三、按企业登记注册类型分							
国有	169	8	99041	393189	368454	450969	134386
集体	11		8860	30399	25302	10846	1371
股份合作	11		19095	53332	50449	25961	16480
有限责任公司	136	13	265083	1289138	1280646	1712935	1092725
股份制	29	2	66265	194250	183522	329623	111660
私营	796	5	1067160	3428256	3382274	1284662	569781
港澳台投资	4		8474	24468	23968	11751	4300
外商投资	7	1	77383	350336	345051	403950	160965
四、按工业行业分							
采矿业	59		121032	339173	338685	109530	24723
煤炭采选业	10		36271	106749	107389	60459	11928
有色金属矿采选业	2		26249	70714	71772	9399	5613
非金属矿采选业	39		58250	160207	158126	38910	7183
制造业	987	20	1686968	8007516	7803721	6945677	4664889
食品加工业	490	10	1156547	6293331	6145945	5517957	4073293
谷物磨制	346	2	690373	2671289	2651910	1783951	1221445
饲料加工	40	2	34179	103787	102386	22302	5144
植物油加工	30		288636	2894106	2785915	3245991	2659870
制糖	3	2	9621	22481	20738	52210	23656
屠宰及肉类加工	18	1	60303	356073	358522	157830	78650
其他农副食品加工	53	3	73435	245596	226473	255673	84528
食品制造业	45	1	164232	578738	570071	494286	221776
方便食品制造业	10		12157	28992	26850	9018	2842
液体乳及乳制品制造业	16		125475	475555	471216	434380	196333

8-7 续表 1

单位：个、万元

类　别	工业企业单位数	#亏损企业	工业增加值	工业总产值	工业销售产值	资产总计	流动资产年平均余额
其他食品制造	19	1	26599	74191	72006	50889	22600
饮料制造业	46	2	44074	206510	188141	259311	119584
酒精及酒的制造业	46	2	44074	206510	188141	259311	119584
软饮料制造							
纺织业	24	2	21601	57626	56574	21169	4347
服装鞋帽制造业	1		268	295	295	250	95
皮革毛皮羽绒制品业	1		628	1830	1702	796	
木材加工及制品业	49		48018	141865	140574	36860	17525
家具制造业	9		3355	10643	21389	2699	916
造纸及纸制品业	7	1	2368	15372	17519	38536	15138
造　纸	7	1	2368	15372	17519	38536	15138
印刷和记录媒介复制	6		1680	5197	4807	1152	710
文教体育用品制造	1		960	1980	1980	650	200
炼焦业	1						
化学原料及化学制品	38	2	37220	95952	93980	160014	50368
肥料制造	26	1	26016	64155	64671	140709	45208
农药制造	6	1	5927	17914	15426	12867	2953
医药制造业	9	1	25590	76676	75552	166156	57745
中药饮品加工	3		7764	29403	27459	37620	3461
中成药制造业	5	1	16896	44947	46219	122364	54284
橡胶制造业	1		548	1441	1439	835	
塑料制品业	15		5505	18334	18150	5706	1817
非金属矿物制品业	131		92557	262645	253982	120537	49172
水泥制造业	13		26981	80097	78510	52966	35396
砖瓦石材等建材业	87		43814	121677	120583	43854	9161
有色金属冶炼及加工	10		11528	29930	30141	9917	3340
金属制品业	23		11120	35081	30235	6871	2767
通用机械制造业	12		6512	18441	18516	13316	1789
专用设备制造业	45	1	38112	113233	99492	60866	34670
农林牧渔机械制造	43	1	37112	109933	96192	60058	34310
交通运输设备制造业	5		2679	7374	7672	13682	7659
其他制造业	17		11867	35022	25564	14112	1978
电力燃气水生产供应业	186	9	119626	369392	364064	474528	91684
电力热力生产与供应	147	7	109644	340894	335763	457578	90725
电力生产	8	1	21202	56782	54992	175199	40896
水的生产和供应业	39	2	9982	28498	28301	16951	960

8–7 续表 2　　　单位:万元

类　别	流动资产合　计	#存货	#产成品	固定资产合　计	固定资产原　价	累计折旧
总　计	**5070157**	**1629891**	**784594**	**2081906**	**2515335**	**724673**
#公有控股经济	4200674	1325002	694913	1366858	1768140	514114
#大中型工业企业	4190592	1338012	701338	1237515	1656280	495154
#大型	3838950	1179001	601485	823760	1128533	336168
#产业化龙头工业企业	4108473	1312381	684929	966655	1212824	299515
一、按口径分						
规模以上工业	4755177	1548509	755998	1685969	2112223	621619
规模以下工业	314980	81381	28596	395937	403112	103054
二、按轻重工业分						
轻工业	4831993	1561386	759085	1814788	2125752	572648
重工业	238164	68505	25509	267118	389583	152026
三、按企业登记注册类型分						
国有	147532	55005	34894	252852	317201	91685
集体	4834	618	319	6012	1282	2652
股份合作	16914	5782	878	7823	12437	5755
有限责任公司	1025676	503652	240595	563483	626059	126355
股份制	112288	44821	15241	196071	309377	116219
私营	667907	214135	59814	550438	564861	169757
港澳台投资	3241	2159	1946	7233	7265	1407
外商投资	187926	102311	72324	204665	250788	75568
四、按工业行业分						
采矿业	55543	8738	4018	50159	58851	15266
煤炭采选业	37463	6366	2855	22595	24399	9077
有色金属矿采选业	5263	611	611	2509	5449	2940
非金属矿采选业	12352	1761	552	24757	29003	3249
制造业	4888646	1606233	780105	1710410	2114574	606202
食品加工业	4221436	1331346	625482	1038357	1222097	308674
谷物磨制	1118130	526063	195740	552340	602081	136156
饲料加工	9141	2823	373	11208	12751	3113
植物油加工	2886159	701453	360815	270513	389440	121358
制糖	27394	23623	14083	17959	25100	7197
屠宰及肉类加工	84582	14477	5314	41820	48279	8665
其他农副食品加工	96030	62907	49159	144517	144446	32186
食品制造业	239593	124062	83788	237756	303125	97515
方便食品制造业	3052	275	57	5939	6860	1791
液体乳及乳制品制造业	212196	114710	79031	205998	261951	84491

8-7 续表 3

单位:万元

类　　别	流动资产合　计	#存货	#产成品	固定资产合　计	固定资产原　价	累计折旧
其他食品制造	24345	9078	4700	25819	34314	11233
饮料制造业	129513	58134	41646	116216	137699	25044
酒精及酒的制造业	129513	58134	41646	116216	137699	25044
软饮料制造						
纺织业	9831	3338	1662	10312	12422	4931
服装鞋帽制造业	100	30	10	150	150	10
皮革毛皮羽绒制品业	706			90		
木材加工及制品业	20005	2432	1139	13059	20995	9075
家具制造业	1141	215	70	1431	1526	369
造纸及纸制品业	15163	7699	3257	23032	32805	9772
造　纸	15163	7699	3257	23032	32805	9772
印刷和记录媒介复制	783	47	7	369	465	141
文教体育用品制造	250			120	370	250
炼焦业						
化学原料及化学制品	42789	14700	5833	112648	204657	96455
肥料制造	35986	13180	4807	102779	196916	94789
农药制造	4195	1509	1026	8058	5422	1066
医药制造业	80682	20343	2329	54460	61150	20020
中药饮品加工	22623	405		12026	1878	64
中成药制造业	55627	18972	2161	39226	59272	19956
橡胶制造业	355	138	115	480	577	97
塑料制品业	3249	876	617	2458	3585	1185
非金属矿物制品业	59009	10908	3621	54271	60007	18294
水泥制造业	34874	6702	535	13407	24264	10978
砖瓦石材等建材业	17031	3378	2778	25213	22978	5215
有色金属冶炼及加工	3910	104		4610	6494	575
金属制品业	3167	429	65	3429	4889	1082
通用机械制造业	6415	2733	544	6001	7973	3014
专用设备制造业	38845	25076	8176	20155	20379	5311
农林牧渔机械制造	38665	25076	8176	19917	20121	5291
交通运输设备制造业	8743	3081	1685	1748	3236	2246
其他制造业	2961	542	59	9257	9976	2146
电力燃气水生产供应业	125969	14920	471	321337	341910	103205
电力热力生产与供应	122693	14811	471	308280	327121	99173
电力生产	64725	5346		110473	79272	17927
水的生产和供应业	3275	109		13057	14789	4032

8-7 续表 4

单位:万元

类 别	固定资产净值	固定资产净值年平均余额	负债总计	#流动负债	#长期负债	所有者权益总计
总 计	**1790661**	**1647164**	**6009933**	**5543320**	**258719**	**1519803**
#公有控股经济	1254026	1145665	5043241	4791823	207012	796513
#大中型工业企业	1161126	1103015	4921604	4696569	221804	710638
#大型	792365	740108	4364403	4256043	108360	442547
#产业化龙头工业企业	913309	841483	4552149	4435201	110777	702615
一、按口径分						
规模以上工业	1490604	1370018	5502611	5204785	244231	1256768
规模以下工业	300058	277146	507322	338535	14488	263035
二、按轻重工业分						
轻工业	1553104	1432218	5684484	5246877	243969	1314408
重工业	237557	214946	325449	296442	14750	205395
三、按企业登记注册类型分						
国有	225516	218527	337150	253609	73290	113819
集体	130	293	6335	5780		4512
股份合作	6682	4681	9322	8954	80	16640
有限责任公司	499704	484381	1367452	1215958	33595	345482
股份制	193158	151162	272884	251877	20550	56739
私营	395104	355712	653691	553135	25773	630970
港澳台投资	5858	7178	6132	4512		5619
外商投资	175220	168770	340201	336322	3879	63749
四、按工业行业分						
采矿业	43585	42993	50270	35307	14173	59261
煤炭采选业	15322	22112	19019	19019		41440
有色金属矿采选业	2509	1841	6034	5061	973	3365
非金属矿采选业	25754	19040	25217	11228	13200	13693
制造业	1508372	1366508	5648350	5338212	147446	1297327
食品加工业	913423	845653	4637664	4390403	116482	880292
谷物磨制	465925	418238	1421499	1292358	12796	362452
饲料加工	9637	7383	10705	7917		11597
植物油加工	268082	236905	3003495	2901272	101507	242496
制糖	17903	17834	53591	49159	1578	-1382
屠宰及肉类加工	39615	62916	42239	36464	27	115591
其他农副食品加工	112261	102377	106135	103233	574	149538
食品制造业	205610	195399	379917	366620	5756	114368
方便食品制造业	5070	5923	4613	4463	150	4405
液体乳及乳制品制造业	177460	177050	350766	342919	3979	83614

8–7 续表 5　　单位:万元

类　别	固定资产净　值	固定资产净值年平均余额	负债总计	#流动负债	#长期负债	所有者权益总　计
其他食品制造	23081	12426	24539	19239	1627	26350
饮料制造业	112655	100428	216640	208058	944	42671
酒精及酒的制造业	112655	100428	216640	208058	944	42671
软饮料制造						
纺织业	7491	2275	11639	10478	1080	9529
服装鞋帽制造业	140	145				250
皮革毛皮羽绒制品业						796
木材加工及制品业	11920	10895	13382	11767		23477
家具制造业	1157	961	794	546		1905
造纸及纸制品业	23033	22506	27636	27259		10900
造　纸	23033	22506	27636	27259		10900
印刷和记录媒介复制	324	319	150	150		1002
文教体育用品制造	120	320				650
炼焦业						
化学原料及化学制品	108202	111258	154961	152900	34	5053
肥料制造	102127	103775	147966	147732	34	–7256
农药制造	4355	5450	3714	3696		9153
医药制造业	41130	17545	93561	68106	22607	72595
中药饮品加工	1814	1611	21395	19028	2057	16225
中成药制造业	39316	15934	66703	46153	20550	55661
橡胶制造业	480		475	475		360
塑料制品业	2400	1413	2831	2740		2875
非金属矿物制品业	41713	26834	48570	46752	400	71967
水泥制造业	13285	12604	21714	21658	55	31252
砖瓦石材等建材业	17763	11532	17971	16596	345	25882
有色金属冶炼及加工	5919	4466	7824	1738		2093
金属制品业	3808	3158	3579	3251		3292
通用机械制造业	4959	2228	8509	8509		4807
专用设备制造业	15068	12063	26260	24503	143	34606
农林牧渔机械制造	14830	12003	25812	24403	143	34246
交通运输设备制造业	990	976	11159	11159		2523
其他制造业	7830	7666	2798	2798		11315
电力燃气水生产供应业	238705	237663	311313	169800	97099	163215
电力热力生产与供应	227948	231230	302966	162349	97015	154611
电力生产	61345	73682	109055	70629	4410	66144
水的生产和供应业	10757	6434	8347	7451	85	8604

8-7 续表 6　　　　单位:万元

类　别	# 实收资本	国家资本	集体资本	法人资本	个人资本	港澳台资本	外商资本
总　计	**1075384**	**283640**	**7863**	**477554**	**279644**	**3662**	**23022**
# 公有控股经济	573812	271124	1097	260355	28108		13128
# 大中型工业企业	478938	204977		236321	22593		15048
# 大型	308840	101110		185601	9001		13128
# 产业化龙头工业企业	480798	198494	2800	200309	59657		19539
一、按口径分							
规模以上工业	839280	253955	6800	391398	161501	3567	22059
规模以下工业	236104	29685	1063	86156	118143	95	963
二、按轻重工业分							
轻工业	965943	272379	6118	436633	224582	3367	22864
重工业	109441	11261	1744	40921	55062	295	158
三、按企业登记注册类型分							
国有	78152	50806	3	16524	10819		
集体	2301		154	196	1951		
股份合作	5057	847	880	360	2971		
有限责任公司	476215	206844	170	217833	51368		
股份制	67959	19250	1340	31048	14243		2078
私营	374111	3610	5315	178796	179884	95	6411
港澳台投资	5434	797		470		3567	600
外商投资	47758	1486		32327	12		13933
四、按工业行业分							
采矿业	15668	248		2876	12544		
煤炭采选业	5880			1000	4880		
有色金属矿采选业	1712	165		600	947		
非金属矿采选业	7410	83		1276	6051		
制造业	935148	244062	7860	409199	247343	3662	23022
食品加工业	662722	218072	4661	276664	161920		1405
谷物磨制	328056	10813	4661	186847	125735		
饲料加工	8191	1961		1377	4853		
植物油加工	116716	101110		2633	12973		
制糖	1350			230	1120		
屠宰及肉类加工	83186			70286	12900		
其他农副食品加工	125223	104188		15291	4339		1405
食品制造业	69822	240	882	32734	13060	3367	19539
方便食品制造业	2050	120	14	494	1421		
液体乳及乳制品制造业	55706		868	28149	7150		19539

8-7 续表 7　　单位:万元

类　别	#实收资本	国家资本	集体资本	法人资本	个人资本	港澳台资本	外商资本
其他食品制造	12066	120		4091	4489	3367	
饮料制造业	32411	13750	500	8053	10108		
酒精及酒的制造业	32411	13750	500	8053	10108		
软饮料制造							
纺织业	3626	656	72	422	2476		
服装鞋帽制造业	100				100		
皮革毛皮羽绒制品业	744				744		
木材加工及制品业	11981			7019	4962		
家具制造业	1386			655	731		
造纸及纸制品业	21240			19200	2040		
造　纸	21240			19200	2040		
印刷和记录媒介复制	241			101	140		
文教体育用品制造							
炼焦业							
化学原料及化学制品	19972	2164		11410	6398		
肥料制造	9291	2164		2995	4132		
农药制造	10235			7980	2255		
医药制造业	38106	331		29818	6037		1920
中药饮品加工	16917	41		16846	30		
中成药制造业	21189	290		12972	6007		1920
橡胶制造业	192				192		
塑料制品业	2429		154	1127	1147		
非金属矿物制品业	38677	6098	1450	10561	20116	295	158
水泥制造业	12230		170	8077	3983		
砖瓦石材等建材业	16839	98		2484	13963	295	
有色金属冶炼及加工	1956	10		306	1640		
金属制品业	2765			1952	813		
通用机械制造业	3401	213		2071	1117		
专用设备制造业	12053	2428	140	3943	5542		
农林牧渔机械制造	11913	2428		3943	5542		
交通运输设备制造业	1723	100			1623		
其他制造业	9601			3164	6437		
电力燃气水生产供应业	124569	39330	3	65479	19756		
电力热力生产与供应	118033	34655	3	65123	18253		
电力生产	54384	978		50347	3059		
水的生产和供应业	6535	4675		357	1504		

8-7 续表 8　　　　单位:万元

类　　别	主营业务收入	#主营业务成本	#主营业务税金及附加	营业费用	管理费用	#税　金
总　计	**9450821**	**8581971**	**164904**	**224490**	**208142**	**12196**
#公有控股经济	5589939	5324856	115222	130737	104945	8398
#大中型工业企业	5527109	5265379	113362	133493	103953	8017
#大型	4952057	4760640	109102	106560	71594	6596
#产业化龙头工业企业	5504870	5247759	109930	121080	82574	6766
一、按口径分						
规模以上工业	8117880	7493189	138400	189975	159150	8708
规模以下工业	1332941	1088782	26505	34515	48992	3489
二、按轻重工业分						
轻工业	8441326	7787472	142060	192629	157653	10245
重工业	1009495	794500	22844	31861	50488	1951
三、按企业登记注册类型分						
国有	347247	313445	3912	10873	11660	874
集体	15410	18616	281	1933	1620	1
股份合作	41623	32120	775	1043	3766	218
有限责任公司	5084800	4883482	111829	73218	74077	5424
股份制	237224	215409	3527	5053	15376	581
私营	3060940	2545415	40962	78294	85194	3547
港澳台投资	21487	18632	397	374	362	20
外商投资	521459	454658	1552	53205	13492	1459
四、按工业行业分						
采矿业	332868	249906	8550	15131	17714	120
煤炭采选业	104078	79824	1840	2655	3035	10
有色金属矿采选业	72708	58378	2541	3962	6313	
非金属矿采选业	154684	110436	4135	8513	8366	110
制造业	8762404	8024116	151824	203008	181337	11714
食品加工业	6990739	6563037	123839	102905	102149	7160
谷物磨制	3012761	2731568	11703	53166	59815	2883
饲料加工	98023	76572	1480	2434	1992	45
植物油加工	3284148	3223464	107340	25801	23996	2993
制糖	10575	3816	7	5670	1223	265
屠宰及肉类加工	328834	295504	655	8178	6538	503
其他农副食品加工	256399	232113	2655	7656	8586	470
食品制造业	736857	628692	5961	65396	20727	1527
方便食品制造业	26840	22702	654	817	344	2
液体乳及乳制品制造业	653178	557278	3258	62800	18942	1491

8-7 续表 9

单位:万元

类　别	主营业务收入	#主营业务成本	#主营业务税金及附加	营业费用	管理费用	#税金
其他食品制造	56839	48713	2049	1780	1441	35
饮料制造业	163964	133170	4283	6888	8792	560
酒精及酒的制造业	163964	133170	4283	6888	8792	560
软饮料制造						
纺织业	45108	38526	456	885	1712	4
服装鞋帽制造业	295	197	54	11	22	
皮革毛皮羽绒制品业	702	632	18			
木材加工及制品业	118979	97194	4766	2755	3485	11
家具制造业	10675	7842	233	133	263	12
造纸及纸制品业	17513	18025	170	1155	2617	5
造　纸	17513	18025	170	1155	2617	5
印刷和记录媒介复制	4804	3833	31	38	112	
文教体育用品制造	1980	1350	150	80	50	
炼焦业						
化学原料及化学制品	153437	144588	1059	2990	10699	718
肥料制造	129581	123758	503	2392	10069	594
农药制造	13830	13016	156	335	458	125
医药制造业	68411	46819	1729	6948	8271	358
中药饮品加工	22403	15384	1377	734	1405	2
中成药制造业	44134	30561	337	6064	6666	341
橡胶制造业	1441	894	50		59	50
塑料制品业	16628	12583	518	190	654	155
非金属矿物制品业	226089	169233	4233	5843	10296	603
水泥制造业	71123	53883	737	2103	5349	155
砖瓦石材等建材业	107626	81784	1903	2955	3642	447
有色金属冶炼及加工	27841	18557	364	104	2184	
金属制品业	31756	22621	912	898	1326	10
通用机械制造业	17644	13287	557	386	633	80
专用设备制造业	90836	74731	2181	3934	3369	192
农林牧渔机械制造	89986	74361	2171	3914	3339	192
交通运输设备制造业	8014	6982	59	274	569	79
其他制造业	28691	21324	202	1195	3348	190
电力燃气水生产供应业	355549	307950	4531	6351	9091	363
电力热力生产与供应	329247	287223	4339	5450	8380	304
电力生产	53816	45993	342	872	1871	37
水的生产和供应业	26302	20726	192	901	711	59

8-7 续表 10

单位:万元

类　　别	财务费用	#利息支出	本年应交增值税	利润总额	亏损企业亏损总额	利税总额	从业人员平均人数(人)
总　计	**94079**	**177698**	**105559**	**208419**	**81035**	**478883**	**85401**
#公有控股经济	73382	164441	48332	-14279	75437	149275	37608
#大中型工业企业	70320	161267	433	-10212	71590	103584	34307
#大型	52115	144636	-21169	-8055	46575	79878	21849
#产业化龙头工业企业	61908	154030	38518	14271	47838	162719	23875
一、按口径分							
规模以上工业	84160	170949	94937	120675	75505	354011	53557
规模以下工业	9920	6749	10623	87744	5529	124872	31844
二、按轻重工业分							
轻工业	84637	169977	86741	147065	62577	375866	64868
重工业	9442	7721	18819	61355	18458	103018	20533
三、按企业登记注册类型分							
国有	13227	12827	9323	-7299	18989	5935	8117
集体	744	466	50	1009		1339	543
股份合作	289	181	1118	4608		6500	828
有限责任公司	49434	141426	25921	25248	34487	162998	22651
股份制	6753	5406	2528	-14771	24449	-8716	6513
私营	17202	10870	53545	187274	2895	281780	35923
港澳台投资	4	4	153	1757		2307	306
外商投资	6364	6458	12787	3448	215	17787	8565
四、按工业行业分							
采矿业	1148	276	11070	31183		50802	4797
煤炭采选业	498	203	7711	8953		18504	1705
有色金属矿采选业	344	46		4135		6676	1175
非金属矿采选业	306	27	3359	18095		25589	1887
制造业	85505	171371	84304	166287	78204	402416	71460
食品加工业	57352	146584	44424	117411	36348	285675	35359
谷物磨制	46201	32239	23370	66758	29435	101831	20852
饲料加工	280	224	230	9638	272	11347	1322
植物油加工	6423	109582	11300	17920		136560	4988
制糖	-2		39	-2193	2193	-2147	740
屠宰及肉类加工	402	668	6165	17660	2381	24480	4375
其他农副食品加工	4049	3872	3320	7628	2067	13604	3082
食品制造业	7308	7259	22239	18059	8	46259	11256
方便食品制造业	59	27	647	2391		3692	372
液体乳及乳制品制造业	6725	6790	17565	11172		31995	9769

8-7 续表 11　　单位:万元

类别	财务费用	#利息支出	本年应交增值税	利润总额	亏损企业亏损总额	利税总额	从业人员平均人数（人）
其他食品制造	524	443	4027	4496	8	10572	1115
饮料制造业	8962	9000	5529	-8189	16266	1623	2358
酒精及酒的制造业	8962	9000	5529	-8189	16266	1623	2358
软饮料制造							
纺织业	228	200	450	1689	861	2595	1851
服装鞋帽制造业				11		65	31
皮革毛皮羽绒制品业				52		70	23
木材加工及制品业	576	273	296	7884		12945	2327
家具制造业	22	10	24	1170		1426	214
造纸及纸制品业	1385		678	-5874	6246	-5026	1168
造　纸	1385		678	-5874	6246	-5026	1168
印刷和记录媒介复制			115	737		883	84
文教体育用品制造	15	15		410		560	5
炼焦业							
化学原料及化学制品	5441	5213	975	-12096	18371	-10062	2968
肥料制造	5152	5023	701	-14329	18204	-13124	2665
农药制造	234	135	97	927	167	1180	152
医药制造业	1825	785	2780	7222	19	11731	2930
中药饮品加工	1315	352	442	2765		4584	208
中成药制造业	500	433	2338	3832	19	6507	2652
橡胶制造业				220		270	32
塑料制品业	29	3	50	1675		2243	400
非金属矿物制品业	1054	778	5079	16787		26098	6304
水泥制造业	198	102	3019	6749		10505	1847
砖瓦石材等建材业	499	398	1118	7827		10848	3371
有色金属冶炼及加工	11	11	299	3398		4061	477
金属制品业	106	286	250	2775		3936	686
通用机械制造业	105	90	113	1488		2158	438
专用设备制造业	980	594	650	8535	87	11366	1928
农林牧渔机械制造	980	594	500	8487	87	11158	1865
交通运输设备制造业	89	256	73	845		977	201
其他制造业	18	13	282	2080		2563	420
电力燃气水生产供应业	7426	6051	10185	10949	2830	25665	9144
电力热力生产与供应	7204	5989	9856	8959	2789	23154	8200
电力生产	1714	916	3645	2689	676	6676	1188
水的生产和供应业	222	62	329	1990	41	2511	944

8-8　主要工业产品产量

年　份 单　位	原　煤 （万吨）	黄　金 （千克）	大　米 （万吨）	小麦粉 （万吨）	食用植物油 （万吨）	豆　粕 （万吨）	机制糖 （吨）	淀　粉 （吨）
1985	157.2	88.4	1.2	25.5	1.9		53242	
1990	178.5	139.0	3.0	29.5	5.4		87674	
1992	168.1	333.0	2.6	27.2	3.8		118722	
1993	125.7	389.0	2.1	22.9	4.2		109133	
1994	119.9	428.0	4.9	32.1	6.1		58158	
1995	136.3	751.0	9.0	27.2	7.3		95325	
1996	142.3	944.0	21.1	25.4	4.6		122438	
1997	188.0	891.0	33.9	21.7	5.1		102364	
1998	195.4	745.0	28.1	24.0	5.5		94231	
1999	103.6	877.0	39.3	23.6	7.7		83533	
2000	82.7	570.1	58.1	22.4	9.2	39.7	15091	
2001	31.7	507.7	65.7	31.9	8.5	34.1	38768	
2002	3.2	478.0	123.6	32.9	10.6	43.4	48841	
2003	7.3	470.0	126.8	32.5	16.9	103.0	10047	
2004	10.6	250.4	146.2	29.8	21.7	121.9	20389	
2005	33.0	173.3	160.2	31.0	49.3	240.5	16915	
2006	49.5	248.0	195.7	25.7	54.9	269.7	32438	
2007	36.8	234.0	230.9	22.1	43.6	203.7	41145	26086
2008	31.4	193.0	238.7	17.7	42.1	179.6	31011	65243
2009	46.5	207.0	289.6	20.2	79.5	354.3	32127	48350
2010	53.5	166.0	359.5	23.5	104.3	474.2	33172	44564
2011	66.8	150.0	466.5	28.1	112.6	489.0	37699	65287
2012	51.6	195.0	618.9	32.7	123.7	533.6	31144	56076
宝泉岭局			72.5	0.6	0.8	2.0		
红兴隆局		195.0	113.1	1.1	3.2	16.1	16170	
建三江局			182.0	0.6	2.9	9.7		
牡丹江局	51.6		150.0	2.3	1.7			
北安局				6.3	0.3	0.3		6
九三局			0.3	2.7	1.1	0.1	14974	
齐齐哈尔局			44.7	1.1	0.2	0.6		
绥化局			6.4	1.6	0.1			125
哈尔滨局			13.8					
总局局直			36.0	16.4	113.4	504.8		55945

8-8 续表 1

年　份 单　位	乳制品 (吨)	#液体乳 (吨)	白　酒 (吨)	啤　酒 (吨)	大麦芽 (吨)	材　料 (万吨)	豆制品 (吨)	锯　材 (万立方米)	机制纸及纸板 (吨)
1985	5262		9540	11900		1.3		12.1	25347
1990	28321		13893	39740		8.7		7.7	35104
1992	39306		11588	34655		10.5		4.8	25235
1993	33982		6697	29563		9.8		2.8	25983
1994	29282		4211	25987		10.6		2.9	17480
1995	27662		9785	27573		12.5	4534	2.2	23268
1996	28828		14336	37690		11.6	2673	2.1	33180
1997	32359		11739	43504		13.1	16243	3.5	25512
1998	30203		13101	40252		13.3	14965	3.7	18854
1999	27914		15384	24488		10.5	5820	3.7	16872
2000	44045	7152	15882	20281	23059	7.2	4313	0.8	14658
2001	65618	19293	17723	11531	38824	12.4	8543	4.6	20887
2002	128877	76790	16100	7610	54037	10.4	10206	4.1	21627
2003	225129	179438	24826	15823	108403	12.0	17301	5.6	20389
2004	170623	122801	20539	11000	113571	13.4	18043	7.3	23213
2005	177921	123791	29143	7250	159031	17.4	29714	11.7	25612
2006	162549	110992	30087	9880	161175	18.5	21921	14.5	29855
2007	193179	124380	29852	1850	261280	18.4	24345	17.8	43981
2008	261092	179850	33986	18	200595	24.2	28753	20.1	52575
2009	357241	276266	38844		251132	30.5	40622	29.1	47924
2010	304581	231959	44306		218722	34.3	52071	25.7	37197
2011	282439	206795	54465		221336	42.0	66287	28.0	36144
2012	300380	229715	71545		186991	60.3	92040	45.2	28651
宝泉岭局	10160		8924			10.9	49429	7.5	2898
红兴隆局	486		14175			2.6	2010	25.8	2592
建三江局			4147			0.5		0.6	
牡丹江局	45		3839		8390	9.1	710		
北安局	7198	360	5610			4.8	860	8.6	
九三局	1262		6223			12.6	7566	1.1	
齐齐哈尔局	2519		4920			8.2	3860		
绥化局	19014		15180			1.4	21213	1.0	
哈尔滨局	1400	1400	8527			10.3		0.6	480
总局局直	258296	227955			178601		6392		22681

8-8 续表 2

年　份 单　位	发电量 (万千瓦小时)	焦　炭 (万吨)	尿　素 实物量 (万吨)	复合肥料 实物量 (吨)	酒　精 (吨)	化　学 原料药 (吨)	中成药 (吨)
1985	26136	4.3	8.8		3938		87
1990	47219	14.2	10.9		6791	111	384
1992	61876	12.0	20.6		11592	98	447
1993	60884	14.4	17.4		9923	126	170
1994	57130	14.6	19.6		6479	386	5
1995	59192	14.8	20.9	230	8548	82	193
1996	58132	18.6	19.8	4381	11289	166	211
1997	56020	18.4	19.8	1381	6754	175	1103
1998	58395	14.3	20.3	4653	8701	192	750
1999	53258	4.0	21.4	4542	7744	318	976
2000	43971	3.3	9.9	4784	1294	2391	2046
2001	48575	3.8	8.7	5168	2637	513	3235
2002	48775	2.8	16.1	7413	1238	2765	6756
2003	53439	12.5	11.3	4515	506	3530	8587
2004	57341	20.8	11.8	4877	948	3584	7376
2005	51646	21.4	19.8	4630	122	3268	11706
2006	61674	19.7	17.3	3950	4569	1587	12275
2007	58034	20.6	18.5	7134	15485	2055	13622
2008	54018	18.7	20.5	7660	16616	2536	11914
2009	47622	17.2	23.4	13637	9584.8	537	3567
2010	46779	19.8	28.2	15166	16096	759	2498
2011	57665	12.8	31.0	31140	16148	408	2708
2012	77153		32.1	59064	37141	920	4206
宝泉岭局	1800			15099			
红兴隆局	4550			3710	37141		
建三江局	22982			16855			
牡丹江局	12295			6100		26	911
北安局							
九三局							
齐齐哈尔局				16300			
绥化局	25265					292	
哈尔滨局				1000		597	3110
总局局直	10261		32.1		10751	5	185

8-8 续表 3

年份 单位	水泥 （万吨）	砖 （万块）	瓦 （万片）	小型拖拉机 （台）	机引耕作机械 （台）	种植机械 （台）	联合收获机 （台）	场上作业机械 （台）
1985	24.4	81909	1911	5879	231		900	
1990	38.8	83135	1525	356	461		220	
1992	57.3	89042	1234	189	303	1160	200	
1993	59.6	85644	1892	33	190	2		
1994	55.7	43749	1375	126	569	1230	2	
1995	45.6	51254	337	56	2192	1681		1222
1996	47.2	51452	1542	1568	2173	2688	718	435
1997	51.2	50966	154	673	2955	1988	615	657
1998	56.9	60692	220	505	2470	4302	718	1376
1999	63.2	56622	95	1233	1669	266	567	1962
2000	77.0	23876	87	294	1585	1026	1163	1951
2001	76.0	51691	173	120	893	1876	65	1801
2002	79.0	49929	934	452	689	414	31	2394
2003	108.1	54538	319		1745	2138	39	1332
2004	139.3	53202	1614		857	1623		330
2005	134.8	59314	348	15	13269	1334	69	307
2006	149.9	63768	878	53	12815	31059		9386
2007	112.1	79518	46		13980	21251		9540
2008	128.3	89984	46		10300	33850		9863
2009	163.8	105133	646		11654	20763		10253
2010	189.6	138615	53		4597	38222		1061
2011	220.8	163989	79		17963	64378		1962
2012	199.7	209212	39		25307	52620		6064
宝泉岭局	24.2	25525				140		
红兴隆局	89.2	54398	39		1100	100		473
建三江局		14407			150			
牡丹江局	86.3	30729			1732			1547
北安局		29705			169	273		211
九三局		27420			106	79		110
齐齐哈尔局		13043						
绥化局		12535						
哈尔滨局		1450			22050	52028		3723
总局局直								

8–9　主要工业产品生产、销售与库存

（2012年）

产品名称	计量单位	年初库库存量	本年累计生产量	本年累计销售量	累计自用及其他	盘盈(+)盘盈(-)	年末库存量
原煤	吨	96370	515868	557965			54273
发电量	万千瓦时		77153	62623	14530		
#火电	万千瓦时		43387	37358	6029		
自来水产量	万吨		5008	4981		-27	
大米	吨	138409	6189377	6191167	15926		120693
小麦粉	吨	20379	327451	338496			9334
小麦粉制品	吨	328	12169	12442			55
米制品	吨		119	119			
食用植物油	吨	103392	1236928	1221676	215		118429
豆粕	吨	231228	5336169	5335443			231954
鲜冷藏冻肉	吨	6900	143020	144238	75		5607
机制糖	吨	25638	31144	23922			32860
配混合饲料	吨	10673	602613	601643	54		11589
糖果	吨						
糕点	吨	7	7656	7657			6
饼干	吨	1	280	280			1
方便主食品	吨	172	650	648			174
乳制品	吨	26082	300380	301572	46	-11	24833
#液体乳	吨	3114	229715	229973	21	-11	2824
罐头	吨	15		15			
大麦芽	吨	92126	186991	176148		-261	102708
酱油	吨	5	10022	9857			170
豆制品	吨	1468	92040	87888			5620
淀粉	吨	49774	56076	47963	6	-36	57845
发酵酒精	千升		46000	46000			
精甲醇	吨	12011	10751	9217	1548		11997

8-9 续表　　　　　　　　　　　　（2012 年）

产品名称	计量单位	年初库存量	本年累计生产量	本年累计销售量	累计自用及其他	盘盈(+)盘盈(-)	年末库存量
饮料酒	千升	2428	79702	78558	17		3555
白酒	千升	2428	79702	78558	17		3555
啤酒	千升						
葡萄酒	千升						
服装	万件		8.2	8.2			
锯材	立方米	927	451892	452236			583
家具	件	80	51701	51321			460
纸浆	吨		13660		13660		
机制纸及纸板	吨	13495	28651	33490	197		8459
焦炭	吨	12775					12775
合成氨	吨	115	187254	187267			102
化肥(折纯量)	吨	4083	160845	161853	28		3047
# 尿素	吨	3925	148763	149657	28		3003
化肥(实物量)	吨	9102	386369	388688	60		6723
# 尿素	吨	8452	321305	323255	60		6442
化学原料药	吨	1223	920	727		-1	1415
中成药	吨	1618	4206	4279		-1	1544
水泥	吨	7682	1997314	1992302			12694
水泥熟料	吨	28790	819456	160800	616100		71346
砖	万块	2870	209212	205620	3700		2762
建筑用石灰	吨		264061	264061			
黄金	千克		195	195			
小型拖拉机	台	12		12			
拖拉机附件	千元		26226	26226			
中小农具	台	86	71013	60120	2		10977
机引耕作机械	台	1771	25307	13743			13335
种植机械	台	20481	52620	44006			29095
收获机械	台	40	337	370			7
场上作业机械	台	178	6064	4963			1279

8-10　主要工业产品生产能力利用率(全口径)

(2012年)

产品名称	生产能力			年产量			生产能力利用率(%)		
	计量单位	2012年	2011年	计量单位	2012年	2011年	2012年	2011年	增减点
小麦粉(处理小麦)	吨/年	613320	754320	吨	321401	278929	69.9	49.3	20.6
挂　面	吨/年	56115	55360	吨	13793	11353	24.6	20.5	4.1
大　米(处理水稻)	吨/年	15524392	13912510	吨	5803310	4586887	56.3	50.0	6.3
大豆食用油(处理大豆)	吨/日	30278	27322	吨	1347972	1151090	85.7	79.8	5.9
大豆酱(处理大豆)	吨/年	17046	16240	吨	43443	27245	72.9	47.1	25.7
机制糖(处理甜菜)	吨/日	3500	3900	吨	30646	38952	23.2	26.4	-3.3
屠宰禽量	万只/年	1910	1860	吨	20699	18281	61.9	56.2	5.8
乳制品	吨/年	87324	132272	吨	61635	73245	70.6	55.4	15.2
其中:奶粉(处理鲜奶)	吨/日	1400	1800	吨	64224	76170	56.6	59.2	-2.7
液态奶	吨/日	2024	2321	吨	231705	207940	34.7	27.1	7.5
淀　粉	吨/年	105030	117030	吨	57845	74641	55.1	63.8	-8.7
大麦芽	吨/年	324000	344000	吨	190591	221336	58.8	64.3	-5.5
白　酒	吨/年	64043	53019	吨	46369	43107	72.4	81.3	-8.9
酒　精	吨/年	51040	63040	吨	38000	4200	74.5	6.7	67.8
配混合饲料	吨/年	657300	508605	吨	572119	379663	87.0	74.6	12.4
甜菜干粕	吨/年	22080	22080	吨	12680	14928	57.4	67.6	-10.2
豆　粕	吨/年	7044450	6342450	吨	5244866	4940582	74.5	77.9	-3.4
黄　金	千克/年	528	528	千克	195	150	36.9	28.4	8.5
锯　材	立方米/年	474166	456836	立方米	456742	301872	96.3	66.1	30.2
机制纸	吨/年	78980	59000	吨	32142	36277	40.7	61.5	-20.8
发电量(装机容量)	千瓦	5168500	158500	万千瓦时	59837	67558	1.2	42.6	-41.5
尿　素	吨/年	300000	300000	吨	320705	309266	106.9	103.1	3.8
复合肥	吨/年	186720	199520	吨	45589	28799	24.4	14.4	10.0
种衣剂	吨/年	2000	2700	吨	532	1207	26.6	44.7	-18.1
水　泥	吨/年	3187495	2705000	吨	2048976	1969174	64.3	72.8	-8.5
红　砖	万吨/年	125992	121100	万块	153511	120724	121.8	99.7	22.2
亚　麻	吨/年	179400	500642	吨	20185	25327	11.3	5.1	6.2
甲　醇	吨/年	100000	100000	吨	10751	2914	10.8	2.9	7.8

注:8-10资料由总局工信委提供。

主要统计指标解释

工业　指从事自然资源的开采，对采掘品和农产品进行加工和再加工的物质生产部门。具体包括：(1)对自然资源的开采，如采矿、晒盐、森林采伐等(但不包括禽兽捕猎和水产捕捞)；(2)对农副产品的加工、再加工，如粮油加工、食品加工、轧花、缫丝、纺织、制革等；(3)对采掘品的加工、再加工，如炼铁、轧钢、化工生产、石油加工、机器制造、木材加工等，以及电力、自来水、煤气的生产和供应等；(4)对工业品的修理、翻新，如机器设备的修理、交通运输工具(包括小卧车)的修理等。1984 年以前农村的村及村以下办工业归属农业，1984 年以后划归工业。

轻工业　指主要提供生活消费品和制作手工工具的工业。按其所使用的原料不同，可分为两大类：(1)以农产品为原料轻工业，是指直接或间接以农产品为基本原料的轻工业。主要包括食品制造、饮料制造、烟草加工、纺织、缝纫、皮革和毛皮制作、造纸以及印刷等工业；(2) 以非农产品为原料的轻工业，是指以工业品为原料的轻工业。主要包括体育用品、化学药品制造、合成纤维制造、日用化学制品、日用玻璃制品、日用金属制品、手工工具制造、医疗器械制造、文化和办公用机械制造等工业。

重工业　是指为国民经济各部门提供物质技术基础的主要生产资料工业。按其生产性质和产品用途，可以分为下列三类：(1)采掘(伐)工业，是指对自然资源的开采，包括石油开采、煤炭开采、金属矿开采、非金属矿开采和木材采伐等工业；(2)原材料工业，指向国民经济各部门提供基本材料、动力和燃料的工业。包括金属冶炼及加工、炼焦及焦炭化学、化工原料、水泥、人造板以及电力、石油和煤炭加工等工业；(3)加工工业，是指对工业原材料进行再加工制造的工业。包括装备国民经济各部门的机械制造工业、金属结构、水泥制品等工业，以及为农业提供的生产资料如化肥、农药等工业。

根据上述划分原则，修理业中以重工业产品为修理作业对象的划为重工业，反这划为轻工业。

工业总产值　是以货币表现的工业企业在一定时期内生产的已出售或可供出售工业产品的总量，它反映一定时间内工业生产的总规模和总水平。它包括：在本企业内不再进行加工，经检验、包装入库(规定不需包装的产品除外)的成品价值，工业性作业价值，自制半成品、在产品期末期初差额价值。工业总产值采用“工厂法”计算，即以工业企业作为一个整体，按企业工业生产活动的最终成果来计算，企业内部不允许重复，不能把企业内部各个车间（分厂)生产的成果相加。但在企业之间、行业之间、地区之间存在着重复计算。

轻重工业总产值的划分也是按“工厂法”计算的，即一个工业企业在正常情况下生产的主要产品的性质属于轻工业，则该企业的全部总产值作为轻工业总产值；一个工业企业生产的主要产品的性质属于重工业，则该企业的全部总产值作为重工业总产值。

工业增加值　是指工业行业在报告期内以货币表现的工业生产活动的最终成果。

固定资产原值　固定资产原价指企业在建造、购置、安装、改建、扩建、技术改造某项固定资产时所支出的全部货币总额。它一般包括买价、包装费、运杂费和安装费等。

固定资产净值是指固定资产原价减去历年已提折旧后的净额。

资产　指由过去的交易、事项形成并由企业拥有或控制的资源，该资源预期会给企业带来经济利益。按资产的流动性分为流动资产、长期投资、固定资产、无形资产和其他资产。

负债　指过去的交易、事项形成的现时义务，履行该义务预期会导致经济利益出企业。包括流动负债、长期负债、递延税项等。

产品销售收入　指企业在报告期内销售产品、提供劳务及让渡资产使用权等日常活动取得的业务收入总额。

按规定产品销售收入应扣除销售退货，销售折扣和销售折让。

产品销售成本　指企业报告期内销售产品、提供劳务或让渡资产使用权等日常活动而发生的实际成本。

产品销售费用　指企业在报告期内，销售产品和提供工业性劳务等过程中发生的各项费用，包括运输费、装卸费、包装费、保险费、展览费和广告费，以及为销售本企业商品而专设的销售机构（含销售网点、售后服务网点等)的职工工资及福利费、类似工资性质的费用、业务费等经营费用。

产品销售税金及附加　指企业销售产品和提供

工业性劳务等主要经营业务应负担的城市维护建设税、消费税、资源税和教育费附加。

产品销售利润　指企业销售产品和提供工业性劳务等主要经营业务收入扣除其成本、费用、税金后的利润。

利润总额　指企业在一定时期的经营成果，它是企业在一定会计期间内实现的收入减去费用后的净额。亏损用"–"表示。

应交增值税　指企业在报告期内因发生产品销售或提供劳务而应缴纳的增值税额。

所有者权益（或股东权益）　指企业所有者对企业净资产的所有权。企业净资产等于企业全部资产减去全部负债后的余额，其中包括投资者对企业的最初投入（实收资本），以及资本公积金、盈余公积金和未分配利润，对股份制企业讲即为股东权益。

总资产贡献率　该指标反映企业全部资产的获利能力，是企业经营业绩和管理水平的集中体现，是评价和考核企业盈利能力的核心指标。计算公式为：

$$总资产贡献率=\frac{(利润总额+税金总额)+利息支出)}{平均资产总额}\times 100\%$$

资本保值增值率　该指标反映企业净资产的变动状况，是企业发展能力的集中体现。计算公式为：

$$资本保值增值率=\frac{报告期期末所有者权益}{上年同期期末所有者权益}\times 100\%$$

资产负债率　该指标既反映企业经营风险的大小，也反映企业利用债权人提供的资金从事经营活动的能力。计算公式为：

$$资产负债率=\frac{负债总额}{资产总额}\times 100\%$$

流动资产周转率　指一定时期内流动资产完成的周转次数，反映投入工业企业流动资金的周转速度。计算公式为：

$$流动资产周转率=\frac{产品销售收入}{流动资产平均余额}\times\frac{12}{累计月份}$$

成本费用利润率　反映工业投入的生产成本及费用的经济效益，同时也反映企业降低成本所取得的经济效益。计算公式为：

$$成本费用利润率=\frac{利润总额}{成本费用总额}\times 100\%$$

其中：成本费用总额为产品销售成本、销售费用、管理费用、财务费用之和。

全员劳动生产率　该指标反映企业的生产效率和劳动投入的经济效益。计算公式为：

$$全员劳动生产率=\frac{工业增加值}{全部职工平均人数}$$

产品销售率　反映工业产品已实现销售的程度，是分析工业产销衔接情况、研究工业产品满足社会需求的指标计算公式为：

$$产品销售率=\frac{工业销售产值}{工业总产值}\times 100\%$$

9

建筑业

STATISTICAL

YEARBOOK

建筑业总产值（万元）

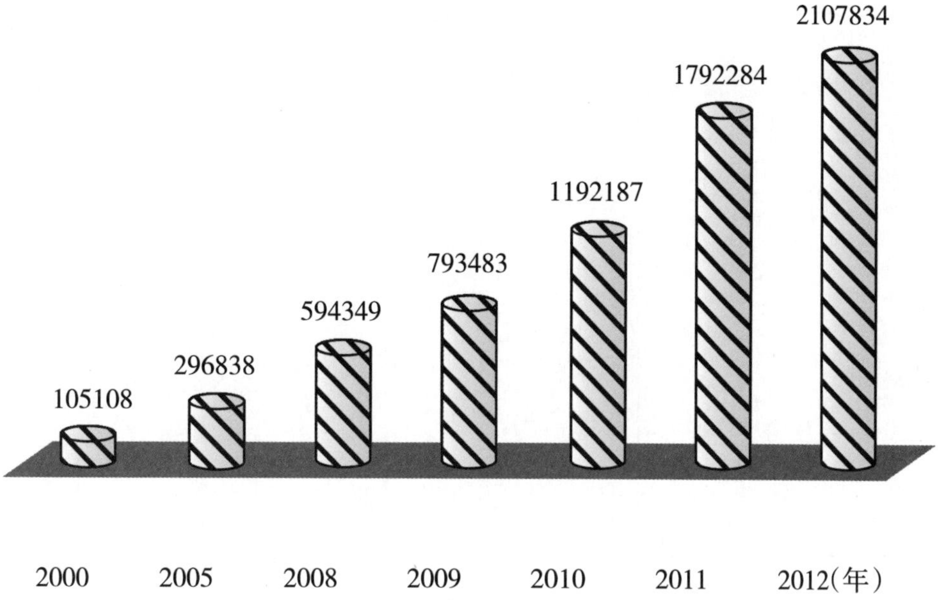

劳动生产率（元／人）

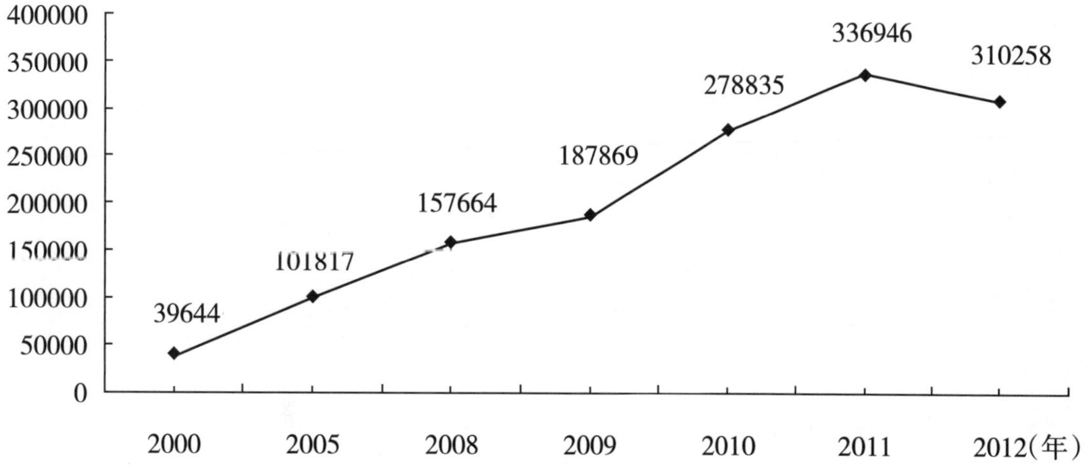

9-1 建筑企业基本情况

指　　标	单　位	2000	2005	2008	2009	2010	2011	2012
施工企业单位数	个	152	226	202	210	232	273	300
年末从业人数	个	23477	27728	35652	37556	50121	57116	57919
年平均人数	个	26513	29154	37697	42236	42756	53192	67938
固定资产原值	万元	30548	71656	114312	139654	170768	188109	227701
建筑业总产值	万元	105108	296838	594349	793483	1192187	1792284	2107834
年内施工的单位工程数	个	902	2882	2731	3021	3317	4329	4901
验收交工的单位工程数	个	790	2753	2481	2712	2833	3435	4258
#优良工程个数	个	301	395	475	600	911	1422	1678
验收鉴定的单位工程优良品率	%	38.1	14.3	19.1	22.1	32.2	41.4	39.4
房屋建筑施工面积	万平方米	123.0	200.5	282.9	416.3	645.6	746.0	868.7
房屋建筑竣工面积	万平方米	78.5	149.7	212.1	353.0	524.6	660.0	653.1
#优良工程竣工面积	万平方米	48.8	67.2	96.9	246.0			
房屋面积竣工率	%	63.8	74.7	75.0	84.8	81.3	88.5	75.2
房屋建筑面积优良品率	%	62.2	44.9	45.7	69.7			
利润总额	万元	2675	20518	49301	75738	98229	162998	179662
全员劳动生产率								
按总产值计算	元/人	39644	101817	157664	187869	278835	336946	310258
按增加值计算	元/人	18556	34158	54613	63941	95445	115431	118473
产值利润率	%	2.5	6.7	8.3	9.5	8.2	9.1	8.5

9-2 各管理局建筑业总产值

（2012 年） 单位:万元

单位名称	建筑业总产值	公有控股经济	非公有控股经济	#个体	#在系统外完成产值	公有控股经济	非公有控股经济	#个体
总　　计	**2107834**	**739121**	**1368713**	**535762**	**258546**	**223077**	**35469**	**370**
宝泉岭局	214290	47999	166291	82108	7		7	
红兴隆局	542271	116207	426064	161977	11580	1690	9890	
建三江局	270835	39094	231741	73137	10755		10755	
牡丹江局	179894	5314	174580	83671				
北　安　局	84574	31778	52796	25085	2795		2795	
九　三　局	103095		103095	48502				
齐齐哈尔局	67490	8049	59441	51035	1284		1284	
绥　化　局	68250		68250	8638				
哈尔滨局	16915		16915	1610	4654		4654	370
总局直属	560219	490680	69539		227471	221387	6084	

9-3 各管理局工程施工及竣工个数

（2012 年） 单位:个

单位名称	单位工程施工个数	#公有控股经济	#新开工	#公有控股经济	单位工程竣工个数	#公有控股经济	#优良单位工程	#公有控股经济
总　　计	**4901**	**949**	**4500**	**594**	**4258**	**403**	**1678**	**278**
宝泉岭局	1467	131	1467	131	1467	131	82	51
红兴隆局	815	143	790	118	755	85	674	62
建三江局	520	39	519	39	506	35	277	35
牡丹江局	214	19	187	19	190	19	52	6
北　安　局	260	20	236		204	6	138	
九　三　局	427		427		427		95	
齐齐哈尔局	146	23	143	23	137	23	130	23
绥　化　局	273		272		273		27	
哈尔滨局	18		18		18		11	
总局直属	761	574	441	264	281	104	192	101

9-4 各管理局房屋施工及竣工面积

（2012 年） 单位：平方米

单位名称	本年房屋建筑施工面积	公有控股经济	非公有控股经济	#个体	本年房屋建筑竣工面积	公有控股经济	非公有控股经济	#个体
总计	**8686689**	**2304927**	**6381762**	**3118812**	**6531108**	**971705**	**5559403**	**2478038**
宝泉岭局	590984	81731	509253	280295	590984	81731	509253	280295
红兴隆局	2308430	322824	1985606	1027972	2147283	322824	1824459	1004889
建三江局	1016604		1016604	314360	1004523		1004523	314360
牡丹江局	1325562		1325562	920700	763362		763362	379500
北安局	370232	262136	108096	65646	297378	189282	108096	65646
九三局	316768		316768	167304	316757		316757	167293
齐齐哈尔局	397919	46050	351869	297823	321439	46050	275389	221343
绥化局	346956		346956	38512	346956		346956	38512
哈尔滨局	172525		172525	6200	172525		172525	6200
总局直属	1840709	1592186	248523		569901	331818	238083	

9-5 各管理局建筑业从业人员数

（2012 年） 单位：人

单位名称	期末从业人员	公有控股经济	非公有控股经济	#个体	#工程技术人员	公有控股经济	非公有控股经济	#个体
总计	**57919**	**23768**	**34151**	**22009**	**7071**	**1787**	**5284**	**1998**
宝泉岭局	4998	897	4101	2918	655	139	516	216
红兴隆局	9698	1579	8119	5950	1355	412	943	486
建三江局	4783	334	4449	2445	967	79	888	420
牡丹江局	4781	168	4613	3841	529	38	491	218
北安局	3799	2100	1699	924	321		321	132
九三局	2672		2672	2264	308		308	204
齐齐哈尔局	5364	2410	2954	2865	331	80	251	231
绥化局	2167		2167	637	277		277	48
哈尔滨局	407		407	165	151		151	43
总局直属	19250	16280	2970		2177	1039	1138	

9-6 建筑企业主要机械设备年末拥有量

指标	单位	2000	2005	2007	2008	2009	2010	2011	2012
年末自有机械设备原值	万元	32094	61656	88425	114312	138565	169436	186227	190558
年末自有机械设备总台数	台	2941	2751	3067	3483	4042	4518	4585	4667
#起重机	台	156	252	230	311	383	570	784	642
载重汽车	辆	166	253	329	360	431	548	628	617
推土机	台	345	296	335	385	444	470	517	731
挖掘机	台	264	253	382	464	557	571	614	823
铲运机	台	40	39	40	41	47	51	54	55
自有机械设备总功率	万千瓦	9.9	14	15	15.4	16.8	21.7	22.9	23.2
技术装备率	元/人	8526	22236	28071	32060	36151	39629	35010	32901

9-7 各管理局固定资产原值及机械情况

（2012 年） 单位:台

单位名称	固定资产原值（万元）	#公有控股经济	自有机械设备总台数	#公有控股经济	#起重机	#公有控股经济
总 计	**227701**	**47393**	**4667**	**808**	**642**	**70**
宝泉岭局	17739	7115	445	100	36	7
红兴隆局	37903	7648	1158	378	182	41
建三江局	44681	5144	633	146	89	2
牡丹江局	16279	251	807	19	96	
北 安 局	19262	3964	276	25	34	12
九 三 局	18638		191		23	
齐齐哈尔局	6922	2053	223	36	44	
绥 化 局	12027		163		53	
哈尔滨局	3782		190		16	
总局直属	50469	21218	581	104	69	8

9-7 续表 单位:台

单位名称	#推土机	#公有控股经济	#挖掘机	#公有控股经济	#载重汽车	#公有控股经济
总　　计	**617**	**143**	**731**	**161**	**823**	**159**
宝泉岭局	54	8	68	13	61	15
红兴隆局	129	51	131	45	149	48
建三江局	131	42	199	54	181	45
牡丹江局	63	3	93	4	107	12
北 安 局	54	5	67	3	83	5
九 三 局	18		16		28	
齐齐哈尔局	37	10	29	7	82	13
绥 化 局	44		28		31	
哈尔滨局	4		5		10	
总局直属	83	24	95	35	91	21

9-8　各管理局资产、利润及拖欠工程款情况

（2012 年） 单位:万元

单位名称	资产总额	#公有控股经济	利润总额	#公有控股经济	期末拖欠工程款	#公有控股经济
总　　计	802255	450845	179662	35375	151745	136635
宝泉岭局	53454	24575	28737	7348	15230	13075
红兴隆局	106259	43930	62919	18527	8730	3863
建三江局	84789	6319	23932	2638		
牡丹江局	32532	2049	15014	16	486	
北 安 局	36465	18986	5428	46	9533	9533
九 三 局	28999		12250			
齐齐哈尔局	13840	4116	5771	646		
绥 化 局	23169		11751			
哈尔滨局	8173		569			
总局直属	414574	350870	13292	6154	117766	110164

主要统计指标解释

建筑业总产值 （自行完成施工产值）:指以货币表现的建筑安装企业和附营施工单位在一定时期内生产的建筑业产品的总和。它包括建筑工程产值、设备安装工程产值、房屋、构筑物修理产值、非标准设备制造产值。

竣工产值 指在报告期内,按照设计所规定的工程内容全部完成，达到了设计规定的交工条件,经有关部门检查验收签定合格的单位工程价值之和。

单位工程施工个数 指在报告期内施过工的全部单位工程数量,包括本期新开工、上期施工跨入本期继续施工、上期停工缓建本期复工、本期开工又停缓建和本期竣工的单位工程数量。

新开工单位工程个数 指报告期内新开工的单位工程个数。它不包括在上期施工跨入报告期继续施工的单位工程,也不包括上期停缓建报告期复工的单位工程个数。

单位工程竣工个数 是指报告期内按设计所规定的工程内容全部完成,达到了使用条件,经有关部门检查验收签定合格的全部单位工程个数。

优良工程个数 指按现行国家质量等级标准,经政府质量监督部门验收鉴定,评为优良工程的单位工程个数。

房屋建筑施工面积 指在报告期内施工的全部房屋建筑面积;包括本期内新开工的、上期施工跨入本期继续施工、上期停建奉期复工的房屋建筑面积;不包括上期开工后又停工,本期未施工的房屋建筑面积。

房屋建筑竣工面积 指在报告期内,按照设计所规定的面积内容全部完成,达到了设计规定的交工条件,经有关部门检查验收签定合格的房屋建筑面积。

房屋建筑优良工程面积 指按现行国家质量等级标准,经政府质量监督部门验收鉴定,评为优良工程的房屋建筑面积。

自有机械设备年末总台数 指归本企业(或单位)所有,属于本企业(或单位)固定资产的牛产性机械设备年末总台数。包括施工机械、生产设备、运输设备以及其他设备。

期末拖欠工程款 是指建筑企业是在报告期末应向发包单位收取的工程款,取自会计科目“应收账款”中的明细科目“应收工程款”。

$$\textbf{技术装备率}=\frac{\text{自有机械设备净值}}{\text{年末从业人数}}\times 100\%$$

$$\textbf{动力装备率}=\frac{\text{自有机械设备净值}}{\text{年末从业人数}}\times 100\%$$

$$\textbf{劳动生产率}=\frac{\text{自有机械设备净值}}{\text{年末从业人数}}\times 100\%$$

10

交通运输和通讯业

STATISTICAL

YEARBOOK

客运量(千人)

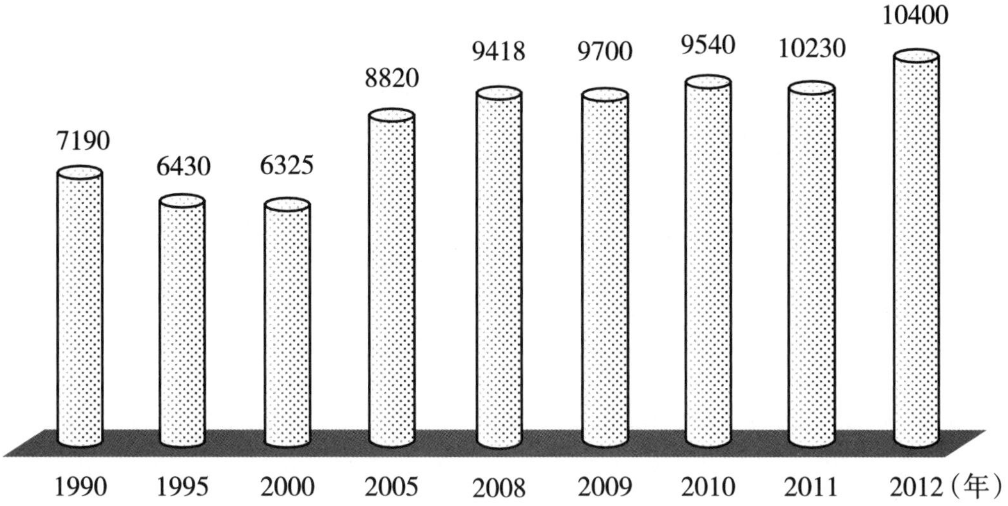
7190
6430
6325
8820
9418
9700
9540
10230
10400
1990
1995
2000
2005
2008
2009
2010
2011
2012（年）

货运量(千吨)

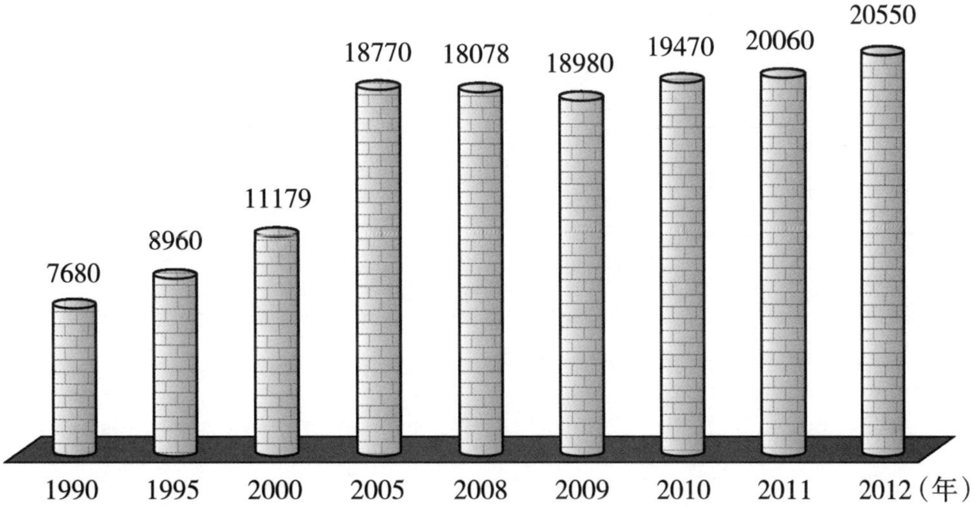
7680
8960
11179
18770
18078
18980
19470
20060
20550
1990
1995
2000
2005
2008
2009
2010
2011
2012（年）

10-1 运输企业客(货)运量和旅客(货物)周转量

年份	客运量（万人）	旅客周转量（万人公里）	货运量（万吨）	货运周转量（万吨公里）
1985			998	43685
1990	719	29178	768	30933
1995	643	29220	896	58242
1998	636	28706	1318	64742
1999	642	30178	1103	63690
2000	633	29378	1118	50882
2001	671	30918	1025	59625
2002	781	36429	1161	64781
2003	679	30650	1294	67067
2004	864	59474	1803	147844
2005	882	52308	1877	126138
2006	925	57146	1838	97250
2007	948	58157	1855	111809
2008	942	57536	1808	111016
2009	970	59261	1898	116819
2010	954	54476	1947	127250
2011	1023	65329	2006	130142
2012	1040	66645	2055	133691

10-2 各管理局客运市场基本情况

单位:条

年份 单位	营运线路 合计	跨地(市)	地(市)内	#县内
2000	454	72	382	218
2004	519	76	443	255
2005	510	74	436	244
2006	581	101	480	243
2007	570	133	437	299
2008	567	113	453	294
2009	596	120	476	285
2010	589	97	447	271
2011	583	88	281	214
2012	578	93	245	240
宝泉岭局	104	17	45	42
红兴隆局	123	34	52	37
建三江局	122	14	27	81
牡丹江局	83	6	21	56
北安局	56	4	40	12
九三局	29	6	19	4
齐齐哈尔局	28	6	15	7
绥化局	26	5	21	
哈尔滨局	7	1	5	1
总局直属				

10-3 各管理局运输企业客(货)运量和旅客(货物)周转量

年份 单位	客运量 (千人)	旅客周转量 (千人公里)	货运量 (千吨)	#汽车 货运量	货物周转量 (千吨公里)	#汽车 货物周转量
2000	6325	293780	11179	11179	508820	508820
2004	8640	594740	18030	18030	1478440	1478440
2005	8820	523080	18770	18770	1261380	1261380
2006	9250	571460	18380	18380	972500	972500
2007	9480	581571	18548	18548	1118093	1118093
2008	9418	575357	18078	18078	1110156	1110156
2009	9700	592610	18980	18980	1168190	1168190
2010	9540	544758	19470	19470	1272500	1272500
2011	10230	653290	20060	20060	1301420	1301420
2012	10400	666450	20550	20550	1336910	1336910
宝泉岭局	1490	108410	1730	1730	130860	130860
红兴隆局	1780	106390	2320	2320	126270	126270
建三江局	2280	162570	3720	3720	244060	244060
牡丹江局	1880	75150	3310	3310	132230	132230
北安局	1220	87400	1800	1800	159630	159630
九三局	1020	81720	1520	1520	118310	118310
齐齐哈尔局	280	29940	3950	3950	298060	298060
绥化局	390	6610	1230	1230	64600	64600
哈尔滨局	60	8260	970	970	62890	62890

10-4 各管理局公路里程及公路硬化情况

(2012年)　　单位:公里

单位	合计	硬化路面里程	水泥	沥青	渣油	硬化率 (%)
合计	**25190.24**	**10167.18**	**461.19**	**9705.99**		**40.4**
宝泉岭局	3545.22	1400.74	2.24	1398.50		40.6
红兴隆局	4468.56	1641.96	27.18	1614.78		36.7
建三江局	5499.62	1964.55		1964.55		35.7
牡丹江局	3499.34	1814.34	1.21	1813.13		51.8
北安局	2703.39	1081.62	33.93	1047.70		40.0
九三局	1762.99	721.44		721.44		40.9
齐齐哈尔局	1887.40	669.84	137.71	532.14		35.5
绥化局	1418.71	497.42	23.57	473.85		35.1
哈尔滨局	274.18	158.99	30.85	128.14		58.0
总局直属	221.83	216.28	204.51	11.76		97.5

10-5 各管理局营运载客汽车

(2012年)

单　　位	客运车辆总计		客运班车合计		出租客车	
	(辆)	(客位)	(辆)	(客位)	(辆)	(客位)
合　　计	**5690**	**43620**	**736**	**23804**	**4954**	**19816**
宝泉岭局	559	5290	122	3542	437	1748
红兴隆局	897	8138	159	5186	738	2952
建三江局	1287	10006	149	5454	1138	4552
牡丹江局	793	5968	125	3296	668	2672
北 安 局	541	3905	64	1997	477	1908
九 三 局	876	4610	30	1226	846	3384
齐齐哈尔局	448	3448	54	1872	394	1576
绥 化 局	197	1651	26	967	171	684
哈尔滨局	92	604	7	264	85	340

10-6 各管理局营运载货汽车

(2012年)

单　　位	货运车辆总计		普通载货汽车		专用载货汽车	
	(辆)	(吨位)	(辆)	(吨位)	(辆)	(吨位)
合　　计	**9638**	**85691**	**9490**	**83107**	**148**	**2584**
宝泉岭局	711	6855	711	6855		
红兴隆局	1355	13161	1355	13161		
建三江局	1175	13591	1175	13591		
牡丹江局	1145	7892	1145	7892		
北 安 局	895	3800	895	3800		
九 三 局	358	2045	358	2045		
齐齐哈尔局	1359	16595	1359	16595		
绥 化 局	544	2592	544	2592		
哈尔滨局	1948	16576	1948	16576		
总局直属	148	2584			148	2584

10-7 营运载客汽车按标记客位分组

（2012 年）

单　位	客运班车合计		大　型		中　型		小　型	
	（辆）	（客位）	（辆）	（客位）	（辆）	（客位）	（辆）	（客位）
合　计	**736**	**23804**	**381**	**15401**	**294**	**7778**	**61**	**625**
宝泉岭局	122	3542	45	1755	60	1585	17	202
红兴隆局	159	5186	81	3282	66	1801	12	103
建三江局	149	5454	114	4495	35	959		
牡丹江局	125	3296	48	1760	56	1325	21	211
北安局	64	1997	25	1114	28	774	11	109
九三局	30	1226	25	1102	5	124		
齐齐哈尔局	54	1872	22	983	32	889		
绥化局	26	967	14	646	12	321		
哈尔滨局	7	264	7	264				

10-8 各管理局汽车修理业务基本情况

年　份 单　位	汽车修理业（户）	一类	二类	三类	摩托车	从业人员（人）	# 管理人员	# 技术人员
2000	380	12	36	309	23	1684	332	610
2004	441	2	32	368	39	1445	314	686
2005	389	2	24	280	83	1364	313	591
2006	387	2	35	309	41	1194	313	222
2007	373	2	32	309	30	1167	190	139
2008	386	2	29	301	54	1193	226	129
2009	433	3	24	367	38	892	228	664
2010	443	4	23	372	44	502	221	77
2011	386	2	25	332	27	1246	245	1001
2012	378	2	27	316	33	1195	260	935
宝泉岭局	41	1	7	28	5	168	47	121
红兴隆局	90		8	70	12	246	18	228
建三江局	130		2	123	5	457	121	336
牡丹江局	30		6	14	10	125	21	104
北安局	18		1	17		56	4	52
九三局	24	1	1	22		40	2	38
齐齐哈尔局	40		1	38	1	87	41	46
绥化局								
哈尔滨局	5		1	4		16	6	10

10-9 垦区按技术等级分的公路里程到达情况

（2012 年）　　单位:公里

单位	总计	等级公路	高速公路	一级	二级	三级	四级	等外公路
上年年底到达数	24587.75	10878.13		1.5	524.00	7654.83	2697.80	13709.62
本年年底到达数	25190.24	12315.84	204.51	11.11	553.07	8658.09	2889.06	12874.40
1、国道	55.64	55.64				34.43	21.20	
2、省道	655.78	655.78	204.51	1.51	425.02	24.74		
3、县道	407.14	407.14			27.67	351.03	28.44	
4、乡道	7337.76	7029.18		9.60	57.81	5394.00	1567.77	308.58
5、专用公路	9396.76	253.89			19.70	197.92	36.27	9142.88
6、村道	7337.16	3914.21			22.87	2655.97	1235.37	3422.94

10-10 各管理局按技术等级分的公路里程到达情况

（2012 年）　　单位:公里

单位	总计	等级公路	高速公路	一级	二级	三级	四级	等外公路
合　计	25190.24	12315.84	204.51	11.11	553.07	8658.09	2889.06	12874.40
宝泉岭局	3454.22	1688.97			21.32	1502.85	164.80	1765.26
红兴隆局	4468.56	1880.94		1.51	191.77	1318.82	368.83	2587.62
建三江局	5499.62	2280.07		9.60	293.53	1859.57	117.37	3219.55
牡丹江局	3499.34	2034.87			5.65	1562.86	466.36	1464.47
北安局	2703.39	1652.67			13.36	1172.95	466.36	1050.73
九三局	1762.99	953.95			3.92	435.12	514.91	809.04
齐齐哈尔局	1887.40	850.38			19.31	409.46	421.62	1037.02
绥化局	1418.71	589.55			4.21	268.27	317.07	829.15
哈尔滨局	274.18	168.17				121.34	46.83	106.00
总局直属	221.83	216.28	204.51			6.84	4.93	5.56

10-11　垦区按路面类型分的公路里程到达情况

（2012年）　　　　单位：公里

单　位	公路里程	有铺装路面(高级)			未铺装路面(中级、低级、无路面)				
		合计	沥青混凝土	水泥混凝土	合计	渣油	砂石	砖铺	无路面
上年年底到达数	24587.75	8372.47	337.58	8034.89	16215.28	5.13	2496.56	3.98	13709.62
本年年底到达数	25190.24	10167.18	461.19	9705.99	15023.06	23.39	2123.78	1.50	12874.40
1、国道	55.64	37.37		37.37	18.26	18.26			
2、省道	655.78	654.64	204.51	450.13	1.14		1.14		
3、县道	407.14	307.18	32.26	274.93	99.96		99.96		
4、乡道	7337.76	5846.36	179.54	5666.82	1491.40		1181.33	1.50	308.58
5、专用公路	9396.76	203.55		203.55	9193.22		50.34		9142.88
6、村道	7337.16	3118.08	44.88	3073.20	4219.08	5.13	791.01		3422.94

10-12　各管理局按路面类型分的公路里程到达情况

（2012年）　　　　单位：公里

单　位	公路里程	有铺装路面(高级)			未铺装路面(中级、低级、无路面)				
		硬化小计	沥青混凝土	水泥混凝土	渣油	石质	砂石	砖铺	无路面
合　计	25190.24	10167.18	461.19	9705.99	23.39		2123.78	1.50	12874.40
宝泉岭局	3454.22	1400.74	2.24	1398.50			288.23		1765.26
红兴隆局	4468.56	1641.96	27.18	1614.78			238.98		2587.62
建三江局	5499.62	1964.55		1964.55			315.52		3219.55
牡丹江局	3499.34	1814.34	1.21	1813.13			220.53		1464.47
北安局	2703.39	1081.62	33.93	1047.70			571.05		1050.73
九三局	1762.99	721.44		721.44			232.50		809.04
齐齐哈尔局	1887.40	669.84	137.71	532.14	23.39		157.15		1037.02
绥化局	1418.71	497.42	23.57	473.85			90.64	1.50	829.15
哈尔滨局	274.18	158.99	30.85	128.14			9.18		106.00
总局直属	221.83	216.28	204.51	11.76					5.56

10-13 各管理局道路客货运站及客运班车通达情况

（2012 年）

单位	客运站							站务情况		
	客运站数量（个）	一级站	二级站	三级站	四级站	五级站	简易站及招呼站	站务人员（人）	平均日发班次（班次）	平均日旅客发送量（人次）
合计	**821**	**4**	**6**	**61**	**33**	**107**	**610**	**489**	**889**	**24956**
宝泉岭局	127	1		11	2	8	105	63	200	3945
红兴隆局	161	2	3	8		36	112	124	126	4900
建三江局	107	1	1	14		7	84	129	167	6031
牡丹江局	99			14		16	69	65	204	5208
北安局	104			2	11	10	81	27	56	1656
九三局	143		1	5	7	19	111	29	45	1200
齐齐哈尔局	34		1	1	6	11	15	33	57	1553
绥化局	33			3	6		24	11	28	327
哈尔滨局	13			3	1		9	8	6	136

10-14 垦区分路线公路桥梁到达情况

（2012 年）

路线名称	桥梁合计		临时性		半永久性		永久性	
	（米）	（座）	（米）	（座）	（米）	（座）	（米）	（座）
合计	**37343**	**1435**	**70**	**6**			**37273**	**1429**
干线	13536	215					13450	214
国道	42	1					42	1
省道	13494	214					13494	214
县道	1614	60					1614	60
乡道	15405	747	22	2			15383	745
专用公路	253	5					253	5
村道	6535	408	48	4			6487	404

路线名称	桥梁中:危险桥梁		桥梁按跨径分					
			大桥		中桥		小桥	
	（米）	（座）	（米）	（座）	（米）	（座）	（米）	（座）
合计	**2962**	**167**	**6822**	**45**	**12833**	**220**	**17688**	**1170**
干线	183	4	4357	29	7592	111	1588	75
国道	42	1			42	1		
省道	141	3	4357	29	7550	110	1588	75
县道	187	11	388	2	448	8	779	50
乡道	1523	82	1859	12	3684	75	9862	660
专用公路	16	1	175	1			78	4
村道	1053	69	43	1	1110	26	5382	381

10–15 垦区公路通达情况

（2012年） 单位:个

单位	乡（镇）通达情况					
	乡镇总数	通公路数	通有铺装路面数	通简易路面数	通未铺装路面数	无路面数
总计	**154**	**154**	**153**		**1**	
宝泉岭局	13	13	13			
红兴隆局	35	35	35			
建三江局	20	20	20			
牡丹江局	14	14	14			
北安局	15	15	15			
九三局	12	12	11		1	
齐齐哈尔局	22	22	22			
绥化局	11	11	11			
哈尔滨局	11	11	11			
总局直属	1	1	1			

10–15续表 （2012年） 单位:个

单位	行政村通达情况					
	行政村总数	通公路数	通有铺装路面数	通简易路面数	通未铺装路面数	无路面数
总计	**2313**	**2105**	**1930**		**175**	**208**
宝泉岭局	366	351	325		26	15
红兴隆局	432	367	343		24	65
建三江局	329	318	311		7	11
牡丹江局	337	309	290		19	28
北安局	308	271	221		50	37
九三局	201	175	142		33	26
齐齐哈尔局	179	157	147		10	22
绥化局	114	113	107		6	1
哈尔滨局	42	39	39			3
总局直属	5	5	5			

10-16 垦区公路桥梁到达情况(省道)

(2012 年)

路线编号	路线名称起讫地点	桥梁合计		其中				桥梁按跨径分					
				永久性		危险桥梁		大桥		中桥		小桥	
		(米)	(座)	(米)	(座)	(米)	(座)	(米)	(座)	(米)	(座)	(米)	(座)
	省道合计	**13493.65**	**214**	**13493.65**	**214**	**334.43**	**5**	**4356.61**	**29**	**7512.34**	**110**	**1587.46**	**75**
S202	绥化—北安	52.00	1	52.00	1					52.00	1		
	北农界—农北界	52.00	1	52.00	1					52.00	1		
S210	饶河—抚远	425.80	12	425.80	12			124.00	1	111.60	2	190.20	9
	饶农界—农饶界												
	饶农界—胜锋界	168.50	3	168.50	3			124.00	1			44.50	2
	胜锋界—锋哨界	88.00	2	88.00	2					56.00	1	32.00	1
	锋哨界—农抚界	169.30	7	169.30	7					55.60	1	113.70	6
S306	佳木斯—抚远	403.22	17	403.22	17					42.72	1	360.50	16
	富农界—直锋界	356.22	15	356.22	15					42.72	1	313.50	14
	直锋界—锋哨界	47.00	2	47.00	2							47.00	2
	锋哨界—农抚界												
S307	依兰—饶河	1243.21	41	1243.21	41	164.21	1	290.21	2	193.00	4	760.00	35
	宝农界—二三界	491.00	15	491.00	15	0.00		126.00	1	102.00	2	263.00	12
	二三界—三红界	472.00	20	472.00	20	0.00				91.00	2	381.00	18
	三红界—农饶界	280.21	6	280.21	6	164.21	1	164.21	1			116.00	5
S308	依兰—宝清	300.72	7	300.72	7	170.22	4			237.00	4	63.72	3
	七农界—农七界	300.72	7	300.72	7	170.22	4			237.00	4	63.72	3
S313	同江—抚远	280.80	13	280.80	13					102.00	2	178.80	11
	同农界—农同界	280.80	13	280.80	13					102.00	2	178.80	11
S402	建三江—虎林	10787.9	123	10787.9	123			3942.4	26	6774.02	96	34.24	1
	建三江—富宝界	3440.96	42	3440.96	42			1189.6	9	2251.36	33		
	富宝界—宝虎界	5221.56	53	5221.56	53			2308.24	13	2876.08	40		
	宝虎界—虎林	2125.38	28	2125.38	28			444.56	4	1646.58	23	34.24	1

10-17 垦区公路桥梁到达情况(县道)

(2012 年)

路线编号	路线名称起讫地点	桥梁合计		其中				桥梁按跨径分					
				永久性		危险桥梁		大桥		中桥		小桥	
		(米)	(座)	(米)	(座)	(米)	(座)	(米)	(座)	(米)	(座)	(米)	(座)
	县道合计	**1614.20**	**60**	**1614.20**	**60**	**270.80**	**12**	**388.00**	**2**	**447.60**	**8**	**778.60**	**50**
X025	拉哈—甘南	656.00	13	656.00	13	34.00	1	388.00	2	88.00	2	180.00	9
X116	向阳—前卫	23.50	2	23.50	2							23.50	2
X122	虎林—八五二	156.20	5	156.20	5	84.00	1			84.00	1	72.20	4
X126	庆丰—同化	154.40	5	154.40	5					136.40	2	18.00	3
X136	友谊—宝清	77.40	5	77.40	5							77.40	5
X190	沾河—81125 部队												
X205	勤得利支线	12.50	1	12.50	1							12.50	1
X206	饶河农场—西通	29.90	2	29.90	2							29.90	2
X207	前进—寒葱沟	260.90	14	260.90	14	132.80	9			42.70	1	218.20	13
X208	前锋农场—瓦其卡	40.00	3	40.00	3	20.00	1					40.00	3
X242	佳抚公路建三江支线	53.30	5	53.30	5							53.30	5
X243	佳抚公路创业农场支线												
X244	依饶公路五九七支线	33.00	2	33.00	2					26.00	1	7.00	1
X247	绥北公路赵光农场支线												
X248	依饶公路朝阳支线	23.40	1	23.40	1							23.40	1
X249	依饶公路八五二支线	93.70	2	93.70	2					70.50	1	23.20	1

10-18 垦区通信人员数量及电话装机量

(2012 年)

单 位	通信分公司(个)	通信中心(个)	通信人员数量(个)	电话装机总数(部)	年电话装机量(部)	电话装机比率户均(%)
总 计	**10**	**104**	**1743**	**262259**	**22288**	**54.5**
农垦通信有限公司			44			
宝泉岭通信分公司	1	13	255	37626	3395	48.6
红兴隆通信分公司	1	13	277	48599	5161	52.9
建三江通信有限责任公司	1	16	186	36024	3140	45.6
牡丹江通信分公司	1	13	214	45190	1554	73.1
北安通信分公司	1	16	235	29373	3318	50.6
九三通信分公司	1	12	165	28081	2820	69.8
齐齐哈尔通信分公司	1	6	128	17556	1111	52.5
绥化通信分公司	1	9	74	9744	823	52.1
佳木斯通信分公司	1	4	73	5233	457	75.3
哈尔滨通信分公司	1	2	92	4833	509	24.9

注:10-18 至 10-19 资料由总局通信公司提供。

10-19 垦区通信设备拥有量

(2012 年)

单 位	光缆线路(皮长公里)	微波线路(波道公里)	电缆线路(皮长公里)	程控交换机实占容线(线)	会议电视系统(套)	宽带用户(户)
总 计	**16752.751**	**353**	**10295.438**	**486887**	**122**	**157509**
农垦通信有限公司	3156.978				13	
宝泉岭通信分公司	2380.080		1554.642	70761	14	25451
红兴隆通信分公司	2640.686		2953.31	81735	13	30273
建三江通信有限责任公司	1878.510		565.3	56631	14	19266
牡丹江通信分公司	2744.870		1498.25	95087	11	27564
北安通信分公司	1795.506		1160.38	49354	15	16833
九三通信分公司	1180.231		689.226	50198	12	18446
齐齐哈尔通信分公司	406.581	233	1478.25	39597	11	9487
绥化通信分公司	412.310	120	248.4	20604	9	6801
佳木斯通信分公司	54.889		111.76	12592		2789
哈尔滨通信分公司	102.110		37.78	10328	10	629

主要统计指标解释

客运线路 指持有道路运政管理机构核发的有效道路客运线路证件,已开通班车、旅游客运线路的条数、班次数。道路客运线路班次的统计范围是经各级道路运政管理机构批准的客运线路,不包括通过本辖区的过境线路。

营运载客汽车 指持有道路运政管理机构核发的道路运输证的客运汽车。计算单位:辆、客位。客位以道路运政管理机构核发的道路运输证中的核定数为准。大型客车:车身长度 >9m;中型客车:6m< 车身长度≤9m;小型客车:车身长度≤6m。

营运载货汽车 指持有道路运政管理机构核发的道路运输证的载货汽车,包括普通载货汽车和专用载货汽车,不包括牵引车和挂车。计算单位:辆、吨位。大型货车:是指标记吨位 4 吨以上的货车;重型货车:是指标记吨位 8 吨及以上的货车;中型货车:是指标记吨位 2 吨以上,4 吨及以下的货车;小型货车:是指标记吨位 2 吨及以下的货车。

普通载货汽车 指具有一般构造栏板式、平板式及厢式货运汽车,包括自卸车、半挂车、厢式车等。

专用载货汽车 指具有特殊构造及附属设备从事专门用途的货运汽车,如罐车、集装箱车、大型物件运输车、冷藏车等。

运输管理机构个数 机构个数的统计以组织人事管理关系为依据。在同级机构中运输管理与维修管理机构分设的,应按实际个数分别统计。对于组织人事关系同一管理,而多名称的,即“一套人马,多块牌子”应统计为一个机构。地(市)级:指地、市、州、盟的道路运政管理机构。县(区)级:指县、县级市、县级区、旗的道路运政管理机构。派驻机构或分站:指各级交通主管部门或道路运政管理机构派驻在乡(镇)、口岸、车站等地,从事道路运政管理工作的分支机构。

运政部门人员 指各级道路运政管理机构实际在册人员数,包括运政管理人员和生活后勤服务人员,不包括离退休人员。

管理人员 指从事道路运政管理工作的人员,包括各类运政业务管理、计统、财务以及政治工作人员等。管理人员按其所在机构分,应与机构设置相一致。道路运政管理与其他管理(如水运管理、养路费征收管理)合署设置的机构,其“运政部门人员”和“管理人员”只统计实际从事道路运政管理工作的有关人员。

养护里程 是指用汽车养路费及部分通行费(非经营性收费公路的通行费)养护的公路里程。

宽带 IP 业务 是为用户提供的一种高速、稳定接入因特网及企业局域网间高速互联的新业务。用户可通过宽带网络享受到高速上网浏览、高速软件下载、播放视频点播节目、远程教育、视频会议、多媒体信息通信等时尚信息服务。

会议电视系统 是一种以传送视频图象信息为主的通信业务。其基本特征是:可以在两个或两个以上地点实时传递点对点的活动图像和声音;还可以传递文件、图表、照片和实物的固定图象。它能将彼此相隔很远的多个会议室连接起来,使各方与会人员不仅可以听到声音,还可以看到图像,可以“面对面”交谈,适合于召开各种会议和现场交流。

程控交换机 是利用电子计算机控制的交换机,它以预先编好的程序控制交换机的接续动作。

11

批发零售业和餐饮业

STATISTICAL
YEARBOOK

社会消费品零售总额(亿元)

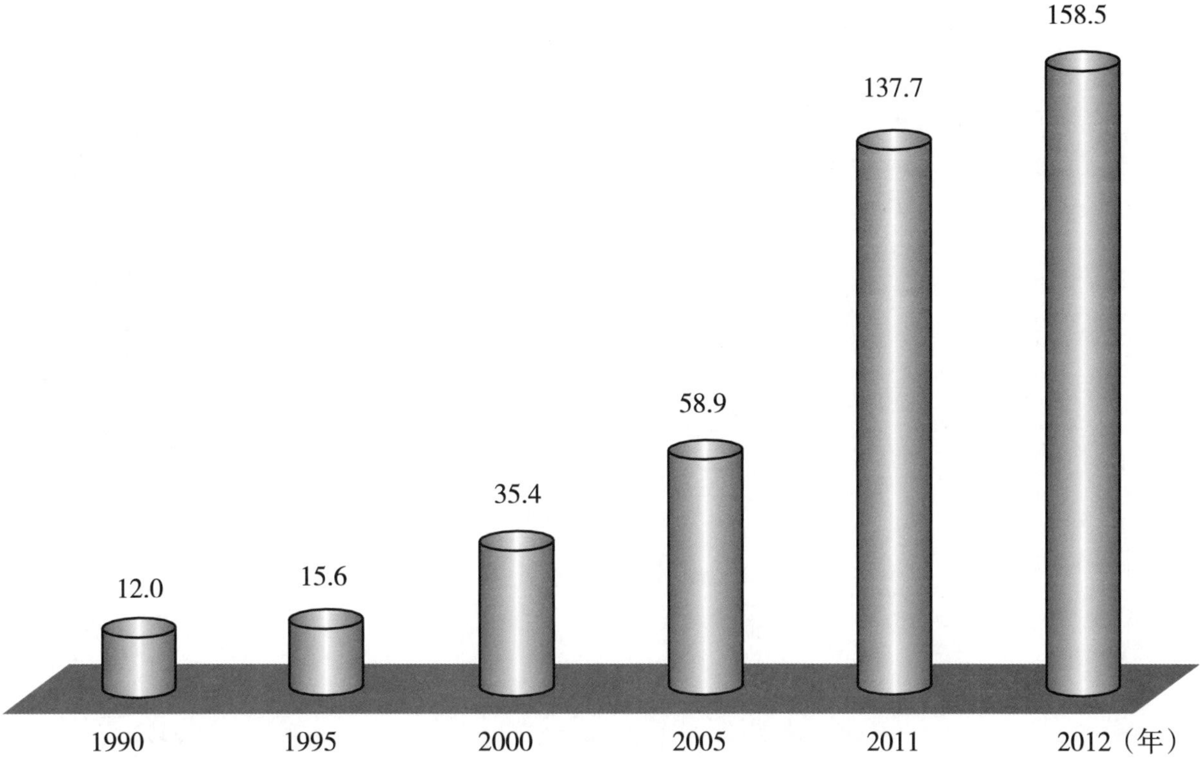

批发零售业商品销售总额(亿元)

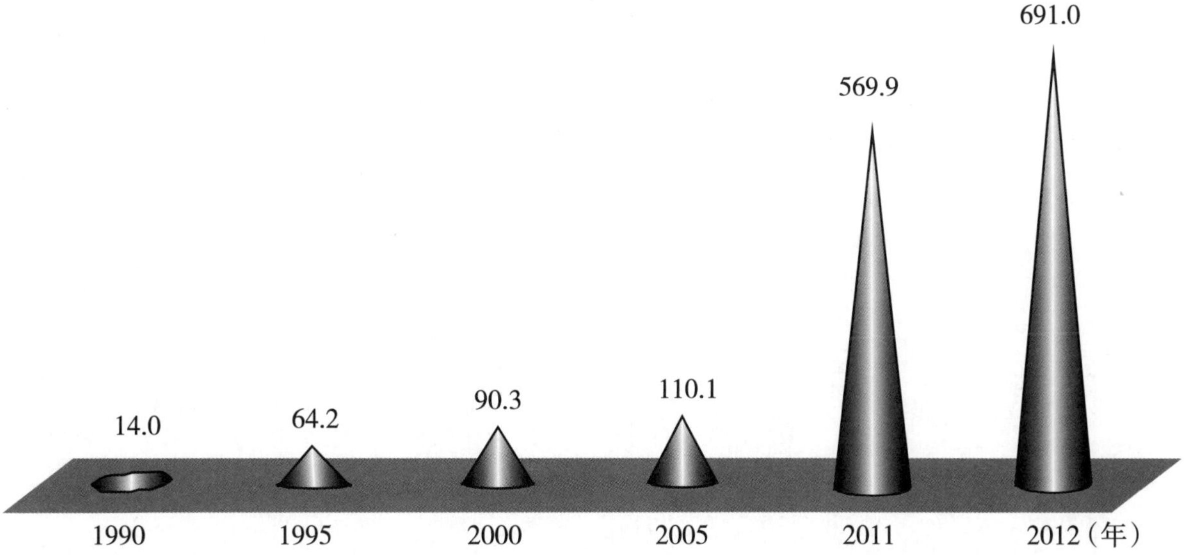

11-1 批发零售贸易业商品购进、销售总额

（2012 年）

单位：万元

项目	商品购进总额	商品销售总额	批发销售额	零售销售额	年末库存额
总额	5591228	6910091	4920081	1990010	1502089
一、按国民经济行业分组					
农畜产品批发	2837644	3358816	3339401	19415	931810
其中：谷物、豆及薯类批发	2668254	3019442	3006396	13046	875864
种子、饲料批发	159111	232787	227948	4839	23127
食品、饮料及烟草制品批发	33496	41627	34923	6704	3577
其中：米、面制品食用油批发	13243	7538	2880	4658	61
纺织、服装及日用品批发	7118	9375	9375		1985
文化、体育用品及器材批发	1140	1250	1250		
医药及医疗器械批发	9263	11502	11502		2366
矿产品、建材及化工产品批发	1697266	1786918	1190498	596420	430811
石油及制品批发	807246	661471	75141	586330	259456
化肥批发	634761	845039	839707	5332	149144
农药批发	21802	52867	50882	1985	1007
机械设备、五金交电电子产品批发	85976	133527	132758	769	2006
农业机械批发	78282	120803	120803		569
汽车、摩托车及零配件批发	1050	1465	1465		60
其他批发	2138	4887	2545	2342	421
再生物资回收与批发	1181	2418	1925	493	355
综合零售	815750	1313454	127775	1185679	83925
百货零售	485520	804117	88156	715961	54556
食品、饮料及烟草制品专门零售	29323	40124	2371	37753	2341
粮油零售	16958	20508	1703	18805	750
纺织、服装及日用品专业零售	21519	99059	49071	49988	9174
服装零售	4419	5827		5827	3335
文化、体育用品及器材专门零售	1843	2903	613	2290	60
医药及医疗器械专门零售	811	1985		1985	216
家用电器及电子产品专门零售	41373	64464		64464	16480
计算机、软件及辅助设备零售					
五金、家具及装修材料零售	1313	28884	16902	11982	1607
其他零售	2556	5918	1097	4821	167
二、按企业规模分					
限额以上企业	2741032	2987324	2389309	598015	1097648
限额以下企业	2850196	3922767	2530772	1391995	404441

11-2　各管理局批发零售贸易业商品购、销、存总额

单位:万元

年　份 单　位	商品购进总　额	商品销售总　额	批　发	零　售	年　末库存额
2000	868760	903114	602545	300569	159734
2005	687933	1101469	427904	673565	199696
2007	1137121	1548883	625865	923018	255927
2008	1217276	1599757	634458	965299	282618
2009	1797352	2254551	1051031	1203520	419922
2010	3615414	4003617	2517486	1486131	784838
2011	4582906	5698643	4324783	1373860	9556515
2012	5591228	6910091	4920081	1990010	1502089
宝泉岭局	354674	498114	207698	290416	65316
红兴隆局	176929	378592	177596	200996	22845
建三江局	285390	419223	233769	185454	33397
牡丹江局	270600	397118	167930	229188	15996
北　安　局	126381	286914	155014	131900	23426
九　三　局	165372	245497	113796	131701	49413
齐齐哈尔局	77952	149300	67246	82054	6439
绥　化　局	118385	201175	92996	108179	5427
哈尔滨局	19996	45659	13041	32618	1721
总局直属	3995549	4288499	3690995	597504	1278109

11-3　各管理局批发零售贸易业商品购、销、存总额

（国有经济）

单位:万元

年　份 单　位	商品购进总　额	商品销售总　额	批　发	零　售	年　末库存额
2000	541216	580982	514167	66815	81736
2005	202019	444464	276757	167707	130650
2007	169129	316733	298753	17980	28076
2008	121921	160276	149936	10339	50292
2009	326575	307351	294039	13312	134132
2010	323854	415620	398792	16828	89754
2011	1256873	1428351	1421176	7175	487153
2012	892817	1108620	1100387	8233	193487
宝泉岭局	89505	117696	117681	15	30838
红兴隆局	37388	47175	44606	2569	9963
建三江局	26801	39110	39110		659
牡丹江局	61676	89419	88427	992	2818
北　安　局	27919	56546	53156	3390	1442
九　三　局	64115	81532	80967	565	12396
齐齐哈尔局	1093	16548	16548		
绥　化　局	3859	9696	9095	601	796
哈尔滨局	189	549	549		30
总局直属	580272	650349	650248	101	134545

11-4 各管理局批发零售贸易业商品购、销、存总额

（私营经济）

单位：万元

年份 单位	商品购进总额	商品销售总额	批发	零售	年末库存额
2000	60060	56670	36317	20353	13445
2005	35836	45731	37563	8168	7124
2007	41255	50800	44173	6627	7952
2008	55055	70301	66362	3939	8241
2009	72635	117036	113726	3310	12209
2010	126844	202277	184756	17520	14184
2011	169756	257484	235243	22241	26738
2012	235562	415050	371621	43429	16121
宝泉岭局	22288	36345	31385	4960	1480
红兴隆局	30425	70254	52398	17856	2196
建三江局	31299	41283	37450	3833	1370
牡丹江局	24298	36628	33362	3266	2000
北安局	21977	80986	80872	114	4311
九三局					
齐齐哈尔局	4390	8975	6870	2105	220
绥化局	53951	71608	65012	6596	4004
哈尔滨局	7053	15872	11387	4485	512
总局直属	39881	53099	52885	214	28

11-5 各管理局批发零售贸易业商品购、销、存总额

（个体经济）

单位：万元

年份 单位	商品购进总额	商品销售总额	批发	零售	年末库存额
2000	267484	265462	52061	213401	64554
2005	440129	598125	100621	497504	60880
2007	649248	879261	255927	663580	148836
2008	725426	981249	264751	716498	136525
2009	759118	1136748	320516	816233	130913
2010	911343	1290956	338516	952439	174598
2011	862437	1458908	342749	1116159	137320
2012	1021581	1701802	370387	1331415	139741
宝泉岭局	236128	333378	51117	282261	32167
红兴隆局	107178	253443	79479	173964	10512
建三江局	196587	303010	122362	180648	29976
牡丹江局	161759	235045	10608	224437	6875
北安局	72184	141562	13166	128396	15673
九三局	98897	161975	30839	131136	36517
齐齐哈尔局	70868	118688	41101	77587	6219
绥化局	60486	119783	18830	100953	623
哈尔滨局	11994	28238	105	28133	1179
总局直属	5500	6680	2780	3900	

11-6 各管理局社会消费品零售额

单位:万元

年份 单位	社会消费品零售额	按销售地区分 市(管理局)	县(农场)	县(农场)以下
2000	354250	54007	194136	106107
2005	588552	93476	370140	124936
2007	780483	116908	491466	172110
2008	887776	118118	587122	182536
2009	1033350	139654	696225	197471
2010	1165385	175948	771957	217481
2011	1376660	206177	901592	268891
2012	1584715	236621	1069250	278844
宝泉岭局	355340	107103	213211	35026
红兴隆局	231849	4345	147907	79597
建三江局	170952	36384	123533	11035
牡丹江局	198925	4375	135092	59458
北安局	173327	2754	130523	40050
九三局	166966	77110	69412	20444
齐齐哈尔局	125415	875	97106	27434
绥化局	115725	183	113551	1991
哈尔滨局	42724		38915	3809
总局直属	3492	3492		

11-6 续表

单位:万元

年份 单位	按行业分 批零贸易业	零售业	住宿餐饮业	其他
2000	280071		30737	43442
2005	517062		62467	9023
2007	63211	602287	103763	11222
2008	66240	691255	116903	13378
2009	92991	784594	140286	15478
2010	51190	948505	165690	
2011	66801	1114717	195142	
2012				
宝泉岭局		276275	79065	
红兴隆局		197280	34569	
建三江局		168301	2651	
牡丹江局	1130	180838	16957	
北安局	6927	126301	40099	
九三局	13208	126456	27302	
齐齐哈尔局	30316	84306	10793	
绥化局		103946	11779	
哈尔滨局		30027	12697	
总局直属			3492	

注:2006年以前零售业的零售额含在批发业中。

11-7 各管理局批发零售贸易业基本情况

单位:人、平方米、万元

年份 单位	经营单位 个数	年末固定 资产原值	营业用房 面积	年末从业 人员人数	全年劳动 报酬	销售总额 营业收入
2000	446	118947	399255	40703	44811	903114
2005	254	202317	1394706	40342	41563	1101469
2007	242	276987	1362152	41475	48060	1549148
2008	270	306949	1713857	44046	58374	1599782
2009	288	413072	1947533	45586	558148	2243045
2010	357	212003	1030102	11107	23279	2164874
2011	443	505748	2348685	50910	90951	5695435
2012	491	530426	2901560	52292	101811	6789488
宝泉岭局	54	67722	259562	6900	11776	498114
红兴隆局	64	65693	402831	8446	13569	378592
建三江局	61	99257	502971	10123	24086	419223
牡丹江局	69	47944	206408	4987	7678	401500
北安局	53	26665	143549	4846	5041	286914
九三局	22	26164	660286	3772	9144	245497
齐齐哈尔局	31	22719	149619	3289	6938	149300
绥化局	73	30603	88200	2772	4040	201175
哈尔滨局	21	7062	44006	1279	3676	45659
总局直属	43	136597	444128	5878	15861	4163514

11-8 各管理局餐饮业基本情况

单位:人、平方米、万元

年份 单位	经营单位 个数	年末固定 资产原值	营业用房 面积	年末从业 人员人数	全年劳动 报酬	销售总额 营业收入
2000	108	1399	168720	8182	7892	33870
2005	51	61680	691769	18717	16817	102748
2007	43	79376	608323	16944	23712	148113
2008	48	111807	720987	18323	25915	186880
2009	46	112986	765109	19173	30993	230848
2010	62	148606	846156	20449	30488	249503
2011	72	185178	997071	22613	38406	312140
2012	85	243077	1096242	24977	46016	393887
宝泉岭局	10	24498	120790	3662	6478	82379
红兴隆局	26	28306	203342	3833	5645	50270
建三江局	13	59703	250285	5073	10666	59631
牡丹江局	6	39487	105186	2870	4454	63154
北安局	13	18130	111308	2950	3581	41745
九三局	4	11608	71835	2417	5703	34579
齐齐哈尔局	8	15830	74718	1809	4004	19420
绥化局	2	9451	61447	859	1494	21381
哈尔滨局	2	15612	49831	813	1892	12798
总局直属	1	20452	47500	691	2099	8530

11-9 各管理局服务业基本情况

单位:人、平方米、万元

年　份 单　位	经营单位 个　数	年末固定 资产原值	营业用房 面　积	年末从业 人员人数	全年劳动 报　酬	销售总额 营业收入
2000	615	17380	2562441	37256	58285	77242
2005	61	452145	402249	17047	19610	117421
2007	48	65524	398936	16771	27553	186115
2008	49	223899	474971	16247	24799	184025
2009	43	67165	469312	16775	23898	253380
2010	45	12205	71723	5389	4772	14302
2011	46	89002	502959	22782	36691	216408
2012	40	142859	528684	22664	37463	278125
宝泉岭局	8	17761	89696	3235	4741	36932
红兴隆局	20	24421	136955	6835	9456	73591
建三江局		69708	127453	3430	8015	48510
牡丹江局	4	8035	46282	2144	3179	27637
北　安　局	1	6206	32543	3009	3235	12927
九　三　局	1	4841	41853	1681	3212	21580
齐齐哈尔局	1	4595	18877	1136	3376	37778
绥　化　局		5614	17165	585	848	13067
哈尔滨局	3	1679	17860	551	1256	6102
总局直属	2			58	145	

11-10 各管理局个体工商业基本情况

年　份 单　位	户　数 (户)	从业人员 (人)	注册资金 (万元)	总产值 (万元)	销售总额 营业收入 (万元)	消费品 零售额 (万元)
2000	40343	69912	74948	77376	160561	103857
2005	34018	63702	105483	76931	200667	161001
2007	31275	64669	10202	84636	299812	204385
2008	29046	54703	139780	105416	324466	187693
2009	32463	53373	190316	130497	396958	255067
2010	35458	59343	228078	138321	415946	272092
2011	36769	58925	262799	153293	457618	260815
2012	42890	75262	344105	166781	476491	338760
宝泉岭局	5950	10203	39430.6	22912	65546	46044
红兴隆局	6621	12309	58074	24215	72543	48254
建三江局	9906	17980	71288	40913	91611	63682
牡丹江局	5086	7369	46058	15292	76432	58195
北　安　局	4108	5684	37788	15674	53423	41392
九　三　局	3982	5271	30691	10210	41782	31540
齐齐哈尔局	3701	11546	11215	15902	41493	31065
绥　化　局	1379	1726	15314	8652	12252	7585
哈尔滨局	1485	2657	30012	8758	12752	7546
总局直属	672	517	4235	4253	8657	3457

注:12-10 至 12-12 表资料由工商局提供。

11-11　个体工商业基本情况

年　份 行业分类	户　数 （户）	#城镇	从业人员 （人）	#城镇	注册资金 （万元）	#城镇
2000	40343	12652	69912	23852	74948	29176
2005	34018	15356	63702	31908	105483	52139
2007	31275	11168	64669	26276	120202	44993
2008	29049	10752	54703	22510	142483	46444
2009	28920	19846	48889	36802	167191	123065
2010	35458	21388	59343	40051	220878	145076
2011	36769	16328	58925	26724	262799	108680
2012	42890	21117	75262	40533	344105	181075
一、农林牧渔业	878	512	1902	1130	50026	40151
二、工业	2178	1393	5258	3488	26989	14859
其中：采矿业	66	27	240	113	2864	876
制造业	2112	1366	5018	3375	24125	13983
三、建筑业	63	38	216	108	2805	613
四、交通运输业	533	256	4735	4435	24505	22737
五、批发零售业	25371	11615	38126	17665	140934	57591
六、居民服务与其他服务业	5277	2862	8851	4755	29890	13386
其中：理发及美容保健服务	2607	1432	4331	2522	14482	6785
洗浴服务	2670	1430	4520	2233	15408	6601
七、电力、燃气及水的生产和供应业	20	14	90	37	1251	628
八、信息传输、计算机服务和软件业	324	309	780	606	2679	1977
九、住宿和餐饮业	6603	3199	12199	6505	52290	23513
十、租赁和商务服务业	160	93	293	160	4297	1314
十一、卫生、社会保障和其他服务业	57	53	73	69	242	208
十二、文化、体育和娱乐业	230	165	423	274	1612	977
十三、其它行业	1196	608	2316	1301	6586	3122

续表 11-11

年　　份 行业分类	总产值 （万元）	#城镇	销售总额 营业收入 （万元）	#城镇	消费品 零售总额 （万元）	#城镇
2000	77376	58212	160561	101700	103857	72192
2005	76931	48157	200667	140964	161001	133924
2007	84636	32408	299812	171272	204385	128780
2008	42391	15844	307696	189527	176274	125786
2009	108649	79039	332919	224497	219159	147935
2010	128321	98795	351151	217347	224638	164148
2011	152421	75833	483515	250886	298381	176366
2012	166781	100069	476491	285895	338760	204884
一、农林牧渔业	75358	48297	28945	4653	29421	2995
二、工业	75191	41571	22991	9857	29560	3367
其中：采矿业	17749	13092	7473	15	5155	10
制造业	57442	28474	15518	9842	4405	3357
三、建筑业	9415	6938	6450	3869	4141	865
四、交通运输业			15811	7330	812	812
五、批发零售业			256134	193189	217262	152941
六、居民服务与其他服务业			32627	30258	9601	8471
其中：理发及美容保健服务			8952	6251	4321	4571
洗浴服务			9675	5007	5280	3900
七、电力、燃气及水的生产和供应业	6816	3263	8210	460	200	200
八、信息传输、计算机服务和软件业			3311	3052	2528	1386
九、住宿和餐饮业			96727	30705	31887	29593
十、房地产业			50	50	20	20
十一、租赁和商务服务业			555	263	143	143
十二、卫生、社会保障和其他服务业			162	44	186	86
十三、文化、体育和娱乐业			1500	726	3580	3556
十四、其它行业			3017	1440	9421	439

11-12 私营企业基本情况

单位:户、人、万元

年份 单位	合计				城镇			
	户数	雇工人数	投资人数	注册资本金	户数	雇工人数	投资人数	注册资本金
2000	501	11787	1668	26373	264	5399	1085	15595
2005	1248	10172	35262	148474	540	2132	18457	77612
2007	1921	27777	10453	219554	351	8543	1401	64033
2008	2182	47738	5410	245541	402	6418	1391	70509
2009	2827	30630	8319	397657	2509	26539	6800	358415
2010	3259	27035	8021	590238	3059	22367	7820	561454
2011	3418	22642	8824	761202	3079	19987	7633	711797
2012	4274	25663	10325	1041729	4241	25390	10270	1005082
宝泉岭局	490	1584	1017	93818	490	1584	1017	93818
红兴隆局	758	3665	1409	136276	758	3665	1409	126182
建三江局	986	2041	1862	237480	982	2041	1842	213480
牡丹江局	457	5643	1838	114646	449	5501	1809	114646
北安局	323	811	792	34364	323	811	792	34364
九三局	148	4671	341	40917	148	4671	341	40916
齐齐哈尔局	256	5990	557	40815	256	5890	557	40815
绥化局	188	387	490	41565	170	387	490	41565
哈尔滨局	377	391	863	122115	374	360	857	119562
总局局直	291	480	1156	179734	291	480	1156	179734

11-12 续表　　(2012 年)　　单位:户、人、万元

行业分类	合计				城镇			
	户数	雇工人数	投资人数	注册资本金	户数	雇工人数	投资人数	注册资本金
总计	**4274**	**25663**	**10325**	**1041729**	**4241**	**25390**	**10270**	**1005082**
农林牧渔业	166	832	553	42284	163	820	540	40601
采矿业	37	232	60	5945	35	232	58	5325
制造业	925	9388	2754	335819	923	9300	2747	324699
建筑业	296	5363	1374	190794	293	5316	1368	179059
交通运输业	107	634	479	26841	103	632	475	26670
批发零售业	1947	4247	2752	160860	1942	4175	2745	154007
居民服务和其他服务业	32	67	68	2508	29	60	66	2263
电力、燃气及水的生产和供应业	107	851	334	55553	104	846	330	54221
信息传输、计算机服务和软件业	148	770	226	4841	145	756	223	3772
住宿和餐饮业	28	191	50	2965	28	191	50	2965
房地产业	200	1429	569	129825	200	1429	569	129825
租赁和商务服务业	130	292	296	24835	128	290	293	24495
卫生、社会保障和其他服务业	4	13	7	110	4	13	7	110
文化、体育和娱乐业	6	245	24	1263	6	245	24	1263
其它行业	141	1109	779	57287	138	1085	775	55808

主要统计指标解释

批发业 指从工农业生产者或商品流通企业购进商品，转卖给工业、农业、建筑业、运输邮电业、餐饮业、服务业等生产经营单位作为生产经营用，以及将商品转卖给其他批发贸易企业或零售企业的商品流通企业（单位）。农副产品采购、供应企业、进口、出口国（境）外商品的对外贸易企业、物资供销企业等，一般都属于批发贸易业。

零售业 指从工农业生产者、批发贸易业或居民购进商品，转卖给城乡居民作为生活消费和售给社会集团作为公共消费的商品流通企业（单位）。

有些商品流通企业兼营批发零售业务，应以其主营业务划分批发业或零售业，即以批发业务为主的作为批发贸易业，以零售业务为主的作为零售贸易业。

餐饮业 指从事食品的烹饪、调制并直接售给居民和社会集团的机构。包括中西餐馆、饭馆、各种小吃店、冷饮店、酒店、茶馆等。

商品购进 指从本企业以外的单位和个人购进作为转卖或加工后转卖的商品，包括从生产者购进、从批发零售贸易业购进、进口等，反映批发零售贸易业从国内、国外市场上购进商品的总量。

商品购进包括：

（1）从工农业生产者购进的商品；

（2）从出版社、报社的出版发行部门购进的图书、杂志和报纸；

（3）从批发零售贸易业购进的商品；

（4）从其他单位购进的商品，如从机关、团体、企业单位购进的剩余物资，从餐饮业、服务业购进的商品，从海关、市场管理部门购进的辑私和没收的商品，从居民收购的废旧商品等。

（5）从国（境）外直接进口的商品。

商品购进不包括：

（1）企业为了本单位自身经营用，不是作为转卖而购进的商品，如材料物资、包装物、低值易耗品，办公用品等。

（2）未通过买卖行为而收入的商品，如接收其他部门移交的商品、借入的商品、代其他单位保管的商品、其他单位赠送的样品、加工收回的成品等；

（3）销货退回的买方拒付货款的商品；

（4）商品溢余。

商品销售 指对本企业以外的单位和个人出售的商品，包括对生产经营单位批发、对批发和零售贸易业批发、出口及对居民和社会集团商品零售额，反映批发零售贸易业在国内市场上销售商品以及出口商品的总量。

商品销售包括：

（1）售给城乡居民和社会集团消费的商品；

（2）售给工业、农业、建筑业、运输邮电业、批发零售贸易业、餐饮业、服务业、公用事业等作为生产、经营使用的商品；

（3）售给批发零售贸易业作为转卖或加工后转卖的商品；

（4）对国（境）外直接出口的商品。

商品销售不包括：

（1）出售本单位自用废旧包装用品和其他废旧物资；

（2）未通过买卖行为付出的商品，如随机构移交而交给其他单位的商品、借出的商品、交付代其他单位保管的商品、加工原料付出和赠送给其他单位的样本等；

（3）经本单位介绍，由买卖双方直接结算，本单位只收取手续费的业务；

（4）购货退出的商品；

（5）商品损耗和损失；

零售额 指国民经济各行各业售给城乡居民直接用于生活消费的商品和社会集团直接用于公共消的商品的总量。

零售额包括；

（1）售给城乡居民生活用的消费品；

（2）售给机关、团体、学校、企业、事业单位附设的专供本单位人员食用，不对外营业的食堂的各种食品、燃料；

（3）售给部队干部、战士生活用的粮食、副食品、衣着品、日用品、燃料；

（4）售给来华外国人、华侨、港澳台同胞的消费品；

（5）售给行政事业单位、社会团体的办公纸张、帐册、文印用品、计算工具、书报杂志奖品；公共用品的针、纺织品，学校用的教学用品，文体用品，工作服、套袖、围裙、手套、毛巾、肥皂等非专用的劳动保护用品，职工食堂用的餐具、饮具、设备和清洁卫生工具等日用百货和杂品，家具、设备、日用电器、电讯设备、电影器材和照相器材，取暖用的设备和燃料，防暑降温饮料，供职工乘用的交通工具和油料，零星修理各种公用消费品、生活用房屋和各种零配件、材料、工具、建筑材料等，中西药品、中药材和医疗器材等。

零售额不包括：

（1）售给工业、农业、建筑业、运输邮电业、地质勘察、水利业、批发零售贸易业、餐饮业、社会服务业、公用事业等单位用于生产和业务经营使用的商品；

（2）售给批发零售贸易业、餐饮业等单位用于转卖的商品；

（3）售给对外营业影剧院的设备和器材；

（4）售给自然科学研究单位直接用于科学研究的各种仪器仪表、化学试剂、元器件、工具等；

（5）售给消防队、清洁队、出租汽车公司等单位用于业务活动的设备、车辆和燃料；

（6）售给企业单位生产上专用的劳动保护用品；

（7）售给民政部门救灾用的商品；

（8）售给国营农场、国营拖拉机站、排灌站的各种农业生产资料和燃料。

商品库存　指批发零售贸易业已取得所有权的全部商品，反映批发零售贸易业的商品库存对市场商品供应的保证程度。

商品库存包括：

（1）存放在本单位（如门市部、批发站、采购站、经营处）的仓库、货物、货柜和货架中的商品；

（2）挑选、整理、包装中的商品；

（3）已记入购进而尚未运到本单位的商品，即发货单或银行承兑凭证已到而货未到的商品；

（4）寄放他处的商品，如因购货方拒绝付款而暂时存放在购货方的商品；

（5）委托其他单位代销（未作销售或调出）尚未售出的商品；

（6）代其他单位购进尚未交付的商品。

12

对外经济贸易

STATISTICAL YEARBOOK

出口商品总值（万美元）

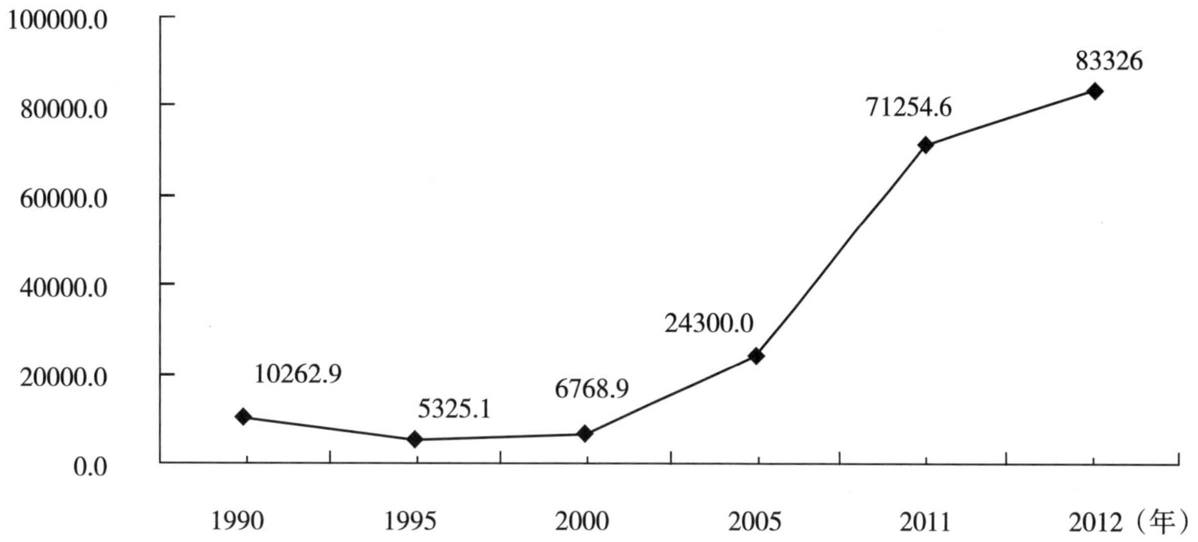

利用外资情况（万美元）

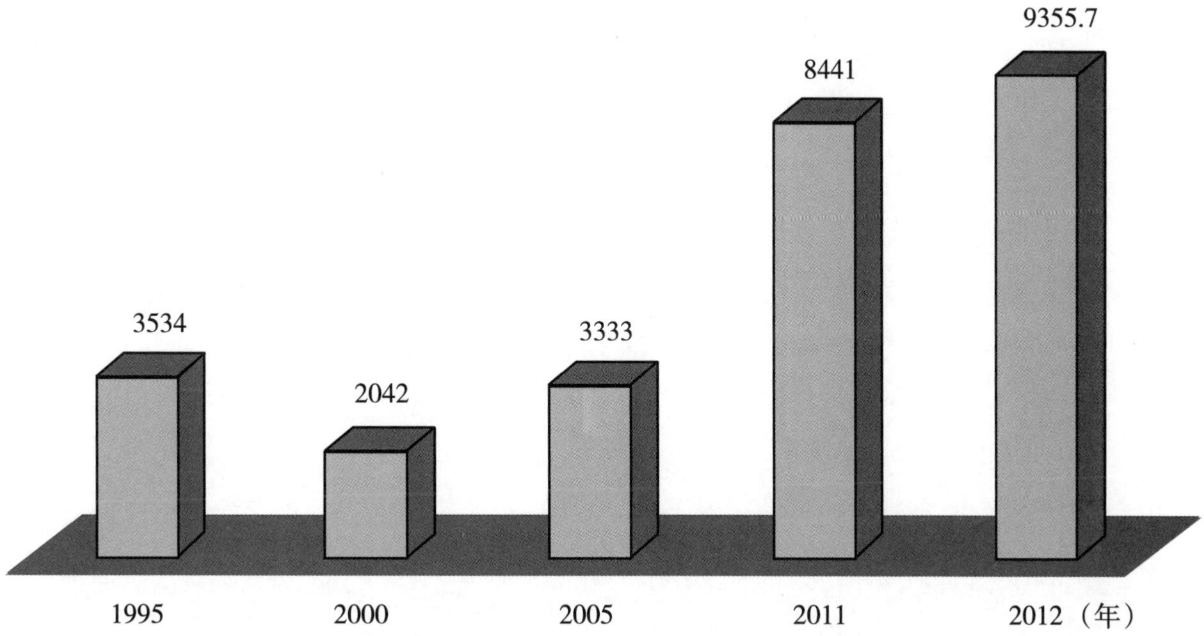

12-1 进出口贸易总额

年份 单位	按人民币计算(万元) 进出口总额	出口总额	进口总额	按美元计算(万美元) 进出口总额	出口总额	进口总额
1990	48379.1	44073.2	4305.9	11174.9	10262.9	912.0
1995	93877.5	44301.8	49575.7	11284.1	5325.1	5959.0
2000	57874.3	55978.8	1895.5	6998.1	6768.9	229.2
2004	176018.0	157130.0	18888.0	21284.0	19000.0	2284.0
2005	369722.0	194886.1	174835.9	46100.0	24300.0	21800.0
2006	429000.0	226200.0	202800.0	55000.0	29000.0	26000.0
2007	491371.1	258647.7	232723.4	66401.5	34952.4	31449.1
2008	503200.0	285600.0	217600.0	74394.0	42120.0	32274.0
2009	1335840.2	314381.5	1021458.6	196447.1	46232.6	150214.5
2010	1389951.2	415334.1	974617.1	205358.9	61363.7	143995.2
2011	1387977.3	447478.9	940498.4	221015.5	71254.6	149760.9
2012	1496872.2	518287.7	978584.5	240654.7	83326	157328.7
宝泉岭局	76007.9	74890.1	1117.8	12239.6	12059.6	180
红兴隆局	71287.6	71287.6		11479.5	11479.5	
建三江局	73776.7	73776.7		11880.3	11880.3	
牡丹江局	82528.4	82528.4		13289.6	13289.6	
北安局	20066.4	20066.4		3231.3	3231.3	
九三局	40784.8	40784.8		6567.6	6567.6	
齐齐哈尔局	42195.7	42195.7		6794.8	6794.8	
绥化局	20989.8	20989.8		3380	3380	
哈尔滨局	18131.9	18131.9		2919.8	2919.8	
总局直属	1048696.4	1048696.4		168872.2	11723.5	157148.7

12-2 主要年份按贸易方式分的进出口贸易总额

项目	1990	1995	2000	2008	2009	2010	2011	2012
按人民币计算(万元)								
进出口总额	48379.1	93877.5	57874.3	508111.0	1335840.2	1389951.2	1387977.3	1496872.2
出口总额	44073.2	44301.8	55978.8	287679.6	314381.7	415334.1	447478.8	518287.7
出口供货	35693.7	35392.3	37419.2	167645.1	193859.8	271715.4	320310.7	369041.6
自营出口	1623.1	8625.6	5746.0	47600.0	55439.1	60732.2	50262.6	55246
边贸易货	1090.7	277.9	9433.6	71907.3	65082.8	82886.5	76905.5	93164.2
补偿贸易	5665.7		3380.0					
进口总额	4305.9	49575.7	1895.5	220431.4	1021458.6	974617.1	940498.4	978584.5
自营进口	2474.0	49405.2	1357.9	220431.4	1021458.6	974617.1	940498.4	
边贸易货	1831.9	170.5	537.6					
按美元计算(万美元)								
进出口总额	11174.9	11284.1	6998.1	74274	196447.1	205358.9	221015.5	240654.7
出口总额	10262.9	5325.1	6768.9	42120	46232.6	61363.7	71254.6	83326
出口供货	8526.1	4254.9	4524.7	24545.4	28508.8	40144.7	51004.9	59427
自营出口	305.8	1036.8	694.8	7000	8152.8	8972.9	8003.6	8896.3
边贸易货	231.0	33.4	1140.7	10574.6	9571	12246.1	12246.1	15002.7
补偿贸易	1200.0		408.7					
进口总额	912.0	5959.0	229.2	32274	150214.5	143995.2	149760.9	157328.7
自营进口	524.0	5938.5	164.2	32274	150214.5	143995.2	149760.9	157328.7
边贸易货	388.0	20.5	65.0					

12-3 主要年份按类别分的出口商品总额

单位:万美元

年 份 单 位	1990	1995	2000	2008	2009	2010	2011	2012
出口金额	10262.9	5325.1	6768.9	42120	46232.6	61363.7	71254.6	83326.0
粮油食品类	9567.7	5000.5	6148.0	27204.1	28864.7	29645.9	31912.7	35913.2
土畜产品类	400.1		323.7	9010.9	11268.3	22308	26852.6	33934.4
轻工产品类	121.2	293.0	139.8	3133.0	3362.5	4691.3	6938.7	5711.4
工艺品类	35.9		40.0		673.0	650.0	1407.0	1987.0
医药保健类	50.0		7.0	755.1	1377.1	3150.5	2392.6	2400.0
化工产品类	37.4		35.4					
非金属矿产品类	17.1			200.0		781.4	1363.0	2900.0
机械设备类	0.2			1218	687.0	136.6	388.0	480.0
其 它	33.3		75.0	598.9				

12-4 主要年份按类别分的进口商品总额

单位:万美元

类 别	2010			2011			2012		
	合计	自营	易货	合计	自营	易货	合计	自营	易货
进口总额	143995.2	143995.2		149760.9	149760.9		157328.7	157328.7	
成套设备及技术引进									
航空设备									
汽车及摩托车									
农、林、牧业机械	5267.0	5267.0		2681.7	2681.7		3937	3937	
起重挖掘机械									
轻 工									
钢 材									
石油及产品									
化工原料									
其 它	138728.2	138728.2		147079.2	147079.2		153391.7	153391.7	

12-5 主要年份商品出口数量和金额

单位:吨、人民币万元

品名	1995		2000		2011		2012	
	数量	金额	数量	金额	数量	金额	数量	金额
黄大豆	188977.0	35634.0	122793.0	27318.3	128045.0	50220.5	140117.0	57590.9
其他杂豆	4421.0	1457.1	41533.0	10367.3	157908.7	88434.9	136265.1	87344.8
豆粉				389.5	3122.4	4564.6	4000.0	2434.3
大米			57135.0	10473.0	50358.0	21257.2	56621.8	22598.8
面粉	60.0	13.4	4160.0	631.0				
奶粉	390.0	619.4			1000.0	2198.0	1000.0	2173.5
蕃茄酱			1750.0	880.8				
白瓜籽	648.0	730.8			10360.0	12308.8	8237.5	11258.7
蔬菜	2061.0	1207.6	2000.0	62.9	60349.1	23158.7	55498.0	25501.6
大麻籽	20.0	3.4						
黑木耳				79.4				
猪肉罐头			200.0	280.4				
水果	64.0	12.7						
饼干	23.0	52.1						
精盐	50.0	6.9						
快餐面	7.0	22.3						
甜菜粕	11138.0	1160.4	16000.0	1284.3	6733.0	8459.2	8800.0	11277.4
山野菜			45.0	14.1	200.0	2493.2	200.0	1968.6
玉米胚芽饼	1316.0	94.3						
羊草	684.0	75.3			15000.0	1290.5	12300.0	1316.5
其他合成香料		113.9						
糖甙			120.0	206.8	346.4	6514.8	325.0	6357.7
糠醛			200.0	87.7			2500.0	2763.5
卫生筷子		2072.4		806.3				
纸制品		47.6						

12-6 主要商品出口数量和金额

（2012 年）

品 名	单 位	数 量	金额(万元)	品 名	单 位	数 量	金额(万元)
黄豆	吨	140117	57590.9	糖甙	吨	325	6357.7
大米	吨	56621.8	22598.8	园葱	吨	19300	3136.1
小粒豆	吨	18900	13292.5	中草药	吨	4333	4781.7
杂豆	吨	136265.1	87344.8	肠衣	吨	1308	8352.4
株葱	吨	4500	3875	铅笔板	万打	400	1242
大豆粉	吨	4000	2434.3	石墨	吨	7520	18009
马铃薯淀粉	吨	13620	15532.4	角瓜子	吨	600	859.4
白瓜子	吨	8237.5	11258.7	豆奶粉	吨	4687.1	5769.7
山野菜	吨	400	3937.1	亚麻纱	万米	792.8	3145.9
芽豆	吨	1400	745.2	豆饼粉	吨	19400	7309.2
冻干三莓	吨	162	869.4	火柴梗	吨	336.5	253.3
豆粕	吨	14000	4483.6	水泥	吨	133050	8395.9
糯玉米	吨	6260	3974.4	羊绒	吨	54	4241.4
亚麻布	万米	51	2121	服装鞋帽	万件	20226	9811.8
柳编	万套	99	12339.3	甘素钠	公斤	254.9	239.1
鹿茸	公斤	800	110.5	叶黄素	吨	8800	11277.4
彩椒	吨	1950	1459.4	聚苯板	立方米	153230	7184.9
速冻蔬菜	吨	4023	4081.8	农机具	台	16	2980.8
毛葱	吨	5150	4442	分割肉	吨	2953	9855.3
糙米	吨	122593	47517.6	彩椒	吨	450	782.5
狐狸皮	万张	3.8	3850.2	甜葫芦条	吨	1210	5087.2
米糠油	吨	3337	2550	南瓜	吨	1970	1382.4
水稻	吨	62143.8	18649.2	奶粉	吨	1000	2173.5
万寿菊	吨	630	10122.3	酶转移制品	吨	204	3549.6
羊草	吨	12300	1316.5	小叶菜	吨	2200	505.4

12-7 主要年份按国别和地区分的出口商品总额

（自营出口部分）

单位：万美元

国别（地区）	1990	1995	2000	2008	2009	2010	2011	2012
总 计	257.2	1070.2	694.8	7000.0	8152.8	8972.9	8003.6	8896.3
亚洲国家和地区	257.2	757.9	527.9	3998.5	4786.5	5715.5	5181.3	6188.3
香 港	163.7	39.0		135.9	1029.4		46.0	120.0
韩 国	3.7	39.9	31.6	1185.4	1717.5	2151.3	2626.8	2273.3
日 本	69.4	456.7	429.7	1513.2	1571.0	1710.4	1706.9	1338.2
泰 国		1.9						
新加坡	24.1		6.6	60.0			84.2	12.4
阿联酋		50.2						
欧洲国家		235.5	53.0	1874.1	1833.3	2368.6	1652.3	1953.2
意大利								
瑞 士		75.6			31.0			

12-8 利用外资情况

单位：万美元

年 份	签订合同数（个）	实际利用外资额	对外借款	政府贷款	外商直接投资	合资经营	外商其他投资	补偿贸易
1978–2012	468	87299.2	21612	10493	536672	44114.1	9931	6783
1980	1	1350					1350	1350
1985	4	3631	3519		112	112		
1990								
1993	32	1399			1399	1399		
1994	6	3900	500	500	400	400	2700	2700
1995	6	3534			1489	1489	2045	2045
1996	9	708			708	708		
1997	4	37			37	37		
1998	5	594			594	594		
1999	4	7597	7040	7040	557	557		
2000	10	2042	1259	1259	291	291	492	492
2001	25	3166	1456	1456	1377	1377		
2002	9	1211			130	130	1081	
2003	12	3411			1344	1344	2067	
2004	30	1389			1389	1389		
2005	36	3333	494	494	2839	2839		
2006	33	3267			3267	3267		
2007	39	4292.7			4292.7	4292.7		
2008	37	4604			4604	1935		
2009	36	4967			4967	4967		
2010	12	5194.7			5194.7	4249		
2011	53	8441.1			8441.1	8441.1		
2012	53	9355.7			9355.7	3417.3		

主要统计指标解释

出口总值 指各进出口贸易公司和赋有经营进出口权的企业的出口(包括代理出口)、补偿贸易出口、来料加工产品的出口总额(实际统计按工缴费的收入统计)。

进口总值 指各进出口贸易公司及有经营进出口权的企业进口总额(其中包括代理进口)。

海关进出口总额 海关进出口总额指实际进出我国国境的货物总金额。包括对外贸易实际进出口货物,来料加工装配进出口货物,国家间、联合国及国际组织无偿援助物资和赠送品,华侨、港澳台同胞和外籍华人捐赠品,租赁期满归承租人所有的租赁货物,进料加工进出口货物,边境地方贸易及边境地区小额贸易进出口货物(边民互市贸易除外),中外合资经营企业、中外合作经营企业、外商独资经营企业进出口货物和公用物品,到、离岸价格在规定限额以上的进出口货样和广告品(无商业价值、无使用价值和免费提供出口的除外),从保税仓库提取在中国境内销售的进出口货物,以及其他进出口货物。进出口总额用以观察一个国家在对外贸易方面的总规模。我国规定出口货物按离岸价格统计,进口货物按到岸价格统计。

利用外资 指我国各级政府、部门、企业、中国银行和其他单位通过对外借款、吸收客商直接投资和商品信贷及其他方式,从国外和港澳地区筹措的资金。

对外借款 是我国利用外资的主要部分,包括我国通过外国政府贷款、国际金融组织贷款,外国银行的买方信贷和现汇货款以及对外发行债券和股票等方式,从国外和港澳地区借用的资金。

外商直接投资 是指外国企业和经济组织或个人(包括华侨、港澳同胞以及我国在境外注册的企业)按我国有关政策、法规、在我国境内开办独资企业、与我国境内的企业或经济组织共同举办合资企业、合作经营企业或合作开发资源的投资以及客商从企业得到收益的再投资。

现汇贸易 又称自由外汇贸易。是指两个国家或地区间在贸易结算时,使用可以自由兑换货币的现汇国家所进行的或是采用记帐贸易现汇结算的对外贸易,都属于现汇贸易。

易货贸易 亦称换货贸易。是指不以货币直接结算的贸易。它是在双方等值的基础上,把出口货物和进出口货物直接结合起来,以不使用货币直接结算的贸易方式。它分狭义和广义的易货贸易两种。

代理 是许多国家商人在从事进出口业务中习惯采用的一种贸易做法。是指代理人按照本人的授权,代表本人与第三人订立合同或作其他法律行为,而由本人直接享有由此而产生的权利与承担相应的义务。

补偿贸易 是指在信贷基础上进行的、进口与出口相结合的贸易方式,即进口设备,然后以回销产品和劳务所得价款,分期偿还进口设备的价款及利息。

13

教育科技和文化事业

STATISTICAL
YEARBOOK

初中和小学升学率(%)

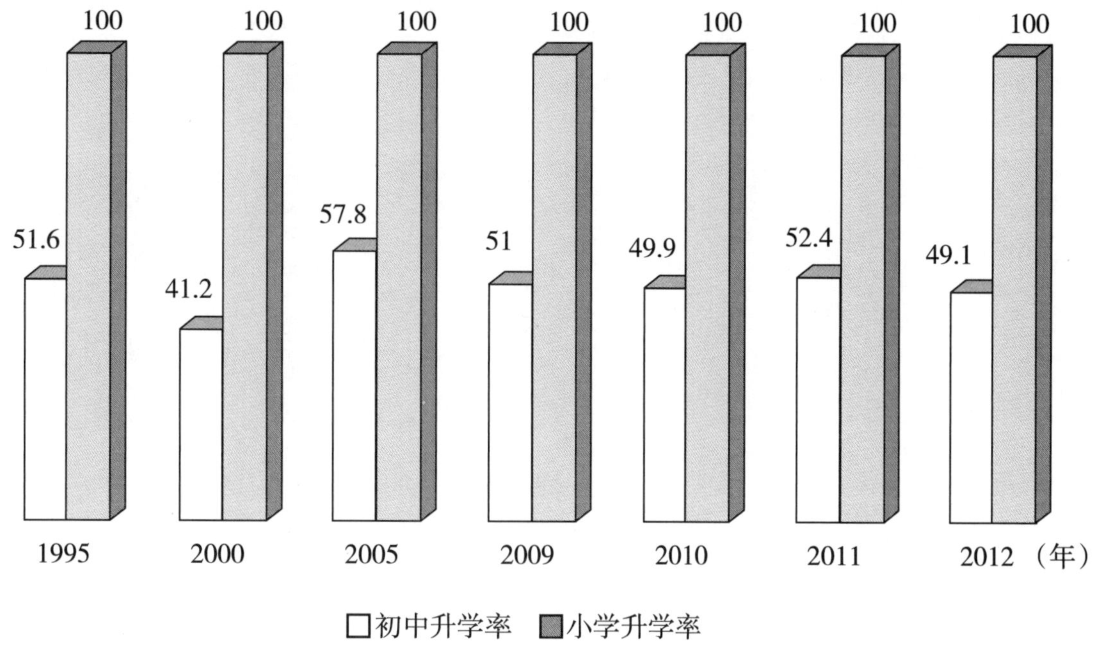

在校学生数(万人)

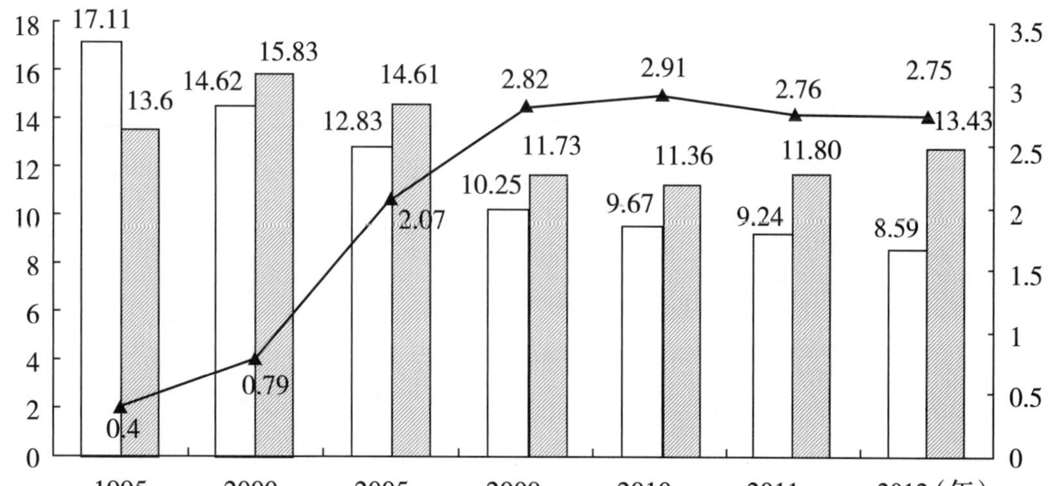

13-1 各级各类学校数

单位:所

年份	普通高等学校	中等学校	中等专业学校	中等技术学校	中等师范学校	普通中学
1991	2	252	6	5	1	190
1992	2	249	7	6	1	186
1993	2	245	6	5	1	183
1994	2	227	6	5	1	170
1995	2	215	6	5	1	164
1996	2	208	7	6	1	163
1997	2	197	7	6	1	158
1998	2	195	7	6	1	159
2000	2	169	7	6	1	145
2001	2	153	5	5		145
2002	2	152	5	5		144
2003	4	148	2	2		142
2004	4	144	2	2		138
2005	4	140	2	2		134
2006	4	135	2	2		131
2007	4	135	2	2		131
2008	4	130	2	2		126
2009	4	130	2	2		126
2010	4	131	2	2		124
2011	3	132	2	2		125
2012	3	134	2	2		126

13-1 续表

单位:所

年份	完全中学	高中	初中	九年一贯制学校	职业中学	小学	幼儿园
1991		57	133		56	364	204
1992		51	135		56	348	200
1993		52	131		56	320	193
1994		50	120		51	299	199
1995		49	115		45	291	198
1996		45	118		38	243	215
1997		44	114		32	236	208
1998		42	117		29	230	212
2000		38	107		17	187	217
2001		31	114		3	159	85
2002	11	22	83	28	3	156	87
2003	8	22	82	30	4	146	86
2004	6	20	88	24	4	140	85
2005	3	20	84	27	4	134	88
2006	5	20	57	49	2	101	78
2007	4	20	47	60	2	69	109
2008	2	17	57	50	2	78	117
2009	2	17	40	67	2	59	116
2010	2	17	34	71	5	47	116
2011	2	17	38	68	5	49	109
2012	2	17	19	88	6	28	116

13-2 各级各类学校教职工数

单位:人

年 份	普 通 高等学校	中等学校	中等专业学校	中 等 技术学校	中 等 师范学校	普 通 中 学
1991	3001	17429	1033	851	182	13008
1992	2998	17722	1136	972	164	13039
1993	2524	17182	1323	1171	152	12482
1994	2626	15773	1304	1202	102	11782
1995	2516	16369	1318	1182	136	12416
1996	2513	17233	1532	1398	134	13448
1997	2501	16934	1504	1362	142	13308
1998	2497	18287	1550	1408	142	14817
2000	2341	17320	1531	1399	132	14499
2001	2174	15107	1215	1215		13548
2002	1960	15344	1211	1211		13795
2003	2705	14829	895	895		13632
2004	2969	14402	390	390		13710
2005	3129	14067	398	398		13366
2006	2389	13194	351	351		12776
2007	2441	13072	370	370		12635
2008	2202	13190	370	370		12665
2009	2603	12987	384	384		12495
2010	2558	12948	291	291		12570
2011	2362	13135	388	388		12676
2012	2489	12539	399	399		12044

13-2 续表

单位:人

年 份	高 中	初 中	职业中学	小 学	幼儿园
1991	4460	8548	3388	13459	2891
1992	3972	9067	3547	13143	3204
1993	3780	8702	3377	12890	2723
1994	3574	8208	2687	12727	2571
1995	3948	8468	2635	13397	2934
1996	4276	9172	2253	14844	3044
1997	4231	9077	2122	14514	2891
1998	4129	10688	1920	14491	2685
2000	3968	10531	1290	13488	2905
2001	3706	9842	344	11770	1469
2002	3774	10021	338	11541	1451
2003	3729	9903	302	11251	1470
2004	3706	10004	302	11286	1430
2005	3613	9753	303	10821	1385
2006	3453	9323	67	10014	1195
2007	3415	9220	67	9855	1513
2008	3343	9322	155	10112	1485
2009	3298	9197	108	10051	1571
2010	3318	9252	87	9894	1834
2011	3346	9330	71	9819	2011
2012	3231	8813	96	9500	2646

13-3 各级各类学校教师数

单位:人

年份	普通高等学校	中等学校	中等专业学校	中等技术学校	中等师范学校	普通中学
1992	531	9285	416	359	57	7149
1993	554	8863	389	343	46	6868
1994	613	8390	424	376	48	6680
1995	603	9159	436	384	52	7421
1996	639	10111	566	498	68	8330
1997	633	10136	557	498	59	8468
1998	619	11113	577	518	59	9502
2000	627	10862	540	478	62	9654
2001	586	9551	415	415		8901
2002	567	9875	416	416		9227
2003	1593	9748	297	297		9253
2004	1084	9639	157	157		9284
2005	1264	9471	175	175		9098
2006	1331	9179	179	179		8966
2007	1444	9100	198	198		8868
2008	1482	9169	198	198		8864
2009	1546	9075	214	214		8765
2010	1502	9057	147	147		8853
2011	1465	9274	220	220		8956
2012	1565	9381	233	233		9072

13-3 续表

单位:人

年份	高中	初中	职业中学	小学	幼儿园
1991	1833	5238	1618	9636	1905
1992	1827	5322	1720	7489	2075
1993	1719	5149	1606	9283	1953
1994	1650	5030	1286	8953	1863
1995	1897	5524	1302	9321	2035
1996	2110	6220	1215	10123	2253
1997	2093	6375	1111	10004	2142
1998	2199	7303	1034	9680	2064
2000	2128	7526	668	9220	2138
2001	2105	6796	235	8100	920
2002	2202	7025	232	7900	921
2003	2306	6947	198	7815	953
2004	2394	6890	198	7824	952
2005	2278	6820	198	7609	899
2006	2347	6619	34	7321	741
2007	2287	6581	34	7219	973
2008	2347	6517	107	7415	952
2009	2308	6457	96	7381	980
2010	2393	6460	57	7316	1130
2011	2431	6525	71	7335	1209
2012	2433	6639	76	6963	1394

13-4 各级各类学校在校学生数

单位:人

年份	普通高等学校	中等学校	中等专业学校	中等技术学校	中等师范学校	普通中学
1991	3058	141248	3978	3328	650	110086
1992	3331	137115	4251	3639	612	106019
1993	3839	136984	4553	3912	641	106222
1994	4209	132572	5595	4778	817	104013
1995	3998	136035	5707	4990	717	108803
1996	3924	140798	7066	6010	1056	113849
1997	4122	140703	8407	7641	766	114037
1998	4666	153981	9251	8459	792	128853
2000	7933	158302	8080	7196	884	137667
2001	6505	146009	9088	9088		134413
2002	8895	150469	10311	10311		138028
2003	12121	152010	10196	10196		139907
2004	17090	152903	9302	9302		141506
2005	20659	148277	7221	7221		138911
2006	21432	136818	4935	4935		131625
2007	24115	130259	4108	4108		125834
2008	27032	125510	3353	3353		120903
2009	28174	117563	2680	2680		114119
2010	29054	113587	3189	3189		109696
2011	27588	118042	3752	3752		105357
2012	27466	134294	8175	8175		125231

13-4 续表

单位:人

年份	高中	初中	职业中学	小学	幼儿园
1991	25640	84446	27184	167942	37718
1992	22407	83612	26845	170664	39780
1993	21178	85044	26209	174313	39087
1994	20636	83377	22964	170991	33250
1995	21354	87449	21525	171081	32350
1996	21686	92163	19883	170435	34411
1997	22793	91244	18259	170850	36996
1998	23331	105522	15877	153174	35351
2000	25473	112194	12555	146177	33413
2001	26695	107718	2508	135853	22894
2002	29302	108726	2130	131388	22999
2003	36157	103750	1907	134198	24265
2004	36693	104813	2095	131703	26806
2005	36640	102271	2145	128320	24803
2006	36120	95505	258	119267	21554
2007	35619	90215	317	108471	30405
2008	34991	85912	1254	106808	27920
2009	34515	79604	764	102484	27180
2010	34227	75469	702	96746	28346
2011	33947	71410	8973	92402	26348
2012	31633	87598	888	85925	25274

13-5 各级各类学校招生数

单位:人

年份	普通高等学校	中等学校	中等专业学校	中等技术学校	中等师范学校	普通中学
1991	1021	49363	2241	2084	157	35027
1992	1168	47852	1749	1529	220	34558
1993	1427	49051	1906	1630	276	35753
1994	1263	49564	2005	1727	278	36824
1995	1301	52331	2144	1898	246	39848
1996	1323	48446	2680	2410	270	36062
1997	1464	46169	3095	2825	270	34585
1998	1615	62953	3234	2962	272	55336
2000	3400	46516	2131	1843	288	37812
2001	2218	44467	2864	2864		40931
2002	3149	46527	3425	3425		42464
2003	3315	40833	2904	2904		37571
2004	6542	42554	2791	2791		39245
2005	5903	39268	1706	1706		37024
2006	7280	39180	1121	1121		37979
2007	8370	37280	1466	1466		35661
2008	9571	32444	948	948		31121
2009	8688	32619	894	894		31047
2010	7881	33498	1383	1383		31870
2011	8330	32997	1244	1244		31046
2012	8603	39780	4322	4322		35261

13-5 续表

单位:人

年份	高中	初中	职业中学	小学	幼儿园
1991	8017	27010	12095	25573	14368
1992	6799	27759	11545	28656	16637
1993	7130	28623	11392	29055	18033
1994	7599	29225	10735	27338	
1995	7196	32652	10339	29255	21228
1996	7976	28086	9704	27439	24116
1997	7503	27082	8489	27138	23459
1998	8262	47074	4383	28918	20969
2000	7872	29940	6573	27075	20266
2001	10117	30814	672	24722	16870
2002	11983	30481	638	23735	16434
2003	13628	23943	358	26800	17648
2004	12943	26302	518	24153	18518
2005	12326	24698	538	21900	16688
2006	12554	25425	80	18114	13716
2007	11331	24330	153	16669	20831
2008	11403	19718	375	16243	19167
2009	11764	19283	678	15345	17993
2010	11079	20791	245	15535	18061
2011	11378	19670	707	15147	16452
2012	10621	24640	197	15776	14326

13-6 各级各类学校毕业生数

单位:人

年 份	普通高等学校	中等学校	中等专业学校	中等技术学校	中等师范学校	普通中学
1991	993	47081	1333	1198	135	39321
1992	895	45315	1476	1198	278	36597
1993	881	44718	1223	1047	176	35244
1994	927	46653	1243	1198	45	37693
1995	1482	43211	1612	1297	315	35230
1996	1376	46253	1773	1487	286	37659
1997	1188	43376	1768	1520	248	35746
1998	1021	49335	1976	1730	246	40938
2000	1204	43818	2934	2664	270	36856
2001	912	43348	1894	1894		34872
2002	859	35203	2664	2664		31505
2003	3438	35785	3690	3690		31239
2004	2364	42977	3010	3010		39001
2005	2814	40915	3708	3708		36211
2006	5974	43212	2631	2631		40433
2007	6144	38322	1434	1434		36803
2008	7386	37354	1157	1157		35871
2009	7931	37041	1066	1066		35822
2010	8301	35436	1037	1037		34317
2011	8044	36001	858	858		33564
2012	8624	35529	2167	2167		32804

13-6 续表

单位:人

年 份	高 中	初 中	职业中学	小 学
1991	8033	31288	6427	27081
1992	8872	27725	7242	27812
1993	8351	26893	8251	28626
1994	7449	30244	7717	29225
1995	6402	28828	6369	32652
1996	7348	30311	6821	28086
1997	6530	29216	5862	27082
1998	7339	33599	6421	47074
2000	7091	29765	4028	29940
2001	7572	27300	6582	11065
2002	7959	23546	1034	30481
2003	6877	24362	856	23983
2004	10565	28436	966	26439
2005	11176	25035	996	25128
2006	11867	28566	148	12239
2007	11526	25277	85	24375
2008	12018	23853	326	19734
2009	11914	23908	153	19314
2010	11215	23102	82	20836
2011	11322	22242	1579	20081
2012	10761	22043	558	24470

13-7 各级各类成人学校基本情况

（2012年）

各类学校	学校数（所）	毕业生数（人）	招生数（人）	在校学生数（人）	教职工数（人）	#专任教师	兼任教师（人）
总计	64	162522	7965	125903	1166	738	82
一、成人高等学校	3	1264	3907	6776	351	210	93
广播电视大学	1	102	2517	3600	167	108	54
职工高等学院							
管理干部学院	1	581	375	991	184	102	39
教师进修学院	1						
普通高校办函授部		581	1115	2185			
二、成人中等学校	61	161258	4058	119127	815	528	689
中等专业学校	4	15318	4058	17067	214	116	170
教师进修学校							
职业技术培训学校	51	145940		102060	601	412	519

13-8 各级各类成人学校在校学生数

单位：人

各类学校	1995	2000	2003	2005	2006	2007	2008	2009	2010	2011	2012
成人高等学校	5633	4020	2012	1508	1822	2323	3445	3153	3700	3975	125903
广播电视大学	2184	1071	1171	643	528		263	80	682	1122	3600
职工高等学院	400										
管理干部学院	374	613	710	655	1000	1667	1798	1298	1013	1202	991
教师进修学院	2199	2108									
普通高校办函授部	476	228	131	210	294	656	1384	1775	2005	1651	2185
成人中等专业学校	10286	2251	868	1071	912	13636	15334	178779	153410	122387	119127

13-9　中等专业学校分科在校生人数

单位:人

年份	合计	中等技术学校	农科	林科	医药	财经	其他	中等师范学校
1991	3978	3328	1536	620	520	652		650
1992	4251	3639	1784	612	540	640	63	612
1993	4553	3912	1759	666	767	720		641
1994	5595	4778	1897	1085	1008	788		817
1995	5707	4990	1255	812	756	706	1461	717
1996	7066	6010	2721	1531	844	914		1056
1997	8407	7641	3083	1908	1036	1100	514	766
1998	9251	8459	3602	1691	1296	1090	780	792
2000	8080	7196	2455	1330	1281	1350	780	884
2001	9088	9088	3816	1800	1064	1245	1163	
2002	10311	10311	3956	2507	900	1145	1803	
2003	10196	10196	3599	2513	934	1045	2105	
2004	9302	9302	3340	2438	1034	1170	1320	
2005	7221	7221	3920	665	1172	310	1154	
2006	4935	4935	2679	352	670	211	1023	
2007	4108	4108	1877	215	534	245	1237	
2008	3353	3353	1530	175	435	200	1013	
2009	2680	2680	1222	140	348	159	811	
2010	3189	3189	1454	166	414	189	966	
2011	3752	3752	1710	195	487	222	1138	
2012	8175	8175	3726	425	1061	483	2480	

13-10　中等专业学校分科招生数

单位:人

年份	合计	中等技术学校	农科	林科	医药	财经	其他	中等师范学校
1991	2241	2084	1294	280	150	360		157
1992	1749	1529	911	160	138	308	12	220
1993	1906	1630	600	150	480	400		276
1994	2005	1727	458	520	330	419		278
1995	2144	1898	248	267	238	706	439	246
1996	2680	2410	1170	520	320	400		270
1997	3095	2825	891	520	400	500	514	270
1998	3234	2962	1354	380	460	502	266	272
2000	2131	1843	593	230	172	650	198	288
2001	2864	2864	1081	948	213	421	201	
2002	3425	3425	1980	700	155	410	180	
2003	2904	2904	1551	145	434	405	369	
2004	2791	2791	1142	712	268	295	374	
2005	1706	1706	855	104	228	101	418	
2006	1121	1121	491	107	0	101	422	
2007	1466	1466	763	47	128	98	430	
2008	948	948	516	30	83	63	256	
2009	894	894	486	28	78	60	242	
2010	1383	1383	751	43	120	92	377	
2011	1244	1244	675	38	108	82	341	
2012	4322	4322	2345	132	375	285	1185	

13-11 中等专业学校分科毕业生数

单位:人

年份	合计	中等技术学校	农科	林科	医药	财经	其他	中等师范学校
1991	1333	1198	499	289	37	373		135
1992	1476	1198	581	168	118	320	11	278
1993	1223	1047	392	83	252	320		176
1994	1243	1198	381	88	417	312		45
1995	1612	1297	640	189	68	400		315
1996	1773	1487	473	360	234	420		286
1997	1768	1520	435	568	203	314		248
1998	1976	1730	522	568	200	440		246
2000	2934	2664	1535	470	333	210	116	270
2001	1894	1894	753	450	430	160	101	
2002	2664	2664	1480	455	319	260	150	
2003	3669	3669	2049	710	400	261	249	
2004	3010	3010	1175	1062	198	170	405	
2005	3708	3708	1578	1306	202	50	572	
2006	2631	2631	1119	420	434	30	628	
2007	1434	1434	748	133	108	81	364	
2008	1157	1157	603	107	87	65	295	
2009	1066	1066	555	98	80	60	273	
2010	1037	1037	539	95	77	58	268	
2011	858	858	446	78	63	46	225	
2012	2167	2167	1126	197	159	116	569	

13-12 中等专业学校分类别专任教师数

单位:人

年份	合计	中等技术学校	农科	林科	医药	财经	其他	中等师范学校
1991	429	373	192	68	33	80		56
1992	416	359	190	63	33	65	8	57
1993	399	353	175	61	40	77		46
1994	424	376	182	67	50	77		48
1995	436	384	109	47	41	77	110	52
1996	566	498	273	112	41	72		68
1997	557	498	248	95	42	71	42	59
1998	577	518	233	102	50	72	61	59
2000	540	478	203	102	47	67	59	62
2001	415	415	170	105	46	45	49	
2002	416	416	168	96	42	50	60	
2003	297	297	69	96	43	30	59	
2004	157	157	40	20	24	10	63	
2005	175	175	46	20	24	10	75	
2006	179	179	42	20	25	5	87	
2007	198	198	64	20	24	8	82	
2008	198	198	64	20	24	8	82	
2009	214	214	69	22	27	8	88	
2010	147	147	47	15	18	8	59	
2011	220	220	70	22	26	12	90	
2012	233	233	74	23	27	13	96	

13-13　普通高等学校教职工数

单位:人

年　份	教职工总　数	校本部教职工	专任教师	教辅人员	行政人员	工勤人员
1991	3001	1580	429	229	401	521
1992	2998	1572	416	222	411	523
1993	2524	1605	554	154	392	505
1994	2626	1778	613	275	386	504
1995	2516	1594	603	214	327	450
1996	2513	1557	639	202	313	403
1997	2501	1543	633	199	314	397
1998	2497	1515	619	202	312	382
2000	2341	1391	627	88	257	419
2001	2174	1274	586	74	249	365
2002	1960	1042	567	209	134	132
2003	2705	1593	880	197	199	317
2004	2969	1882	1084	251	279	268
2005	3129	2154	1264	294	334	262
2006	2389	2034	1331	240	251	212
2007	2441	2116	1444	213	249	210
2008	2512	2202	1482	237	290	193
2009	2603	2300	1546	275	297	182
2010	2558	2260	1502	257	300	201
2011	2628	2362	1465	226	279	392
2012	2489	2185	1565	218	296	106

13-14　普通中等专业学校教职工数

单位:人

年　份	教职工总　数	校本部教职工	专任教师	教辅人员	行政人员	工勤人员
1991	1033	1144	429	80	192	443
1992	1136	1125	416	85	195	429
1993	1323	1199	399	103	194	503
1994	1304	1304	424	138	203	539
1995	1318	1221	436	119	231	435
1996	1532	1451	566	129	223	533
1997	1504	1457	557	147	257	496
1998	1550	1511	577	139	271	524
2000	1531	1418	540	133	259	486
2001	1215	1103	415	106	153	429
2002	1211	1102	416	109	152	425
2003	895	856	297	114	115	330
2004	390	386	157	53	66	110
2005	398	394	175	53	60	106
2006	351	347	179	50	69	49
2007	370	370	198	52	67	53
2008	367	367	198	50	67	52
2009	384	384	214	57	67	46
2010	389	389	220	50	73	46
2011	388	388	220	50	82	36
2012	399	399	233	46	82	36

13-15 各级学校教师负担学生数

单位:人

年份	高等学校		中等学校		小学	
	教师数	平均每个教师负担学生数	教师数	平均每个教师负担学生数	教师数	平均每个教师负担学生数
1991	533	5.7	7500	15.2	9636	17.4
1992	531	6.3	7565	14.6	9489	18.0
1993	554	6.9	8863	15.5	9283	18.8
1994	613	6.9	8390	15.8	8953	19.1
1995	603	6.6	9159	14.9	9321	18.4
1996	639	6.1	10111	13.9	10123	16.8
1997	633	6.5	10136	13.9	10004	17.1
1998	619	7.5	11620	13.7	9680	15.8
2000	627	12.7	10862	14.6	9220	15.9
2001	586	11.1	9551	15.3	8100	16.8
2002	567	15.7	9875	15.2	7900	16.6
2003	880	13.8	9748	15.6	7815	17.1
2004	1084	15.8	9639	15.9	7824	16.8
2005	1264	16.3	9521	15.6	7609	16.9
2006	1331	16.1	9179	14.9	7321	16.3
2007	1444	16.7	9100	14.3	7219	15.0
2008	1482	18.2	9169	13.7	7415	14.4
2009	1546	18.2	9075	13.0	7381	13.9
2010	1502	19.4	9057	12.5	7316	13.2
2011	1465	18.8	9247	12.8	7335	12.6
2012	1565	17.6	9381	14.3	6963	12.3

13-16 平均每万人口在校学生数和大中小学学生构成

年份	各级学校在校学生数占垦区人口%	平均每万人口中			大中小学学生占学生总数%		
		大学生(人)	中学生(人)	小学生(人)	大学生(人)	中学生(人)	小学生(人)
1991	18.2	20	730	1075	1.0	40.0	58.9
1992	18.2	21	706	1095	1.1	38.8	60.0
1993	20.2	24	699	1147	1.2	42.0	55.3
1994	19.7	27	705	1160	1.4	33.8	55.6
1995	19.9	26	872	1145	1.3	41.9	55.0
1996	20.1	26	876	956	1.4	40.1	56.0
1997	26.4	26	731	1095	1.3	36.1	54.1
1998	20.6	30	826	982	1.6	44.9	53.5
2000	20.0	51	882	937	2.5	48.1	49.4
2001	18.5	42	936	871	2.3	50.6	47.1
2002	18.6	57	965	842	3.1	51.8	45.1
2003	19.8	81	933	894	4.1	51.0	44.9
2004	19.2	109	901	839	5.7	46.9	47.9
2005	19.8	138	989	855	6.9	49.9	43.2
2006	17.8	137	844	765	7.8	48.3	43.9
2007	16.4	151	786	677	9.2	48.5	41.3
2008	16.2	168	733	647	10.4	48.4	41.2
2009	14.8	170	691	621	11.5	46.6	41.9
2010	14.5	176	665	586	12.1	47.5	40.4
2011	14.4	167	638	560	11.6	49.6	38.8
2012	15.1	166	758	521	11.5	52.5	36.0

13-17 各管理局各类学校数

单位:所

年份 单位	普通 高等学校	中等专业 学校	中等 技术学校	中等 师范学校	普通 中学	完全 中学
2003	4	2	2		142	8
2004	4	2	2		138	6
2005	4	2	2		132	3
2006	4	2	2		131	5
2007	4	2	2		131	2
2008	4	2	2		126	
2009	4	2	2		126	2
2010	4	2	2		124	2
2011	3	2	2		125	
2012	3	2	2		127	2
宝泉岭局		1	1		16	
红兴隆局					15	
建三江局					17	
牡丹江局					17	
北安局		1	1		18	
九三局					14	
齐齐哈尔局					9	
绥化局					9	
哈尔滨局					10	
总局直属	3				2	2

13-17 续表

单位:所

年份 单位	高中	初中	九年一贯 制学校	职业 中学	小学	幼儿园
2003	22	82	30	4	146	86
2004	20	88	24	4	140	85
2005	18	84	26	4	134	88
2006	20	57	49	2	101	78
2007	20	47	60	2	69	109
2008	17	57	50	2	78	117
2009	17	40	67	2	59	116
2010	17	34	71	5	47	116
2011	17	38	68	5	49	109
2012	17	19	88	6	28	116
宝泉岭局	3	1	12		2	14
红兴隆局	2	9	4	2	10	17
建三江局	2		15	1	2	20
牡丹江局	1		16			15
北安局	3		15			15
九三局	2	6	5	2	8	13
齐齐哈尔局	2	2	5		3	4
绥化局	1		8		1	9
哈尔滨局	1	1	8	1	2	9
总局直属						

13-18 各管理局各类学校教职工数

单位:人

年份 单位	普通 高等学校	中等学校	中等专业 学校	中等 技术学校	中等 师范学校	普通 中学
2003	2705	14829	895	895		13632
2004	2969	14402	390	390		13710
2005	3129	14066	398	398		13366
2006	2389	13204	351	351		12776
2007	2441	13072	370	370		12635
2008	2202	13083	367	367		12665
2009	2603	12926	384	384		12495
2010	2558	13040	389	389		12564
2011	2362	13159	388	388		12676
2012	2489	12539	399	399		12044
宝泉岭局		1774	201	201		1573
红兴隆局		1724				1670
建三江局		1668				1668
牡丹江局		1812				1812
北安局		1810	198	198		1612
九三局		1382				1340
齐齐哈尔局		637				637
绥化局		988				988
哈尔滨局		451				451
总局直属	2489	293				293

13-18 续表

单位:人

年份 单位	高中	初中	职业 中学	小学	幼儿园
2003	3692	9940	302	11251	1470
2004	3706	10004	302	11286	1430
2005	3613	9753	302	10821	1385
2006	3453	9323	77	10014	1195
2007	3410	9225	67	9855	1513
2008	3343	9322	51	10112	1485
2009	3310	9185	47	10051	1571
2010	3311	9259	87	9894	1834
2011	3340	9336	95	9819	2010
2012	3231	8813	96	9500	2646
宝泉岭局	414	1159		1299	297
红兴隆局	439	1231	54	1324	400
建三江局	438	1230		1604	679
牡丹江局	476	1336		1420	562
北安局	437	1175		1213	275
九三局	352	988	42	867	183
齐齐哈尔局	168	469		683	53
绥化局	259	729		726	95
哈尔滨局	119	332		256	105
总局直属	129	164		108	

13–19　各管理局各类学校教师数

单位：人

年份 单位	普通 高等学校	中等学校	中等专业 学校	中等 技术学校	中等 师范学校	普通 中学
2003	880	9748	297	297		9253
2004	1084	9639	157	157		9284
2005	1264	9521	175	175		9148
2006	1331	9179	179	179		8966
2007	1444	9100	198	198		8868
2008	1482	9098	198	198		8864
2009	1546	9018	214	214		8765
2010	1502	9130	220	220		8853
2011	1465	9247	220	220		8956
2012	1565	9381	233	233		9072
宝泉岭局		1301	105	105		1196
红兴隆局		1293				1255
建三江局		1191				1191
牡丹江局		1330				1330
北安局		1197	128	128		1069
九三局		1078				1040
齐齐哈尔局		527				527
绥化局		837				837
哈尔滨局		366				366
总局直属	1565	261				261

13–19 续表

单位：人

年份 单位	高中	初中	职业 中学	小学	幼儿园
2003	2306	6947	198	7815	953
2004	2394	6890	198	7824	952
2005	2278	6870	198	7609	899
2006	2347	6619	34	7321	741
2007	2287	6581	34	7219	973
2008	2347	6517	36	7415	952
2009	2308	6457	39	7381	980
2010	2393	6460	57	7316	1130
2011	2431	6525	71	7335	1209
2012	2433	6639	76	6963	1394
宝泉岭局	368	828		833	159
红兴隆局	369	886	38	978	185
建三江局	406	785		1147	375
牡丹江局	291	1039		1055	296
北安局	355	714		803	173
九三局	213	827	38	679	66
齐齐哈尔局	147	380		552	35
绥化局	112	725		616	53
哈尔滨局	53	313		204	52
总局直属	119	142		96	

13-20 各管理局各类学校在校学生数

单位:人

年份 单位	普通 高等学校	中等学校	中等专业 学校	中等 技术学校	中等 师范学校	普通 中学
2003	10196	156035	10196	10196		144172
2004	17090	152903	9302	3524		141506
2005	20659	148277	7221	7221		138911
2006	21432	136818	4935	4935		131625
2007	24115	130259	4108	4108		125834
2008	27032	124607	3353	3353		120903
2009	28174	117274	2680	2680		114119
2010	29054	113587	3189	3189		109696
2011	27588	110330	3752	3752		105357
2012	27466	128294	8175	8175		119231
宝泉岭局		18418	2472	2472		15946
红兴隆局		17734				17268
建三江局		15968				15968
牡丹江局		16035				16035
北安局		18640	4685	4685		13955
九三局		15685				15306
齐齐哈尔局		5851				5851
绥化局		10954				10954
哈尔滨局		4273				4233
总局直属	27466	4733	1018	1018		3715

13-20 续表

单位:人

年份 单位	高中	初中	职业 中学	小学	幼儿园
2003	36157	108015	1667	134198	24265
2004	36693	104813	2095	131703	26806
2005	36640	102271	2145	128320	21555
2006	36120	95505	258	119267	21554
2007	35619	90215	317	108471	30405
2008	34991	85912	351	106808	27920
2009	34515	79604	475	102484	27180
2010	34227	75469	702	96746	28346
2011	33947	71410	1221	92402	26348
2012	31633	87598	888	85925	25274
宝泉岭局	5563	10383		6534	2817
红兴隆局	4820	12448	466	8491	3026
建三江局	5474	10494		13977	6562
牡丹江局	4089	11946		15133	4060
北安局	4392	9563		10815	4618
九三局	2500	12806	379	11788	996
齐齐哈尔局	1417	4434		6577	716
绥化局	968	9986		7400	1036
哈尔滨局	653	3580	43	3280	1443
总局直属	1757	1958		930	

13-21　各管理局各类学校招生数

单位:人

年份 单位	普通 高等学校	中等学校	中等专业 学校	中等 技术学校	中等 师范学校	普通 中学
2003	3315	40833	2904	2904		37571
2004	6542	42554	2791	2791		39245
2005	5903	39268	1706	1706		37024
2006	7280	39180	1121	1121		37979
2007	8370	37280	1466	1466		35661
2008	9571	32164	948	948		31121
2009	8688	32174	894	894		31047
2010	7881	33498	1383	1383		31870
2011	8330	32574	1244	1244		31048
2012	8603	39780	4322	4322		35261
宝泉岭局		4387	335	335		4052
红兴隆局		4511				4378
建三江局		5517				5517
牡丹江局		5322				5322
北安局		8036	3407	3407		4629
九三局		4112				4063
齐齐哈尔局		2097				2097
绥化局		2873				2873
哈尔滨局		1154				1139
总局直属	8603	1771	580	580		1191

13-21 续表

单位:人

年份 单位	高中	初中	职业 中学	小学	幼儿园
2003	13628	23943	358	26800	17468
2004	12943	26302	518	24153	18518
2005	12326	24698	538	21900	13742
2006	12554	25425	80	18114	13716
2007	11331	24330	153	16669	20831
2008	11403	19718	95	16243	19167
2009	11764	19283	233	15345	17993
2010	11079	20791	245	15535	18061
2011	11378	19670	282	15147	16452
2012	10621	24640	197	15776	14326
宝泉岭局	1827	2225		1292	1903
红兴隆局	1636	2742	133	1602	1890
建三江局	1800	3717		2733	3005
牡丹江局	1348	3974		2521	1065
北安局	1490	3139		1683	3293
九三局	799	3264	49	2208	908
齐齐哈尔局	456	1641		1198	611
绥化局	376	2497		1694	273
哈尔滨局	201	938	15	665	1378
总局直属	688	503		180	

13-22 各管理局各类学校毕业生数

单位:人

年份/单位	普通高等学校	中等学校	中等专业学校	中等技术学校	中等师范学校
2003	3690	35665	3690	3690	
2004	2364	42977	3010	3010	
2005	2814	40915	3708	3708	
2006	5974	43212	2631	2631	
2007	6144	38322	1157	1157	
2008	7386	37112	1157	1157	
2009	7931	36997	1066	1066	
2010	8301	36461	1037	1037	
2011	8044	34517	858	858	
2012	8624	35529	2167	2167	
宝泉岭局		5693	1523	1523	
红兴隆局		5293			
建三江局		4858			
牡丹江局		4841			
北安局		4812	450	450	
九三局		3482			
齐齐哈尔局		1627			
绥化局		2498			
哈尔滨局		1006			
总局直属	8624	1419	194	194	

13-22 续表

单位:人

年份/单位	普通中学	高中	初中	职业中学	小学
2003	31239	6877	24362	736	23983
2004	39001	10565	28436	966	26439
2005	36211	11176	25035	996	25128
2006	40433	11867	28566	148	25431
2007	36803	11526	25277	84	24375
2008	35871	12018	23853		19734
2009	35822	11914	23908	109	19314
2010	34317	11215	23102	82	20836
2011	33564	11322	22242	95	20081
2012	32804	10761	22043	558	24470
宝泉岭局	4170	1767	2403		2225
红兴隆局	4805	1982	2823	488	2742
建三江局	4858	1737	3121		3717
牡丹江局	4841	1397	3444		3974
北安局	4362	1402	2960		3033
九三局	3412	865	2547	70	3264
齐齐哈尔局	1627	472	1155		1641
绥化局	2498	393	2105		2617
哈尔滨局	1006	195	811		982
总局直属	1225	551	674		275

13-23 各管理局中学毕业生和小学毕业生升学率

年份 单位	高中毕业生升学率			初中毕业生升学率			小学毕业生升学率		
	毕业生人数（人）	升入高等学校（人）	升学率（%）	毕业生人数（人）	升入高级中学人数（人）	升学率（%）	毕业生人数（人）	升入初级中等学校（人）	升学率（%）
2001	7572	5471	72.3	27300	11229	41.1	30601	30601	100.0
2002	7959	6225	78.2	23546	13324	56.6	30481	30481	100.0
2003	6877	6566	95.5	24362	14992	61.5	23983	23983	100.0
2004	10565	7813	74.0	28436	14427	50.7	26439	26439	100.0
2005	11176	8944	80.0	25035	14490	57.8	25128	25128	100.0
2006	11867	8911	75.1	28566	13576	47.5	25431	25431	100.0
2007	11526	9249	80.2	25277	11799	46.7	24375	24375	100.0
2008	12018	9854	82.0	23853	11863	49.7	19734	19734	100.0
2009	11914	9336	78.3	23908	12190	51.0	19314	19314	100.0
2010	11215	9344	83.3	23102	11536	49.9	20836	20836	100.0
2011	11322	8641	76.3	22242	11645	52.4	19670	19670	100.0
2012	10761	9456	87.8	22043	10823	49.1	24470	24470	100.0
宝泉岭局	1767	1720	97.3	2403	1827	76.0	2225	2225	100.0
红兴隆局	1982	1860	93.8	2823	1662	58.9	2742	2742	100.0
建三江局	1737	1560	89.8	3121	1803	57.8	3717	3717	100.0
牡丹江局	1397	1237	88.5	3444	1353	39.3	3974	3974	100.0
北安局	1402	1272	90.7	2960	1631	55.1	3033	3033	100.0
九三局	865	786	90.9	2547	823	32.3	3263	3263	100.0
齐齐哈尔局	472	359	76.1	1155	462	40.0	1641	1641	100.0
绥化局	393	91	23.2	2105	376	17.9	2617	2617	100.0
哈尔滨局	195	121	62.1	811	212	26.1	982	982	100.0
总局直属	551	450	81.7	674	674	100.0	275	275	100.0

注:升入高等学校人数中含部分往届毕业生。

13-24 各管理局小学学龄儿童入学率

年份 单位	学龄儿童数（人）	已入学学龄儿童数（人）	入学率（%）
2003	130075	130075	100.0
2004	124850	124850	100.0
2005	122107	122107	100.0
2006	113397	113397	100.0
2007	101882	101882	100.0
2008	101342	101342	100.0
2009	97426	97426	100.0
2010	92451	92451	100.0
2011	89064	89064	100.0
2012	82676	82676	100.0
宝泉岭局	6433	6433	100.0
红兴隆局	7909	7909	100.0
建三江局	13408	13408	100.0
牡丹江局	14020	14020	100.0
北安局	10666	10666	100.0
九三局	11788	11788	100.0
齐齐哈尔局	6136	6136	100.0
绥化局	8160	8160	100.0
哈尔滨局	3226	3226	100.0
总局直属	930	930	100.0

注:14-1 至 14-24 表资料由总局教育局提供。

13-25 广播、电视自办节目播出情况

（2012年）

单　位	有　线 广播站 （个）	广播人口 覆盖率 （100）	有　线 电视站 （个）	自办电视节目平均每周播放时间（小时）		电视人口 覆盖率 （%）	有线电视 总用户数 （万户）	转播电视 节目套数 （套）
				小　计	新　闻			
总　　计	**105**	**915.4**	**108**	**61:35**	**24:00**	**92.5**	**33.32**	**88**
宝泉岭局	13	92.6	14	6:30	2:10	92.6	6.50	88
红兴隆局	12	96.4	13	6:30	3:30	97.0	7.60	88
建三江局	16	95.0	16	6:30	2:10	93.2	7.99	88
牡丹江局	13	93.1	13	6:30	2:10	93.1	5.70	88
北　安　局	15	92.0	15	7:00	2:10	92.0	4.60	88
九　三　局	12	89.0	12	6:30	2:10	86.1	4.80	88
齐齐哈尔局	7	84.2	7	6:30	2:10	84.2	1.46	88
绥　化　局	9	91.8	9	6:30	2:10	91.8	0.90	88
哈尔滨局	7	96.3	9	2:05	2:05	96.3	0.97	88
总局直属	1	85.0		7:00	3:15	99.0	0.40	88

注：13-25表资料由总局文化委员会提供

13-25续表

年　份 单　位	电视转 播　台 （座）	电视发 射　机 （部）	千　瓦 发射机 （部）	广播电视 事业机构 （个）	职　工 人　数 （人）	卫　星 地面站 （座）	开通光纤网长度（公里）			开通光纤 的农牧场 及管理区 （个）
							一级	二级	三级	
总　　计	**38**	**67**	**40**	**10**	**1317**	**139**	**3080**	**4165**	**8898**	**1315**
宝泉岭局	9	15	12	1	159	14		485	835	210
红兴隆局	7	12	5	1	240	12		664	2500	290
建三江局	7	12	9	1	234	8		585	461	32
牡丹江局	6	10	4	1	145	26		470	1500	180
北　安　局	2	4	2	1	145	16		645	1567	170
九　三　局	3	6	4	1	102	5		486	802	151
齐齐哈尔局	2	4	4	1	59	10		230	500	80
绥　化　局	1	2		1	38	20		300	294	101
哈尔滨局	1	2		1	39	20		300	294	101
总局直属				1	156	8	3080		145	

13-26 专业艺术表演团体单位、人员数及演出、收支情况

指 标	单位	1995	2000	2005	2008	2009	2010	2011	2012
单位数	个	1	1	1	1	1	1	1	1
人员数	人	73	54	27	27	24	24	20	20
演出场数	场	68	164	150	68	80	51	70	110
#到基层演出	场	11	140	106	50	68	30	30	80
观众人数	人次	60000	195000	150000	130000	150000	102000	140000	170000
#基层观众	人次	20000	160000	100000	90000	120000	60000	60000	150000
本年新创作并演出剧目	个	30	36	16	9	19	14	28	50
#获奖总数	个	3	17	0	0	0	3	0	3
国家经费补贴	万元	80	170	239	462	473	422	408	545
演出收入	万元	3	5	11	3	3.2	4.8	23	87

注:14-26 表资料由总局文工团提供。

13-27 杂志和报纸出版情况

年 份	杂志 种数 (种)	杂志 每期平均印数 (册)	杂志 总印数 (万册)	杂志 总印张数 (万印张)	报纸 种数 (种)	报纸 每期平均印数 (份)	报纸 总印数 (万份)	报纸 总印张数 (万印张)
1991	6	44600	48.0	157.3	4	56800	730.4	730.4
1992	6	50600	55.0	192.2	5	65800	1345.8	1332.3
1993	6	56100	58.0	199.7	5	67900	1497.1	1417.4
1994	7	24517	24.6	74.3	4	60000	1081.3	277.5
1995	7	16000	13.4	41.9	4	68836	1347.0	671.7
1996	4	23000	17.0	68.8	2	47136	1547.0	612.0
1997	6	22750	19.7	82.6	2	51000	1653.1	720.0
1998	6	21200	29.1	85.7	2	67400	2046.1	2046.0
1999	5	18559	14.6	68.3	2	72500	2023.6	2024.0
2000	5	15560	11.0	58.4	1	55000	1650.0	1650.0
2001	4	12580	7.6	38.9	1	40050	1335.1	1335.0
2002	4	15416	9.3	48.1	1	48000	1598.4	1598.4
2003	4	12486	7.5	38.2	1	49000	1631.7	1631.7
2004	4	8325	5.0	26.1	1	36500	1216.3	1216.3
2005	4	13000	7.8	40.7	1	38100	1269.0	1269.0
2006	4	12600	7.8	38.6	1	42300	1387.8	1387.8
2007	4	11400	7.6	35.7	1	44450	1541.8	1541.8
2008	4	12100	7.8	36.5	1	46485	1612.7	1612.7
2009	4	17900	11.5	53.8	1	48800	1756.0	1756.0
2010	4	19733	22.0	88.1	1	50807	1829.1	1829.1
2011	4	23052	25.7	102.9	1	58348	2100.6	2100.6
2012	4	30945	34.5	138.1	1	61151	2201.4	2201.4

13-28 科学研究与技术开发机构、人员、经费及资产情况

项目	单位	2011				2012			
		合计	自然科学技术领域	社会人文科学领域	科学技术情报	合计	自然科学技术领域	社会人文科学领域	科学技术情报
独立研究与开发机构									
(一)总局直属									
机构数	个	19	17	1	1	19	17	1	1
职工人数	人	818	772	14	32	740	692	16	32
#科技人员	人	487	454	5	28	517	481	5	31
管理人员	人	268	264		4	178	178		
工人	人	63	54	9		45	33	11	1
经费收入额	万元	11817.7	11110.4	246	461.3	9460.4	8609.5	246	604.9
#国拨	万元	6641.7	6143.7	140	358	4831.3	4279.6	60	491.7
基本建设投资额	万元	402.6	387.6	15		185.5	107.8	15	62.7
#设备及工器具购置	万元	236.7	221.7	15		124.8	107.8	15	2
年末固定资产原值	万元	16572.9	16014.2	50.4	508.3	17508.7	16921.3	50.4	537

注:13-28 至 13-30 表资料由总局科技局提供。

13-29 科学研究与技术开发项目科技奖励情况

单位:个

项目	2005	2006	2007	2008	2009	2010	2011	2012
本年开展的研究与开发项目	187	121		29	29	165	187	181
本年完成并通过鉴定的研究与开发项目	50	38	23	21	34	61	41	35
获奖的研究、开发项目	34	7	33	29	7	40	35	46
获国家星火奖								
获科技进步奖	34	7	6	29	7	28	35	46
#国家级科技进步奖								
省、部级科技进步奖	5	7	6	5	7	6	8	5
总局级科技进步奖	29		27	24		22	27	41
获农业部丰收奖						12		

13-30　黑龙江省科技进步奖获奖名单

（2012 年）

成果编号	项目名称	完成单位	完成人	等级
01	寒地精准机械化保护性耕作技术	黑龙江八一农垦大学	汪　春　李玉清　王　熙　庄卫东 胡　军　张　伟　梁　远　马永财 周桂霞　车　刚　赵　军	1
02	水稻生产加工全程安全控制关键技术	黑龙江八一农垦大学	张东杰　翟爱华　曹冬梅　钱永德 王　霞　侯雪坤　鹿保鑫　靳学慧 蔡德利　徐凤花　郑桂萍	1
03	北方寒区主要农业废弃资源综合高效利用技术研究与示范	农垦科学院	马守义　隋文志　胡广民　钟鄂荣 刘文志　赵晓锋　于文清　李　鹏 田艳洪	2
04	优质、高产、多抗大豆种质资源创新及新品种选育	黑龙江八一农垦大学	朱洪德　费志宏　李佐同　孙　强 杨冬风　于立河　郑　雯　刘　敏 李文滨	2
05	农村集约化生产信息技术研究与开发	黑龙江省农垦科学院	黄忠文　王立涛　刘兆刚　王洪斌 于　蔚　杜雅刚　武洪峰	3
120101	寒地水稻智能化育秧技术研究及推广应用	黑龙江省农垦总局 黑龙江省农垦建三江管理局 黑龙江省农垦牡丹江管理局 黑龙江省农垦红兴隆管理局 黑龙江省农垦宝泉岭管理局 哈尔滨农富科技发展有限公司	徐学阳　陶喜军　马德全　于金友 滕建峰　樊庆东　尹　刚　霍立君 西　亮　姜孝义　迟立军　史德会 俄立升　史　坚　蒋长春	一等奖
120102	2ZB-630(3)型水稻钵苗摆栽机	黑龙江省农垦科学院农业工程研究所	马守义　王艳丰　张世科　熊文江 那永光　柳春柱　王　龙　关亚洲 陈淑杰　周　成　王静学　钱海峰 杨柏松　王　岩　吴显斌	一等奖
120103	垦区优质白鹅良种群选育及主要疫病防治技术研究	黑龙江八一农垦大学	杨焕民　甄　莉　计　红　郭　丽 杨再龙　胡卫东　姚　笛　薛琳琳 周瑞进　朱战波　刘胜军　孙　蕊	一等奖
120104	大马力拖拉机复式作业装备研究与开发	黑龙江北大荒农机有限公司 黑龙江省农业机械工程科学研究院 黑龙江八一农垦大学 东北农业大学 山东理工大学 华南农业大学 农业部农业机械化技术推广总站 黑龙江省农垦总局农机技术推广总站 现代农装科技股份有限公司 哈尔滨沃尔科技有限公司	李　俊　汪　春　孙士明　许剑平 郝剑英　张　伟　陈海涛　韩　豹 刘立晶　严荷荣　甘　露　赵胜雪 谢宇峰　李世柱　刘振友	一等奖
120105	建立黑龙江垦区绒山羊规模化舍饲综合技术体系的研究	黑龙江八一农垦大学 黑龙江省前进农场 黑龙江省前哨农场 黑龙江省勤得利农场 黑龙江省前锋农场 黑龙江省七星农场	耿忠诚　张爱忠　倪洪波　马群山 杨　隽　姜　宁　耿进怡　刘丽丽 李　婉　王立志　潘振亮　刘伯铭 任道平	一等奖

13-30 续表 1

成果编号	项目名称	完成单位	完成人	等级
120106	猪用绿色饲料复合微生态制剂的研制	黑龙江八一农垦大学	朱战波 贾永全 崔玉东 刘宇 李冬野 孙秀军 杨焕民 张军 韦春波 卢群 赵星成 袭莹 王洪伟 车车 刘存霞	一等奖
120107	黑龙江省垦区高产奶牛繁殖障碍综合防治措施的研究	黑龙江省农垦科学院畜牧兽医研究所 黑龙江省农垦牡丹江管局八五一一农场 黑龙江省农垦牡丹江管局八五五八农场 黑龙江省农垦牡丹江管局八五七农场 黑龙江省农垦北安管局长水河农场 黑龙江省农垦北安管局二龙山农场	张洪涛 张景伟 吴宏伟 韩志强 丛树发 张金友 李伟 王金涛 闫德光 刘子骞 麻名汉 施长喜 张明臣 梁宝龙 刘光前	一等奖
120108	性别控制技术在马鹿繁殖上的应用研究	黑龙江省农垦科学院哈尔滨特产研究所 哈尔滨农垦天山种鹿场 北京绿神鹿业有限责任公司 大庆田丰生物工程有限公司	韩欢胜 赵列平 卫喜明 赵德睿 刘世明 赵广华 吴宏伟 甘文平 宋伟红 赵晓静 刘志健 樊娜 项纯龙 仲维宇 常书权	一等奖
120109	水浸控温式水稻种子浸种催芽设备的研制	黑龙江八一农垦大学 黑龙江省农垦建三江管理局勤得利农场	李佐同 史德慧 于立河 毛欣 陶桂香 韩霞 刘英楠 刘天祥 杨立 李琳 衣淑娟	一等奖
120110	黑龙江省农垦总局统计信息采集及处理系统	黑龙江省农垦总局统计局 黑龙江精英科技开发有限责任公司	李建明 黄信梅 姜波 王璐璋 杨阳 郭玉峰 朱建东 黄丰 秦莉萍 张春艳 于远滋 韩军 张斌 刘洲 白国兴	一等奖
120111	黑龙江省农垦非税收入管理信息系统	黑龙江省农垦总局非税收入管理局	满连奎 李涛 陈焕玲 解忠东 刘欣 薛秀荣 石成献 韩晔 李庆武 卫人军 潘淑花 孟德彬 姚金波 易疆 高宇	一等奖
120112	水稻本田现代化管理系统的研究	黑龙江八一农垦大学 黑龙江省胜利农场	衣淑娟 谭峰 姜云涛 石建飞 汪志强 张福军 曹洪军 李爱传 刘超 王晓亮 邸国辉 李文顺 韩静 张成胜	一等奖
120113	黑龙江垦区科研课题智能查询系统	黑龙江省农垦科学院科技情报研究所	王立涛 杜雅刚 熊继东 张会波 杨博 刘春梅 赵珅 刘义 杜桂莲 朱梅梅 林思伽 于凤荣 周智浩 李亚鹏	一等奖
120114	新农村建设背景下增加农民收入的新途径研究	黑龙江八一农垦大学	王永德 赵海燕 翟绪军 文春玲 孙喜成 林红 刘丽伟	
120115	利用生物多样性原理对寒地农作物害虫进行可持续控制的研究	黑龙江八一农垦大学 黑龙江省农垦总局牡丹江管理局农业局 黑龙江省农垦总局牡丹江管理局八五七农场 黑龙江省农垦总局牡丹江管理局八五〇农场 黑龙江省农垦总局牡丹江管理局云山农场 黑龙江省农垦总局牡丹江管理局八五八农场	王丽艳 张海燕 高玉刚 靳学慧 付东波 孙强 林志伟 张亚玲 王艳杰 金永玲 邵红英 高金凤 南山 李建辉	一等奖

13–30 续表 2

成果编号	项目名称	完成单位	完成人	等级
120116	小麦持续优质高效栽培技术创新与集成优化及垄作栽培技术研究	黑龙江八一农垦大学 黑龙江省农垦北安分局长水河农场 黑龙江省农垦九三分局尖山农场 黑龙江省农垦九三分局七星泡农场 黑龙江省农垦九三分局嫩江农场 黑龙江省农垦北安分局建设农场 黑龙江省农垦九三分局二龙山农场	于立河　薛盈文　郭　伟　宋　伟 吴金花　崔丽亚　何元龙　刘春梅 张　健　侯海鹏　薛文多	一等奖
120117	寒地水稻叶龄诊断植保技术体系创建及应用	黑龙江省农垦科学院植物保护研究所 黑龙江北大荒农业股份有限公司八五六分公司 黑龙江北大荒农业股份有限公司八五四分公司 黑龙江北大荒农业股份有限公司七星分公司 黑龙江省八五〇农场 黑龙江省普阳农场	穆娟微　李德萍　伦志安　李　鹏 刘　成　赵井丰　陈秋雪　王振东 冯世超　马　跃　隋志伟　孙伟海 姜孝义　于军华　戴玉梅	一等奖
120118	寒地水稻液施壮秧剂研制与应用	黑龙江省农垦科学院水稻研究所 黑龙江农垦垦稻生物科技有限公司	解保胜　那永光　陈淑洁　顾春梅 王丽萍　王士强　王　贺　赵黎明 崔　鹤　王安东　孔　宇　刘华昭 慕永红　李　静　袁亚莉	一等奖
120119	马铃薯脱毒微型薯低成本高效快繁技术研究	黑龙江省农垦科学院经济作物研究所	许庆芬　张荣华　王　伟　王　昊 徐　宁　张铁强　杨艳华　马　力 孙邵琴　华树东　于秋竹　吕红梅 姜丽静　郑安波　李宏林	一等奖
120120	早熟高产玉米品种北种玉 1 号的选育与推广	黑龙江省农垦总局红兴隆农业科学研究所 黑龙江省农垦科研育种中心	许崇香　左淑珍　姜海涛　王红霞 徐建文　付建江　黄立功　叶旭斌 孙殿君　王树堂　孙　梅　安英辉 闵　丽　孙树民　陈光东	一等奖
120121	黑龙江垦区农业合作经济组织发展分析与对策	黑龙江八一农垦大学思政部	陈彦彦　李春立　韩迎春　张　鸣 张秀青　路红华	一等奖
120122	情感过滤假设对垦区应用型英语人才培养的研究	黑龙江八一农垦大学人文学院	王　艳　张建慧　王晓丽　王天昊 周树涛　谭　莉　孙争艳　徐　颖 黄雅彬　季　颖　于珊珊　陈　颖 曲红梅　李芳萍　王明亮	一等奖
120123	黑龙江垦区农业风险防范体系构建研究	黑龙江八一农垦大学 大庆让胡路区政府 黑龙江省农垦总局财务处 黑龙江省农垦总局牡丹江分局财务处	安增龙　孙　伟　张国富　张洪霞 韩传勇　孙宝民　曹　伟　刘浩莉 孙玉忠	一等奖
120201	黑龙江省垦区社区康复结构框架设计与运行方案	黑龙江省农垦总局总医院	刘大立　范永春　张荣国　王　星 闫　革　张庆芳　张俊杰　李雪红 常淑艳　张　俊　张启新	二等奖
120202	自制带螺纹骨圆针内固定治疗尺骨、桡骨、腓骨骨折	黑龙江省农垦总局九三中心医院 黑龙江省讷河市人民医院 黑龙江省嫩江县人民医院	潘伟新　王怀珠　程指民　王　清 龙治强　王　永　荆　涛　王　冠 宋宝东　于　涛　李春丽　李　巍	二等奖

13–30 续表 3

成果编号	项目名称	完成单位	完成人	等级
120203	寒区畜禽粪便生物处理除臭技术研究	黑龙江省农垦科学院生物技术中心	隋文志 胡广民 赵晓峰 于文清 田艳洪 李 鹏 刘文志 陈文浩 董建国 路宪春 王北兰 李 军	二等奖
120204	抗菌药物联合应用阻断急性布鲁杆菌病慢性化的临床研究	黑龙江省农垦总局总医院	刘卫华 李福兴 于占水 张国侠 刘长民 程大伟 郭振军 赵冬梅 王承伟 邵桂华 孟冬梅 杜美兰	二等奖
120205	安全高效立体全程施肥技术研究	黑龙江八一农垦大学 黑龙江农垦总局 850 农场 黑龙江农垦总局 856 农场 黑龙江农垦总局大兴农场 黑龙江农垦总局七星农场	张兴梅 焦 峰 刘春梅 王 鹏 何淑平 慕庆峰 王士强 吴金花	二等奖
120206	寒地玉米制种综合配套生产技术研究与应用	黑龙江北大荒种业集团有限公司 黑龙江省宁安农场 黑龙江北大荒种业集团宁安有限公司	梁启全 韩加洪 苑庆伟 王国庆 陈庆玉 王洪岩 王登齐 张 波 张志辉 闯加红 王祎刚 王木君	二等奖
120207	北麦 4 号小麦新品种选育与推广	黑龙江省农垦总局九三农业科学研究所	郭彦泰 王立民 孙作凤 宋 伟 陈 辉 王 婧 于晓春 李慧英 张晶晶 孙 岩 张 赞 白鹏军	二等奖
120208	条垛式堆肥设备及技术在北方寒区适应性的研究	黑龙江八一农垦大学 哈尔滨菁菁农业科技开发有限公司	王彦杰 王伟东 高亚梅 洪秀杰 晏 磊 刘 权 李 红 陈文浩 邓 伟	二等奖
120209	模拟移动床色谱分离发酵法生产的功能性玉米肽的研究	黑龙江八一农垦大学 黑龙江省昊天玉米开发有限公司	曹龙奎 刁静静 杨 健 张学娟 吴泽柱 魏春红	一等奖
120210	黑龙江垦区池塘生态养鱼综合技术的研究	黑龙江八一农垦大学	杨 隽 李 馨 夏 成 陈志宝 周祝琴 齐艳萍 王国良 陈雪龙 赵和生 李红颜 张 雷 张忠国	二等奖
120211	肉牛养殖场废弃物无害化处埋技术研究	红兴隆农垦诚信绿色保健食品科研所 红兴隆科技中心 红兴隆农发办 红兴隆分局 597 农场畜牧科 红兴隆分局 291 农场	何葆祥 张 红 李和林 杜培信 刘护国 杜培龙 黄增远 樊金勇 孟广辉 任景利	二等奖
120212	大米、油脂贮藏保鲜及提升食用品质关键技术研究与应用	黑龙江八一农垦大学食品学院 齐齐哈尔农垦双全米业有限责任公司 齐齐哈尔粮食集团金安米业有限公司	翟爱华 刘远洋 王宪青 王 颖 李贵朋 王洪江 曹冬梅 张东杰 迟 刚 王长青 史衍军	二等奖
120213	模拟移动分离床工业化生产小麦麸皮低聚木糖技术研究	黑龙江八一农垦大学 河南省驻马店市阜华粮油购销有限公司	张丽萍 王立东 贾鹏禹 李良玉 曹荣安 张建强 李丽娜 刘妍妍 李洪飞 唐 伟 隋 明 张显明	二等奖
120301	黑龙江省农村城镇化进程中公共产品问题研究	黑龙江八一农垦大学	刘德忠 孙建华 齐 才 李 潇 许冬梅 刘秀岩 赵瑞涛	三等奖

13-30 续表 4

成果编号	项目名称	完成单位	完成人	等级
120302	磁共振对中子刀(252 锎)治疗宫颈癌的疗效评价	黑龙江省农垦总医院	张殿波 荣 荥 王旭东 王智新 曹丽君 张 俊 郭振军 栾昌海 王明库	三等奖
120303	高效降解胆固醇益生菌的基因改造及微生态功能食品的研究	黑龙江八一农垦大学	王长远 沈冰蕾 姚 笛 郭希娟 安 宇 李 瑛 王 欣 张燕良	三等奖
120304	稻草连续蒸煮制浆技术与应用	黑龙江北大荒纸业有限责任公司	刘春华 尚彩云 殷文科 郑日亭 郝士彬 宋瑞江 秦忠波 周宏健 王华军	三等奖
120305	新型远程高压喷雾机的研制	黑龙江省农垦科学院农业工程研究所	冯艳辉 柳春柱 杨柏松 周 成 钱海峰 崔志富 李东涛 吴显斌 于永梅	三等奖

主要统计指标解释

科技活动 指在所有科学技术领域内，即自然科学、农业科学、医药科学、工程与技术科学、人文与社会科学中，与科技知识的产生、发展、传播和应用密切相关的全部的、有组织的、系统的科技活动。所谓有组织的、系统的科技活动，指在一个机构的范围之内，并列入这一机构的工作计划，由这一机构的人员有计划地进行的科技活动。目前科技活动统计包括研究与发展活动、研究与发展成果应用活动和科技服务活动。

研究与发展(R&D) 指为了增进知识，以及利用这些知识去开创新的用途而进行的系统的创造性的工作。它具备四种基本条件：创造性、新颖性或创新、科学方法的运用和新知识的产生。它包括三种类型：基础研究、应用研究和实验发展。

①基础研究 指不直接考虑用途，以揭示客观事物的本质、运动规律，获得新发现、新学说为目的或对已有的规律、发现、学说作系统的补充而进行的理论研究或实验。其成果以科学论文、科学著作为主要形式。

②应用研究 指利用基础研究所发现的知识，确定特定的目标，为了明确基础研究成果的实用化的可能性，探索新方法(原理性)而进行的独创性研究，及时对已经实用化的技术探索新的应用方法(原理性)而进行的研究。应用研究实际上并不直接产生新的(或改进)产品或工艺，其成果为科学论文、科学著作、原理性模型和专利等。

③实验发展 指利用基础研究、应用研究及实际经验所获得的知识，为生产新的材料、产品和装置、建立新的工艺、系统和服务，对已生产和建立的上述各项进行实质性的改进而从事的系统性工作。其成果为一种具有新产品或新技术基本特点的原型，可达到设计定型的新产品或新工艺、实验报告等。垦区的科研项目与课题大多属试验发展类。

科技活动机构 指调查范围内有建制的从事科技活动的科研机构。包括国有科学研究与技术开发机构、科技情报与文献机构，全日制普通高等学校附属科技活动机构、大中型工业企业附属的技术开发机构。全日制普通高等学校附属的科技活动机构指学校上级主管部门正式批准的以科技活动为主，相对稳定的开展科技活动的机构。大中型工业企业附属的技术开发机构(也称企业办科技机构)指企业自办或与外单位合办，管理上同生产系统相对独立的，或单独核算的专门技术开发机构，如企业办研究所或开发中心、开发部等。垦区科研机构主要包括总局、分局属科研部门，农场附属的研究与开发机构、工业企业附属的技术开发机构等。

科研单位个数 指专门进行工、农业生产科学研究、科学试验的专门科研单位。

从业人员 指由本机构年末直接组织安排工作并支付工资的各类人员总数，包括固定职工、国家有编制的合同制职工、招聘人员和返聘的离退休人员。不包括离退休人员，停薪留职人员。

科技人员 是指在垦区科研机构工作并已取得科学技术职称，或大学、大专、中专的理、工、农、经等科学毕业生。

科研成果 凡是经过科学鉴定或同行评议，或得到其它方式的社会公认，认为符合科研成果条件，并附有评价，鉴定材料或实际试用的报告资料的科学工作成果，均作为科研成果予以统计。

普通高等、中等专业学校 指垦区按照国家规定的审批程序批准举办，通过全国统一招生考试招收高中毕业生和具有同等学历者初中毕业生和具有同等学历者，实施高等或中等教育，培养高等或中等专门人才的学校。包括大学(本科)、专科学校、大专(专科)和中等专业学校。

成人高等、中等学校 指垦区按照国家规定的审批程序批准举办，通过统一考试，招收高中毕业生和具有同等学历者、在职职工，利用多种形式对成人实施高等和中等教育，培养相当普通高等学校、专科学校、中等学校或本科、专科水平的专门人才的学校。包括电视大学、职工高等学校、干部管理学院、教育学院、独立函授学院以及普通高等学校举的函授夜大学等和职工中等专业学校等。

普通中学 指垦区内高、初中合一或高中、初中分设的中学，也包括中小学合一，以中学为主的学校，但这类学校的学生要分开统计，即小学校的学生数要统计到小学学生中去。

一贯制学校 指在一所学校连续实施中小学教育的机构。其中包括实施九年义务教育的九年一贯制学校和实施高中教育的十二年一贯制学校。

教职工总数 指垦区在各类学校中工作的在册全部职工人数。包括校本部、科研机构、校办工厂农

(林)场和附属机构的人员。但不包括离休人员,学校办集体所有制单位人员等。

专任教师 指垦区各类学校中，专职从事教学工作的人员。高等学校函授部夜大学的专任教师也包括在内。但不包括调离教学岗位,担任行政领导的原教学人员。

教辅人员 指从事教学辅助工作，为教学服务的人员。如图书管理员、资料室的资料员、电化教育馆人员等。

在校学生数 指学年初开学以后，具有学籍的在校学生人数，但普通中学不包括毕业生在校补飞复读的学生数。农垦学校个数和在校学生数的规定：在农垦系统办的学校中,高中、职高、初中、小学多制合一的,其学校个数为1,并填在普通中学栏内,但在校学生数应分别统计。

升学率 被升入高一级学校的人数与应届毕业学生总人数之比。计算公式为：

$$\text{升学率} = \frac{\text{被录取升入高一级学校的人数}}{\text{应届毕业学生总数}} \times 100\%$$

这一指标反映某一级教育的学生继续接受高一级教育的比例。

14

卫生、环保和其他

STATISTICAL

YEARBOOK

卫生机构人员数(人)

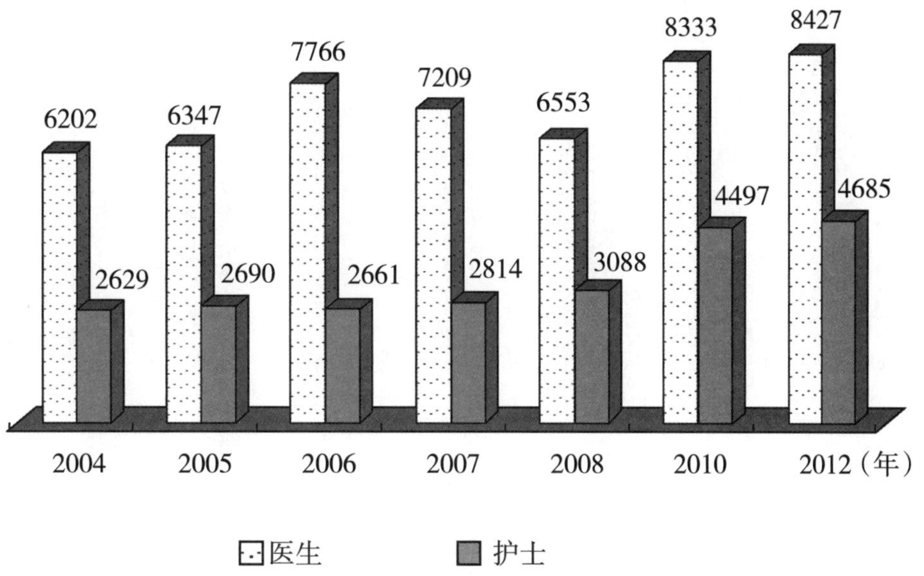

交通事故发生情况

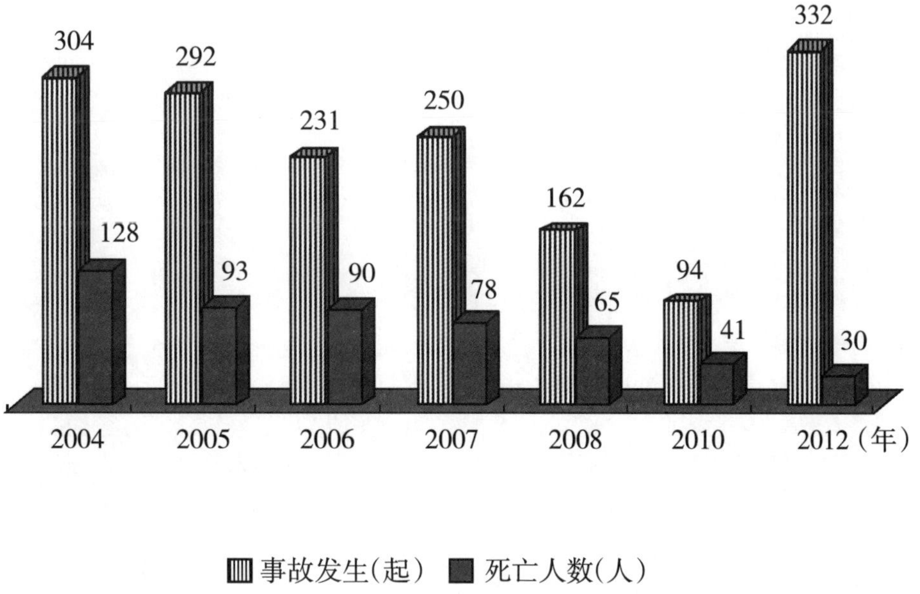

14-1 卫生机构数

单位:个

年份	总计	医院	疗养院、所	门诊部、所		卫生监督所	妇幼保健所、站	个体开业诊所	其它卫生机构
					卫生所				
1990	3265	147	1	2916	2755	98	78	18	7
1991	3248	150	1	2891	2711	100	85	14	7
1992	3271	158	1	2866	2721	101	94	44	7
1993	3261	123	1	2800	2644	100	99	131	7
1994	3250	127	1	2784	2739	105	102	124	7
1995	3185	136	1	2736	2698	104	100	101	7
1996	3042	126	1	2709	2651	103	97		6
1997	3053	116	1	2726	2674	110	97		3
1998	2978	116	1	2662	2607	102	96		1
2000	2829	116	1	2511	2460	105	95		1
2001	2666	116	1	2349	2146	105	95		
2002	2524	122	1	2241	1937	90	70		
2003	2587	123	1	2286	2141	95	82		
2004	2577	122	1	2260	2105	101	93		
2005	2313	115	1	1870	1806	115	99		
2006	2397	116	1	1947	1854	116	111		
2007	2601	116	1	2179	2144	112	89		
2008	2564	116	1	2132	2090	114	92		
2009	2581	116	1	2166	1994	101	97	10	
2010	2285	116	1	1839	1686	116	97		
2011	2336	123	1	1762	1574	118	97		
2012	1870	123	1	1412	1376	118	97		

14-2 卫生机构人员数

年份	总计	卫生技术人员	#医生				#护师、护士	每千人口医生数
				#中医	#西医师	#西医士		
1990	19185	14903	7628	252	4024	3350	3748	4.8
1991	20082	15306	7340	236	3795	3307	3656	4.7
1992	20508	15994	7007	231	4096	2676	3562	4.5
1993	19458	15441	6795	222	4384	2189	3399	4.3
1994	18409	14498	6553	210	4241	2097	3233	4.2
1995	18436	14426	6758	164	4520	2074	3456	4.4
1996	17638	14052	6832	151	4578	2101	3506	4.4
1997	17290	13889	7145	136	5080	1928	3729	4.6
1998	16464	13251	6933	108	5144	1679	3617	4.4
2000	14079	11487	6392	88	5174	1130	3289	4.1
2001	13472	11022	6237	192	5002	507	2939	4.1
2002	12735	10535	6161	69	5066	986	2880	3.9
2003	12052	10053	6621	85	4862	874	2715	4.2
2004	11704	9836	6202	80	4806	821	2629	3.3
2005	12096	10103	6347	76	4918	840	2690	4.0
2006	12322	10427	7766	46	5134	786	2661	4.9
2007	12498	10767	7209	40	5321	690	2814	4.4
2008	13228	11482	6553	139	5374	1040	3088	4.09
2009	13173	11290	6278	127	5044	1107	3104	4.03
2010	14202	12143	8333	150	5079	978	4497	4.96
2011	14397	13617	7351	143	5116	1024	5276	5.07
2012	14889	12709	8427	164	5082	1484	4685	4.95

注:14-1 至 14-9 表资料由总局卫生局提供

14-3 卫生机构床位数

单位:张

年 份	总 计	医 院	#综合医院	疗养院、所	每千人口医院床位数
1990	9324	9004	8278	320	5.6
1995	9301	8981	8661	320	6.0
1996	9133	8813	8563	320	5.6
1997	8891	8571	8321	320	5.7
1998	8558	8238	7988	320	5.4
2000	7838	7518	7268	320	5.1
2001	7334	7014	6680	320	4.7
2002	7217	6897	6647	320	4.3
2003	7194	6874	6624	320	4.1
2004	6970	6650	6400	320	5.6
2005	7352	7032	6677	320	4.5
2006	7483	7163	6798	320	4.7
2007	7724	7404	6959	320	4.7
2008	8274	7974	7374	300	4.8
2009	8959	8659	7151	300	5.4
2010	11416	9590	8849	300	6.4
2011	10207	9258	8431	300	6.1
2012	11604	10487	8407	300	5.5

14-4 各管理局卫生机构、床位、人员数

年 份 单 位	机构数 (个)	医院床位数 (张)	人员合计 (个)	卫生技术人员	其他技术人员	管理及工勤人员
2000	2829	7518	14079	11487	194	2398
2001	2666	7014	13472	11022	171	2279
2002	2524	6897	12735	10535	162	2038
2003	2587	6874	12052	10053	207	1792
2004	2577	6650	11704	9836	207	1661
2005	2313	7032	12096	10103	437	1556
2006	2397	7163	12322	10427	359	1536
2007	2601	7404	12498	10767	389	1342
2008	2564	7974	13228	11482	407	1339
2009	2581	8659	13173	11290	350	1533
2010	2285	9590	14202	12143	626	1562
2011	2336	9258	14397	13617	662	1576
2012	1870	10487	14889	12709	481	1499
宝泉岭局	289	1271	1811	1513	21	277
红兴隆局	367	1686	2555	2252	52	251
建三江局	307	1344	1672	1197	117	220
牡丹江局	315	1359	1827	1589	98	140
北安局	201	1132	1388	1192	67	129
九三局	130	936	1477	1123	43	111
齐齐哈尔局	168	683	942	796	29	117
绥化局	42	267	366	312	20	34
哈尔滨局	40	186	178	150	15	13
总局直属	11	2072	1811	1585	19	207

14-5 卫生机构、床位、人员数

(2012年)

机构类别	机构数(个)	床位数(张)	人员合计(人)	卫生技术人员	其他技术人员	管理及工勤人员
总计	1870	11604	14899	12709	481	1499
一、医疗卫生机构	1535	10487	14169	12072	479	1479
1、医院	123	9293	11381	9660	444	1351
(1)总局总医院	1	1008	1019	906	9	104
(2)管局中心医院	7	2194	4053	3273	205	548
(3)农(厂)场职工医院	115	5125	5868	5101	225	608
(4)专科医院	1	966	441	380	5	91
2、卫生院、门诊部(所)	1412	1294	2788	2412	35	128
(1)卫生院、门诊部	36	248	930	827	32	125
(2)卫生所	1376	1046	1858	1585	3	3
二、疗养院	1	300				
三、卫生监督及防保机构	334	128	706	637	2	20
1、卫生监督所	118	1	333	307	1	15
2、疾病预防控制中心	119	8	242	216	1	5
3、妇幼保健站	97	119	131	114	0	0

14-6 医院病床使用情况

年 份	病床周转次数（次）	病床工作日（日）	病床使用率（%）	出院者平均住院日（日）
1990	18.19	274.51	75.21	13.69
1993	13.78	189.40	51.89	12.74
1994	10.82	151.17	41.42	12.32
1995	10.31	150.06	40.56	12.56
1996	11.80	154.00	42.19	11.50
1997	11.70	154.10	42.22	11.70
1998	12.20	154.74	42.38	11.20
1999	12.15	154.83	42.51	11.50
2000	11.02	124.50	34.12	9.80
2001	13.00	160.60	44.00	11.00
2002	15.10	167.10	45.78	10.00
2003	14.87	178.40	48.87	10.80
2004	14.47	154.16	45.67	9.13
2005	18.89	259.47	58.14	11.50
2006	17.53	219.48	56.00	12.50
2007	18.08	247.77	63.26	11.98
2008	15.69	217.87	62.00	12.09
2009	16.29	227.24	62.68	11.90
2010	17.83	225.48	64.19	12.37
2011	15.50	216.76	73.64	12.35
2012	17.58	234.51	66.55	13.21

14-7 医院诊疗人次和入院人数

年 份 医院类别	诊疗人次（人次）	#门、急诊	入院人数（人）	每百诊次的入院数（人）	每百门、急诊次的入院人数（人）
1995	1760466	1756621	106947	6.1	6.1
2000	2033217	1648100	95428	4.7	5.8
2001	1121671	890500	57503	5.1	6.5
2002	1734296	1581446	89881	5.1	5.6
2003	2340238	1627949	89760	3.8	1.2
2004	1035274	337205	83387	3.5	9.4
2005	1564276	31410	100309	6.41	8.5
2006	1659555	67003	104409	6.29	8.95
2007	2051904	62299	114909	5.6	6.4
2008	2065895	88926	120935	5.9	13.8
2009	2207402	116628	124061	5.9	12.5
2010	2514211	280153	148523	6.1	13.6
2011	2500588	1971064	156388	6.2	7.9
2012	2874370	1983678	199304	6.9	10.13
1. 总局总医院	208734	189676	20255	9.7	10.6
2. 管理局中心医院	1185362	669934	106606	9.0	15.9
3. 农场职工医院	1480274	1124068	72443	4.9	6.4

注：本表不包含门诊部、所、基层卫生所、室和个体开业诊所的诊疗人次数。

14-8　住院病人疾病前十位顺位

（2012年）

顺位号	疾病名称	百分比(%)
1	循环系统疾病	34.43
2	肿瘤	34.22
3	呼吸系统疾病	12.32
4	消化系统疾病	5.71
5	损伤、中毒和外因的某些其他后果	4.77
6	泌尿生殖系统疾病	1.83
7	症状、体征和临床与实验异常所见,不可规类于他处者	1.78
8	神经系统疾病	1.21
9	内分泌、营养和代谢疾病	0.94
10	血液及造血器官疾病和某些涉及免疫机制的疾患	0.63

14-9　住院病人疾病死因前十位顺位

（2012年）

顺位号	疾病名称	百分比(%)
1	循环系统疾病	29.32
2	呼吸系统疾病	13.22
3	消化系统疾病	9.77
4	损伤、中毒和外因的某些其他后果	8.36
5	影响健康状态和与保健机构接触的因素	6.67
6	肿瘤	5.68
7	泌尿生殖系统疾病	4.7
8	某些传染病和寄生虫病	4.33
9	内分泌、营养和代谢疾病	4.15
10	妊娠、分娩和产褥期	3.79

14-10 离休、退休及退职职工人数

单位:人

年　份	离退休、退职职工人数	#国有经济单位	在职职工与离退休职工之比	#国有经济单位
1996	157160	157160	4.0	4.0
1997	158523	158523	3.9	3.8
1998	168974	168596	3.4	3.2
1999	175036	174472	2.7	2.6
2000	176445	175850	2.5	2.4
2001	197714	196708	2.1	2.0
2002	203575	203459	2.0	1.9
2003	209503	209059	1.9	1.8
2004	209645	208631	1.8	1.7
2005	222677	221663	1.6	1.4
2006	229558	228544	1.5	1.3
2007	230577	229563	1.6	1.4
2008	245583	244569		
2009	263703	262689	1.4	1.3
2010	341186	340177	1.1	1.1
2011	356967	355958	1.1	0.9
2012	390134	389120	0.9	0.8

14-11 主要年份离休、退休及退职人员福利费用总额

单位:万元

项　目	2010	2011	2012
总　计	**491546**	**573842**	**688311**
1. 离 休 金	21415	18032	17442
2. 退 休 金	419854	505631	616572
3. 退职生活费	11672	12382	10568
4. 医疗费	22253	14694	18849
5.生活补助费	5537	5750	2844
6. 丧葬抚恤救济费	6303	4018	6271
7. 冬季取暖补贴	3276	3086	4659
8.离退休人员统筹外费	1236	10249	11106

注:15-10 至 15-14 表资料由总局人力资源和社会保障局提供。

14-12　按经济类型和企业、事业机关分的离休、退休及退职职工福利费用

单位:人

年 份	费用总额	国有单位	企业单位	事业单位	机关单位	集体单位
2000	105800	105698	102013	2485	1200	97
2001	138153	127962	120474	5727	1761	1151
2002	160990	152183	150671	6059	2747	62
2003	162462	153575	151850	7541	3072	199
2004	155810	155810	143677	11034	1099	
2005	158898	158836	150588	7609	639	63
2006	235433	235370	223193	8038	4139	63
2007	247288	244784	229951	13786	984	63
2008	290076	290014	272561	12345	5108	62
2009	381452	381390	352022	20682	8686	62
2010	491546	383406	364235	13393	5778	61
2011	573842	573779	503920	66614	3245	63
2012	688311	688311	606424	70081	11806	

14-13　职工福利费用构成

（2012 年）

单位:万元

项　目	费用总额	国有单位	集体单位	其它单位
总　计	**49725**	**47812**		**1913**
1. 丧葬抚恤金	2810	2702		108
2.生活困难补助费	5235	5034		201
3.集体福利设施补贴	8204	7888		316
4.独生子女费	3165	2966		199
5.职工住房取暖补贴	19210	18471		739
6.其　他	11101	10751		350

14-14 职工福利费用总额

单位:万元

年 份	合 计	国有单位	#单位支付	#集体经济单位	职工福利费用总额相当于工资总额(%)
1986	7570.5	7515.6	7244.5	54.9	10.8
1987	8743.1	8679.2	8370.7	63.9	11.8
1988	7590.2	7529.9	7231.5	60.3	9.2
1989	10631.2	10577.5	10203.6	53.7	11.0
1990	18853.1	18841.4	18401.6	11.7	20.2
1991	14741.2	14730.7	14221.8	10.5	16.5
1992	26911.4	26901.9	26351.6	9.5	21.1
1993	28751.0	28751.0	28751.0		21.5
1994	31428.4	31428.4	30548.2		
1995	30011.6	30011.6	30011.6		14.7
1996	27882.3	27882.3	27882.3		12.4
1997	25367.4	25367.4	25367.4		11.1
1998	32161.5	31930.5	31930.5	231.0	11.4
2000	31246.4	30956.9	30956.9	70.9	12.4
2001	27880.1	27600.4	27600.4	82.5	12.4
2002	26979.4	22609.8	16686.7	19.1	10.0
2003	26199.2	23378.9	16714.9	171.5	9.8
2004	32505.0	28950.0	24119.0		12.0
2005	29857.0	24138.0	16516.0		11.0
2006	38913.0	32151.0	24589.0		13.6
2007	44615.0	44108.0	28482.0		
2008	52319.0	45899.0	34308.0		
2009	68530.0	54824.0	47920.0		15.5
2010	55131.0	43002.0	23413.0		8.3
2011	50716.0	45644.0	38797.0		8.0
2012	49725.0	47812.0	47812.0		6.5

14–15 非煤工矿商贸与农机事故发生情况

（2012年）

项 目	单 位	非煤工矿商贸事故按发生程度分					农机事故按发生程度分				
		合计	特大	重大	较大	一般	合计	特大	重大	较大	一般
发 生	起	3				3	1				1
死 亡	人	3				3	1				1
受 伤	人										
损失折款	万元	210				210	14				14
平均每起事故损失	万元	70				70	14				14

14–16 火灾与交通事故发生情况

（2012年）

项 目	单 位	火灾事故按发生程度分					交通事故按发生程度分				
		合计	特大	重大	较大	一般	合计	特大	重大	较大	一般
发 生	起	26				26	332				332
死 亡	人						30				30
受 伤	人						374				374
损失折款	万元	99				99	194.5				194.5
平均每起事故损失	万元	3.8				3.8	0.58				0.58

注：15–15至15–16表资料由总局安全办提供，损失折款为直接损失。

14-17 垦区残疾人状况

（2012年）

指标名称	单位	数量	指标名称	单位	数量
一、基本情况			低视力者配用助视器	人	280
残疾人总数	人	98533	4. 精神康复		
其中：听力残疾	人	14786	覆盖总人口	万人	163
言语残疾	人	1179	监护病人数	人	6535
肢体残疾	人	37193	参与服务人数	人	700
视力残疾	人	11792	接受治疗的精神病人数	人	2563
精神残疾	人	14440	其中:中国残联彩票公益金资助	人	1618
智力残疾	人	6440	总投入资金数	万元	343
多重残疾	人	12703	参与服务的总人数	人	700
二、组织建设			5. 聋儿康复		
1. 组织机构数	个	123	新收训聋儿	人	32
2. 专兼残联干部数	人	213	培训聋儿家长	人	64
3. 残联编制总数	人	204	接受抢救性康复和彩票公益金资助	人	15
4. 已建残疾人协会	个	511	四、教育		
三、康复			1. 在地方特教普校就读的学生	人	149
1. 康复训练			2. 普通学校随班就读的残疾学生	人	280
肢体残疾康复训练	人	613	3. 学龄残疾儿童少年合计	人	620
智力残疾康复训练	人	286	4. 未入学适龄残疾儿童	人	158
2. 康复服务			五、扶贫		
残疾人用品用具供应件数	件	2460	1. 贫困残疾人口状况		
其中：免费发放用品用具件数	件	2460	特困残疾人口		20000
用品用具供应品种	件	11	2. 扶贫效果		
3. 视力康复			本年度扶持贫困残疾人	人	5288
其中：白内障复明手术	例	444	本年实际解决温饱残疾人	人	1470

注：14-17表资料由总局残联提供。

14-17 续表

指 标 名 称	单 位	数 量	指 标 名 称	单 位	数 量
本年返贫	人	12	1. 托养服务机构	个	6
本年实用技术培训	人	469	2. 托养残疾人数	人	321
3. 残疾人危房改造			其中:精神残疾	人	290
残疾人危草房改造总户数	户	744	智力	人	16
中国残联彩票公益金资助	户	600	其他	人	15
共投入资金	万元	873.36	**八、阳光家园计划**		
其中:中国残联彩票公益金资助	万元	360	1. 机构康复训练人数	人	100
4. 社会帮扶			2. 居家护理重度残疾人数	人	1154
结对帮扶的单位	个	109	3. 累计投入资金	万元	95
结对帮扶的个人	人	695	其中:中国残联支持	万元	95
帮扶资金累计	万元	254	**九、残疾人综合服务设施**		
六、就业			1. 机构个数	个	9
1. 累计残疾人就业人数	人	15709	2. 投入使用	个	6
2. 集中就业残疾人数	人	51	3. 在建及筹建	个	3
3. 本年度安排集中就业	人	0	**十、社会保障**		
4. 按比例安排就业累计	人	5434	1. 参加社会保险	人	69698
5. 本年度按比例安排就业	人	43	2. 纳入最低生活保障	人	30534
6. 个体就业累计	人	9929	**十、维权**		
7. 本年度开发公益岗位	人	178	1. 无障碍家庭改造	户	150
8. 企业安置就业	人	96	2. 总投入资金	万元	90
9. 盲人按摩机构数	人	4	其中中国残联支持	万元	52.5
10. 从业人员数	人	24	3. 机动车燃油补贴	人	1536
七、托养服务	个		4. 总投入资金	万元	40

14-18 工业污染排放及处理利用情况

（2012 年）

单位名称	工业企业数（个）	工业锅炉数（台）	工业窑炉数（座）	废水治理设施数（套）	废水治理设施处理能力（万吨 / 日）	工业废水处理量（万吨）	工业废水排放量（万吨）	化学需氧量产生量（吨）
总　　计	**169**	**271**		**117**	**9**	**1000**	**1857**	**26632**
宝泉岭局	25	49		88	2.3	259.2	767.1	8183.8
红兴隆局	22	45		4	0.8	28.4	114.8	1292.7
建三江局	28	58		1		0.4	34.1	223.7
牡丹江局	24	22		15	4.6	609.4	665.8	5346.0
北　安　局	12	25		3	0.4	48.6	33.8	4492.8
九　三　局	16	31		5	0.6	41.6	119.6	5475.5
齐齐哈尔局	8	9		0			91.6	1102.9
绥　化　局	15	12		0		9.2	9.2	273.3
哈尔滨局	19	20		1		3.0	21.2	241.9

注：14-18 至 14-23 表资料由总局环保局提供。

14-18 续表 1

单位名称	化学需氧量排放量（吨）	氨氮产生量（吨）	氨氮排放量（吨）	石油类产生量（吨）	石油类排放量（吨）	工业废气排放量（亿立方米）	废气治理设施数（套）
总　　计	**7902.6**	**1362.0**	**292.2**	**27.5**	**1.6**	**203.1**	**257.0**
宝泉岭局	303.7	1141.2	140.7	27.5	1.6	78.1	51
红兴隆局	1201.8	21.9	21.6			21.0	56
建三江局	217.3	7.1	7.1			37.5	33
牡丹江局	4264.5	28.0	19.5			34.3	29
北　安　局	157.0	18.3	8.0			5.7	23
九　三　局	1189.6	30.5	17.0			17.6	31
齐齐哈尔局	220.7	44.8	8.5			2.9	8
绥　化　局	222.5	5.8	5.4			3.2	9
哈尔滨局	125.5	64.4	64.4			2.7	17

14-18 续表 2

单位名称	废气治理设施处理能力（万立方米/时）	二氧化硫产生量（吨）	二氧化硫排放量（吨）	氮氧化物产生量（吨）	氮氧化物排放量（吨）	烟(粉)尘产生量（吨）	烟(粉)尘排放量（吨）
总　　计	1096.2	12302.0	12302.0	6797.5	6797.5	261802.6	19640.4
宝泉岭局	294.8	4060.0	4060.0	3156.3	3156.3	124927.2	7547.0
红兴隆局	184.9	1748.4	1748.4	659.2	659.2	13528.9	2161.9
建三江局	178.5	1391.5	1391.5	847.8	847.8	25324.3	3415.6
牡丹江局	166.3	1790.6	1790.6	1115.2	1115.2	67506.7	2967.3
北 安 局	81.3	474.2	474.2	186.3	186.3	2227.7	427.4
九 三 局	132.2	1945.4	1945.4	534.4	534.4	24771.3	2073.4
齐齐哈尔局	28.8	274.9	274.9	102.3	102.3	996.2	233.9
绥 化 局	12.0	308.6	308.6	96.6	96.6	1322.8	363.6
哈尔滨局	17.5	308.5	308.5	99.4	99.4	1197.4	450.3

14-18 续表 3

单位名称	一般工业固体废物产生量（吨）	一般工业固体废物综合利用量（吨）	其中:综合利用往年贮存量（吨）	一般工业固体废物处置量（吨）	其中:处置往年贮存量（吨）	一般工业固体废物贮存量（吨）
总　　计	120.1	89.1		21.5		9.4
宝泉岭局	55.7	24.7		21.5		9.4
红兴隆局	21.7	21.7				
建三江局	10.5	10.5				
牡丹江局	19.0	19.0				
北 安 局	2.5	2.5				
九 三 局	6.5	6.5				
齐齐哈尔局	1.7	1.7				
绥 化 局	1.1	1.1				
哈尔滨局	1.5	1.5				

14-19 农业污染排放及处理利用情况

（2012）

单位名称	化学需氧量产生量（吨）	总氮产生量（吨）	总磷产生量（吨）	氨氮产生量（吨）	化学需氧量排放量（吨）	总氮排放量（吨）	总磷排放量（吨）	氨氮排放量（吨）
总计	**766021.35**	**77137.45**	**11711.3**	**7607.59**	**142944.27**	**30530.21**	**2783.32**	**3718.99**
宝泉岭局	108092.71	10996.07	1658.9	2152.94	24969.58	4605.62	389.38	1124.89
红兴隆局	81812.46	8217.73	1266.96	1193.75	16914.29	5260.61	679.97	671.6
建三江局	51660.71	5295.2	806.53	748.38	9618	1702.75	157.77	614.39
牡丹江局	174403.73	17637.76	2719.26	1291.82	30263.87	6073.21	509.87	610.98
北安局	113396.29	11340.82	1677.27	561.06	20327.82	3974.82	305.14	275.09
九三局	109402.8	10921.61	1623.5	397.8	20863.8	3997.22	296.64	160.1
齐齐哈尔局	67621.59	6768.71	1012.31	795.47	8373	2678.79	215.6	91.49
绥化局	46207.65	4588.18	687.11	277.18	8806.6	1648.85	131.83	124.45
哈尔滨局	13423.41	1371.37	259.46	189.19	2807.31	588.34	97.12	46

14-20 城镇生活污染排放及处理情况

（2012年）

单位名称	生活用水总量（万吨）	污水排放量（万吨）	生活污水中主要污染产生量（吨）					生活主要污染物排放量（吨）				
			化学需氧量	氨氮	二氧化硫	氮氧化物	烟尘	化学需氧量	氨氮	二氧化硫	氮氧化物	烟尘
总计	**5819.0**	**5219.0**	**22948.8**	**3100.8**	**3806.4**	**1046.6**	**4782.4**	**22878.9**	**3092.0**	**3806.4**	**1046.6**	**4782.4**
宝泉岭局	634.8	569.4	2503.5	338.3	415.2	114.2	521.7	2503.5	338.3	415.2	114.2	521.7
红兴隆局	1110.9	996.4	4381.1	592.0	726.7	199.8	913.0	4381.0	592.0	726.7	199.8	913.0
建三江局	1005.1	901.5	3963.9	535.6	657.5	180.8	826.1	3927.9	531.0	657.5	180.8	826.1
牡丹江局	634.8	569.4	2503.5	338.3	415.2	114.2	521.7	2469.7	334.0	415.2	114.2	521.7
北安局	740.6	664.2	2920.8	394.7	484.5	133.2	608.7	2920.8	394.7	484.5	133.2	608.7
九三局	581.9	521.9	2294.9	310.1	380.6	104.7	478.2	2294.9	310.1	380.6	104.7	478.2
齐齐哈尔局	476.1	427.0	1877.6	253.7	311.4	85.6	391.3	1877.6	253.7	311.4	85.6	391.3
绥化局	476.1	427.0	1877.6	253.7	311.4	85.6	391.3	1877.6	253.7	311.4	85.6	391.3
哈尔滨局	158.7	142.3	625.9	84.6	103.8	28.5	130.4	625.9	84.6	103.8	28.5	130.4

14-21 各地区自然保护区名录

（2012年）

自然保护区名称	地 点	面积（公顷）	主要保护对象	批准日期	类 型	级别
1.洪河自然保护区	同江市抚远县洪河农场	21836	水禽,自然沼泽湿地	1984.1 1996.11	内陆湿地和水域生态系统	国家级
2.兴凯湖自然保护区	密山市兴凯湖农场、八五七农场、虎林市八五六农场、鸡西市八五一0农场	120761	珍贵稀有野生动,植物湿地生态环境	1990.4 1994.4	内陆湿地和水域生态系统	国家级
3.挠力河自然保护区	宝清县饶河县富锦市五九七、八五二、八五三、红旗岭、饶河、八五九、胜利、红卫等	160595	湿地,水禽	2002.7	内陆湿地和水域生态系统	国家级
4.虎口湿地自然保护区	虎林县八五八、八五六农场	15000	湿地,水禽	1997.2	内陆湿地和水域生态系统	省 级
5.勤得利鲟鳇鱼自然保护区	同江市抚远县勤得利农场	42538	鲟鳇等水生动物、森林湿地水域	1998.12	野生动物	省 级
6.乌苏里江自然保护区	抚远县八五九农场	22972	湿地,水禽	2001.1	内陆湿地和水域生态系统	省 级
7.哈拉海自然保护区	齐齐哈尔市哈拉海农场	16564	湿地,水禽	2005.7	内陆湿地和水域生态系统	省 级
8.水莲自然保护区	萝北县共青、名山、军川农场	8952	湿地,水禽	2003.9	内陆湿地和水域生态系统	省 级
9.东风自然保护区	德都县七星泡农场、五大连池市格球山农场	1667	水禽,水资源,野生动物,沼泽湿地	1994.6 1996.12	内陆湿地和水域生态系统	总局级
10.科洛河自然保护区	嫩江县山河、嫩江、七星泡农场	3577	湿地,水禽	1996.12	内陆湿地和水域生态系统	总局级
11.锦江自然保护区	二九一农场	9700	湿地	2006.1	内陆湿地和水域生态系统	总局级
12.友谊自然保护区	友谊农场	4593	湿地	2007.12	内陆湿地和水域生态系统	总局级
13.双兴自然保护区	绥棱县绥棱农场	3396	水生资源野生动植物	1995.7	内陆湿地和水域生态系统	分局级
14.锦河自然保护区	黑河市锦河农场	1470	森林、野生动植物风景点	1995.9	森林生态系统	分局级
15.跃进自然保护区	德都县二龙山农场	2800	森林生态系统,动、植物	1996.1	森林生态系统	分局级
16.育新自然保护区	海伦市海伦农场	3361	森林生态系统、动植物	1996.1	森林生态系统	分局级
17.青石岭自然保护区	北安市建设农场	20300	水、鱼、鸟及周围森林植被	1997.11	水域生态系统类型	分局级
18.和平草原自然保护区	大庆市和平牧场	6500	草原草甸	2000.3	草原与草甸生态系统	分局级
19.沾河自然保护区	逊克县逊克农场	2904	火山遗迹、珍贵动植物	2001.11	地质遗迹	分局级
20.嘉荫次生林自然保护区	嘉荫县嘉荫农场	10133	天然次生林	2001.12	森林生态系统	分局级
21.王老好河然保护区	长水河农场	2700	湿地	2005.1	内陆湿地和水域生态系统	分局级
22.其它自然保护区	扎龙自然保护区（林甸县巨浪农场、齐齐哈尔种畜场）	17100	湿地、水禽	2005.1	内陆湿地和水域生态系统	
23.其它自然保护区	嘟噜河自然保护区（绥滨县普阳农场、汤原县梧桐河农场）	4813	湿地、水禽	2003	内陆湿地和水域生态系统	

14-22 生态垦区建设指标

（2012年）

指　　　　标	计量单位	完成情况
经济发展		
1.农场家庭年人均纯收入	元/人	20227
2.第三产业占GDP比例	%	26.8
3.环保投入占GDP比例	%	2.2
4.受保护地区占国土面积比例	%	14.5
5.应当实施强制性清洁生产企业通过验收的比例	%	30
生态环境保护与建设		
6.森林覆盖率(林草覆盖率平原区)	%	18.4
7.地表水水质满足功能区要求率	%	无
8.集中式饮用水源水质达标率	%	92
9.主要污染物排放强度SO2	千克/万元GDP	1.58
10.主要污染物排放强度COD	千克/万元GDP	3.0
11.城市噪声满足功能区要求率	%	98
12.化肥施用强度(折纯)	Kg/hm^2	156.4
13.农用塑料薄膜回收率	%	96.7
14.规模化畜禽养殖场粪便综合利用率	%	92
15.绿色食品(含有机食品)种植面积比率	%	69.4
16.工业固体废物处置利用率	%	100
17.工业用水重复利用率	%	44.5
18.城市污水集中处理率	%	60
19.城镇生活垃圾无害化处理率	%	80
20.城镇人均公共绿地面积	m^2/人	18.9
节能减排与资源利用		
21.单位GDP能耗	吨标煤/万元	0.6865
22.单位GDP水耗	M^3/万元	1020
23.秸秆综合利用率	%	94.3
24.城市燃气普及率	%	84.9
社会进步		
25.集中供热普及率	%	69.1
26.城市化水平	%	85
27.公众对环境的满意率	%	95

主要统计指标解释

卫生机构 经卫生及有关行政部门批准，有固定的专业卫生人员和卫生经费，为社会提供医疗、预防保健服务或从事医学教育、科研等工作的单位。它包括医院，疗养院、所，门诊部、所，专科防治所、站，疾病预防控制中心、妇幼保健所、站，药品检验所、室，医学科学研究机构以及其他卫生机构。

医院 指经上级主管部门批准，没有固定床位能收留病人住院并能为病人提供医疗、护理服务的医疗机构。包括农场及农场以上医院、农场卫生院、其它医院三部分。按所述性质分为卫生部门、工业及其他部门、集体所有制、私人开业四类，其中农场及农场以上医院按业务性质分为综合医院和专业医院。

妇幼保健所、站 我国妇幼保健事业的主干机构，也是与医疗、防疫机构并列的卫生事业的重要组成部分。它是根据妇女与儿童的生理特点、针对危害妇女儿童健康的主要疾病和影响因素，采取防治及保健措施，以保障妇女儿童的身心健康，提高他们的健康水平为主要目标的卫生事业单位。省、地级妇幼保健机构一般设妇幼保健院，县级妇幼保健机构一般设妇幼保健所、站。各级妇幼保健机构是本地区妇幼保健、计划生育技术的业务指导中心，以预防保健为中心、指导基层为重点，保健与临床相结合。

床位数 指医疗机构能够接待病人住院治疗的固定实有床位。包括正规床、简易床、监护床和正在消毒、修理的床位以及因扩建或大修理而停用的床位(按扩建或大修前的床位数计算)。

病床不包括：门诊诊断室的检查床、观察室的观察床、抢救室的抢救床，产科的特产床、接产床、新生儿床，库存床，为急用临时增设的加床，病人在家治疗的家庭病床，病人家属的陪待床。

卫生机构年末从业人员 在卫生机构工作的全部工作人员。按其现任职务，可划分为卫生技术人员、其它技术人员、管理人员、工勤人员。

医务人员又称卫生技术人员：指由卫生事业机构支付工资的全部固定职工和合同制职工中现任职务为卫生技术工作的人员。包括中医师、西医师、中西医结合高级医师、护师、中药师、西药师、检验技师、其他技师、中医士、西医士、护士、助产士、中药剂士、西药剂士、检验士、其他技士、其他中医、护理员、中药剂员、西药剂员、检验员、其他初儿卫生技术人员。

医生：经卫生部门审查合格，从事医疗工作能独立处置一般病号疾病和应急救护，有处方权的人员。包括卫生技术人员中的中医师、西医师、中西医结合高级医师，中医士、西医士和其他中医。

职工福利费用总额 指垦区各单位实际支付给职工和离休、退休、退职人员的各项现金补贴和非货币性集体福利。

(1)职工福利费用具体包括：①医疗卫生费：指职工的医疗费住院费、职工供养直系亲属的医疗补助费，职工因工伤就医路费，住院伙食补助费，包括各企业、事业、机关单位的医疗机构医务经费。②丧葬抚恤救济费；③生活困难补助；④文体宣传费；⑤集体福利事业补贴费；⑥集体福利设施费；⑦计划生育补贴；⑧上下班交通费补贴；⑨洗理卫生费；⑩其他。

(2)离休、退休、退职人员福利费用具体包括：①离休费；②退休费；③退职生活费；④医疗卫生费：指按国发(1978)104号文件规定发给退职人员的退职生活费。⑤护理费：指因工致残，饮食起居需人扶助的离休、退休人员的护理费，以及因病生活不能自理的离休干部护理费。⑥生活补贴：指按1985年国务院《关于发给离休、退休人员的生活补贴费的通知》规定，发给离休、退休人员的生活补贴费。⑦交通费补贴：指按月发给离休人员的交通费补贴。⑧丧葬抚恤救济费。⑨其他：包括易地安置的离休、退休、退职人员安家补贴费，生活困难补助以及书报费、洗理费、副食品价格补贴、房贴、水电贴、少数民族补贴以及由于肉、蛋、糖、蔬菜等调价发给的价格补贴等。

附录

各农牧场和总局直属单位基本情况

STATISTICAL YEARBOOK

附录 1-1 第二、三产业单位数

（2012 年） 单位:个

农场	管理区个数	工业企业数	建筑企业数	运输仓储业数	批发和零售企业数	住宿和餐饮企业数	居民服务及其它服务业单位数	学校数	医疗卫生机构
二九○	6	9	2	1	2			2	41
绥滨	4	9	7	1	6	1		2	17
江滨	4	15	1	1	3	1	1	2	28
军川	4	8	3		2	1		2	43
名山	3	14	1	1	3	1	2	2	23
延军	2	8	1	1	2			2	3
共青	4	12		2	5		1	2	34
宝泉岭	5	10	2		5		1	6	59
新华	4	30	2	1	4	1		3	43
普阳	4	8	2	1	7	1	1	2	8
汤原	2	7	2	1	3	1		2	14
依兰		4	1		3	1	1	3	9
梧桐河	2	5		1	3	1		2	22
友谊	11	27	4	2	9	6	14	1	56
五九七	6	22	1	5	10	1	2	2	53
八五二	9	73	3	3	9		1	4	85
八五三	7	43	7	4	5	2	1	7	62
饶河	9	14	3	3	7	3		2	37
二九一	4	19	4	4	13	1		3	45
双鸭山	5	16	2	1	2	1		3	20
江川	5	11	2	2	1	1		2	11
曙光	5	2	2	1				3	8
北兴	8	8	2	4	3	8	1	3	37
红旗岭	3	10	2	3	1	1		2	23
宝山	2	4	2	1		1		3	3
八五九	9	12	3	4	5	1		2	3
胜利	7	13	3	3	4	2		2	3
七星	6	7	4	2	4	1		3	12
勤得利	8	7		3	1	1		2	23
大兴	6	2	1	2				4	3
青龙山	5	4	1	3	2	1		4	27
前进	12	15	3	2	2	1		1	14
创业	5	12	3	4	2	1		1	10
红卫	11	5	2	3	1	1		1	20
前哨	9	4	2	3	1			7	3
前锋	8	14	1	4	2	1		5	7
洪河	8	8		2	8	1		2	4
鸭绿河	5	3	2	1				1	10
二道河	7	2	1	2		1		2	3
浓江	5	3	2	1	1			2	14
阿城原种场		4							4
九龙山柞蚕育种场									
八五○	13	17	3	3	8			3	21
八五四	12	16		1	4			3	39
八五五	6	8	1	2	6			3	18
八五六	14	26	3	4	8			3	42
八五七	10	20	1	4	7		2	3	23
八五八	9	10	3	2	2			3	17
八五一○	4	6		3	3	1		3	14
八五一一	7	22	1	4	8			2	36
庆丰	9	8		2	2			2	22
云山	10	14	1	3	1	1		3	17
兴凯湖	6	8	1	4	2	1		3	27
海林	3	5	1	2	3	1		3	15
宁安	3	8			3	1		3	11
山市种奶牛场	4	2							2
锦河	4	8		2	2			3	19
红色边疆	4	4	2	2	4			3	19

附录 1-1 续表　　（2012 年）　　单位：个

农　场	管理区个数	工业企业数	建筑企业数	运输仓储业数	批发和零售企业数	住宿和餐饮企业数	居民服务及其它服务业单位数	学校数	医疗卫生机构
逊克	10	4	1	2	1	1		6	33
龙门	5	9		2	3	1		2	8
襄河	6	6	1	2	8			2	12
龙镇	6	7	2	1	5			6	10
二龙山	8	12	1	2	3			3	16
引龙河	7	7	3	2	2			5	22
尾山	4	6	1	1	1	1		3	14
格球山	5	6		2	1			3	3
长水河	6	9	2	3	4	1	1	2	23
赵光	9	9	1	1	1			3	16
红星	5	8	2	3	4			3	3
建设	7	12	1	2	2			4	15
五大连池原种场	11	5	1	2	4	2			2
鹤山	12	16	1		1			4	4
大西江	4	4			3			3	7
尖山	6	15			1		1	3	10
荣军	5	5			2			2	3
红五月	5	10			2	1		3	3
七星泡	10	8	1		3			4	3
嫩江	9	9	1		3	1		3	3
山河	8	7	1		2			3	3
嫩北	8	12	1	1	2			3	1
建边	5	1	1					3	14
哈拉海	1	3						5	3
克山	4	8	2	2	3			3	3
依安	2	2			1			1	1
富裕牧场	4	7		1	5	2		3	18
查哈阳	8	24	3	2	11		1	23	64
泰来		2	1					3	3
绿色草原牧场	3	4			5	3		3	3
巨浪牧场		2	1					4	1
齐齐哈尔种畜场	3	9	1		3			2	7
繁荣种畜场	4	6	1	1	2	1			7
大山种羊场		2			1				1
红旗种马场									1
嘉荫	4	12	1	1	13			3	33
铁力	3	16	6		11			3	9
海伦	4	7	2	1	11			3	9
红光	2	8	3	1	13	1		3	4
绥棱	3	19	5	3	8	1		3	22
安达牧场		4		1	4			1	2
和平牧场	5	10	2	1	3			3	21
肇源		6	1	1	5			3	1
柳河		6			4			3	2
涝洲鱼种场		1							
庆阳	1	7		1	1			1	1
岔林河	1	4			1			2	1
沙河	1	1			2			1	1
香坊实验	2	20		2	6	2		1	
青年	1	11			4		1	1	3
闫家岗	1	9	1					2	3
红旗	1	21	3		3		1	2	1
四方山	1	1			1			2	2
松花江	1	7		1	2		1	2	4
佳南实验农场									

附录 1-2　土地利用情况

（2012 年）

农场名称	土地面积（公顷）	#耕地面积	#林地面积	#园地面积	#草原面积	#水面面积	#可垦荒地面积
二九〇	80122	41111	11186		4335	12545	
绥滨	51888	35800	10393		208	3091	89
江滨	35453	23016	5536		1252	674	
军川	59974	39301	8819		1006	2503	1504
名山	29018	17672	2822			3150	3458
延军	44080	14675	4485			1642	2018
共青	57359	31467	9184		980	2354	10221
宝泉岭	67100	29650	14305	18	9996	6182	2038
新华	55873	29307	8625		787	3468	2670
普阳	42131	33800	4304	2		2408	
汤原	13276	9690	1217	15	758	136	273
依兰	5629	3632	749	5	270	253	138
梧桐河	31268	18534	2447		1614	3327	1359
友谊	188812	106676	19162	394	7806	6390	11805
五九七	96205	42800	8996	1728	6552	5278	3239
八五二	133592	79186	27653		493	10603	2395
八五三	118152	68000	24874	200		17532	3611
饶河	69642	34000	20494			3041	5144
二九一	60150	37877	4495			5476	1052
双鸭山	33565	14800	13371	30	296	705	414
江川	37167	18947	2470		1545	671	50
曙光	17215	13659	2562		171	75	
北兴	77558	33334	31937	43	581	1616	6581
红旗岭	37388	19867	8222		68	2766	3219
宝山	10940	7430	766		567	11	304
八五九	135581	87200	24285		1433	7342	4922
胜利	90500	46200	22223		4667	1315	3396
七星	120822	81360	14163			754	3110
勤得利	124673	54980	21511			16045	4499
大兴	80000	48067	6821		1369	2286	4598
青龙山	60133	36666	8698		499	2389	
前进	76584	53067	7587		5006	1225	3166
创业	52987	37333	6908		1911	588	2728
红卫	64831	38667	8509		535	5031	786
前哨	66405	38333	14520		1069	3900	1351
前锋	110350	71334	7262		701	639	10328
洪河	65680	42666	6932		4000	193	515
鸭绿河	51275	29067	9688		948	135	2576
二道河	55766	36216	5613		1054	1623	1329
浓江	54000	35533	5701		267	3575	757
阿城原种场	2627	1578	258			11	
九龙山柞蚕育种场	843	32	807				
八五〇	49667	33601	10022		1214	188	
八五四	123244	67927	17955	2	8152	4386	4499
八五五	54243	30014	21705		69	653	
八五六	122039	78867	14132	9	17252	7069	
八五七	50833	36063	4760		1219	569	
八五八	74248	40267	10007		5660	6507	1171
八五一〇	50958	21629	18673	16	91	388	
八五一一	52244	22993	24063		17	1608	784
庆丰	62772	44431	5751		5352	3703	68
云山	49215	31480	8980	5	2729	3207	1286
兴凯湖	113934	39090	7010		154	44540	
海林	17591	9330	3647	11	1200	151	
宁安	11703	4589	6435	75		78	
山市种奶牛场	18119	4490	10381		2624	22	
锦河	157572	10791	23359	45	134	976	3586
红色边疆	78853	16633	8005	2	4889	1894	206

附录 1-2 续表　　　　　　　　　　（2012 年）

农场名称	土地面积（公顷）	#耕地面积	#林地面积	#园地面积	#草原面积	#水面面积	#可垦荒地面积
逊　　克	179307	42221	24584		10000	1316	
龙　　门	35323	15765	10817		3470	242	1647
襄　　河	59740	18606	6519		12500	746	
龙　　镇	47203	22341	3699	4	6126	495	1396
二 龙 山	52722	27286	5242		7594	1380	2637
引 龙 河	42151	23532	7512		3500	768	2411
尾　　山	30073	15238	7447	14	6166	409	
格 球 山	26260	14400	7667	12	3254	273	
长 水 河	45024	24067	8681		7288	587	2999
赵　　光	45657	33721	3460		4877	721	1288
红　　星	39227	27333	2938	1	5014	572	1622
建　　设	39080	20080	7115		5110	527	1766
五大连池原种场	18970	10352	3446	6	1661	2042	
鹤　　山	56956	35578	10692	4	6553	303	
大 西 江	37958	20030	9480	20	5490	726	57
尖　　山	40539	27130	7324		3991	133	71
荣　　军	21025	16408	3320		914	113	
红 五 月	28983	16487	6503		3308	382	1024
七 星 泡	79163	33529	14636		8513	1120	4341
嫩　　江	48941	30038	5972		9570	410	
山　　河	91992	26767	14258		17561	1387	1440
嫩　　北	42202	27012	7080	1	4920	1398	
建　　边	79853	20225	6455		18656	1173	9934
哈 拉 海	29473	13512	1430		12335	191	
克　　山	35049	29607	3495		160	120	
依　　安	9723	5744	2813	1	187	561	
富裕牧场	27637	13409	6594		5077	616	620
查 哈 阳	83877	67333	10873	6	319	1460	210
泰　　来	10213	4854	2727		1420	873	
绿色草原牧场	38137	5667	10224		14748	1543	
巨浪牧场	9667	2272	783		6175	133	
齐齐哈尔种畜场	20552	4556	1392	441	6508	160	1165
繁荣种畜场	11131	9710	457		286	25	
大山种羊场	14861	3230	3256		2679	1467	
红旗种马场	4520	1574	122		2522		
嘉　　荫	50305	17790	29101		87	427	
铁　　力	23926	15872	1719	13	149	68	754
海　　伦	23878	16577	3309			980	1900
红　　光	16765	9928	3555		1769	186	601
绥　　棱	26690	15321	3335		4694	1520	
安达牧场	4895	997	775	48	2538	164	
和平牧场	32491	13342	7435	13	10745	285	
肇　　源	7811	4012	996		148	1511	
柳　　河	14552	4252	7833	22		400	109
涝洲鱼种场	536	8	5			495	
庆　　阳	7639	3475	2075		146	180	142
岔 林 河	9148	4139	1306		2229	643	
沙　　河	2543	1151	896			367	
香坊实验	1106	706	49				
青　　年	664	331	11			9	
闫 家 岗	1068	539	42		98	233	
红　　旗	1340	831	95	33			
四 方 山	17667	7934	1706		6019	648	
松 花 江	8744	4204	3661			63	
佳南实验农场	4013	2878	84	3	43	252	

附录 1-3　人口、从业人员

（2012 年）

农场名称	年末总户数（人）	年末总人数（人）	年末社会从业人员（人）	1. 按三次产业分		
				第一产业	第二产业	第三产业
二九〇	8019	21196	11880	9260	744	1876
绥滨	6740	19203	12073	8530	1616	1927
江滨	7486	16544	10418	7384	974	2060
军川	8165	18810	11532	9204	889	1439
名山	4810	10740	6678	4176	1459	1043
延军	3051	9814	8214	5727	1795	692
共青	8216	18249	9175	6370	1027	1778
宝泉岭	7971	20488	16661	9410	1533	5718
新华	9142	22587	13421	8710	1890	2821
普阳	4213	11045	8567	6934	542	1091
汤原	2828	6241	4403	2498	846	1059
依兰	1443	3474	2618	1969	147	502
梧桐河	3814	9423	7681	6052	621	1008
友谊	35828	102587	41450	32758	3450	5242
五九七	13154	29271	19302	15581	1271	2450
八五二	22671	47921	9909		3192	6717
八五三	13687	31289	23255	14750	3863	4642
饶河	5437	12892	9382	7102	833	1447
二九一	8436	20280	12603	10035	656	1912
双鸭山	6643	15143	9445	7316	1252	877
江川	5317	12595	7972	5990	812	1170
曙光	4315	12083	5936	4478	777	681
北兴	7546	19910	12315	8136	892	3287
红旗岭	3351	9459	6359	4072	1023	1264
宝山	1338	3339	2867	2092	390	385
八五九	8850	21244	14625	10943	1047	2635
胜利	5698	14957	11003	7316	1536	2151
七星	11827	35174	21983	12104	2170	7709
勤得利	8726	21758	12143	7885	434	3824
大兴	5496	18034	5989	3743	299	1947
青龙山	4452	12493	7770	6250	158	1362
前进	6997	20197	13253	10089	1166	1998
创业	6272	16176	8737	5430	847	2460
红卫	3965	10590	6200	4751	203	1246
前哨	4400	11980	5907	3323	926	1658
前锋	5272	15063	7739	5279	343	2117
洪河	3045	8524	4433	3495	164	774
鸭绿河	2871	6481	4810	3993	136	681
二道河	2089	4951	3375	1995	368	1012
浓江	2571	6675	3915	3242	136	537
阿城原种场	2125	5300	2393	1996	268	129
九龙山柞蚕育种场	71	241	63	63		
八五〇	6619	14545	7854	5714	502	1638
八五四	8494	21941	8186	4708	1437	2041
八五五	5231	12603	6970	5235	581	1154
八五六	8779	21943	11281	7102	1050	3129
八五七	6532	17218	7064	4270	861	1933
八五八	4967	11138	7570	5380	839	1351
八五一〇	6984	14019	5337	1992	1379	1966
八五一一	6293	14474	6718	4175	719	1824
庆丰	5654	13401	7326	4118	2271	937
云山	4719	11079	5354	3903	460	991
兴凯湖	4572	9874	6697	4869	534	1294
海林	2424	7214	4130	2165	1040	925
宁安	2163	6646	3393	2227	371	795
山市种奶牛场	2081	5936	3618	3378	113	127
锦河	3566	8538	3872	2747	366	759
红色边疆	3751	10532	5172	4160	303	709

附录 1-3 续表 1　　　　　　（2012 年）

农场名称	年末总户数（人）	年末总人数（人）	年末社会从业人员（人）	1. 按三次产业分		
				第一产业	第二产业	第三产业
逊　　克	8151	23327	9624	8230	248	1146
龙　　门	2953	7397	4208	3160	373	675
襄　　河	2772	8335	5141	3927	409	805
龙　　镇	5374	15338	6501	4500	575	1426
二 龙 山	5668	17616	10005	6799	759	2447
引 龙 河	4106	12259	6259	4665	382	1212
尾　　山	3230	10306	5760	4045	626	1089
格 球 山	3831	8480	5888	4018	534	1336
长 水 河	4874	13371	9287	6482	788	2017
赵　　光	12339	30065	11309	6886	1023	3400
红　　星	5043	13334	6695	5221	652	822
建　　设	4853	14778	7709	6155	445	1109
五大连池原种场	2860	7138	4988	4584	21	383
鹤　　山	8229	21198	10359	7279	967	2113
大 西 江	4949	12269	6740	5023	501	1216
尖　　山	5482	13577	8696	7921	262	513
荣　　军	4060	9551	5124	4636	218	270
红 五 月	4438	10028	6421	5089	382	950
七 星 泡	5653	15218	7381	5586	725	1070
嫩　　江	4636	10540	6422	4378	1032	1012
山　　河	4327	13514	8037	6225	591	1221
嫩　　北	4120	11845	7870	4659	2274	937
建　　边	3299	9389	6409	5275	351	783
哈 拉 海	1876	4298	2475	1766	404	305
克　　山	9976	22451	16541	13564	1102	1875
依　　安	1830	4328	2968	2307	334	327
富裕牧场	4933	11422	6602	4386	1380	836
查 哈 阳	26124	74733	29860	21569	2008	6283
泰　　来	964	3095	1870	1530	172	168
绿色草原牧场	1989	5521	3287	2671	104	512
巨浪牧场	1293	3216	1756	1319	164	273
齐齐哈尔种畜场	4080	10546	3098	1946	366	786
繁荣种畜场	3610	10650	3988	3472	196	320
大山种羊场	1125	3786	2071	1696	86	289
红旗种马场	932	3144	736	590	44	102
嘉　　荫	4131	10080	6081	3765	1151	1165
铁　　力	3960	9465	6920	4804	1012	1104
海　　伦	5922	12867	6707	4080	1145	1482
红　　光	4443	11314	6371	4079	911	1381
绥　　棱	3343	7868	4518	2894	770	854
安达牧场	839	1834	1445	827	227	391
和平牧场	4380	10759	5840	3716	1089	1035
肇　　源	1800	4378	2800	1968	157	675
柳　　河	1059	2742	1495	918	110	467
涝洲鱼种场	241	628	312	296	16	
庆　　阳	2860	7919	3724	2710	368	646
岔 林 河	1575	4280	2393	1775	151	467
沙　　河	933	2133	800	548	144	108
香坊实验	1958	6052	3403	749	1282	1372
青　　年	510	2261	1377	220	747	410
闫 家 岗	2167	5418	1907	1158	392	357
红　　旗	1067	3087	4601	610	2336	1655
四 方 山	1853	5760	2029	1667	75	287
松 花 江	2247	5602	2993	758	1074	1161
佳南实验农场	718	2290	694	694		

附录 1-3 续表 2　　（2012 年）

农场名称	2.按职工非职工分			其他从业人员（人）
	在岗职工（人）	专业技术人员（人）	国有单位（人）	
二九〇	5383	609	9505	6497
绥滨	3260	281	7995	8813
江滨	2827	399	8046	7591
军川	4113	483	9303	7419
名山	2310	157	4038	4368
延军	1482	208	5908	6732
共青	2542	313	6205	6633
宝泉岭	2670	576	9146	13991
新华	2213	501	7751	11208
普阳	1834	399	6678	6733
汤原	1600	74	3122	2803
依兰	1043	49	1910	1575
梧桐河	1292	237	6039	6389
友谊	17858	882	35440	23558
五九七	8703	1410	15865	10523
八五二	1907	860	4844	8002
八五三	7968	928	14731	15287
饶河	4176	319	7452	5196
二九一	5083	559	10990	7509
双鸭山	4372	324	6516	5050
江川	4413	199	4537	3559
曙光	3630	548	4711	2305
北兴	5293	585	7352	7022
红旗岭	3412	281	4538	2882
宝山	1094	69	2138	1773
八五九	1518	781	12667	13107
胜利	1377	570	7803	9626
七星	1913	980	13732	20069
勤得利	1305	546	10945	10838
大兴	1185	339	4735	4804
青龙山	530	293	7284	7240
前进	684	432	10908	12569
创业	1078	537	6398	7659
红卫	592	110	5312	5608
前哨	721	316	3927	5186
前锋	2315	423	6061	5424
洪河	597	306	3853	3836
鸭绿河	450	242	4275	4360
二道河	538	199	2443	2837
浓江	1464	283	3634	2451
阿城原种场	1010	35	2156	1383
九龙山柞蚕育种场	63	9	63	
八五〇	2334	580	6424	5520
八五四	2011	552	5542	6045
八五五	1989	717	6090	4981
八五六	2663	446	8798	8618
八五七	2456	634	5051	4608
八五八	1438	212	5583	6132
八五一〇	1708	334	2447	3629
八五一一	1897	629	5108	4821
庆丰	1671	397	4348	5655
云山	2474	314	4262	2880
兴凯湖	2181	376	5873	4516
海林	668	229	2212	3462
宁安	1356	159	2417	2037
山市种奶牛场	1495	2	3512	1451
锦河	1840	189	3036	2032
红色边疆	2520	517	4494	2652

附录 1-3 续表 3　　（2012 年）

农场名称	2.按职工非职工分			其他从业人员（人）
	在岗职工（人）	专业技术人员（人）	国有单位（人）	
逊克	3629	553	8891	5995
龙门	1879	321	3341	2329
襄河	2048	220	2860	3093
龙镇	3447	378	5054	3054
二龙山	3336	622	5753	6669
引龙河	2579	285	5055	3680
尾山	1702	2	4415	4058
格球山	1758	279	4350	4130
长水河	2998	196	6683	6289
赵光	3740	515	7242	7569
红星	4611	326	5507	2084
建设	2928	259	6657	4781
五大连池原种场	2728	22	4950	2246
鹤山	6934	481	8864	3425
大西江	3523	317	5213	3217
尖山	4471	318	8159	4225
荣军	3251	181	4292	1873
红五月	3265	180	5519	3156
七星泡	4918	440	6043	2453
嫩江	3949	221	4860	2473
山河	3298	312	7041	4739
嫩北	3830	239	4950	4040
建边	2097	327	5625	4312
哈拉海	1217	69	1928	1258
克山	7805	792	13659	8736
依安	1109	283	2447	1859
富裕牧场	2256	46	3606	4346
查哈阳	12027	697	23409	17788
泰来	375	11	1616	1495
绿色草原牧场	855	189	2489	2432
巨浪牧场	602	7	1412	1154
齐齐哈尔种畜场	3051	89	1797	47
繁荣种畜场	2042	35	3579	1946
大山种羊场	1046	8	1782	1025
红旗种马场	488		632	248
嘉荫	3413	259	3753	2668
铁力	3393	130	5423	3527
海伦	2601	35	4072	4106
红光	1884	422	3173	4487
绥棱	2446	214	2888	2072
安达牧场	154	19	936	1291
和平牧场	1318	213	3454	4522
肇源	695	44	1765	2105
柳河	619	152	1139	876
涝洲鱼种场	167	2	296	145
庆阳	1252	69	3130	2472
岔林河	785	168	1951	1608
沙河	215		615	585
香坊实验	604	22	1074	2799
青年	268	88	209	1109
闫家岗	392	108	715	1515
红旗	385	234	1526	4171
四方山	872	31	1728	1157
松花江	382		1404	2611
佳南实验农场	694	4	694	

附录 1-4　生产总值

（2012 年）　　　　　　　　　　　　　　　　单位:万元

农场名称	生产总值	#公有及公有控股	第一产业	#农业	#畜牧业	第二产业	工业	建筑业
二九〇	169998	98231	101168	84530	8206	51239	33806	17433
绥滨	177474	99598	105055	77800	18548	37696	24506	13190
江滨	102091	50382	58837	41454	14157	25329	20523	4806
军川	156337	78109	98497	69296	26768	28588	16500	12088
名山	115411	43863	69927	34880	27919	27235	21815	5420
延军	76679	19307	23340	17546	5389	46184	45436	748
共青	124081	60265	78178	53428	22208	29951	26051	3900
宝泉岭	184110	60984	91185	45754	42318	24704	10000	14704
新华	122474	58582	71771	45987	21138	31502	22001	9501
普阳	141958	73043	91678	65877	20811	27202	23432	3770
汤原	50273	25206	27368	15848	8667	10976	9570	1406
依兰	19761	9218	9717	5765	3477	5451	4039	1412
梧桐河	65216	34529	38152	30523	5990	19376	19040	336
友谊	382647	192746	226293	163994	55753	95386	76967	18419
五九七	195399	79180	99409	69597	23716	49773	40134	9639
八五二	437533	180865	213373	137301	67615	122800	74546	48254
八五三	297487	133298	156009	114460	34963	96624	67784	28840
饶河	133204	69045	82130	58421	16959	26444	13675	12769
二九一	157237	90511	98487	74543	13657	28806	9705	19101
双鸭山	76418	26800	40605	21402	15930	23651	13176	10475
江川	96284	36837	60144	34163	20034	26758	14627	12131
曙光	84933	17808	43195	16033	26880	29042	24998	4044
北兴	109119	49292	73658	42088	22701	21203	13646	7557
红旗岭	108649	38075	51019	32233	18027	44767	27568	17199
宝山	35787	18259	19682	15237	4210	10227	2311	7916
八五九	206311	156660	157019	145212	10758	24175	18302	5873
胜利	130356	84016	88010	75774	11480	23706	13497	10209
七星	259457	181786	181240	164600	14490	28311	20632	7679
勤得利	135016	101416	108809	96435	10706	10382	8422	1960
大兴	130536	101277	105646	97582	7595	11118	3368	7750
青龙山	86909	67698	69435	62321	7085	5355	3503	1852
前进	186301	119453	120726	106834	13803	42858	30788	12070
创业	142416	85144	81199	72064	7334	43395	34001	9394
红卫	129005	100251	97765	90091	7441	13989	5546	8443
前哨	85383	55518	56660	51094	4878	14919	5305	9614
前锋	158021	132715	136366	119734	10005	8515	6971	1544
洪河	102446	87328	87195	82745	4351	5689	4928	761
鸭绿河	84947	67003	66132	60393	5697	11271	2472	8799
二道河	87483	75680	70642	65651	3251	9267	4300	4967
浓江	113002	92310	89789	85375	4385	10681	3000	7681
阿城原种场	7875	4822	2850	1780	1070	3355	3355	
九龙山柞蚕育种场	718	709	709	9	700			
八五〇	157221	81933	78826	63563	14911	47208	39930	7278
八五四	223739	140930	142191	129261	12311	50581	45186	5395
八五五	76908	39927	41050	30557	10140	13703	10782	2921
八五六	261097	179333	174151	159544	12989	41231	31048	10183
八五七	173157	92262	98529	77962	18899	41578	34260	7318
八五八	171718	104621	109371	90372	17401	34738	30974	3764
八五一〇	98060	49982	44667	28196	14727	20579	18199	2380
八五一一	103001	41278	49829	27506	22124	29877	23563	6314
庆丰	135259	80307	86872	77158	9431	38026	32026	6000
云山	136998	82612	93331	75162	17371	17983	11534	6449
兴凯湖	133185	52891	75867	68704	6446	25708	13102	12606
海林	69335	23731	30714	12488	17929	19971	11010	8961
宁安	48517	19928	23882	14453	9349	15365	14007	1358
山市种奶牛场	7910	4281	5514	2988	2418	1047	1047	
锦河	30153	16838	13136	6593	3873	4016	3484	533
红色边疆	34571	16577	18209	11702	5381	2755	2070	685

附录 1–4 续表 1　　　　（2012 年）　　　　单位:万元

农场名称	生产总值	#公有及公有控股	第一产业			第二产业		
				#农业	#畜牧业		工　业	建筑业
逊　克	84484	50071	50234	29536	16805	7088	4987	2101
龙　门	29201	15442	12641	7057	4455	3480	2930	550
襄　河	42056	23073	22403	15363	5658	4860	4150	710
龙　镇	55020	26727	25210	18102	5559	7970	6000	1970
二龙山	74464	33140	38854	25786	10280	13108	10448	2660
引龙河	52678	28510	30296	19263	8600	7330	4800	2530
尾　山	50154	31567	27273	16672	9168	5858	4353	1505
格球山	50144	27248	21624	11762	8816	11985	11075	910
长水河	62665	33241	29110	13444	10559	13972	13171	801
赵　光	76013	41857	39895	28140	10125	10606	8100	2506
红　星	61056	37584	32806	24125	7331	8750	8300	450
建　设	50400	33422	30845	20570	7711	3299	2819	480
五大连池原种场	16189	8888	8637	7016	961	1537	520	1017
鹤　山	108269	62495	66926	39674	23093	18732	10139	8593
大西江	67597	40564	41524	23492	11530	9504	6078	3426
尖　山	101299	63994	71140	44436	22289	20276	16176	4100
荣　军	53611	29653	29648	18019	10435	6836	5540	1296
红五月	48690	28395	32794	18238	11672	6017	5891	126
七星泡	87767	58862	57181	40644	10217	10484	6672	3812
嫩　江	69082	43504	50063	37173	7837	9712	6910	2802
山　河	66026	42159	46964	33210	9450	6946	5596	1350
嫩　北	59806	36982	38500	29388	6962	12306	6520	5786
建　边	67061	45019	37151	20181	8797	8490	5705	2785
哈拉海	31097	22581	21837	15524	3025	4733	4733	
克　山	101126	44576	45747	21972	22667	12906	8181	4725
依　安	30742	12619	19271	9100	9310	6204	5908	296
富裕牧场	59675	19212	42408	13417	27974	6598	6207	391
查哈阳	288652	102363	126159	78735	44693	40696	29286	11410
泰　来	24383	10835	17253	7094	10002	3682	3237	445
绿色草原牧场	31302	9605	23702	6690	16731	1965	1683	282
巨浪牧场	17113	4621	10582	2651	7742	2793	1905	888
齐齐哈尔种畜场	29837	8894	16442	6643	9509	5184	3905	1279
繁荣种畜场	16516	8030	9672	6774	2734	2607	2177	430
大山种羊场	11203	6015	8145	5351	1446	1340	1147	192
红旗种马场	3932	1389	2905	1389	1039	177	87	90
嘉　荫	75442	25514	37797	17819	17083	18467	13105	5362
铁　力	98836	32475	41344	22949	16804	32679	23702	8977
海　伦	88668	30481	42104	24127	14339	24692	18511	6181
红　光	67137	17192	28189	11329	15969	22908	19261	3647
绥　棱	83843	41612	51402	35744	14120	17598	11590	6008
安达牧场	16993	1296	6381	809	5431	3370	3268	102
和平牧场	58871	14029	29402	8228	21035	17170	14469	2701
肇　源	45675	14397	28645	9414	17550	9000	7808	1192
柳　河	20171	9855	11138	5805	4206	3509	3451	58
涝洲鱼种场	932	568	686	7	118	219	219	
庆　阳	32379	12213	13343	8945	889	14912	14912	
岔林河	15782	8766	10012	7923	567	2700	2700	
沙　河	4158	2057	1771	1613	140	1500	1500	
香坊实验	38252	11000	5399	3863	1494	18040	17725	315
青　年	15743	647	3108	290	2818	7152	7152	
闫家岗	25192	11301	7483	2985	4384	7755	5104	2651
红　旗	29440	6414	6433	5449	984	16416	14389	2027
四方山	18722	12080	15757	10983	3993	443	443	
松花江	22598	10859	4377	3810	251	14446	14446	
佳南实验农场	3830	3400	3649	3369	250			

附录 1-4 续表 2　　　　（2012 年）　　　　单位：万元

农场名称	第三产业	#交通运输业	#批发零售业	#住宿餐饮业	#居民服务和其它服务业	#卫生、社会保障和社会福利业	#教育
二九〇	17590	2596	8827	1224	62	685	1043
绥滨	34723	4136	11043	1995	6941	740	1029
江滨	17925	2883	7841	2226	333	278	1389
军川	29253	5738	14399	1508	1820	526	885
名山	18249	1789	9378	3342	628	183	618
延军	7155	1011	3752	585	92	110	450
共青	15953	4046	3987	1600	426	289	1011
宝泉岭	68221	16560	22949	12090	6812	320	1355
新华	19201	3981	3915	1834	2986	838	1396
普阳	23078	4952	8728	2416	872	652	906
汤原	11928	2048	2697	329	1114	1998	618
依兰	4593	907	1157	586	157	105	141
梧桐河	7688	667	1622	1315	102	255	321
友谊	60968	11598	8641	5860	20739	1449	143
五九七	46217	17378	17063	2160	1699	536	1237
八五二	101360	13705	57313	10777	5841	1882	1512
八五三	44854	11331	12784	3049	6402	1584	1962
饶河	24629	8049	8548	1074	1560	339	827
二九一	29944	6112	11648	1270	4088	483	1167
双鸭山	12163	2500	3698	588	834	244	803
江川	9382	1688	2886	1002	127	132	954
曙光	12696	3555	1290	922	4182	112	988
北兴	14258	2547	2491	3244	540	330	874
红旗岭	12863	2632	3590	1024	396	328	722
宝山	5878	2712	2034	104	10	45	131
八五九	25118	5768	7331	2175	1031	673	1627
胜利	18639	3625	4263	1774	1746	577	1557
七星	49906	9090	10316	3971	7775	1291	3963
勤得利	15824	2503	3846	1420	1200	661	1194
大兴	13772	4434	2973	1747	431	211	820
青龙山	12119	1846	4748	755	617	221	758
前进	22718	7600	4833	2414	970	430	2030
创业	17822	2739	3268	1606	921	414	1088
红卫	17252	3450	4090	1530	2040	300	1050
前哨	13804	1906	5406	1040	339	347	1023
前锋	13140	3395	4144	793	641	472	521
洪河	9562	2067	2104	770	549	72	498
鸭绿河	7544	1394	1559	680	472	86	510
二道河	7574	1337	1929	695	486	210	225
浓江	12532	2054	6117	896	642	206	492
阿城原种场	1670		160			66	
九龙山柞蚕育种场	9						
八五〇	31187	8514	8452	1019	626	1568	1722
八五四	30966	7865	9103	2170	1697	703	1028
八五五	22156	3419	6648	2214	1376	864	1156
八五六	45715	8050	8923	2568	2116	1528	1946
八五七	33050	8949	10765	3009	3833	1272	949
八五八	27609	2594	7384	1770	943	735	916
八五一〇	32814	2440	2740	17560	1626	958	1698
八五一一	23296	6662	5967	1617	1358	1345	1435
庆丰	10362	3439	2388	570	646	382	585
云山	25684	6568	5403	918	2585	1713	1942
兴凯湖	31609	6645	16605	2547	277	1217	1456
海林	18650	4262	5695	2446	1215	930	1074
宁安	9270	495	2827	823	541	256	732
山市种奶牛场	1349	56	173	60		81	
锦河	13001	1715	2375	576	262	151	1241
红色边疆	13607	2334	4934	1086	405	423	735

附录 1–4 续表 3　　　　（2012 年）　　　　单位：万元

农场名称	第三产业	#交通运输业	#批发零售业	#住宿餐饮业	#居民服务和其它服务业	#卫生、社会保障和社会福利业	#教育
逊克	27162	1680	7135	1790	333	363	716
龙门	13080	2558	3722	1018	380	782	1246
襄河	14793	1715	5740	439	561	638	1323
龙镇	21840	2117	8962	1453	780	770	2009
二龙山	22502	4443	11797	1000	115	129	984
引龙河	15053	4765	3881	487	269	372	850
尾山	17023	2400	4726	2640	468	850	1100
格球山	16535	1980	7530	500		450	1152
长水河	19583	3549	5209	2206	503		3225
赵光	25513	4351	7601	1134	839	938	1951
红星	19500	1792	9422	788	978	478	1005
建设	16256	850	2829	904	206	353	921
五大连池原种场	6015	157	1919	472	140	80	
鹤山	22611	923	4579	396	111	249	1256
大西江	16568	876	7170	1029	803	1088	1969
尖山	9883	396	690	290	137	265	597
荣军	17127	1083	10356	560	1448	379	575
红五月	9879	249	3022	378	151	21	560
七星泡	20101	1015	7506	1505	1800	195	915
嫩江	9307	1287	2789	753	212	234	912
山河	12117	1340	4049	819	940	290	678
嫩北	9001	296	1234	1209		245	674
建边	21421	864	4164	714	729	192	842
哈拉海	4527	35	649	106	59	156	243
克山	42473	5417	24019	903	2088	1098	2449
依安	5267	1122	569	149	78	867	857
富裕牧场	10669	737	3482	662	150	400	1320
查哈阳	121797	17166	48590	8474	13958	865	2622
泰来	3447	205	895	331	428	395	485
绿色草原牧场	5635	99	1881	827	14	86	504
巨浪牧场	3738	275	354	31	832	752	722
齐齐哈尔种畜场	8212	2752	966	303	475	37	
繁荣种畜场	4238	148	861	212	291	685	
大山种羊场	1718	174	698	87	298	78	
红旗种马场	850	126	330	74	122	14	
嘉荫	19178	3951	7796	1240	570	650	1675
铁力	24813	7646	8966	460	360	62	800
海伦	21872	3373	11644	660	467	100	1447
红光	16040	2498	8153	662	391	99	1178
绥棱	14843	2809	3860	1990		89	767
安达牧场	7242	201	6534	84			58
和平牧场	12300	1502	3906	1205	201	639	1275
肇源	8031	759	4270	564	240	102	454
柳河	5524	1425	689	229	196	425	790
涝洲鱼种场	27						
庆阳	4124	1203	787	209	50	72	359
岔林河	3070	1370	370	200		100	300
沙河	887	41	199	10		44	190
香坊实验	14813	821	2308	2595	756		348
青年	5483		3547		851	46	
闫家岗	9954	695	1387	890		135	178
红旗	6591	566	2922	949	882	296	535
四方山	2522	710	673	330		43	74
松花江	3775	522	712	265	291	87	798
佳南实验农场	181						

附录 1–5　固定资产投资

（2012 年）　　单位：万元

农场名称	固定资产投资				按用途分投资		按投资行业分	
	合计	公有控股经济	非公有控股经济	#个体	生产性建设	非生产性建设	农林牧渔业	工业
二九〇	45600	17230	28370	28370	12104	33496	10030	1230
绥滨	34165	21755	12410	11310	20363	13802	14199	1534
江滨	30089	22712	7377	7377	6573	23516	3862	1317
军川	37967	28617	9350	2826	25244	12723	20865	4379
名山	25657	17746	7910	3606	19891	5765	16509	3382
延军	18477	6191	12286	12286	14486	3991	2356	12130
共青	38488	20756	17732	17732	14342	24146	6456	3950
宝泉岭	24994	10026	14968	14968	14150	10844	8163	5500
新华	46024	24243	21782	21782	24270	21755	13532	5450
普阳	28998	11051	17947	17947	17010	11988	11210	2505
汤原	18054	7554	10500	2090	10583	7471	2603	6000
依兰	5859	2689	3170	3170	3776	2083	1202	1000
梧桐河	12926	10531	2395	2395	8942	3984	5372	260
友谊	79981	13844	66137	53837	34735	45246	20935	12300
五九七	60680	23973	36707	19207	41530	19150	22190	19340
八五二	85941	78335	7606	7606	27800	58141	16723	7759
八五三	54039	37580	16459	16459	23639	30400	13889	8017
饶河	34030	23566	10464	10464	9778	24252	8778	1000
二九一	29205	19657	9548	7776	14747	14458	8992	3852
双鸭山	27705	12124	15581	6581	12095	15610	1060	9000
江川	32652	19239	13413	13413	10946	21706	3578	4673
曙光	28675	7285	21390	21390	17725	10950	1695	16030
北兴	45285	14856	30429	17629	24905	20380	13605	11300
红旗岭	39175	25832	13343	13343	31348	7827	22556	4081
宝山	17620	5862	11758	11758	4887	12733	2887	2000
八五九	50148	34633	15515	8642	27291	22857	21267	1874
胜利	51420	19252	32168	32168	26963	24457	19412	7500
七星	64659	35815	28844	21444	29449	35210	24049	5400
勤得利	21996	10855	11141	2976	6856	15140	6856	
大兴	31136	6281	24855	24855	7178	23958	5800	235
青龙山	19526	3398	16128	16128	6620	12906	6058	
前进	50418	30418	20000	20000	18600	31818	10000	310
创业	41223	21961	19262	19262	27169	14054	21420	4325
红卫	23549	15859	7690	7690	10716	12833	8354	10
前哨	22089	9143	12946	12946	10425	11664	9525	105
前锋	24140	15140	9000	9000	9429	14711	7533	680
洪河	14901	8879	6022	6022	10591	4311	8647	1200
鸭绿河	15281	9990	5291	5291	9436	5845	9301	
二道河	15934	9557	6377	6377	10134	5800	9702	220
浓江	17327	16650	677	677	6783	10544	5756	
阿城原种场	2550	2550			2550		2550	
九龙山柞蚕育种场								
八五〇	41047	20184	20863	20863	18253	22794	8744	7246
八五四	24660	18048	6612	4832	14401	10259	11227	3174
八五五	23725	10691	13034	7534	12439	11286	6517	5922
八五六	45775	19823	25952	9798	28886	16889	16992	11894
八五七	70461	51026	19435	19435	35899	34562	22857	10280
八五八	58482	49705	8777	8777	15061	43421	11971	2300
八五一〇	10200	7279	2921	2921	6419	3781	4135	1914
八五一一	16694	8156	8538	7348	8569	8125	6119	2140
庆丰	13519	11986	1533	43	11349	2170	11349	
云山	20056	11626	8430	6822	13100	6956	12712	
兴凯湖	23171	16851	6320	6320	10265	12906	10039	
海林	19382	16199	3183	3183	2977	16405	1537	1440
宁安	26631	3454	23177	5177	19736	6895	1550	18000
山市种奶牛场	8502	8335	167	167	233	8269	65	
锦河	12647	9787	2860	994	4996	7651	2195	1866
红色边疆	17250	5977	11273	11273	9928	7322	6278	3650

附录 1-5 续表 1　　（2012 年）　　单位:万元

农场名称	固定资产投资				按用途分投资		按投资行业分	
	合计	公有控股经济	非公有控股经济	#个体	生产性建设	非生产性建设	农林牧渔业	工业
逊克	20386	19782	604	604	8169	12217	6598	1571
龙门	8091	3497	4594	4594	3874	4217	1755	1849
襄河	17144	3882	13262	3667	7017	10127	5817	1200
龙镇	18466	14486	3980	3980	9276	9190	3622	3100
二龙山	23943	17670	6273	2983	7833	16110	6633	1000
引龙河	12265	3063	9202	8670	5050	7215	4550	500
尾山	13416	7871	5545	5545	5523	7893	3743	1500
格球山	17900	12112	5788	4788	6808	11092	5808	1000
长水河	17053	11853	5200	4300	10463	6590	5300	2361
赵光	59623	23484	36139	36139	16781	42843	13423	752
红星	19972	8938	11034	11034	17404	2568	11366	3077
建设	42346	32206	10140	10140	5131	37215	4633	498
五大连池原种场	22215	14053	8162	8060	5756	16459	2260	820
鹤山	29526	8481	21045	21045	23518	6008	10970	12413
大西江	13314	3137	10177	10177	11359	1955	6686	1380
尖山	27139	10534	16605	16605	20623	6516	15103	4040
荣军	9027	3194	5833	5833	8167	860	6094	2073
红五月	11792	5672	6120	5620	9117	2675	7657	1010
七星泡	33975	13898	20077	20077	30210	3765	19836	9069
嫩江	19847	6847	13000	10800	14455	5392	9255	5200
山河	25199	7854	17345	17345	15705	9494	12170	3535
嫩北	19952	8304	11648	11648	15648	4304	6230	9418
建边	16000	5637	10363	10363	9980	6020	5010	4660
哈拉海	15559	6199	9360	1447	11876	3683	504	7982
克山	60017	20835	39182	39182	39328	20689	10209	27200
依安	12469	5161	7307	7307	6251	6217	2251	4000
富裕牧场	8974	2730	6245	5245	2859	6115	1859	1000
查哈阳	71579	43279	28300	28300	9948	61631	8648	1300
泰来	6413	3333	3080	3080	4743	1670	1181	1100
绿色草原牧场	7800	2800	5000		6093	1707	603	5196
巨浪牧场	8167	1468	6699	1896	2962	5205	1302	1485
齐齐哈尔种畜场	107618	16354	91264	87364	12422	95197	6564	4850
繁荣种畜场	11781	3255	8526	6726	7971	3810	5471	2500
大山种羊场	7388	1959	5429	5429	3822	3566	926	1641
红旗种马场	3602	3509	93	93	71	3531	50	
嘉荫	24302	24217	85	85	5897	18405	2832	1500
铁力	15913	12603	3310	3310	5308	10605	2055	2800
海伦	31445	8556	22889	22889	13094	18351	3840	8410
红光	25167	25167			8986	16181	5056	2245
绥棱	21615	19765	1850		4561	17054	2423	1850
安达牧场	2436	606	1830	918	1723	713	354	1100
和平牧场	19493	19193	300	300	4359	15134	359	4000
肇源	9032	2534	6498		6115	2917	2229	3510
柳河	9604	9532	72	72	717	8887	410	225
涝洲鱼种场	235	235			235		235	
庆阳	7086	4086	3000	3000	541	6545	541	
岔林河	4358	1748	2610	2610	825	3533	825	
沙河	660	660				660		
香坊实验	96901	29861	67040	67040	27710	69191		27710
青年	4803	145	4659	4618	3337	1466	185	1767
闫家岗	33889	17569	16320	16320	4080	29809	751	3329
红旗	32000	600	31400		7700	24300	600	7100
四方山	7810	2810	5000		7190	620	1990	4000
松花江	10096	3078	7018	7018	8967	1129	1832	6469
佳南实验农场	2813	2813			2658	155		

附录 1-5 续表 2　　（2012 年）　　单位：万元

农场名称	按投资行业分							
	建筑业	交通运输仓储业	批发和零售业	房地产业	水利环境和公共设施业	居民服务和其它服务业	教育	卫生、社会保障和福利业
二九〇		844		26236	541	3664	777	478
绥滨		2416	1200	5260	5754	1480	5	226
江滨		644	450	1384	12925	5039	328	2321
军川				3446	4185		1774	
名山				948	3043		428	93
延军					916	437	310	
共青		3936		19340	680			35
宝泉岭		487		4940	250		1887	2200
新华		5288		15567	4262	1414		435
普阳		2000	1000	5075	6595	131	75	12
汤原		1980		2410	2716	1861	470	
依兰		1154	300	1354	100	188	226	142
梧桐河		3310		1946			430	210
友谊		1500		44319	927			
五九七				15150	1800		1200	1000
八五二		3318		18988	13939	9194	14165	830
八五三		1733		13520	13569		1161	2150
饶河				14947	9155			150
二九一		1903		7879	1709	1200	1750	
双鸭山		605	1430	9100	6228			282
江川		2695		14939	5383	1384		
曙光				10850			100	
北兴				13330	2200	1800	1050	2000
红旗岭	69	2626	1061	3140	2650		780	1257
宝山				10125	2428			
八五九		4150		7750	15107			
胜利				13335	9705		879	538
七星				20792				
勤得利				6217	7421	1102		400
大兴		1143		22063	629	683	394	154
青龙山		562		10186		2020	700	
前进		8290		18300	6600		2000	18
创业		1424		11810	2057			187
红卫		2352		2997	3577	5101	929	10
前哨	595	200		8549	1985	180	930	
前锋	426	790		9000	2200	1357	1304	350
洪河		744		1252	998	800		1260
鸭绿河		135		5200				9
二道河		212		2555	3058		7	11
浓江		1027		9883	501	160		
阿城原种场								
九龙山柞蚕育种场								
八五〇		2058	205	17780	610		1039	1250
八五四				6721	1774	291	417	
八五五				8424	1633	60	670	120
八五六				4260	640	2480	343	108
八五七		2542		5240	9020	13745	510	3067
八五八		790		20620	17757	4160	202	632
八五一〇	370			2551		910	320	
八五一一		310		4500	2765		720	140
庆丰				1490	655			
云山		388		4775		481		
兴凯湖		226		11041		820		
海林				4125	2808	190	8200	449
宁安				4680		1967		
山市种奶牛场		168		5850	1843			511
锦河		921		877	2284	97	952	3087
红色边疆				5258	1047	446	70	

附录 1–5 续表 3　　　　（2012 年）　　　　单位:万元

农场名称	按投资行业分							
	建筑业	交通运输仓储业	批发和零售业	房地产业	水利环境和公共设施业	居民服务和其它服务业	教育	卫生、社会保障和福利业
逊克				6807	912	1727	1032	
龙门		270		1439	2065		395	
襄河				9495	632			
龙镇		2554		5613	564	55	756	
二龙山		200		7225	477	3105	629	253
引龙河				6263	540	412		
尾山		280		1690	460	913	451	261
格球山				9500	85		1507	
长水河		2802		4550		851	217	
赵光		2606		18505	11401	2939	2685	324
红星		461			622	259		26
建设				7715	28946		554	
五大连池原种场		2676		9741	5749		497	472
鹤山		135		1365		4143	500	
大西江		2200	528	500	286	501	358	180
尖山			1480	3900		1860	356	100
荣军					400	365	95	
红五月		450			500	749	646	
七星泡	260	695		1170	1270		220	710
嫩江				1400	1715	1230	452	
山河				5366	1344	2316	468	
嫩北				3585	719			
建边	210			3930	600	990	200	100
哈拉海		2062	572	1724	1959			
克山		1919		16697	2680		1312	
依安				3743	2073	200	202	
富裕牧场				4406	472	1060	138	
查哈阳				29072	25728		5156	
泰来		2462		1013	177	69		319
绿色草原牧场		294		1623			72	11
巨浪牧场		175		2675	1490		650	25
齐齐哈尔种畜场		1008		86093	1975	648		544
繁荣种畜场				1800		264		51
大山种羊场		205		3072	42	415		14
红旗种马场				3501		23		
嘉荫		1565		11344	3955	2006	250	150
铁力		453		9061			14	
海伦		844		16540	1811			
红光		1685		13975	1519		458	153
绥棱		288		12220	2215		148	885
安达牧场		269		624	89			
和平牧场				12144	1040	852		
肇源		376		1508	966		443	
柳河		81		7854	253	593		
涝洲鱼种场								
庆阳				3500	185		1100	1760
岔林河				2610		87	320	480
沙河					660			
香坊实验				69191				
青年			1385		1115	351		
闫家岗				17300	5798		6711	
红旗				20000			4300	
四方山			1200				620	
松花江		611			438		479	154
佳南实验农场								

附录 1-6　人民生产、生活

（2012 年）

农场名称	从业人员劳动报酬（万元）	职工工资总额（万元）	年末储蓄总额（万元）	人均纯收入（元）	等级公路（公里）	家用计算机（台）
二九〇	17504	7791	60456	26084	265	2156
绥滨	16242	4121	41984	25940	381	2678
江滨	16019	3943	30917	21052	55	1854
军川	14361	5953	40712	25961	254	2283
名山	13629	2752	22939	24933	105	1198
延军	13719	2186	14178	16524	132	467
共青	14958	2962	31773	23862	130	2025
宝泉岭	34730	5517	124020	21000	200	3245
新华	24473	4369	33714	20080	180	2142
普阳	10721	3727	42106	31906	120	1927
汤原	14011	2452	9356	19858	85	449
依兰	2779	1222	3100	18279	8	590
梧桐河	8305	1705	7806	19839	77	1110
友谊	91731	40608	54798	20391	550	8144
五九七	27248	17129	18225	19854	296	5000
八五二	14430	4473	133240	27027	398	5783
八五三	53916	21369	53695	27162	355	5005
饶河	15195	11001	12453	28398	197	1400
二九一	41626	20533	31286	31347	276	1917
双鸭山	19349	10947	11082	17420	67	1348
江川	6784	2973	8692	29664	108	1447
曙光	17746	10714	4711	19700	156	525
北兴	31077	23027	41000	23688	173	2526
红旗岭	17417	10845	22500	33275	129	712
宝山	4489	1752	2737	24309	46	1488
八五九	34179	4864	53000	26255	271	2937
胜利	27282	4329	29860	25677	245	1839
七星	52208	6598	21017	28268	303	4581
勤得利	13969	3633	30000	23377	154	2844
大兴	5957	2959	26300	24897	75	2835
青龙山	9587	1477	7561	24303	76	2066
前进	31716	2401	34200	29585	118	2388
创业	19443	3308	30380	31587	80	2303
红卫	12493	1894	29880	26331	70	251
前哨	12283	2631	13779	20643	62	2610
前锋	22582	7052	27836	24486	34	1850
洪河	7182	1863	83610	25994	115	1434
鸭绿河	8177	802	15106	24466	68	1720
二道河	6484	1387	10747	27363	111	862
浓江	4825	1173	8081	28110	98	201
阿城原种场	2331	849	2114	12133		73
九龙山柞蚕育种场	47	47	279	12000		
八五〇	10962	2152	20549	22928	180	2858
八五四	15821	2413	19431	24078	360	2150
八五五	8548	2395	16535	21527	230	2068
八五六	15393	2564	28904	25964	238	2867
八五七	9591	2300	21667	26562	174	3575
八五八	14498	2894	12477	25134	167	656
八五一〇	9281	3057	7253	13665	144	886
八五一一	9806	1551	17368	21485	171	2788
庆丰	9720	1506	29468	22548	146	1807
云山	5403	1871	9770	22626	162	1350
兴凯湖	4134	1880	6170	21249	160	760
海林	8940	1580	5136	25158	80	1575
宁安	4419	1537	3618	22659	30	726
山市种奶牛场	1901	1007	1306	7778	49	123
锦河	4548	2209	8006	16502	365	293
红色边疆	5549	2662	7428	17626	106	906

附录 1-6 续表 1　　　　　　　　　　（2012 年）

农场名称	从业人员劳动报酬（万元）	职工工资总额（万元）	年末储蓄总额（万元）	人均纯收入（元）	等级公路（公里）	家用计算机（台）
逊克	8994	5539	23900	18674	393	2102
龙门	4792	2258	8425	17650	68	425
襄河	5610	2696	7435	17560	102	226
龙镇	6985	3660	8907	17900	116	1155
二龙山	8941	4003	13289	18500	141	1354
引龙河	8068	4171	10018	17652	169	1008
尾山	7631	2988	13424	18509	117	976
格球山	7196	2300	7953	19222	96	1007
长水河	13119	3539	9514	18203	116	1416
赵光	12512	4388	22327	19266	234	2624
红星	7380	5149	9834	18258		680
建设	9431	3499	19533	18778	117	2434
五大连池原种场	4279	2722	2462	15026	70	340
鹤山	35037	25066	19073	24066	175	2402
大西江	18172	10508	4150	22169	90	494
尖山	28709	19155	27223	29310	144	1503
荣军	6130	4897	8632	19610	55	394
红五月	12178	6857	6382	19291	56	585
七星泡	22492	14493	22194	22095	152	1710
嫩江	14855	10751	20962	27198	156	1560
山河	26786	13186	19988	24748	100	1627
嫩北	24297	14156	25065	20599	146	1649
建边	17798	5397	11003	20634	68	799
哈拉海	8116	5413	4261	23099	90	267
克山	22722	16182	20642	23007	249	2318
依安	4699	2725	3187	21960	8	234
富裕牧场	4699	2725	26675	18900	56	360
查哈阳	74823	41187	67199	22733	102	2239
泰来	1322	382	1127	23106	30	136
绿色草原牧场	6156	1806	5478	22897	2	498
巨浪牧场	5652	1988	4840	22094	16	40
齐齐哈尔种畜场	7257	6639	2345	19635		389
繁荣种畜场	7362	3786	1253	11199		343
大山种羊场	4047	2137	2083	11906		382
红旗种马场	498	296	500	8535		46
嘉荫	7885	3205	11353	29511	65	1684
铁力	5141	3588	9679	31500	105	2250
海伦	9767	3320	6410	22600	108	1352
红光	10487	2038	6639	19718	126	836
绥棱	4866	2478	5170	26657	97	825
安达牧场	5328	199	1591	16173	13	69
和平牧场	6763	2321	5987	19005	94	609
肇源	3639	568	3776	32234	32	438
柳河	3802	628	3489	26094	31	641
捞洲鱼种场	301	207	690	11427	2	
庆阳	6091	4748	3226	21637		1125
岔林河	4514	2704	3057	21825		403
沙河	1870	696	437	19526	2	91
香坊实验	8692	1778	5097	22547		
青年	5665	368	822	20139		550
闫家岗	3210	1113	8683	24357		163
红旗	11050	970	2371	23398		1071
四方山	3237	1461	423	21388	44	
松花江	7057	1005	4853	21317	10	
佳南实验农场	221	221		12622		120

附录 1-6 续表 2　　（2012 年）

农场名称	固定电话（部）	社会消费品零售总额（万元）	普通中学在校学生数（人）	小学在校学生数（人）	医院床位数（张）	卫生技术人员（人）
二九〇	4666	27222	1305	1084	60	180
绥滨	3149	16600	1034	1152	60	119
江滨	2690	21434	932	955	40	86
军川	3421	28488	679	592	122	126
名山	1394	32911	731	650	30	63
延军	1333	6783	617	564	22	51
共青	2351	19480	1192	1092	40	81
宝泉岭	2791	7050	1195	1030	35	81
新华	2307	16792	1186	1005	60	111
普阳	2471	20989	685	677	56	89
汤原	915	5329	605	535	25	36
依兰	603	4229		948	20	23
梧桐河	1421	5905	858	528	27	62
友谊	20349	35800			307	397
五九七	6058	29777	625	555	213	158
八五二	12617	54679	1489	993	220	411
八五三	7291	32398	1207	1082	295	307
饶河	2673	13123	341	386	111	96
二九一	4120	9321	637	982	80	113
双鸭山	1879	6333	410	463	60	75
江川	3294	8634	701	302	38	38
曙光	2366	6440	320	350	63	65
北兴	4005	21974	496	657	109	116
红旗岭	2923	7130	321	347	50	97
宝山	887	1813	106	154	28	22
八五九	1300	12389	501	1190	80	129
胜利	4346	11328	710	650	50	100
七星	6313	31415	2066	2276		45
勤得利	3455	8323	1033	1108	54	63
大兴	2877	5306	392	788	48	61
青龙山	2475	5516	347	529	58	73
前进	2287	13827	914	1229	86	123
创业	2458	11043	751	842	60	95
红卫	1821	10212	473	745	40	77
前哨	1641	7762	514	1334	50	54
前锋	4348	5625	549	1131	60	128
洪河	690	2495	227	540	27	32
鸭绿河	1208	4453	222	411	40	37
二道河	759	3341		275	36	29
浓江	832	2481		244	14	35
阿城原种场	712	525			6	20
九龙山柞蚕育种场	23					
八五〇	4679	8220	437	729	60	117
八五四	6120	19728	645	1108	108	161
八五五	4055	14834	395	418	60	118
八五六	6045	13740	586	1041	122	148
八五七	5308	14122	607	621	88	140
八五八	5060	27133	389	651	64	121
八五一〇	3407	15020	290	476	85	112
八五一一	4816	17283	377	559	111	135
庆丰	5154	12936	372	612	70	100
云山	3782	21092	468	479	85	68
兴凯湖	2979	16601	464	956	60	96
海林	1771	8272	256	449	30	51
宁安	1579	3127	280	527	68	55
山市种奶牛场	1196	2179			20	16
锦河	942	6966	341	462	40	41
红色边疆	2410	6412	290	431	24	82

附录 1-6 续表 3　　（2012 年）

农场名称	固定电话（部）	社会消费品零售总额（万元）	普通中学在校学生数（人）	小学在校学生数（人）	医院床位数（张）	卫生技术人员（人）
逊　　克	7149	13799	1138	2011	24	66
龙　　门	970	4526	373	657	20	26
襄　　河	1062	8004	232	527	22	43
龙　　镇	1426	18052	537	616	45	54
二 龙 山	5509	24488	564	546	30	60
引 龙 河	1732	12541	958	617	20	40
尾　　山	1610	8019	352	320	20	50
格 球 山	1584	5836	254	244	24	45
长 水 河	2259	10701	425	490	24	58
赵　　光	9456	16349	1373	1320	91	99
红　　星	1817	10599	625	862	20	29
建　　设	2222	20600	466	462	67	88
五大连池原种场	758	3588			20	26
鹤　　山	4146	4770	359	774	60	113
大 西 江	3645	12023	1086	696	36	56
尖　　山	2069	11349	390	400	100	62
荣　　军	1067	11660		197	20	34
红 五 月	1341	8019	255	244	30	29
七 星 泡	2650	13543	491	586	45	54
嫩　　江	2200	8193	400	483	15	65
山　　河	2663	8261	519	570	30	46
嫩　　北	2300	7132	602	542	40	32
建　　边	1643	9009	577	691	30	46
哈 拉 海	750	1792	194	274	10	5
克　　山	6391	11454	1426	1408	150	100
依　　安	572	1820	498		80	25
富裕牧场	2210	6272	644	634	30	22
查 哈 阳	10344	87584	2291	2388	130	244
泰　　来	590	3106	122	195	20	16
绿色草原牧场	1040	3038	222	307	15	37
巨浪牧场	794	1117	345	305	10	12
齐齐哈尔种畜场	1083	3118			15	14
繁荣种畜场	1069	2848			60	25
大山种羊场	872	3302			20	20
红旗种马场	247	881			8	3
嘉　　荫	2735	30770	1245	1198	42	27
铁　　力	1250	14678	1472	1093	50	49
海　　伦	2600	17460	1480	1215	45	67
红　　光	1257	16082	1348	1175	32	34
绥　　棱	2425	12635	1739	1086	35	35
安达牧场	642	683		456	4	6
和平牧场	1617	12332	1226	1035	30	38
肇　　源	1906	9017	880	693	48	23
柳　　河	856	1886	596	449	30	22
涝洲鱼种场	189					
庆　　阳	699	3704	698	539	40	26
岔 林 河	912	1510	374	194	20	28
沙　　河	175	870	106	133	10	6
香坊实验	1434	8448	225	570		
青　　年	626	3699	181	154	20	16
闫 家 岗	1004	6835	183	166	20	11
红　　旗	809	13622	788	830	15	22
四 方 山	560	2420		241	16	10
松 花 江	552	1616	192	199	30	15
佳南实验农场	287					

附录 1-7　机械年末拥有量

（2012 年）

农场名称	大中型拖拉机（台）	#100 马力以上	小型拖拉机（台）	大中型拖拉机配套农具（台）	小型拖拉机配套农具（台）	播种机（台）	机动水稻插秧机（台）
二九〇	1439	46	735	1844	910	271	2040
绥滨	1784	52	619	1696	424	147	2177
江滨	1232	24	415	1231	327	246	1270
军川	948	48	674	1456	760	708	556
名山	875	38	527	1018	694	138	490
延军	553	38	506	779	861	625	49
共青	1189	113	264	1293	259	542	520
宝泉岭	994	90	532	1401	706	615	287
新华	1957	35	219	4120	153	952	1172
普阳	1342	59	384	1782	435	265	1176
汤原	553	50	116	777	485	583	31
依兰	140	7	221	202	281	187	36
梧桐河	488	22	695	606	300	182	1009
友谊	2163	596	3327	3889	3133	1227	2550
五九七	572	124	1422	966	1819	1132	732
八五二	1414	285	1055	2802	1677	1169	702
八五三	1366	119	1713	2660	2834	588	1813
饶河	649	50	830	1561	867	631	570
二九一	446	78	1321	1348	1418	490	1491
双鸭山	770	47	237	1309	320	762	34
江川	1058	61	186	965	112		1703
曙光	143	37	638	265	513	285	208
北兴	1373	101	681	2173	1057	1569	52
红旗岭	335	32	851	675	371	179	542
宝山	192	11	375	206	343	37	653
八五九	1334	70	728	1847	885	519	1567
胜利	1663	53	80	6780	434	895	1521
七星	2628	64	815	5937	1638	236	3383
勤得利	1118	88	962	2043	1008	458	1144
大兴	518	97	1783	1501	1240	410	1076
青龙山	766	25	633	1020	1023	380	1706
前进	1324	150	272	2113	481	125	2502
创业	1681	5	182	7137	610		2343
红卫	970	3	804	872	237	16	1912
前哨	564	99	525	682	617	445	815
前锋	1362	42	493	2728	1046	104	3082
洪河	596	40	427	730	255	99	1360
鸭绿河	884	25	923	2353	741	210	1702
二道河	928	3		1679			1542
浓江	1001	50	790	2729	1266	205	1879
阿城原种场	2	1	1		56	50	12
九龙山柞蚕育种场							
八五〇	1175	35	373	1991	354	234	1642
八五四	1300	113	1765	1503	959	401	2101
八五五	259	95	940	463	1050	817	111
八五六	2441	47	1625	2734	872	629	1751
八五七	1364	28	799	2226	668	175	2583
八五八	996	15	1320	1106	1773	398	2392
八五一〇	271	71	793	463	843	580	17
八五一一	597	69	720	487	2039	837	238
庆丰	901	50	1322	1205	989	411	773
云山	405	36	1146	429	1025	922	846
兴凯湖	1103	176	883	1364	520	25	1343
海林	444	41	2	665	10	51	42
宁安	181	40	443	350	207	135	150
山市种奶牛场	120		561	60	872	315	
锦河	115	62	473	496	593	127	
红色边疆	707	84	231	1017	617	277	

附录 1-7 续表 1　　（2012 年）

农场名称	大中型拖拉机（台）	#100 马力以上	小型拖拉机（台）	大中型拖拉机配套农具（台）	小型拖拉机配套农具（台）	播种机（台）	机动水稻插秧机（台）
逊　克	404	134	2517	2154	2742	2245	3
龙　门	56	48	740	229	680	717	
襄　河	44	36	559	261	496	372	
龙　镇	108	34	464	523	577	294	26
二龙山	129	80	903	807	788	336	
引龙河	286	104	1106	1107	1202	493	
尾　山	95	56	236	482	278	161	
格球山	243	56	181	364	15	84	
长水河	156	86	257	614	182	115	
赵　光	178	87	354	686	404	162	3
红　星	218	68	859	728	1098	376	
建　设	206	55	553	795	883	418	
五大连池原种场	366	20	325	267	279	310	
鹤　山	249	101	504	746	432	330	
大西江	89	45	544	244	408	160	
尖　山	163	103	345	583	627	260	
荣　军	79	55	121	326	19	84	
红五月	92	69	252	314	137	82	
七星泡	263	100	112	697	114	161	
嫩　江	104	77	397	359	481	176	
山　河	247	97	759	571	745	280	
嫩　北	106	71	846	497	1077	105	
建　边	159	49	336	432	491	227	
哈拉海	297	10	480	975	1926	326	152
克　山	246	112	463	1307	257	291	
依　安	113	61	255	139	238	70	373
富裕牧场	94	49	444	184	504	236	258
查哈阳	646	261	2295	726	753	230	2486
泰　来	280	12	14	259	176	84	188
绿色草原牧场	45	4	790	46	704	275	
巨浪牧场	20	12	266	70	268	88	
齐齐哈尔种畜场	30	6	343	11	316	85	48
繁荣种畜场	485	9	82	1592	161	383	267
大山种羊场	587		180	235	205	205	151
红旗种马场	138	8	48	100	88	12	
嘉　荫	226	80	17	1158	62	152	4
铁　力	307	23	655	264	651	425	383
海　伦	115	68	285	117	270	148	14
红　光	67	34	374	176	272	205	2
绥　棱	84	19	143	213	253	264	44
安达牧场	25	24	16	26	6	31	
和平牧场	71	19	588	17	619	217	
肇　源	40	16	194	65	85		780
柳　河	110	20	143	85	187	153	9
涝洲鱼种场							
庆　阳	52		1103	19	245		394
岔林河	360	2	672	173	287	31	611
沙　河	45		110	45	110	10	52
香坊实验	2	2	7		18	5	
青　年			15	4		4	7
闫家岗	13	12	29	17	25	20	5
红　旗	15	4	17	34	4	13	
四方山	126	15	338	264	304	326	
松花江	28	3	245	43	488	223	26
佳南实验农场	6		239	16	95	42	

附录 1–7 续表 2　　（2012 年）

农场名称	联合收割机（台）	# 自由式	脱粒机（台）	种子清选机（台）	汽车合计（台）	# 载重汽车	推土机（台）	挖掘机（台）	农业机械总动力（千瓦）
二九〇	501	500	68	26	521	118	6	2	153711
绥滨	724	687	4	3	914	178	7	6	219140
江滨	428	406	5	14	587	52	7	6	137142
军川	193	164	106	26	151	67	2	118	86554
名山	169	149	58	22	429	48	2	4	79385
延军	82	82	15	3	204	74	8	10	36372
共青	227	226	78	2	561	111	23	17	99781
宝泉岭	224	224	45	8	2572	620	11	14	94917
新华	454	454	25	7	812	133	22	8	129267
普阳	312	286	118	11	258	54	12	9	147993
汤原	134	134	23	1	159	111	9	3	33311
依兰	43	43	12	5	67	40	3		13968
梧桐河	275	271	14	3	156	72	5	2	70698
友谊	2871	1446	139	73	1320	364	67	41	450274
五九七	422	400	84	13	147	22	19	9	119802
八五二	472	456	1	69	1191	338	10	5	179827
八五三	670	670	175	5	833	416	5	19	195123
饶河	385	385	21	9	242	98	5	12	83232
二九一	287	287	145	7	663	136	2	7	114595
双鸭山	72	72	44	5	203	76	7	3	37663
江川	347	347			452	81	17	4	91921
曙光	116	108	4	4	45	11	7		35164
北兴	195	192	124		807	323	2	3	88500
红旗岭	304	282			205	47	3	14	62125
宝山	84	79			209	77	12	9	38961
八五九	469	446		18	973	164	20	30	162986
胜利	495	495		7	774	86	21	18	161928
七星	753	753	16	2	2439	466	22	33	259273
勤得利	504	445		15	569	45	14	24	161729
大兴	332	332	36	6	228	53	10	13	120931
青龙山	363	363		15	313	48	3	4	91044
前进	536	536		2	426	80	2	6	147892
创业	489	489	1		749	81	6	6	156266
红卫	316	297			432	103	4	10	121631
前哨	314	291	1		370	90	8	20	76328
前锋	474	474	103	17	465	32	22	8	195190
洪河	470	415	51	3	236	26	3	5	104383
鸭绿河	477	477		1	224	57	12	9	95430
二道河	374	374	102		168	72	17	63	89673
浓江	401	401	132		218	21	2	7	113605
阿城原种场				3			3		1253
九龙山柞蚕育种场									
八五〇	342	342	2	4	582	119	15	5	126078
八五四	925	853	88	3	189	59	3		198361
八五五	147	147	21	5	268	132	9	5	51261
八五六	811	743	45	31	588	201	23	46	270915
八五七	690	679		14	462	229	14	12	154050
八五八	680	644	454	2	149	95	27	20	156280
八五一〇	88	79	7	12	115	16			42438
八五一一	90	69	34	6	467	249	13	14	51001
庆丰	425	424	65	19	152	121	57	5	110615
云山	307	307	551	24	82	33	2	2	93404
兴凯湖	413	413	100	5	321	90	5		108988
海林	79	79		2	349	137	13	11	34451
宁安	149	144	12	7	74	30	1	1	29197
山市种奶牛场	6	4			23		6		10070
锦河	83	83		3	109	45	3	10	27676
红色边疆	48	48	27	30	129	60	1	3	36428

附录 1–7 续表 3

（2012 年）

农场名称	联合收割机（台）	#自由式	脱粒机（台）	种子清选机（台）	汽车合计（台）	#载重汽车	推土机（台）	挖掘机（台）	农业机械总动力（千瓦）
逊克	159	159		30	262	49	5	6	102590
龙门	43	41		2	82	11	7	7	26249
襄河	41	38		3	10	7			20300
龙镇	83	83			177	45	3	5	28800
二龙山	76	45		11	231	111	3	15	60659
引龙河	143	143	31	33	296	154	22	5	46205
尾山	31	28		9	207	52	7	3	22987
格球山	36	35		19	71	26	4	2	24686
长水河	78	78			411	97	8	10	31537
赵光	64	64	1	2	360	115	30	18	46226
红星	66	26	8	10	232	110	1		47848
建设	70	70	1	10	123	62	6	5	41860
五大连池原种场	33	33	1	9	94	15			15902
鹤山	94	94	7	8	193	50	6	4	56275
大西江	76	76		5	143	51	3	1	34164
尖山	94	92	1	25	153	4	1	1	48697
荣军	55	55		13	92	38	4	6	27985
红五月	58	58		5	58	15	2		24675
七星泡	101	84		17	225	80	6	5	55456
嫩江	56	56	1	7	146	21	5	2	34897
山河	110	110		11	143	36	1	2	50635
嫩北	66	55	14	5	235	23	8	5	48418
建边	64	64		11	89	33	12	3	32161
哈拉海	174	174			35	7	8	2	56959
克山	133	133		18	458	239	4	6	57359
依安	92	92	1	6	96	61	2		22811
富裕牧场	70	39			137	4	4	1	23949
查哈阳	373	372		2	927	74	84	31	173763
泰来	58	58	20		40	15	10	3	21963
绿色草原牧场	11	11	40		77	3	6		20992
巨浪牧场	12	12			74	20		1	11333
齐齐哈尔种畜场	24		7		480	176	1	7	12117
繁荣种畜场	88	88	22		69	11	1	1	27492
大山种羊场	235	105			85	17	20	2	32317
红旗种马场	6	2			26	5	4	1	7502
嘉荫	109	109			125	60			30327
铁力	163	163	4		226	35	7	8	53459
海伦	88	84			156	58	10	8	23704
红光	83	83			138	45	14	6	19866
绥棱	79	79	4	4	140	71	9	8	16710
安达牧场	46	46	1		44	17	1	3	12010
和平牧场	10	8	13		78	27	3	1	16820
肇源	200	200			144	24	5	3	26304
柳河	30	28	26		73	19	3	3	10181
涝洲鱼种场					1		1		685
庆阳	140	134	7		258	157	23		29112
岔林河	115	115			202	136	15	2	39868
沙河	18	18			22	4	5		6203
香坊实验					292	111	1	2	1887
青年	3	3			53	3			1856
闫家岗	2				57	8	1	1	5881
红旗	1	1			226	76	1	2	3188
四方山	15	15	8		67	40	2	2	18288
松花江	32	28			56	35	2		9341
佳南实验农场	21	21			8				7157

附录 1-8 农业现代化生产及基础设施情况

（2012 年）

农场名称	当年机耕面积（公顷）	当年机播面积（公顷）	有效灌溉面积（公顷）	排灌站（座）	排灌能力（立方米 / 秒）	机电井（眼）
二九〇	43834	43834	36690	1	16	2632
绥滨	35800	35800	35608	3	48	2421
江滨	23016	23011	21615			1629
军川	39171	39161	31517	1	10	1662
名山	17672	17672	17672			1933
延军	14675	13480	4133			225
共青	31467	31467	18398			855
宝泉岭	29650	29650	7599	3	11	1242
新华	29307	28669	19334	3	32	1164
普阳	33800	33800	33600	4	15	3283
汤原	9690	9659	293	1	1	6
依兰	3632	3589	1012	2	2	40
梧桐河	18534	18534	16239	5	40	808
友谊	106676	106144	72023	16	60	4625
五九七	42800	42800	18400	8	37	957
八五二	80000	80000	11600	4	35	100
八五三	68000	68000	36667	10	39	1581
饶河	34000	31868	19335	5	15	973
二九一	37877	37494	25608	9	60	2641
双鸭山	14667	13334	1150			55
江川	18947	18947	18947	3	60	2131
曙光	13659	13659	4000	2	4	286
北兴	33334	33274	2200	1	1	10
红旗岭	19867	19854	14667	7	84	151
宝山	7430	7237	6916	1	12	1062
八五九	85546	85546	66733	1	32	1905
胜利	46200	46200	32000	2	6	1715
七星	81360	81360	73333	7	25	2934
勤得利	54980	54980	47047			2100
大兴	48067	48067	45334	2	4	1741
青龙山	36666	36666	33333	2	24	1393
前进	53067	53067	52000	1	6	2207
创业	37333	37333	37333	1	2	2381
红卫	38667	38667	38000	3	14	1414
前哨	38333	38333	35333			1582
前锋	71334	70508	67334			3022
洪河	42666	42666	40666	1	12	1696
鸭绿河	29067	28287	28667			1120
二道河	36216	35337	34349			1013
浓江	35533	33827	34267			1535
阿城原种场	1578	1410	1074			
九龙山柞蚕育种场	11	11				
八五〇	33592	33584	23764	1	1	2298
八五四	67927	67927	43667	2	10	1279
八五五	30014	29967	374	1	3	35
八五六	75854	75613	73334	2	905	2306
八五七	36063	36063	30667	20	293	586
八五八	39800	39800	36000	7	49	1485
八五一〇	21629	21629	1181			7
八五一一	22860	22860	3667	4	9	119
庆丰	44431	44431	26678	2	130	2171
云山	32943	32931	15138	9	48	1115
兴凯湖	39081	38498	36000			
海林	8944	7343	400			
宁安	7590	5228	3724	2	6	2
山市种奶牛场	4490	4490				
锦河	10791	10791	320			4
红色边疆	16633	16633	2973			435

附录 1-8 续表 1

（2012 年）

农场名称	当年机耕面积（公顷）	当年机播面积（公顷）	有效灌溉面积（公顷）	排灌站（座）	排灌能力（立方米/秒）	机电井（眼）
逊克	42221	42221	497			
龙门	15765	15765				
襄河	16582	16578	4			2
龙镇	22341	18341	3334	2	1	
二龙山	27286	27286	333	1	9	2
引龙河	23532	23532	667	1		
尾山	15149	15149				1
格球山	14400	14299				13
长水河	24067	24067				
赵光	33721	33688	553	2	138	1
红星	27333	22419	3335			13
建设	20080	19747	3333	1	9	
五大连池原种场	9561	9561				
鹤山	35578	35578	353	2	6	2
大西江	20030	20030				
尖山	27130	27123				25
荣军	16408	16408	1917			48
红五月	16487	16487				4
七星泡	33520	33494	130	1	3	1
嫩江	30038	30038	228			11
山河	26767	26582				10
嫩北	27012	26956	236	4	78	
建边	20225	20225				11
哈拉海	10730	10730	10730.3			974
克山	29607	29607	20000			187
依安	5734	5620	4998	1	1	190
富裕牧场	11867	11339	10207	1	25	198
查哈阳	66664	66664	48451	28	33	9097
泰来	5334	3400	4854			
绿色草原牧场	5667	5667	837			52
巨浪牧场	2667	2534	2272			246
齐齐哈尔种畜场	4540	4540	4256	2	2	
繁荣种畜场	9710	9710	8590			339
大山种羊场	4333	4333	2767	1	3	
红旗种马场	1514	1000	1000			
嘉荫	16406	16406	1460			
铁力	14794	14794	10453	1	2	595
海伦	16577	16577	2233			
红光	9928	9928	800	1	2	
绥棱	14614	14078	4154			24
安达牧场	930	930	730			78
和平牧场	7133	7133	6630			272
肇源	4012	3692	4012	3	18	
柳河	4252	1667	2467	2	1	4
涝洲鱼种场	8		8	1	1	
庆阳	3475	3467	3047	2	2	161
岔林河	4139	4139	4139			1273
沙河	1151	966	635	2	2	137
香坊实验	404	198	706			65
青年	331	331	195			28
闫家岗	539	539	494			73
红旗	536	150	617			46
四方山	7933	7693	267			89
松花江	4204	4204	424			
佳南实验农场	2878	2870	1434	1	1	123

附录 1-8 续表 2　　　　（2012 年）

农场名称	化肥施用量（折纯量，吨）	农业用电量（万千瓦时）	粮食仓储能力（吨）	粮食处理中心（座）	粮食处理中心（吨/小时）	农用飞机场（处）	种子加工厂（座）
二九〇	8490	315	35370	1	30	1	1
绥滨	7899	540	46800	1	30	1	1
江滨	5247	176	32562	1	30	1	1
军川	8909	585	45041	1	30	1	1
名山	4157	209	32800	1	30		1
延军	3285	56	12550	1	41		1
共青	7928	673	17000	1	30	1	1
宝泉岭	7014	8446	127970	1	30	1	1
新华	6758	471	55000	2	30	1	1
普阳	8140	687	24370	5	79	1	1
汤原	2503	540	10500	1	8		
依兰	844	98	15190				
梧桐河	4538	430	2000	1	15		1
友谊	22338	4872	708455	11	233	1	1
五九七	10134	2549	805197	13	50	2	
八五二	16387	615	11100	2	70	1	
八五三	11731	1360	26940	8	125	1	1
饶河	5603	494	14568	1	38	1	
二九一	6427	264	71690	5	129	1	1
双鸭山	3569	440	6850				
江川	4075	258	12650	1	20	1	
曙光	4378	279	13928				
北兴	7420	218	8000	2	17	1	
红旗岭	2817	662	1500			1	
宝山	1271	285	8000				
八五九	18195	690	107730	2	80	1	1
胜利	7336	1140	70990	2	42	1	
七星	14954	2303	289555	4	75	1	1
勤得利	10295	1671	42939	3	70	1	
大兴	6014	984	62600	2	25	1	
青龙山	7849	1246	41010	1	20	1	1
前进	12418	859	150750	2	57	1	1
创业	8698	1238	72900	3	65	1	
红卫	7079	785	10500	1	50	1	1
前哨	6920	1841	108000	3	36	1	
前锋	13251	916	120000	2	30	1	1
洪河	5602	931	43540	1	90	1	
鸭绿河	6054	597	34360	1	80	1	1
二道河	6651	1290	98600	4	616	1	1
浓江	7675	1330	32320	1	20	1	
阿城原种场	561	29					
九龙山柞蚕育种场							
八五〇	6858	328	136870	13	184	1	1
八五四	11051	630	168000			1	1
八五五	5799	254	32275	1	30		1
八五六	16305	714	74700	2	800	3	2
八五七	7695	342	174200	4	140	1	1
八五八	24139	313	43360	4	64	1	1
八五一〇	4905	189	16684				1
八五一一	3453	277	38075	1	10		1
庆丰	6922	909	51980	1	15	1	3
云山	4174	298	123170	1	13	1	1
兴凯湖	4571	510	10004	1	45	2	1
海林	2694	68	19200	1	10		1
宁安	2601	78	12590	1	5		1
山市种奶牛场	1128	83					
锦河	1620	20	4370	2	20		
红色边疆	3027	421	11570	1	15	1	1

附录 1-8 续表 3　　（2012 年）

农场名称	化肥施用量（折纯量，吨）	农业用电量（万千瓦时）	粮食仓储能力（吨）	粮食处理中心（座）	粮食处理中心（吨/小时）	农用飞机场（处）	种子加工厂（座）
逊克	7404	481	32328	4	52	1	
龙门	2418	38	14240	1	200	1	
襄河	2525	117	19320	2	80	1	2
龙镇	3483	89	21730	7	158	1	1
二龙山	4442	28	18895	3	70	1	1
引龙河	4080	250	22360	8	125	1	
尾山	3526	511	12970	5	74		
格球山	2756	565	12830	5	45	1	
长水河	4798	575	37650	4	63	1	2
赵光	6017	325	55985	2	35	1	1
红星	4394	775	13742	5	214	1	4
建设	4717	311	12900	3	90	1	1
五大连池原种场	1399	281	11880	1	25		
鹤山	5976	97	33125	9	294	1	1
大西江	2812	277	14930	2	60	1	1
尖山	5753	236	39450	1	60	1	1
荣军	3112	70	25070	1	20		
红五月	2982	123	16880	1	300		2
七星泡	6730	156	20220	4	100	1	1
嫩江	7656	65	27205	9	195	1	1
山河	4792	38	21200	8	155	2	1
嫩北	5058	18	22157	6	127	1	1
建边	2518	131	34000	2	60		1
哈拉海	1698	339					
克山	8560	128	22638	3	130	1	3
依安	1494	58	4550				
富裕牧场	4083	150				1	
查哈阳	13931	1470	414509	2	42	1	1
泰来	1479	100					
绿色草原牧场	915	221					
巨浪牧场	504	63					
齐齐哈尔种畜场	1332	52					
繁荣种畜场	1480	79	200	1	10		
大山种羊场	738	71					
红旗种马场	188	23					
嘉荫	3123	165	21685	9	62		1
铁力	2442	350	5230	1	20		
海伦	3798	58	7230				
红光	2267	42	8238			1	
绥棱	1773	214	7180				
安达牧场	179	61		2	40		
和平牧场	2292	265					
肇源	1229	438	17000				
柳河	1011	69					
涝洲鱼种场	2	33					
庆阳	1009	92	2850	1	15		1
岔林河	964	55	10000				
沙河	356	115	4000				
香坊实验	56	75					
青年	55	5					
闫家岗	81	161					
红旗	95	106					
四方山	1371	113					
松花江	914	14	3810				
佳南实验农场	473	58					

附录 1-9　农林牧渔业总产值及商品产值

（2012 年）　　单位：万元

农场名称	农林牧渔业总产值	#国有经济	#农业	#林业	#畜牧业	#渔业
二九〇	176149	155964	144601	295	17639	387
绥滨	179497	142273	128534	1710	37224	2984
江滨	103207	74909	71010	331	26927	41
军川	172019	119583	118376	740	49326	17
名山	121626	64313	58219	489	53763	2530
延军	45537	32672	32263	497	12565	96
共青	141405	94755	91993	136	44450	826
宝泉岭	167923	78306	76344	971	85971	107
新华	124332	80987	77101	769	41536	2512
普阳	164309	115327	113291	1416	43271	180
汤原	50957	31671	26382	948	18825	10
依兰	17760	9976	9691	142	7248	198
梧桐河	70697	55369	54844	382	13279	40
友谊	418150	304367	293742	1954	113783	1313
五九七	170259	118048	114093	3294	44751	661
八五二	378352	229006	224577	2097	140546	2332
八五三	272694	199737	187943	1427	72239	946
饶河	142905	104289	94533	2612	37025	3564
二九一	166888	131689	122202	2310	27872	1102
双鸭山	76091	39004	37072	1551	33751	382
江川	108861	56724	56033	17	42921	674
曙光	96148	34210	33991	185	61546	35
北兴	135055	75495	71384	3753	49335	683
红旗岭	93431	56058	54634	561	37373	436
宝山	33143	26241	24187	296	8652	8
八五九	264094	240051	238970	611	23143	900
胜利	148372	123643	122961	285	24149	581
七星	298781	265763	264140	861	30611	1042
勤得利	180895	156921	156625	424	21286	2560
大兴	168255	151731	151132	49	16323	200
青龙山	120356	103166	103153	13	17126	60
前进	195972	166728	166613	75	29190	54
创业	138084	121862	118949	532	15998	224
红卫	157697	138112	138011	101	19284	267
前哨	106711	97498	96403	309	9203	10
前锋	234270	211934	200826	99	22236	10
洪河	141280	131455	131431	24	9670	155
鸭绿河	102959	90174	90139	35	12743	42
二道河	118492	107427	107163	206	6803	24
浓江	128344	116971	116955	16	11337	36
阿城原种场	5548	5548	3048		2500	
九龙山柞蚕育种场	1617	1617	17		1600	
八五〇	138039	105830	105237	315	32135	56
八五四	252923	224862	224224	335	27060	1112
八五五	73610	52485	51785	416	21125	149
八五六	302616	270665	270319	943	28864	2490
八五七	174517	115189	131030	554	40209	2482
八五八	197507	144177	155818	732	39098	1859
八五一〇	85115	51017	48857	727	33349	1265
八五一一	93760	46918	46621	242	46843	
庆丰	153244	133274	133032	242	19648	322
云山	166975	123614	127843	922	37767	444
兴凯湖	130692	56464	117004	570	12451	668
海林	57676	21269	21244	329	35859	244
宁安	44894	25937	25663	39	19087	105
山市种奶牛场	12109	6750	6540	210	5336	22
锦河	26703	17997	13357	4640	8449	28
红色边疆	43187	30127	29256	961	11959	432

附录 1-9 续表 1　　（2012 年）　　单位:万元

农场名称	农林牧渔业总产值	#国有经济	#农业	#林业	#畜牧业	#渔业
逊克	111360	73107	67100	6179	36558	152
龙门	26762	16498	16225	1000	8698	23
襄河	45566	32331	30583	1412	12368	822
龙镇	54603	42807	40226	1384	11570	225
二龙山	75849	52618	50779	2810	19555	1285
引龙河	60459	39786	39786	1806	16513	1274
尾山	55070	33925	32515	1552	19547	46
格球山	43550	25855	24743	1111	16793	292
长水河	64670	43490	34901	8744	20920	61
赵光	88997	65367	63929	1463	21187	797
红星	64900	48057	48057	1202	14129	530
建设	59656	43329	39988	2020	14916	1015
五大连池原种场	19350	17199	16584	749	1660	
鹤山	128833	77753	70625	1084	51080	267
大西江	74417	48795	40093	395	25622	95
尖山	132212	82681	74315	108	49531	49
荣军	56995	33685	31638	780	23200	111
红五月	63329	36548	32558	459	25966	565
七星泡	99549	76790	69092	369	22760	489
嫩江	92331	67618	65785	402	17428	36
山河	91901	65367	60384	1964	24172	362
嫩北	70132	54533	51834	704	15599	105
建边	68155	48609	36035	766	19546	
哈拉海	38758	31722	27010	55	7036	
克山	97023	46619	43084	2514	50371	34
依安	37962	16195	15261	440	21223	84
富裕牧场	95136	32632	30624	1188	62166	338
查哈阳	261346	141888	148821	3479	105296	759
泰来	36827	13260	13087	174	23250	286
绿色草原牧场	49517	12336	11736	600	37180	
巨浪牧场	23683	6118	5933	24	17533	33
齐齐哈尔种畜场	44030	14641	13912	396	29390	
繁荣种畜场	27236	19347	19027	320	7537	
大山种羊场	16155	11330	9911	98	3355	828
红旗种马场	5701		3020		1854	
嘉荫	76214	32563	31819	424	37963	700
铁力	79472	36886	36567		41004	402
海伦	81494	38517	38452	66	33198	859
红光	58313	17665	17987		38503	334
绥棱	104785	68048	68048		32995	2240
安达牧场	14008	1627	1619	8	12074	
和平牧场	68464	16777	16011	766	51308	
肇源	56120	14370	13480	890	38654	1412
柳河	22630	12089	11175	1022	9349	304
涝洲鱼种场	1457	1162	17		295	1145
庆阳	23922	18932	15735	3197	1984	536
岔林河	18780	13919	14020	615	1451	574
沙河	2844	2493	2493		311	40
香坊实验	10437	7117	7024		3320	
青年	7401	725	725		6676	
闫家岗	15675	5932	5741		9743	191
红旗	12912	10748	10748		2164	
四方山	26133	17193	15651	642	8940	200
松花江	7968	7329	6806	125	567	72
佳南实验农场	8033		5832	20	2071	110

附录 1-9 续表 2　　（2012 年）　　单位：万元

农场名称	农林牧渔业商品产值（现价：万元）	#农业	#林业	#畜牧业	#渔业
二九〇	150416	132398	260	17378	379
绥滨	149697	109765		36979	2954
江滨	91926	64898	60	26927	41
军川	157682	107616	740	49326	
名山	106659	50347	18	53763	2530
延军	41255	28097	497	12565	96
共青	126323	82971		42535	817
宝泉岭	147608	62690	7	84804	107
新华	112343	68980	65	40822	2476
普阳	141417	101990		39248	180
汤原	41755	22776	480	18489	10
依兰	16070	8541	84	7248	198
梧桐河	64239	51913		12326	
友谊	394993	277967	1940	113782	1305
五九七	161298	113390	3200	44051	657
八五二	352778	212135	1800	136650	2193
八五三	249932	179041	1356	68636	899
饶河	131034	89971	2507	35120	3437
二九一	150798	120253	2309	27144	1092
双鸭山	68489	34551	1484	32092	362
江川	98054	55563	16	41835	640
曙光	90205	31124	177	58870	34
北兴	123656	70310	3702	48960	683
红旗岭	87751	50679	561	36075	436
宝山	31398	22975	296	8119	8
八五九	254065	229410	611	23143	900
胜利	139274	115369	267	23080	558
七星	276461	253857		21619	986
勤得利	130719	126432	127	1600	2560
大兴	161047	145085		15770	192
青龙山	110527	93328	13	17126	60
前进	192064	163280	68	28663	53
创业	131596	116333	521	14524	218
红卫	157597	138011	101	19219	267
前哨	96078	87914		8155	9
前锋	210048	189815		20233	
洪河	133132	124293	22	8817	
鸭绿河	97026	85001		11984	42
二道河	110902	103948	195	6735	24
浓江	123817	112997		10787	33
阿城原种场	5548	3048		2500	
九龙山柞蚕育种场	1617	17		1600	
八五〇	111916	82676	265	28921	53
八五四	216662	194625	310	20943	785
八五五	68915	48023	376	20516	
八五六	278671	249681	795	25851	2343
八五七	165560	124477	526	38199	2358
八五八	174834	137560	732	34684	1859
八五一〇	82639	47736	727	32911	1265
八五一一	60351	33095	8	27249	
庆丰	143532	124847	242	18203	240
云山	160281	122721	885	36251	424
兴凯湖	110350	98462	180	11040	668
海林	57624	21220	320	25840	244
宁安	43545	24696	35	18714	100
山市种奶牛场	10108	6039		4048	21
锦河	18343	12057	277	5982	28
红色边疆	39625	27208	893	11122	402

附录 1-9 续表 3　　　　（2012 年）

农场名称	农林牧渔业商品产值（现价：万元）	#农　业	#林　业	#畜牧业	#渔　业
逊　克	102449	62469	5682	34162	137
龙　门	23639	14183	740	8698	20
襄　河	40280	28517	1412	10171	180
龙　镇	49547	37245	1384	10709	209
二龙山	67447	46975	911	18306	1255
引龙河	45610	27847	1406	15185	1172
尾　山	37205	20558	342	16270	35
格球山	19328	19328			
长水河	62782	34753	7746	20282	
赵　光	71829	51718	611	18760	740
红　星	55532	42530		12526	475
建　设	48270	37220	500	10000	550
五大连池原种场	16809	15015	134	1660	
鹤　山	112126	63990	953	46962	222
大西江	54260	30267	247	23650	95
尖　山	116526	67408	50	49022	46
荣　军	51973	30283	780	20810	100
红五月	56671	31400	220	24644	408
七星泡	87048	63803		22757	489
嫩　江	80780	63350		17394	36
山　河	85841	60368	1964	23147	362
嫩　北	59017	45072		13854	91
建　边	38793	24339		14454	
哈拉海	31710	24675		7036	
克　山	95747	43084	2259	50371	34
依　安	28411	10258		18090	63
富裕牧场	85525	23670	915	60700	240
查哈阳	250778	148821	3479	97719	759
泰　来	36796	13087	174	23250	286
绿色草原牧场	35554	2509	268	32777	
巨浪牧场	16117	4434		11650	33
齐齐哈尔种畜场	36084	6692	3	29390	
繁荣种畜场	26827	18970	320	7537	
大山种羊场	14191	9911	98	3355	828
红旗种马场	4874	3020		1854	
嘉　荫	70576	31817	423	37884	452
铁　力	49880	35000		14500	380
海　伦	72575	38452	66	33198	859
红　光	53265	16716		36215	334
绥　棱	98090	62855		32994	2240
安达牧场	13431	1349	8	12074	
和平牧场	26459	6695	580	19184	
肇　源	54437	13480	890	38654	1412
柳　河	20936	11175	108	9349	304
涝洲鱼种场	1233	14		259	960
庆　阳	16935	13300	1715	1535	385
岔林河	15279	12759	500	1450	570
沙　河	2346	1995		311	40
香坊实验	10344	7024		3320	
青　年	7401	725		6676	
闫家岗	15432	5498		9743	191
红　旗	12890	10735		2155	
四方山	12739	6196	640	5903	
松花江	6353	5649	113	541	50
佳南实验农场	8033	5832	20	2071	110

附录 1–10　农作物播种面积、单产和总产

（2012 年）

农场名称	总播种面积（公顷）	1. 粮　食			(1)谷　物		
		面　积（公顷）	单　产（公斤 / 公顷）	总　产（吨）	面　积（公顷）	单　产（公斤 / 公顷）	总　产（吨）
二 九 〇	43834	43700	10629	464505	43457	10676	463933
绥　滨	35800	35800	9974	357087	35800	9974	357087
江　滨	23016	22926	9291	213016	22376	9453	211522
军　川	39171	38638	9095	351399	37944	9217	349713
名　山	17672	17672	9687	171197	17672	9687	171197
延　军	14675	14675	9036	132600	14655	9044	132546
共　青	31467	31467	9186	289052	31467	9186	289052
宝 泉 岭	29650	29650	9465	280638	29650	9465	280638
新　华	29307	29307	8598	251979	28587	8749	250114
普　阳	33800	33600	9900	332641	33600	9900	332641
汤　原	9690	9660	9443	91221	9660	9443	91221
依　兰	3632	3458	9544	33002	3458	9544	33002
梧 桐 河	18534	18534	9674	179303	18534	9674	179303
友　谊	106676	104676	9213	964404	100009	9508	950917
五 九 七	42800	41000	7908	324231	37000	8452	312711
八 五 二	80000	76667	8324	638200	58400	10121	591049
八 五 三	68000	68000	8992	611435	62000	9572	593435
饶　河	34000	33863	9075	307308	32935	9256	304845
二 九 一	37877	34543	10203	352457	34543	10203	352457
双 鸭 山	14667	13934	8926	124377	12467	9641	120196
江　川	18947	18947	9300	176205	18947	9300	176205
曙　光	13659	12666	8869	112335	11333	9595	108736
北　兴	33334	32534	8168	265734	28200	8994	253626
红 旗 岭	19867	19682	9356	184151	18867	9622	181543
宝　山	7430	7256	9266	67233	7256	9266	67233
八 五 九	85546	85546	9506	813237	85546	9506	813237
胜　利	46200	46200	9747	450321	46200	9747	450321
七　星	81360	79267	10351	820522	79267	10351	820522
勤 得 利	54980	54980	9326	512746	54980	9326	512746
大　兴	48067	48067	9708	466612	48067	9708	466612
青 龙 山	36666	36666	9450	346494	36666	9450	346494
前　进	53067	53067	9765	518184	53067	9765	518184
创　业	37333	37333	9979	372553	37333	9979	372553
红　卫	38667	38667	10279	397450	38667	10279	397450
前　哨	38333	38333	8607	329950	38333	8607	329950
前　锋	71334	71334	9354	667286	71334	9354	667286
洪　河	42666	42666	9436	402601	42666	9436	402601
鸭 绿 河	29067	29067	9372	272406	29067	9372	272406
二 道 河	36216	36216	9302	336880	36216	9302	336880
浓　江	35533	35533	9450	335787	35533	9450	335787
阿城原种场	1578	1578	7228	11406	1578	7228	11406
九龙山柞蚕育种场	11	11	7545	83	11	7545	83
八 五 〇	33601	32643	8944	291945	29043	9692	281482
八 五 四	67927	67727	8372	567012	60334	9074	547467
八 五 五	30014	28161	7510	211500	19841	9599	190459
八 五 六	75854	75454	9869	744636	75454	9869	744636
八 五 七	36063	35063	9818	344250	34730	9886	343342
八 五 八	40267	39800	9239	367713	37333	9674	361177
八五一〇	21629	18047	9009	162588	17914	9056	162238
八五一一	22993	21060	6878	144851	15667	8355	130899
庆　丰	44431	43345	8293	359480	35345	9582	338670
云　山	32943	32031	8055	258000	25697	9349	240238
兴 凯 湖	39090	39017	9326	363855	37881	9529	360958
海　林	8944	7343	8263	60677	7096	8453	59979
宁　安	7590	5907	7257	42870	4775	7723	36878
山市种奶牛场	4490	4085	6396	26127	2333	9171	21396
锦　河	10791	10791	6063	65430	6499	8483	55129
红色边疆	16633	16133	8757	141270	12066	10646	128452

附录 1-10 续表 1

（2012 年）

农场名称	总播种面积（公顷）	1. 粮食 面积（公顷）	1. 粮食 单产（公斤/公顷）	1. 粮食 总产（吨）	(1)谷物 面积（公顷）	(1)谷物 单产（公斤/公顷）	(1)谷物 总产（吨）
逊克	42221	42221	6826	288213	22640	10071	228001
龙门	15765	15100	4594	69362	5335	7448	39737
襄河	18606	17806	6522	116124	10580	8682	91857
龙镇	22341	22341	7566	169024	13001	10630	138202
二龙山	27286	26286	8484	223013	15133	11730	177516
引龙河	23532	22865	7553	172698	12334	11210	138258
尾山	15238	14781	7745	114473	8200	11130	91268
格球山	14400	13733	6733	92467	7066	10029	70866
长水河	24067	23067	9107	210079	18089	10643	192523
赵光	33721	33087	10903	360763	28404	12102	343740
红星	27333	26667	8805	234795	20000	10640	212794
建设	20080	20027	9207	184394	13360	12003	160359
五大连池原种场	9561	9561	6282	60059	3866	10541	40753
鹤山	35578	32077	7848	251732	18600	10571	196617
大西江	20030	18747	7012	131446	10815	9883	106882
尖山	27130	25554	9359	239156	16090	12476	200739
荣军	16408	14792	7125	105400	8007	10145	81232
红五月	16487	15203	7171	109020	9250	9749	90175
七星泡	33529	30422	7169	218110	17797	9748	173487
嫩江	30038	27926	7370	205808	13849	11118	153979
山河	26767	25202	6784	170972	11945	10544	125954
嫩北	27012	24946	6756	168523	10120	11664	118040
建边	20225	18270	4416	80678	5940	7155	42499
哈拉海	10730	10352	9723	100649	10352	9723	100649
克山	29607	29607	6735	199395	22273	6750	150343
依安	5734	5734	8798	50448	5734	8798	50448
富裕牧场	11867	11867	7961	94472	11867	7961	94472
查哈阳	67333	64407	8835	569020	62407	9041	564220
泰来	5334	5334	8938	47676	5334	8938	47676
绿色草原牧场	5667	5667	6681	37860	5667	6681	37860
巨浪牧场	2667	2667	6721	17924	2667	6721	17924
齐齐哈尔种畜场	4540	4540	8140	36954	4540	8140	36954
繁荣种畜场	9710	9710	7794	75683	9710	7794	75683
大山种羊场	4333	4333	8795	38109	4333	8795	38109
红旗种马场	1514	1514	7993	12101	1514	7993	12101
嘉荫	16406	16405	5952	97637	8406	8487	71345
铁力	15794	14794	8763	129635	14112	9025	127360
海伦	16577	16565	7367	122033	9532	10381	98953
红光	9928	9921	7045	69891	5321	10321	54919
绥棱	14614	13947	6927	96612	8682	9183	79728
安达牧场	997	930	6375	5929	930	6375	5929
和平牧场	7718	4183	9480	39654	4067	9703	39463
肇源	4012	4012	10500	42126	4012	10500	42126
柳河	4252	4243	8491	36026	3791	9190	34840
涝洲鱼种场	8	8	7125	57	8	7125	57
庆阳	3475	3278	9913	32495	3171	10186	32301
岔林河	4139	4139	10122	41894	4139	10122	41894
沙河	1151	1151	8373	9637	1144	8409	9620
香坊实验	452	70	5700	399	0	0	0
青年	331	331	8471	2804	331	8471	2804
闫家岗	539	349	9034	3153	299	9040	2703
红旗	637	160	9000	1440	0	0	0
四方山	7933	5785	8685	50245	5619	8876	49872
松花江	4204	3833	9963	38189	3678	10285	37828
佳南实验农场	2878	2760	8548	23593	2655	8784	23321

附录 1–10 续表 2　　(2012 年)

农场名称	#水稻 面积(公顷)	#水稻 单产(公斤/公顷)	#水稻 总产(吨)	#小麦 面积(公顷)	#小麦 单产(公斤/公顷)	#小麦 总产(吨)	#玉米 面积(公顷)	#玉米 单产(公斤/公顷)	#玉米 总产(吨)
二九〇	36000	10806	389000				7457	10049	74933
绥滨	35067	9976	349822				733	9911	7265
江滨	21000	9502	199536				1376	8711	11986
军川	31467	9202	289574				6473	9288	60124
名山	15335	9701	148760				2337	9601	22437
延军	4133	8852	36586				10522	9120	95960
共青	17333	9016	156270				14134	9395	132782
宝泉岭	7599	9456	71857				22051	9468	208781
新华	19334	8527	164857				9253	9214	85257
普阳	33600	9900	332641						
汤原	293	9539	2795				9367	9440	88426
依兰	810	9633	7803				2648	9516	25199
梧桐河	15691	9698	152169				2843	9544	27134
友谊	66667	9502	633488				33342	9520	317429
五九七	18400	8757	161128				18600	8150	151583
八五二	11600	9375	108755	133	5105	679	46667	10320	481615
八五三	36667	10061	368900				25333	8863	224535
饶河	19335	9225	178365				13600	9300	126480
二九一	20142	10151	204452				14401	10277	148005
双鸭山	1000	8966	8966				11467	9700	111230
江川	18947	9300	176205						
曙光	4000	9255	37020				7333	9780	71716
北兴	2200	8921	19627				26000	9000	233999
红旗岭	14667	9600	140803				4200	9700	40740
宝山	6916	9287	64229				340	8835	3004
八五九	66733	9480	632632				18813	9600	180605
胜利	32000	9480	303352				14200	10350	146969
七星	73333	10275	753497				5934	11295	67025
勤得利	47047	9330	438970				7933	9300	73776
大兴	45334	9705	439965				2733	9750	26647
青龙山	33333	9525	317497				3333	8700	28997
前进	52000	9765	507780				1067	9751	10404
创业	37333	9979	372553						
红卫	38000	10275	390450				667	10495	7000
前哨	35333	8625	304750				3000	8400	25200
前锋	67334	9420	634286				4000	8250	33000
洪河	40666	9450	384300				2000	9150	18301
鸭绿河	28667	9375	268743				400	9158	3663
二道河	34349	9376	322042				1867	7948	14838
浓江	35533	9450	335787						
阿城原种场	1075	6750	7256				503	8250	4150
九龙山柞蚕育种场							11	7545	83
八五〇	23764	9678	229999				5279	9752	51483
八五四	43667	9600	419207				16667	7695	128260
八五五	374	9430	3527				19467	9603	186932
八五六	73334	9870	723807				2120	9825	20829
八五七	30667	9882	303038				4063	9920	40304
八五八	36000	9680	348468				1333	9534	12709
八五一〇	1181	9203	10869				16733	9046	151369
八五一一	3667	9679	35493				12000	7950	95406
庆丰	26678	9600	256113				8667	9525	82557
云山	16601	9600	159370				9096	8891	80868
兴凯湖	36000	9525	342900				1881	9600	18058
海林	400	9225	3690				6696	8406	56289
宁安	2763	8520	23542	14	6143	86	1998	6632	13250
山市种奶牛场							2333	9171	21396
锦河				1740	5700	9918	4759	9500	45211
红色边疆	533	9749	5196	1000	6082	6082	10533	11124	117174

附录 1–10 续表 3　　　　（2012 年）

农场名称	#水稻			#小麦			#玉米		
	面积（公顷）	单产（公斤/公顷）	总产（吨）	面积（公顷）	单产（公斤/公顷）	总产（吨）	面积（公顷）	单产（公斤/公顷）	总产（吨）
逊克	307	8251	2533	1333	6090	8118	21000	10350	217350
龙门				4000	6180	24718	1335	11250	15019
襄河	4	9000	36	4443	6167	27398	6133	10504	64423
龙镇	3334	9448	31500	667	6150	4102	9000	11400	102600
二龙山	333	8550	2847	667	6016	4013	14133	12075	170656
引龙河	667	10501	7004				11667	11250	131254
尾山				200	6140	1228	8000	11255	90040
格球山				1733	6180	10710	5333	11280	60156
长水河				1353	6105	8260	16736	11010	184263
赵光	333	9000	2997	52	6000	312	28019	12150	340431
红星	3335	9754	32529	666	6180	4116	15999	11010	176149
建设	3333	10648	35490				10027	12453	124869
五大连池原种场				537	6149	3302	3329	11250	37451
鹤山				3000	6251	18752	15600	11402	177865
大西江				481	6218	2991	10334	10053	103891
尖山				220	6427	1414	15870	12560	199325
荣军				269	6208	1670	7738	10282	79562
红五月				250	5700	1425	9000	9861	88750
七星泡	130	9700	1261	3000	6241	18723	14667	10466	153503
嫩江				515	6150	3167	13334	11310	150812
山河				2475	6333	15675	9470	11645	110279
嫩北	100	7900	790	553	6080	3362	9467	12030	113888
建边				4240	6150	26076	1700	9661	16423
哈拉海	8000	9553	76424				2352	10300	24225
克山							22273	6750	150343
依安	4000	9749	38997				1734	6604	11451
富裕牧场	6667	8950	59670				5200	6693	34802
查哈阳	44667	9976	445620				17740	6685	118600
泰来	3400	10194	34660				1934	6730	13016
绿色草原牧场							5667	6681	37860
巨浪牧场	133	8278	1101				2534	6639	16823
齐齐哈尔种畜场	2840	9036	25661				1700	6643	11293
繁荣种畜场	3904	9299	36303				5806	6783	39380
大山种羊场	2767	9932	27482				1566	6786	10627
红旗种马场	1000	8655	8655				514	6704	3446
嘉荫	1000	8623	8623	667	4556	3039	6739	8856	59683
铁力	10333	9198	95044				3779	8551	32316
海伦	2133	9099	19408				7399	10751	79545
红光	800	9055	7244				4521	10545	47675
绥棱	4014	8777	35229				4668	9533	44499
安达牧场							930	6375	5929
和平牧场							4000	9750	39001
肇源	4012	10500	42126						
柳河	2467	9075	22388				1324	9405	12452
涝洲鱼种场	8	7125	57						
庆阳	3021	10275	31041				150	8400	1260
岔林河	4139	10122	41894						
沙河	635	8474	5381				509	8328	4239
香坊实验									
青年	195	9097	1774				136	7574	1030
闫家岗	200	9100	1820				99	8919	883
红旗									
四方山	267	9000	2403				5119	9000	46071
松花江	424	9672	4101				3254	10365	33727
佳南实验农场	1435	8600	12341				1220	9000	10980

附录 1-10 续表 4　　（2012 年）

农场名称	#大　麦			(2)豆　类			#大　豆		
	面　积（公顷）	单　产（公斤/公顷）	总　产（吨）	面　积（公顷）	单　产（公斤/公顷）	总　产（吨）	面　积（公顷）	单　产（公斤/公顷）	总　产（吨）
二 九 〇				243	2354	572	133	2684	357
绥　滨									
江　滨				550	2716	1494	349	2754	961
军　川				694	2429	1686	694	2429	1686
名　山									
延　军				20	2700	54	20	2700	54
共　青									
宝 泉 岭									
新　华				720	2590	1865	720	2590	1865
普　阳									
汤　原									
依　兰									
梧 桐 河									
友　谊				4667	2890	13487	4667	2890	13487
五 九 七				4000	2880	11520	4000	2880	11520
八 五 二				18267	2581	47151	18267	2581	47151
八 五 三				6000	3000	18000	6000	3000	18000
饶　河				928	2654	2463	734	2700	1982
二 九 一									
双 鸭 山				1467	2850	4181	1467	2850	4181
江　川									
曙　光				1333	2700	3599	1333	2700	3599
北　兴				4334	2794	12108	4334	2794	12108
红 旗 岭				801	3160	2531	667	3160	2108
宝　山									
八 五 九									
胜　利									
七　星									
勤 得 利									
大　兴									
青 龙 山									
前　进									
创　业									
红　卫									
前　哨									
前　锋									
洪　河									
鸭 绿 河									
二 道 河									
浓　江									
阿城原种场									
九龙山柞蚕育种场									
八 五 〇				3600	2906	10463	1933	3080	5953
八 五 四				7393	2644	19545	3333	2850	9499
八 五 五				8320	2529	21041	5000	2575	12875
八 五 六									
八 五 七				333	2727	908			
八 五 八				2467	2649	6536	667	2703	1803
八五一〇				133	2632	350	133	2632	350
八五一一				5393	2587	13952	4000	2632	10527
庆　丰				8000	2601	20810	6667	2627	17512
云　山				6334	2804	17762	6000	2810	16860
兴 凯 湖				1136	2550	2897	1136	2550	2897
海　林				247	2826	698	200	2925	585
宁　安				59	3034	179	59	3034	179
山市种奶牛场				1699	2504	4254	1666	2514	4188
锦　河				4292	2400	10301	4292	2400	10301
红色边疆				4067	3152	12818	4067	3152	12818

附录 1-10 续表 5 （2012 年）

农场名称	#大麦			(2)豆类			#大豆		
	面积（公顷）	单产（公斤/公顷）	总产（吨）	面积（公顷）	单产（公斤/公顷）	总产（吨）	面积（公顷）	单产（公斤/公顷）	总产（吨）
逊克				19581	3075	60212	19581	3075	60212
龙门				9435	3000	28305	9435	3000	28305
襄河				6893	3231	22269	6400	3225	20642
龙镇				9340	3300	30822	9340	3300	30822
二龙山				10486	3900	40895	10486	3900	40895
引龙河				10531	3270	34440	10531	3270	34440
尾山				6247	3377	21098	6247	3377	21098
格球山				6667	3240	21601	6667	3240	21601
长水河				4560	3300	15048	4560	3300	15048
赵光				4343	3450	14983	4343	3450	14983
红星				6667	3300	22001	6667	3300	22001
建设				6667	3605	24035	6667	3605	24035
五大连池原种场				5695	3390	19306	5695	3390	19306
鹤山				11492	3499	40207	10492	3505	36772
大西江				7348	2882	21176	7348	2882	21176
尖山				8564	3539	30307	8564	3539	30307
荣军				6051	3195	19330	5841	3202	18700
红五月				5186	2850	14780	5186	2850	14780
七星泡				11377	3109	35366	10057	3086	31036
嫩江				12959	3352	43444	12959	3352	43444
山河				13257	3396	45018	10918	3349	36563
嫩北				14826	3405	50483	13939	3450	48089
建边				12330	3096	38179	10000	3073	30726
哈拉海									
克山				667	3075	2051	667	3075	2051
依安									
富裕牧场									
查哈阳				2000	2400	4800	2000	2400	4800
泰来									
绿色草原牧场									
巨浪牧场									
齐齐哈尔种畜场									
繁荣种畜场									
大山种羊场									
红旗种马场									
嘉荫				6666	2663	17751	6666	2663	17751
铁力				682	3336	2275	682	3336	2275
海伦				7033	3282	23080	7033	3282	23080
红光				4600	3255	14972	4600	3255	14972
绥棱				5265	3207	16884	5265	3207	16884
安达牧场									
和平牧场				116	1647	191			
肇源									
柳河				452	2624	1186	452	2624	1186
涝洲鱼种场									
庆阳				107	1813	194	60	1917	115
岔林河									
沙河				7	2429	17	7	2429	17
香坊实验									
青年									
闫家岗									
红旗									
四方山				166	2247	373	166	2247	373
松花江				155	2329	361			
佳南实验农场				101	2495	252	93	2495	232

附录 1-10 续表 6　　　　（2012 年）

农场名称	（3）薯类	2.油料作物			3.麻类			4. 药材	5. 蔬菜瓜
	面　积	面　积（公顷）	单　产（公斤/公顷）	总　产（吨）	面　积（公顷）	单　产（公斤/公顷）	总　产（吨）	面　积	果类面积
二九〇									
绥滨									
江滨									5
军川									
名山									
延军									
共青									
宝泉岭									
新华									
普阳									
汤原									
依兰									
梧桐河									
友谊									666
五九七		400	1300	520					67
八五二		1293	1310	1694				154	554
八五三									
饶河								47	90
二九一									
双鸭山									333
江川									
曙光									526
北兴		73	1205	88					60
红旗岭	14	80	1350	108					38
宝山									174
八五九									
胜利									
七星		2054	1188	2440					39
勤得利									
大兴									
青龙山									
前进									
创业									
红卫									
前哨									
前锋									
洪河									
鸭绿河									
二道河									
浓江									
阿城原种场									
九龙山柞蚕育种场									
八五〇								9	6
八五四									
八五五		1313	1005	1320					
八五六									
八五七		333	1426	475					
八五八									34
八五一〇									67
八五一一		666	838	558					
庆丰		333	1198	399					115
云山									12
兴凯湖									6
海林		133	1797	239					100
宁安	1073	117	1863	218	51	5000	255	13	988
山市种奶牛场	53	373	1051	392					
锦河									
红色边疆		300	1497	449				200	

附录 1-10 续表 7　　　　　　　　（2012 年）

农场名称	(3)薯类	2.油料作物			3.麻类			4. 药材	5. 蔬菜瓜
	面　积	面　积（公顷）	单　产（公斤/公顷）	总　产（吨）	面　积（公顷）	单　产（公斤/公顷）	总　产（吨）	面　积	果类面积
逊　　克									
龙　　门	330								
襄　　河	333							600	
龙　　镇									
二 龙 山	667								
引 龙 河									
尾　　山	334								37
格 球 山									667
长 水 河	418								
赵　　光	340								
红　　星								296	370
建　　设									
五大连池原种场									
鹤　　山	1985							667	
大 西 江	584								
尖　　山	900							13	7
荣　　军	734								
红 五 月	767								6
七 星 泡	1248				500	5170	2585		35
嫩　　江	1118								
山　　河								135	206
嫩　　北								298	56
建　　边								800	55
哈 拉 海									
克　　山	6667								
依　　安									
富裕牧场									
查 哈 阳									1260
泰　　来									
绿色草原牧场									
巨浪牧场									
齐齐哈尔种畜场									
繁荣种畜场									
大山种羊场									
红旗种马场									
嘉　　荫	1333								1
铁　　力								1000	
海　　伦									12
红　　光									7
绥　　棱									667
安达牧场									67
和平牧场		2000	3000	6000				667	67
肇　　源									
柳　　河									9
涝洲鱼种场									
庆　　阳		95	2389	227				2	
岔 林 河									
沙　　河									
香坊实验	70								320
青　　年									
闫 家 岗	50								190
红　　旗	160							30	324
四 方 山		808	2249	1817					60
松 花 江		20	1200	24					
佳南实验农场	4								33

附录 1-10 续表 8　　　　（2012 年）　　　　单位:公顷

农场名称	6.甜菜 面积（公顷）	6.甜菜 单产（公斤/公顷）	6.甜菜 总产（吨）	7. 饲料面积	青饲料面积	8. 其他作物面积
二九〇				134	134	
绥滨						
江滨				85	85	
军川				533	533	
名山						
延军						
共青						
宝泉岭						
新华						
普阳				200	200	
汤原						
依兰				174	174	
梧桐河						
友谊	1334	45101	60165			
五九七	1333	31568	42080			
八五二	733	46323	33955	400	400	199
八五三				1	2	
饶河			1	2	3	
二九一	2667	69000	184022	667	667	
双鸭山	400	46275	18510			
江川						
曙光	267	45000	12015			200
北兴	667	37501	25013			
红旗岭				67	67	
宝山						
八五九						
胜利						
七星						
勤得利						
大兴						
青龙山						
前进						
创业						
红卫						
前哨						
前锋						
洪河						
鸭绿河						
二道河						
浓江						
阿城原种场						
九龙山柞蚕育种场						
八五〇				935	935	
八五四				200	200	
八五五				540	540	
八五六				333	333	67
八五七				667	667	
八五八				433	433	
八五一〇				281	281	3234
八五一一				1267	1267	
庆丰				638	638	
云山				900	900	
兴凯湖				67	67	
海林	34	60000	2040	667	667	667
宁安	410	59415	24360			104
山市种奶牛场				33	33	
锦河						
红色边疆						

附录 1–10 续表 9　　（2012 年）

农场名称	6.甜菜			7. 饲料面积		8. 其他作物面积
	面　积（公顷）	单　产（公斤 / 公顷）	总　产（吨）		青饲料面　积	
逊　　克						
龙　　门				665	665	
襄　　河				200	200	
龙　　镇						
二 龙 山				1000	1000	
引 龙 河				667	667	
尾　　山				420	420	
格 球 山						
长 水 河				1000	1000	
赵　　光				634	634	
红　　星						
建　　设				53	53	
五大连池原种场						
鹤　　山	1100	51465	56612	1734	1734	
大 西 江	505	44269	22356	778	778	
尖　　山	667	60000	40020	889	889	
荣　　军	520	46140	23993	956	956	140
红 五 月	300	45100	13530	978	978	
七 星 泡	1200	42018	50421	1112	1112	260
嫩　　江	1000	51000	51000	1112	1112	
山　　河	150	49573	7436	934	934	140
嫩　　北	800	49940	39952	912	912	
建　　边	500	45000	22500	400	400	200
哈 拉 海				378	378	
克　　山						
依　　安						
富裕牧场						
查 哈 阳						1666
泰　　来						
绿色草原牧场						
巨浪牧场						
齐齐哈尔种畜场						
繁荣种畜场						
大山种羊场						
红旗种马场						
嘉　　荫						
铁　　力						
海　　伦						
红　　光						
绥　　棱						
安达牧场						
和平牧场						134
肇　　源						
柳　　河						
涝洲鱼种场						
庆　　阳						100
岔 林 河						
沙　　河						
香坊实验				60	60	2
青　　年						
闫 家 岗						
红　　旗						123
四 方 山	747	39000	29133	533	533	
松 花 江						351
佳南实验农场						85

附录 1-11　林业、水果生产情况

（2012 年）

农场名称	年末人工成林面积（公顷）	#当年造林面积	#用材林面积	#农田防护林面积	育苗面积（公顷）	林木采伐量（立方米）	果园面积（公顷）	水果产量（吨）
二九〇	8213	67	81	7115	90	50		
绥滨	7109	67	3076	2899	100			
江滨	5516	67		5482	10	658		
军川	6267	67	594	5343	20			
名山	2701	66	604	2097	27	453		
延军	3984	67	2118	1641				
共青	9149	67	2627	6410	35			
宝泉岭	11196	67	7418	3675	48	148		
新华	7106	66	5019	1975	22	120		
普阳	4036	66	704	3205	52			
汤原	1195	33	143	1012	10			
依兰	617	33	315	249	2			
梧桐河	2442	67		2324				
友谊	12385	71	2345	10040	4		394	665
五九七	4608	260	860	3436	68	1350	1728	10286
八五二	9848	133	2077	7771	53			
八五三	8736			8736	72	3000	200	3480
饶河	7469		5575	1834	57	4400		
二九一	4428			4428	67	455		
双鸭山	2101	146	756	1345	27	992	30	180
江川	2466	33	69	2392	30			
曙光	2382		486	1896	36			
北兴	9217		8256	961	72	3500	43	74
红旗岭	3309	151	2380	929		2096		
宝山	766		80	686				
八五九	8721	53	3712	4597	10			
胜利	8712	60	4835	3464	28	694		
七星	12757	100	1566	11087	31	177		
勤得利	7480	73	2096	5384	10	91		
大兴	6313	93	310	5927				
青龙山	4273	67	551	3722	15			
前进	6497	67	2120	4377	22	246		
创业	5964	60	824	4958	60	816		
红卫	7951	67	608	7256	7			
前哨	7050	53	1022	6024	37	256		
前锋	7115	100	4299	2511	15			
洪河	5748	53	2071	3677	17			
鸭绿河	3014	47	936	2078				
二道河	5162	53	1085	4077		219		
浓江	5553	53	810	4707				
阿城原种场	65	65		65				
九龙山柞蚕育种场								
八五〇	4923		1625	3298	10	2946		
八五四	15136	6	11141	3955	16	4710		
八五五	12505	67	11818	687		3825		
八五六	5274		2773	2501		64	9	167
八五七	4555		3165	1390	20	1053		
八五八	3340	34	3289	51		600		
八五一〇	6459		4476	1983				
八五一一	8841	73	7789	298	19	3500		
庆丰	3627		1681	1918	34			
云山	5956	40	4266	1690	27	4231	5	180
兴凯湖	3538	34	2998	509	20	1800		
海林	3543	14	3162	381	3			
宁安	2824		2584	240	9	450	70	325
山市种奶牛场	2938	11	2876	62		2010		
锦河	23052		22792		10			
红色边疆	7759	67	6948	811	47			

附录 1–11 续表　　　　　　　　　　　　　　　　(2012 年)

农场名称	年末人工成林面积（公顷）	#当年造林面积	#用　材林面积	#农田防护林面积	育　苗面　积（公顷）	林　木采伐量（立方米）	果　园面　积（公顷）	水　果产　量（吨）
逊　克	9798		8755	927	40			
龙　门	9048	137	8336	712	3			
襄　河	6519		6142	354	31			
龙　镇	2873	33	2230	568	57			
二龙山	3478	63	1140	1725	20			
引龙河	5998	34	5311	687	15	1000		
尾　山	7480		6647	833	14	380		
格球山	7467	33	5254	2213	35			
长水河	5091		3154	1756	94	62417		
赵　光	3398		862	2446	20	200		
红　星	2516	46	127	2389	83			
建　设	6209		5298	911	41			
五大连池原种场	3339		2035	180				
鹤　山	10404		4077	4352	67			
大西江	9382		4977	2615	20			
尖　山	7324	200	4860	2464	39	1811		
荣　军	3320		1323	1397	30			
红五月	4018	120	1677	1442	84			
七星泡	14608	273	11170	2887	28			
嫩　江	4390		2938	1452	70			
山　河	14258	200	10116	3627	6			
嫩　北	5658		3184	2332	76			
建　边	6340		466	5874	40			
哈拉海	1392	67	1143	249	37			
克　山	3269	100	296	2973	90	16056		
依　安	2813	13	1411	1402				
富裕牧场	6594	100		6594	78			
查哈阳	10873	267	3136	7737				
泰　来	2671	33	1531	1140	2	4850		
绿色草原牧场	10224	317		10224	32	7680		
巨浪牧场	783	7	447	336				
齐齐哈尔种畜场	1380	173	172	1208	27			
繁荣种畜场	457	185		457				
大山种羊场	1711	100	60	1651				
红旗种马场	122			122				
嘉　荫	20609	267	19425	842				
铁　力	1316	80	659	657				
海　伦	3309	60	1766	1363	2			
红　光	3443		1781	1638	5			
绥　棱	1682		1057	625				
安达牧场	770		537	233	5			
和平牧场	7435			7435	60	6148		
肇　源	991		747	244				
柳　河	1205		1205		96		22	116
涝洲鱼种场								
庆　阳	1471		1423	48				
岔林河	1306	17	399	907				
沙　河	464		451	13				
香坊实验	49			49				
青　年	11	3		11				
闫家岗	42			42				
红　旗	95			95			36.2	1462
四方山	1706	20		1706				
松花江	2817		1777	334	40	569		
佳南实验农场	68			68		500	3	35

附录 1-12　畜牧业、渔业生产情况

（2012 年）

农场名称	大牲畜年末存栏（头）	#马	#黄　牛	#奶　牛	猪年末存栏（头）	羊年末存栏（只）	禽年末存栏（只）	出栏肥猪（头）	出栏肉牛（头）
二九〇	1920		1170	750	19386	724	30100	63137	5950
绥滨	3700		695	3005	68950	2407	62000	160005	1711
江滨	4246		417	3808	48280	1317	53619	102706	1957
军川	5612		284	5307	98770	850	17233	230710	2972
名山	6951		2451	4500	100807	2626	88230	194322	11400
延军	3888		287	3601	23448	3638	25098	48117	1622
共青	4770		670	4100	100650	3500	41450	198000	1300
宝泉岭	7098		241	6857	186311	857	180297	440420	1218
新华	2471		1226	1245	55344	2136	657677	135931	1903
普阳	3116		509	2607	109827	7398	16400	180003	5408
汤原	4480		3626	854	28764	4814	76185	74810	3013
依兰	1179		312	867	5871	1120	8200	15215	3136
梧桐河	1473		361	1112	47826	1534	20316	76252	304
友谊	50588		48798	1790	219709	128031	2080402	400959	22238
五九七	13077		13077		33824	27972	225043	125187	25915
八五二	25195		24060	1135	113938	26804	432080	391753	40272
八五三	10563		6441	4122	87935	13232	478006	226722	14027
饶河	19709		19709		18461	98744	204153	55223	21202
二九一	23779		19270	4509	21390	25207	371370	27019	17165
双鸭山	6896		6476	420	58925	6235	105589	123738	6984
江川	282		282		81400	890	82600	198600	5500
曙光	793		793		67482	732	933000	189321	921
北兴	23796		23269	527	29304	25429	140347	79484	29484
红旗岭	9972		9972		31002	142068	135740	63220	7020
宝山	4318		4318		7442	9232	89805	7622	3285
八五九	2770			2770	12139	4990	220000	59500	
胜利	3533		3506	27	12658	13866	180000	60525	9012
七星	10962		10962		37946	34921	558963	70701	9540
勤得利	4561		3897	664	17021	16003	209000	61087	4511
大兴	4009		4009		11406	24518	120000	41106	4004
青龙山	2902		2902		11001	10316	80118	39063	4003
前进	6678		6678		16346	26887	276335	68539	7907
创业	1619		1619		10372	9183	101196	30936	2398
红卫					10985	35220	94000	39010	210
前哨	1227		1227		8500	18092	80100	28502	1598
前锋	3163		2891	272	10593	15029	220000	61404	4506
洪河	3002		3002		7896	17540	96591	20512	3009
鸭绿河	3708		3708		12013	11041	100009	24011	3503
二道河	1400		1400		6000	6000	60000	15000	1500
浓江	2682		2682		10645	24961	29979	20083	1573
阿城原种场	387		45	342	1420	35	54000	5750	15
九龙山柞蚕育种场									
八五〇	12867		3829	9038	28280	3219	154000	47642	7111
八五四	11071		3867	7204	27812	4147	154629	38375	6337
八五五	9109		3403	5706	19010	7012	150364	25051	5695
八五六	9710		4510	5200	25993	4000	50006	50000	6200
八五七	14660		3851	10809	36531	3256	246990	48461	6111
八五八	9972		4845	5127	39261	3221	300218	60415	10340
八五一〇	8055		3405	4650	49109	6931	216254	70349	6290
八五一一	22900		3800	19100	17630	4800	150000	35049	9327
庆丰	8610		3405	5205	18140	3403	140600	35015	5704
云山	14235		4432	9803	24022	10517	193000	34800	3877
兴凯湖	8641		8641		26117	5102	267281	25996	4120
海林	15574		3456	12118	22855	3795	141600	25867	6502
宁安	4275		4275		49613	4057	91300	60121	5527
山市种奶牛场	4441		1030	3411	3093	1725	10100	4090	1970
锦河	5315		5105	210	5806	27009	70100	6962	3583
红色边疆	8317		7916	401	13125	13462	80291	16487	5623

附录 1-12 续表 1　　　　（2012 年）

农场名称	大牲畜年末存栏（头）	#马	#黄　牛	#奶　牛	猪年末存栏（头）	羊年末存栏（只）	禽年末存栏（只）	出栏肥猪（头）	出栏肉牛（头）
逊　　克	30474	431	29812	231	26845	215101	156000	32260	20962
龙　　门	6638		4410	2228	9215	9220	50120	11044	3092
襄　　河	11140		8975	2165	9236	9334	65253	11099	7038
龙　　镇	6345		3403	2942	11304	18050	47050	13580	2381
二 龙 山	11513	20	2324	9169	6334	4262	67400	11883	2721
引 龙 河	14429		7010	7419	10370	6560	62634	12540	4927
尾　　山	11933		4807	7126	10106	14990	45100	12125	6150
格 球 山	9366	312	2816	6238	8921	4630	61000	16300	4300
长 水 河	13614		3206	10408	8065	4085	161000	10563	4073
赵　　光	13680		3700	9980	7200	4200	60000	12120	6900
红　　星	11253		2702	8551	4700	4580	36500	8820	3860
建　　设	9708	238	8302	1168	17005	16530	61010	21560	6316
五大连池原种场	756		462	294	482	2764	21000	1192	520
鹤　　山	19893	20	2451	17412	19467	20431	40100	38831	21998
大 西 江	12851		4990	7846	3781	23381	105600	9429	11150
尖　　山	15560	185	6275	8998	9144	42241	92609	38501	11825
荣　　军	9983	7	394	9568	2463	3799	20901	14903	6268
红 五 月	11237		1510	9727	7142	12000	24065	14285	7385
七 星 泡	16777	76	5587	11105	5516	12502	44898	11012	11893
嫩　　江	12924		1729	11195	4757	14931	18190	9513	5445
山　　河	14448		5140	9308	5690	6630	8237	14204	27672
嫩　　北	13196		3904	9281	525	3589	8759	1205	9928
建　　边	24872	234	22317	2321	2444	65853	36412	2846	10523
哈 拉 海	3948		46	3902	1503	9093	7700	3512	534
克　　山	13644		3451	10193	38562	12816	168434	100268	9898
依　　安	3269		1660	1609	18143	16674	70037	50427	1516
富裕牧场	17713		1712	16001	27988	5187	232350	87207	17009
查 哈 阳	19023		5019	14004	83670	45187	434915	240641	13123
泰　　来	7072		4470	2602	7494	2415	17100	31498	13030
绿色草原牧场	18051		2031	16020	4952	2418	17119	17644	9749
巨浪牧场	9393		388	9005	3584		15000	7414	2055
齐齐哈尔种畜场	10699	118	1519	9024	14613	981	443540	40345	3229
繁荣种畜场	2712		517	2007	12508	6202	72732	19826	444
大山种羊场	3120	159	496	2020	1085	4482	13137	1157	689
红旗种马场	390		270	120	1700	7200	14500	2970	273
嘉　　荫	23520		23520		58368	67022	350000	53500	22175
铁　　力	15455		13100	2355	49100	11700	300000	70818	16525
海　　伦	12070		9172	2898	41215	12822	303070	60240	16665
红　　光	12310		9402	2908	41258	19037	173990	82860	15864
绥　　棱	17562		17562		49741	13564	314772	65136	21424
安达牧场	8207	51	4462	3682	6511	4137	61069	7002	5284
和平牧场	25851	209	5500	19886	18321	16400	126800	22650	14904
肇　　源	1357		1357		4773	6249	130000	8937	3418
柳　　河	5212		5212		16988	2409	52781	19184	1943
涝洲鱼种场					1786		6000	1683	
庆　　阳	126		126		2120	46		3500	120
岔 林 河	93		93		2210		50800	2275	650
沙　　河	14		14		1364			1555	43
香坊实验					4506		108000	6503	
青　　年					2310		132000	3210	
闫 家 岗	2005			2005	9012		131117	17053	1075
红　　旗	752			752	7088			7205	
四 方 山	3042	8		3020	4002	4259	112106	5064	1756
松 花 江	245		150	95	2351	2520	7000	2121	70
佳南实验农场	257		33	224	9530	80	20000	10730	117

附录 1-12 续表 2

（2012 年）

农场名称	出栏肉羊（只）	出栏肉禽（只）	肉类总产量（吨）	牛奶产量（吨）	羊毛产量（公斤）	禽蛋产量（吨）	蜂蜜产量（公斤）	鲜鱼产量（吨）	#养殖产量（吨）
二九〇	1836	180200	5844	2545	2380	884		179	107
绥滨	3502	65100	11783	9512	18000	703		421	116
江滨	2719	103123	8881	12024	7657	1277		17	17
军川	920	73498	18361	16514	909	308		9	
名山	4873	295280	19292	14000	2505	1177		416	5
延军	2960	18008	3989	11032	1350	365	4000	62	40
共青	4900	648700	17342	13000	13570	250		140	115
宝泉岭	253	197942	33513	16331	380	1139	1300	75	15
新华	2309	3016092	17422	10441	3437	1150		783	248
普阳	12209	120100	15457	8033	16300	350		80	
汤原	3548	102800	5950	2523	1162	276	300	9	9
依兰	3251	68200	2039	3648	1000	185		101	68
梧桐河	638	8051	5999	3504	4885	28		20	
友谊	107102	4909992	47032	3930	323000	3525	4800	1263	1214
五九七	54896	738400	16114		37002	428	101	155	15
八五二	54251	1747830	49285	3648	19510	2462	16000	2229	2133
八五三	24613	1904970	23280	12346		3262	215054	820	586
饶河	21522	904832	10480			388	298000	687	59
二九一	25720	999060	8745	13964	21765	600	750	875	778
双鸭山	9374	269970	11876	1075	19460	869	169110	218	218
江川	2860	341000	17713			240		415	415
曙光	700	4500000	24064	333		513		27	27
北兴	38994	550106	13802	2100	8104	651	240000	351	343
红旗岭	105840	220146	7641			217	21700	329	227
宝山	4581	160655	2208		7100	107		5	5
八五九	13176	705100	5896	9258		1501		720	110
胜利	22362	483006	7350	289	2000	782		375	155
七星	39325	1090952	9536		2010	1401		521	521
勤得利	19081	491000	6555	2003	1000	1609		1600	1300
大兴	25130	255000	4636			1005		125	
青龙山	14576	335194	4518			851		60	
前进	27149	387952	7793			1349		30	
创业	21539	291507	3575		4213	1429		126	126
红卫	30050	386000	4094			700		115	65
前哨	11845	170100	2901		2355	557		5	5
前锋	24003	335000	6288	1600		700		10	
洪河	29002	147252	2760			385		92	82
鸭绿河	19257	200006	3099			700		35	
二道河	22235	140000	1964			300		15	
浓江	20065	180152	2446			500		25	8
阿城原种场		23000	493	682		305			
九龙山柞蚕育种场									
八五〇	8549	530700	6155	33920	2800	1380		40	40
八五四	9692	730420	5454	26963	2430	1168	53000	759	759
八五五	16985	500134	4599	21303	6504	1493	32396	82	82
八五六	11042	732107	6630	19407	15683	1300		805	805
八五七	6128	834670	6266	41081	6050	1891		1215	681
八五八	9439	1072271	9184	19304	3055	2995	10015	1220	1030
八五一〇	15313	404173	7057	17592	3073	1227	43500	749	390
八五一一	10867	911400	7035	71501	1322	1500			
庆丰	5605	463800	4562	19401	2948	880	12000	188	105
云山	16399	560000	5590	36708	4400	1318	89711	148	148
兴凯湖	6700	520606	3996			1342		293	53
海林	5654	435500	5081	45313		806		200	200
宁安	10354	267100	5780		11216	690		57	57
山市种奶牛场	1620	22000	681	12857	80	65		16	1
锦河	19015	60200	1931	699	49300	310		22	18
红色边疆	9883	81188	2910	1335	22974	372		221	149

附录 1-12 续表 3　　（2012 年）

农场名称	出栏肉羊（只）	出栏肉禽（只）	肉类总产量（吨）	牛奶产量（吨）	羊毛产量（公斤）	禽蛋产量（吨）	蜂蜜产量（公斤）	鲜鱼产量（吨）	# 养殖产量（吨）
逊　　克	150569	186667	8029	787	370460	814		74	
龙　　门	6480	90600	1583	7378	19000	303	215	18	12
襄　　河	7262	107644	2020	5352	12014	408		530	530
龙　　镇	12600	164400	2286	9781	27000	270		240	180
二 龙 山	4393	319100	2069	30706		896		1103	791
引 龙 河	4590	161200	2131	24530	7100	380		637	637
尾　　山	22414	44500	2194	23558	19390	192		38	38
格 球 山	5500	114000	2529	20780	4500	260		295	295
长 水 河	2906	310000	2161	34396	2100	301		45	40
赵　　光	4450	160317	2745	35750	10000	330		490	490
红　　星	4080	113100	1787	28275	6500	590		316	301
建　　设	12746	104380	3333	3712	26000	410		680	496
五大连池原种场	2230	54200	450	976		220	2000		
鹤　　山	53178	151176	7673	43013	52788	279		144	144
大 西 江	30310	256700	3331	18848	134300	545		87	87
尖　　山	163231	442429	10390	32896	281000	2709		30	30
荣　　军	17489	40420	2429	25815	20350	303		77	77
红 五 月	37011	90164	3541	18413	53600	182	4231	296	296
七 星 泡	37699	110102	3777	27379	160048	1123		563	563
嫩　　江	24827	122997	2252	19829	48579	256		36	36
山　　河	15909	39257	6266	24143	71041	46		241	202
嫩　　北	4809	215187	2049	17620	30192	130	1000	79	79
建　　边	41457	29807	2472	6454	97000	120	30000		
哈 拉 海	8738	18690	568	6912	44000	20			
克　　山	17712	540305	11086	37038	27318	2139		20	20
依　　安	101235	174020	5663	5194		275		53	53
富裕牧场	21291	835000	12144	56433	24170	3800		656	656
查 哈 阳	154390	1513248	26843	45008	180747	2626		412	409
泰　　来	15178	170200	4331	8562		528		130	130
绿色草原牧场	8906	376382	3938	57552	8000	68			
巨浪牧场		127000	1250	29012		69		54	54
齐齐哈尔种畜场	1065	3970770	11534	30679		305			
繁荣种畜场	2838	119434	1978	5243	10753	168			
大山种羊场	3252	91195	404	5355	2154	18		345	
红旗种马场	1940	124500	700	359	7020	67			
嘉　　荫	73120	398800	10509			910	51248	350	
铁　　力	25800	1114000	11173	10882		1733		365	365
海　　伦	28253	1010540	9899	9437	47487	1674	7498	972	972
红　　光	48637	1035524	10599	9996	24380	937		304	304
绥　　棱	22171	721279	10700		13340	409		831	520
安达牧场	5462	80136	1485	15281	13210	69			
和平牧场	33315	236836	5570	95500	122166	1884			
肇　　源	6720	231665	2322		8265	807		731	731
柳　　河	4987	380679	2858			741		243	201
涝洲鱼种场		2500	158			70		1348	1348
庆　　阳	96	516000	910					277	143
岔 林 河		42000	379			610		474	188
沙　　河		2600	123				14000	24	17
香坊实验		142000	782			601			
青　　年		210000	825			724			
闫 家 岗		186220	2270	5350		840		160	120
红　　旗		31800	679	2651					
四 方 山	8985	116446	985	11872	16800	1684		200	200
松 花 江	1081	4500	217	60		38		50	30
佳南实验农场	136	16500	1004	1465		99		142	142

附录 1-13　工业总产值、销售产值及产品产量

（2012 年）

农场名称	工业总产值（万元）	工业销售产值（万元）	大　米（吨）	小麦粉（吨）	食用植物油（吨）	配混合饲料（吨）	白酒（折 65 度，商品量）（千升）	砖（折标准砖）（万块）
二九〇	1332514	1305864	125500			6000	775	5550
绥滨	620030	620030	40800	6200	3200	5000	3300	1900
江滨	538450	538450	34600		1597		650	800
军川	454070	440370	48116				3467	1780
名山	568280	568280	16660		532		205	1200
延军	1159460	1159460						730
共青	843540	763060	13124		306	14400	472	3900
宝泉岭	275000	275000	23657		23	50359	560	
新华	666730	681340	36274			33373	94	3435
普阳	586000	586000	102183					800
汤原	346600	304966	1395		2023			
依兰	118100	118100	4580		130		135	
梧桐河	501210	552510	116658				283	1300
友谊	2164245	2163415	184492	5272	27900	2460	4990	15729
五九七	1441780	1441730	261770		520			4984
八五二	2060688	2058813	52955				1084	11114
八五三	2105994	2105994	207655		1900	23470	5335	1152
饶河	430510	430510	39697	3660	1019		1328	6050
二九一	313090	313090	21923	2420	197		869	1894
双鸭山	388635	388635	5452				1705	5015
江川	610650	610650	159100					800
曙光	756250	756250	20182					
北兴	386050	386050			490		320	6900
红旗岭	923250	923250	166902				160	760
宝山	67000	67000	11369					
八五九	730200	730200	121080		650	1850	3120	1900
胜利	541973	536215	72600	4044				500
七星	863150	812650	149500	1500	820	3000	1000	1400
勤得利	336440	336440	71680					620
大兴	135200	135200	18325					
青龙山	140970	141100	29500					574
前进	1211960	1173305	133856		20251		500	1000
创业	1441169	1464047	266040					650
红卫	98560	98560	49390					
前哨	219940	207000	36300					2867
前锋	294210	294210	44970					2326
洪河	197070	197070	36450					
鸭绿河	91727	91727	20500					
二道河	171760	171760	26800					
浓江	119780	119780	28375					
阿城原种场	98000	98000						2570
九龙山柞蚕育种场								
八五〇	1336800	1336800	231855		2200			4420
八五四	1510830	1539850	289275		5429		478	922
八五五	320320	315770	136		946	6425	564	1789
八五六	1065630	1068850	225400				1900	
八五七	1115657	1115657	184212		488			1908
八五八	1045470	1044926	259511			12556		1540
八五一〇	555396	556086					1200	
八五一一	757830	721140	16000		7380	29267		1000
庆丰	1065700	1067070	199110			4900		1306
云山	368000	368000	24785			14730		2560
兴凯湖	385340	385340	55515					5000
海林	360110	303245		3600		23000	135	1700
宁安	450050	430070		19760	480			3084
山市种奶牛场	24256.8	24256.8						
锦河	135975	135975		960			450	
红色边疆	72360	72360		645	450		300	1800

附录 1-13 续表 1　　（2012 年）

农场名称	工业总产值（万元）	工业销售产值（万元）	大　米（吨）	小麦粉（吨）	食用植物油（吨）	配混合饲料（吨）	白酒（折 65 度，商品量）（千升）	砖（折标准砖）（万块）
逊　克	110491	110491					38	5140
龙　门	86700	86700		11200				
襄　河	126840	120890		2760		4500		220
龙　镇	221680	145100		20000				1800
二龙山	388407	388407		4146		26400		6140
引龙河	154654	154654		680	453	1399	2634	3200
尾　山	122600	102420		75				1080
格球山	323148	323148		5410	561	3053	900	1980
长水河	310523	302495		3610	934	2458		
赵　光	274570	274570		11850		8500	260	6550
红　星	256650	252650		782	702	1200	1486	1024
建　设	104505	104505		600	50		180	750
五大连池原种场	1816	1816					2	21
鹤　山	293197	273297				8941		2480
大西江	204080	183860			743	2560		1410
尖　山	498600	386930				7000		3700
荣　军	192580	192580			159		77	770
红五月	189540	158451		2541	1912	28249	667	1204
七星泡	224470	224750		9013	4937	7913		
嫩　江	232270	222320				68547	40	8206
山　河	180510	162010			2100		1900	4850
嫩　北	280220	250290		2556	666			
建　边	210680	122030		10125			838	4800
哈拉海	151850	151818	3408					
克　山	262113	262113		11220	1130	11300	305	230
依　安	305510	305510	62500					
富裕牧场	188140	188140	43500			16500	4018	2230
查哈阳	1193469	1193469	232950				353	10583
泰　来	142650	137336	60050		80		200	
绿色草原牧场	42310	42310			105	3240	95	
巨浪牧场	68293	68293			335	39822	510	
齐齐哈尔种畜场	160266	267990				10974		
繁荣种畜场	125224	125224	23000		805			
大山种羊场	116890	93274	25076					
红旗种马场	236	236						
嘉　荫	286080	286080		12800			980	1350
铁　力	538570	538570	20220		790		12312	1300
海　伦	468874	457369					1039	1045
红　光	482841	482769						1045
绥　棱	220430	220430	5642	3251	380		220	
安达牧场	79330	79330						1100
和平牧场	367220	367220				8170	2360	5870
肇　源	246213	246213	35488					
柳　河	81870	81870	2267					825
涝洲鱼种场	15600	15600				5350		
庆　阳	595460	586950	112112				500	
岔林河	127950	126421	23846					
沙　河	38545	38225	2045					1450
香坊实验	488380	489330				90502	929	
青　年	188156	187405				840		
闫家岗	131630	113894						
红　旗	514420	519320				4200		
四方山	13700	13700				7000		
松花江	414996	302880						
佳南实验农场								

附录 1-14　农村公路里程及公路硬化情况

（2012 年）　　单位:公里

农场名称	公路里程	#硬化路面里程			不含专用公路里程	硬化率(%)
			有铺装里程	简易铺装里程		
依兰农场	66.91	18.23	18.23		32.25	27
新华农场	354.43	138.23	138.23		180.35	39
江滨农场	207.14	89.96	89.96		118.04	43
军川农场	356.00	178.21	178.21		239.99	50
名山农场	165.14	64.17	64.17		79.74	39
延军农场	175.01	83.90	83.90		110.28	48
共青农场	260.25	91.64	91.64		130.60	35
宝泉岭农场	385.06	133.15	133.15		212.33	35
绥滨农场	345.51	167.35	167.35		238.59	48
普阳农场	321.79	137.30	137.30		172.94	43
汤原农场	167.47	34.19	34.19		61.50	20
梧桐河农场	232.29	96.15	96.15		114.12	41
二九〇农场	417.21	168.28	168.28		274.79	40
八五二农场	919.53	343.31	343.31		490.23	37
八五三农场	741.59	259.54	259.54		388.76	35
红旗岭农场	307.74	118.68	118.68		179.30	39
饶河农场	337.98	137.18	137.18		160.83	41
五九七农场	570.3	209.99	209.99		271.03	37
双鸭山农场	210.00	38.15	38.15		96.44	18
北兴农场	471.75	174.80	174.80		251.86	37
友谊农场	58.18	11.52	11.52		46.96	20
二九一农场	356.09	139.25	139.25		196.95	39
宝山农场	67.13	43.00	42.99		41.97	64
江川农场	265.57	97.11	97.11		139.67	37
曙光农场	157.72	69.44	69.44		89.85	44
胜利农场	491.08	172.18	172.18		280.17	35
建三江局直公路站	173.30	144.47	144.47		173.30	83
勤得利农场	459.03	139.97	139.97		254.28	30
前锋农场	444.38	150.54	150.54		321.12	34
前哨农场	393.94	134.04	134.04		291.60	34
八五九农场	493.32	173.59	173.59		282.34	35
红卫农场	308.76	149.51	149.51		230.27	48
二道河农场	193.45	15.15	15.15		125.29	8
前进农场	279.81	84.52	84.52		143.31	30
青龙山农场	244.19	144.16	144.16		144.54	59
洪河农场	220.08	66.54	66.544		143.95	30
鸭绿河农场	174.78	57.60	57.604		103.26	33
浓江农场	231.95	91.23	91.232		151.34	39
大兴农场	380.22	136.30	136.302		259.27	36
七星农场	524.85	165.46	165.457		251.32	32
创业农场	486.49	139.28	139.28		226.32	29
八五一零农场	230.42	97.20	97.198		143.80	42
八五四农场	467.49	268.94	268.944		295.17	58
八五八农场	260.25	154.19	154.191		186.69	59
庆丰农场	274.50	99.26	99.262		174.03	36
八五零农场	268.43	80.48	80.475		168.57	30
八五六农场	370.37	236.55	236.553		260.30	64
云山农场	239.68	119.17	119.172		159.36	50
八五七农场	237.99	128.84	128.838		145.82	54
八五一一农场	406.21	249.41	249.405		321.37	61
兴凯湖农场	230.11	132.48	132.481		186.05	58
八五五农场	260.92	107.31	107.311		188.01	41
海林农场	153.58	87.26	87.256		86.07	57

注:附录 1-14 表资料由交通局提供。

附录 1-14 续表　　(2012 年)　　单位:公里

农场名称	公路里程	#硬化路面里程	有铺装里程	简易铺装里程	不含专用公路里程	硬化率(%)
宁安农场	63.08	16.93	16.93		37.62	27
山市奶牛场	36.32	36.33	36.32		36.32	100
赵光农场	264.17	108.88	108.88		189.21	41
格球山农场	113.19	56.96	56.96		80.80	50
尾山农场	146.04	60.71	60.71		121.26	42
锦河农场	202.37	68.85	68.85		185.29	34
逊克农场	509.81	139.71	139.71		426.15	27
红色边疆农场	96.57	32.30	32.30		60.05	33
红星农场	127.83	46.68	46.68		96.93	37
建设农场	161.62	118.23	118.23		119.64	73
长水河农场	229.71	104.16	104.16		156.15	45
二龙山农场	184.74	76.82	76.82		135.62	42
龙镇农场	159.23	58.86	58.86		126.59	37
引龙河农场	222.05	68.01	68.01		136.07	31
襄河农场	144.81	75.52	75.52		107.30	52
龙门农场	93.97	30.37	30.37		71.72	32
五大连池原种场	47.32	35.57	35.57		47.32	75
七星泡农场	191.62	81.95	81.95		126.26	43
嫩江农场	216.78	57.43	57.43		118.15	26
哈拉海农场	70.11	32.97	32.97		52.30	47
大西江农场	134.61	56.41	56.41		100.98	42
鹤山农场	134.53	55.76	55.76		101.25	41
跃进农场	135.84	36.45	36.45		84.07	27
尖山农场	182.67	115.52	115.52		140.18	63
红五月农场	130.38	56.42	56.42		114.19	43
荣军农场	126.26	55.24	55.24		66.75	44
山河农场	165.82	70.56	70.56		90.41	43
嫩北农场	159.42	58.45	58.45		110.91	37
建边农场	114.95	44.30	44.30		55.24	39
查哈阳农场	686.19	247.60	247.60		368.78	36
依安农场	108.65	36.52	36.52		43.08	34
泰来农场	79.48	35.54	35.54		50.98	45
富裕牧场	160.20	42.43	42.43		121.45	26
克山农场	283.76	94.47	94.47		168.85	33
巨浪牧场	61.59	15.36	15.36		46.14	25
绿色草原牧场	155.67	73.16	73.16	5.13	125.49	47
齐齐哈尔种畜场	102.69	60.36	60.36	18.27	102.69	59
大山种羊场	88.21	25.99	25.99		88.21	29
繁荣种畜场	120.84	27.12	27.12		120.84	22
红旗种马场	40.13	11.30	11.30		40.13	28
和平牧场	122.54	71.78	71.78		84.38	59
肇源农场	73.46	19.23	19.23		32.22	26
嘉荫农场	170.38	50.10	50.10		82.52	29
铁力农场	292.32	62.19	62.19		166.05	21
柳河农场	56.90	11.30	11.30		35.54	20
绥棱农场	203.81	84.52	84.52		123.51	41
安达牧场	37.88	5.70	5.70		12.89	15
红光农场	191.72	91.40	91.40		103.96	48
海伦农场	232.52	96.53	96.53		97.46	42
茂兴湖水产养殖场	28.29	2.37	2.37		28.29	8
涝洲鱼种场	8.90	2.30	2.30		8.90	26
闫家岗农场	32.41	32.41	32.41		32.41	100
红旗农场	13.56	11.05	11.05		13.56	82
青年农场	8.02	5.68	5.68		8.02	71
香坊实验农场	9.31	6.66	6.664		9.31	72
松花江农场	29.97	21.22	21.219		29.97	71
沙河农场	10.26	2.34	2.34		10.26	23
岔林河农场	46.54	9.98	9.98		15.140	21
庆阳农场	87.90	33.44	33.441		53.45	38
四方山农场	36.21	36.21	36.21		36.21	100
佳南农场	17.32	11.76	11.763		17.32	68
高速公路管理处	204.51	204.51	204.512		204.51	100

附录 2　总局直属单位基本情况

（2012 年）

单位名称	所在地	总户数（户）	总人口（人）	年末在岗职工（人）	在岗职工工资总额（万元）	增加值（万元）	固定资产投资完成额（万元）	汽车（辆）	房屋实有面积（平方米）
黑龙江北大荒药业有限公司	哈尔滨	1060	2670	1648	4825	12241	5066	8	197546
北大荒丰缘麦业有限公司	哈尔滨	282	598	1206	2188	41328	25815	15	123990
黑龙江省完达山乳业股份有限公司	哈尔滨	730	1996	5434	17935	65009	36087	128	466845
北大荒米业上市分公司	哈尔滨	399	882	1951	7220	-13730	34351		47966
九三粮油工业集团有限公司	哈尔滨	2682	6549	3658	25430	258975	83777	157	716938
黑龙江北大荒薯业	哈尔滨	295		722	2839	24917	18966	24	211701
哈尔滨龙垦麦芽	哈尔滨	455	745	591	1892	-3454	5943		58500
北大荒股份浩良河化肥厂分公司	伊　春			1815	5942	6083		8	
北大荒纸业有限责任公司	鸡　西	1015	2341	935	1748	1041	147		98456
黑龙江浩良河化肥厂(非上市)*	伊　春	2210	4911	456	1134	3281		7	285770
黑龙江农垦贸易集团公司	哈尔滨				-50				
黑龙江农垦北大荒商贸集团有限责任公司	哈尔滨	1818	5788	4339	10639	134643	35683	656	969854
黑龙江北大荒种业集团*	哈尔滨	181	342	260	3454	17389	1770	15	25681
黑龙江北大荒粮食集团有限公司	哈尔滨	511	995	428	1099	10790		14	235691
黑龙江北大荒农垦集团总公司	哈尔滨	53	160	448	1906	30431	49329	9	33213
黑龙江农垦通信有限公司	哈尔滨	1382	4577	1486	6364	13592	2	56	141494
黑龙江农垦建工集团	哈尔滨	1454	4318	1738	7492	155936	1872	93	115993
农垦科学院	哈尔滨	1165	3358	1280	3113	10228	4046	39	104541
黑龙江农垦水利有限公司	哈尔滨	320	1007	319	612	1119		20	26332
黑龙江成业建设工程有限责任公司	哈尔滨	70	260	120	712	1541		4	3800
黑龙江农垦嘉隆建筑工程有限公司	佳木斯	9	27	21	413	647			1000
黑龙江正业建设有限公司	哈尔滨	431	689	535	1860	2632		3	15624
黑龙江天德建筑工程有限公司	哈尔滨	22	64	85	334	1165			3805
黑龙江九三农垦恒达建筑安装工程有限责任公司	哈尔滨	71	338	186	465	1627		2	6630
黑龙江农垦佳昌建筑安装公司	佳木斯	70	195	313	435	2982	461	3	11715
黑龙江省农垦恒胜建筑安装工程有限公司	哈尔滨	141	645	421	1487	1602		10	11855
黑龙江垦区兴垦建筑安装有限公司	佳木斯	206	613	219	500	730			12741
黑龙江农垦通用航空公司	佳木斯	249	461	247	1405	5307		11	29886
黑龙江农垦佳星液化气经销有限公司	佳木斯	20	50	33	74	124		4	2275
黑龙江北大荒北药开发有限公司	哈尔滨	66	296	230	420	586		4	3456
黑龙江农垦盛达水利物资经销有限公司	哈尔滨	5	10	6	20	27			300
黑龙江农垦天阳农机有限公司	哈尔滨	10	35	58	124	5637			122
黑龙江农垦干部培训中心	哈尔滨	130	330	561	1779	4624	670	2	48958
八一农垦大学	大　庆	1097	19656	1215	7086	16202	1367	36	460751
黑龙江农垦泰鑫房地产开发有限公司	哈尔滨	25	51	56	620	15416		2	2100
黑龙江省农垦总局种子管理处	哈尔滨	6	18	10	52	80		1	515

附录2续表1　　　　　　　　（2012年）

单位名称	所在地	总户数（户）	总人口（人）	年末在岗职工（人）	在岗职工工资总额（万元）	增加值（万元）	固定资产投资完成额（万元）	汽车（辆）	房屋实有面积(平方米)
黑龙江龙垦资产评估有限公司	哈尔滨	5	21	13	52	73		1	1300
黑龙江农垦社会保险事业管理局	哈尔滨	31	89	74	321	484		2	7913
黑龙江农垦盛源房地产估价有限公司	哈尔滨	3	16	9	42	96		1	300
黑龙江省农垦总局能源办	哈尔滨	7	19	8	77	99			872
黑龙江农垦勘测设计研究院	哈尔滨	201	810	217	1967	2965			22500
黑龙江农垦广播电视局	哈尔滨	32	74	163	1018	1272		4	12277
黑龙江农垦总局住房公积金管理中心	哈尔滨	11	50	32	157	233		4	2340
黑龙江农垦管理干部学院	哈尔滨	174	456	221	682	2173	866	5	28993
黑龙江农垦职业学院	哈尔滨		730	451	2366	5197	1330	7	150776
黑龙江农垦科技职业学院	哈尔滨	285	860	586	1414	5676			172323
黑龙江农垦佳木斯学校	佳木斯		990	336	1593	2540	436	1	125000
黑龙江省农垦总局医院	哈尔滨	290	1062	1034	6316	11194		19	64181
黑龙江省农垦总局精神病防治院	哈尔滨		824	670	2426	3966		6	62819
黑龙江农垦总局卫生监督所	哈尔滨	17	38	12	63	289		2	2472
黑龙江农垦总局驻北京办事处	北　京	12	20	56	127				4880
黑龙江农垦总局办公室	哈尔滨	520	1550	438	1845	5340		44	133166
黑龙江农垦总局工程质量监督站	哈尔滨	7	20	10	50	127		1	950
黑龙江省农垦工会委员会	哈尔滨	25	58	31	153	227		2	2041
黑龙江农垦经济研究所	哈尔滨	10	22	20	179				1840
黑龙江省农垦总局特种设备检验所	哈尔滨	15	47	21	70	160		5	1320
黑龙江农垦公安局交警支队	哈尔滨	83	232	85	390	906	706	33	16453
黑龙江农垦总局驻佳木斯办事处	佳木斯	110	265	42	336	669	39	6	24600
黑龙江农垦总局北大荒文工团	哈尔滨	15	42	20	252	312		3	2525
黑龙江农垦日报社	哈尔滨	72	159	96	714	1638		5	9638
黑龙江垦区采购招标中心	哈尔滨	10	28	22	88	124		2	6920
黑龙江农垦太湖疗养院	无　锡	57	132	69	0	1261		12	2700
黑龙江省农垦总局就业局	哈尔滨	5	16	16	86	121		1	1045
黑龙江农垦阳光农业相互保险公司	哈尔滨	288	1228	430	3760	1611		104	41661
黑龙江建正会计师事务所	哈尔滨	3	9	10	28	29			230
黑龙江省农垦总局墙体材料改革办公室	哈尔滨	3	7	6	52	73		1	500
黑龙江省农垦总局哈尔滨干休所	哈尔滨	7	21	7	43	800			7588
黑龙江农垦绿色食品办公室	哈尔滨	5	13	12	113	125		2	400
黑龙江省农垦经济调查队	哈尔滨	5	15	8	40				350
黑龙江农垦工程咨询评审中心	哈尔滨	8	20	8	53	127		1	1340
黑龙江农垦人才中心	哈尔滨	11	22	15	108				589
黑龙江农垦工商行政管理局	哈尔滨	38	131	102	508	769		10	8020

附录2续表2　　　　　　　　　　（2012年）

单位名称	所在地	总户数（户）	总人口（人）	年末在岗职工（人）	在岗职工工资总额（万元）	增加值（万元）	固定资产投资完成额（万元）	汽车（辆）	房屋实有面积（平方米）
黑龙江农垦工程造价管理站	哈尔滨	5	13	6	31	53			582
黑龙江农垦总局交通局	哈尔滨	67	204	78	731	1099	68764	11	14908
黑龙江农垦总局环境保护局	哈尔滨	34	100	34	167	437		9	3163
黑龙江农垦总局水务局	哈尔滨	23	65	27	206	1174		1	5400
黑龙江农垦总局植保植检站	哈尔滨	1	3	1	5	5			54
黑龙江农垦总局气象管理站	哈尔滨	4	11	4	18	22			300
黑龙江农垦总局森林病虫害防治检疫站	哈尔滨	2	6	2	10	10			170
黑龙江农垦土地勘测规划院	哈尔滨	13	43	18	33	124		4	500
黑龙江农垦土地整理储备中心	哈尔滨	9	27	10	39	104			1237
黑龙江省农垦总局直属行政事业财务结算中心	哈尔滨	94	260	83	538	1281		2	8820
北大荒博物馆	哈尔滨	1	7	3	11	168			4272
黑龙江农垦公安局	哈尔滨	90	257	120	684	1026		23	9100
黑龙江农垦中级法院	哈尔滨	69	207	69	511	756		13	19750
黑龙江农垦司法局	哈尔滨	4	11	8	47	98		1	1084
黑龙江省垦区公证处	哈尔滨	5	17	11	84	90		1	343
黑龙江省国土资源厅驻农垦总局国土资源局	哈尔滨	14	43	27	123	339	10		3018
黑龙江省农业机械安全监理总站农垦分站	哈尔滨	0	1	1	3				90
农垦总局图书馆	哈尔滨	3	5	5	12	12			258
黑龙江国营农场总局机关农场	佳木斯	13	44	0	0		44	1	750
黑龙江农垦海源水利有限公司	哈尔滨	126	416	322	2116	3533		61	10815
黑龙江富源水利工程有限公司	哈尔滨	137	421	328	2162	4021		12	13468
黑龙江农垦水利开发建设有限责任公司	哈尔滨		282	132	587	897		4	4662
黑龙江方达电梯销售有限公司	哈尔滨	6	23	8	20	22		2	674
黑龙江挠力河国家级自然保护区管理局	哈尔滨	4	9	4	17	80			360
黑龙江华业工程设计有限公司	哈尔滨		31	20	110	185		1	700
黑龙江农垦现代农业工程设计有限公司	哈尔滨	28	67	32	280	997			1680
黑龙江正业勘测设计有限公司	哈尔滨	148	392	198	1712	4513		10	10080
黑龙江省农垦乳品检测中心	哈尔滨	21	58	36	79	202		4	2534
黑龙江农垦水利工程建设监理咨询有限公司	哈尔滨	64	212	128	308	1036			0
黑龙江农垦佳昌房地产开发有限公司	佳木斯	33	145	33	82	1162		1	755
黑龙江农垦鑫泰房地产开发有限公司	哈尔滨	6	21	18	72	498		2	500
黑龙江省新奥博工程设计有限公司	哈尔滨	29	87	64	122	468		8	2000
黑龙江岳华房地产估价有限公司	哈尔滨	14	38	18	27	48			500
黑龙江岳华工程造价咨询有限公司	哈尔滨	22	50	22	320	595			1000
黑龙江农垦龙信产权交易有限公司	哈尔滨	2	6	6	37	105		1	200
北大荒鑫亚经贸有限责任公司	哈尔滨	90	260	199	1045	415			6570
北大荒鑫都房地产开发有限公司	哈尔滨	26	70	41	341	455		1	3600
黑龙江北大荒投资担保股份有限公司	哈尔滨	17	64	39	451	2775		5	2614
黑龙江北大荒农业股份有限公司	哈尔滨	60	197	75	1038	6881		8	9742